本书为上海市教育委员会、上海市教育发展基金会"晨光计划"项目"《共产党宣言》的建党思想及其在中国的实践逻辑"（20CG74）的阶段性成果。

马克思主义研究文库

传播视域下
山东马克思主义大众化研究
（1908—1937）

马晓琳｜著

光明日报出版社

图书在版编目（CIP）数据

传播视域下山东马克思主义大众化研究：1908-1937 /
马晓琳著 . -- 北京：光明日报出版社，2024.4

ISBN 978 - 7 - 5194 - 7943 - 5

Ⅰ.①传… Ⅱ.①马… Ⅲ.①马克思主义—大众化—
传播—研究—山东—1908-1937 Ⅳ.①D675.2

中国国家版本馆 CIP 数据核字（2024）第 091680 号

传播视域下山东马克思主义大众化研究：1908-1937
CHUANBO SHIYU XIA SHANDONG MAKESI ZHUYI DAZHONGHUA
YANJIU：1908-1937

著　　者：马晓琳

责任编辑：李　倩　　　　　　　　责任校对：李壬杰　李海慧
封面设计：中联华文　　　　　　　责任印制：曹　净

出版发行：光明日报出版社

地　　址：北京市西城区永安路 106 号，100050

电　　话：010-63169890（咨询），010-63131930（邮购）

传　　真：010-63131930

网　　址：http://book.gmw.cn

E - mail：gmrbcbs@ gmw.cn

法律顾问：北京市兰台律师事务所龚柳方律师

印　　刷：三河市华东印刷有限公司

装　　订：三河市华东印刷有限公司

本书如有破损、缺页、装订错误，请与本社联系调换，电话：010-63131930

开　　本：170mm×240mm

字　　数：337 千字　　　　　　　印　　张：20

版　　次：2025 年 1 月第 1 版　　　印　　次：2025 年 1 月第 1 次印刷

书　　号：ISBN 978 - 7 - 5194 - 7943 - 5

定　　价：98.00 元

序　言

　　2016 年 9 月至 2020 年 7 月，马晓琳在华东师范大学马克思主义学院攻读博士研究生学位，我作为她的博士生导师见证了她的成长与蜕变。本书以她的博士论文为基础，经过多番修改打磨后即将出版，我由衷地为她感到高兴！

　　马克思主义中国化、时代化和大众化是一个动态关联、有机统一的整体，中国化是基础，时代化是核心，大众化是归宿，尤其是马克思主义大众化与中国革命历史进程互为表里，紧密相关。马克思主义之助益于中国焕然一新的革命面貌，大众化的作用不可或缺。目前，随着地方党的史志档案资料的渐次挖掘，一部分被掩盖的地方历史图景和历史知识得以重新展现和成功建构，地域史视域下的马克思主义理论研究成为一个非常重要的学术生长点。相较于整体史视域下单向度的宏大历史叙事，地域史视域下的研究是一种微观的实证性研究，侧重于历史细节的挖掘和考证，更能细致真实地反映历史的复杂性、多样性和丰富性，弥补了宏大历史叙事中对微观历史细部的遮蔽和遗忘。

　　当下，地域史视域下的马克思主义大众化研究呈现出"遍地开花"的态势，涌现出马克思主义在东北、湖南、上海、陕西、闽西等地区传播的力作。山东是中国革命版图上一颗耀眼的红星，它曾以其波澜壮阔的革命斗争和彪炳青史的丰功伟绩在中国革命史上留有浓墨重彩的一笔。目前，马克思主义在山东传播的研究著述，数量少，在研究方法和研究理论上也缺少深入地挖掘和理论创新，这与山东在中国革命史上的地位不相匹配。本书作者就是一名地道的山东人，从学术视角还原山东马克思主义大众化的生动场景，既是作为一名学术人的研究探索，也是作为一名家乡人的情怀担当。

　　马克思主义的曙光是何时照进山东的呢？马克思主义在山东的传播起于 1908 年张继至青岛震旦公学讲授社会主义课程，齐鲁大地从此迎来了波澜壮阔的革命历程。从微观视角来看，山东既散落着"国内最早建立党的早期组织的六个地区之一""中共一大代表——王尽美和邓恩铭""《共产党宣言》陈望道中文首译本广饶藏本"等闪亮的名片，又流传着"旧军阀冯玉祥在山东泰山隐居期间信仰马克思主义""山东民国教育家范明枢以八十一岁高龄加入中国共产党"等感人的佳话。从宏观视角来看，在本书所论及的时间范围内，山东全省建立的县级政权机构五十有余，为抗战时期山东抗日根据地成为全国唯一以省命名的抗日根据地，为解放战争数百万官兵参军参战、千万民工奋力支前、数万干部北上南下，奠定了深厚的民众基础。本书是一部对前所述及 1908—1937 年山东马克思主义大众化传播历程做全面、系统、深入研究的论著。

本书问题意识鲜明，视野开阔，逻辑清晰。从山东马克思主义大众化"为何化""如何化"以及"化的效果如何"三个环节为逻辑演进链条，层层递进，剥茧抽丝。尤其是针对山东马克思主义大众化"如何化"的问题，从历时态的视角探讨了山东马克思主义大众化经历了思想发蒙、组织初创和潜伏壮大的历史轨迹；从共时态的视角研究了山东马克思主义大众化经过场域传播、组织传播和话语传播的三重维度，实现了纵深发展。这一研究突破了以往研究停留于史料梳理和堆积、缺乏方法挖掘和理论支撑的不足，建构一个新的马克思主义大众化研究的认知模型和理论框架，为推动当下马克思主义中国化、时代化和大众化提供了一定的经验启迪。

本书史料丰富，内容翔实。为搜集关于马克思主义在山东传播的第一手资料，作者走访调查山东省图书馆、山东省档案馆、中国共产党山东省党史陈列馆，以及济南市、潍坊市、东营市、滨州市、淄博市、临沂市、惠民县、广饶县等山东十七个市县的党史研究办公室、地方史志办公室、图书馆、档案馆，甚至包括中共济南乡师党史陈列室、广饶县《共产党宣言》纪念馆等红色遗址遗迹，发掘了大量关于山东党史及马克思主义早期传播的第一手珍贵的原始史料。不仅有中共山东省委党史研究室编纂的《中共山东编年史》《山东党的革命历史文献选编》等精品力作，还有许多尚未公开出版的内部学习资料。这些第一手原始珍贵资料的首次发掘，展现了山东马克思主义早期传播真实准确、生动丰富的图景故事，为本书的研究提供了丰厚的史料根基。

本书勇于探索，锐意创新，论证有力，见解深刻。本书在搜集丰厚史料的基础上，开展跨学科研究，引入传播学、社会学等学科领域中的场域传播、组织传播和话语传播的理论工具，将马克思主义在山东的传播与世界社会主义运动、全国革命形势相衔接，同频共振，互联互通；从宏观场域传播、中观组织传播、微观话语传播三个层次，对山东马克思主义大众化"如何化"的问题做深入探究，得出了很多创新性观点。例如，马克思主义在山东地区的传播及大众化是一个由隐性到显性、从边缘到中心的出场并不断在场的生命律动过程，它不是在共产党单独的场域内封闭进行，而是在多元主体经济、政治、社会、文化等资本竞争与博弈中生成，尤其是在与国民党的角力中消长。山东马克思主义大众化场域传播的资本分析，尤其是文化资本分析也在一定程度上印证了安东尼奥·葛兰西（Antonio Gramsci）的文化领导权理论，即每次革命都是以激烈的批判活动和大众文化思想的传播为先导的。又如，山东马克思主义组织传播经历了从宗族人情到革命信仰、从研究团体到群众性政党，以及"何为"和"如何实现"党的群众化的递升演进过程。再如，山东马克思主义大众化的话语传播内容经历了从反帝话语到革命话语的嬗递与交织，话语传播形式以生活话语负载政治话语、以叙事话语观照理论话语、以情感话语融合阶级话语，并孕育了新民主主义革命话语体系的雏形，等等。

总之，本书观点有新意、论证有逻辑、理论有创新，具有较强的问题意识、逻辑关照和理论支撑，是一部研究地域性马克思主义大众化传播的力作。博士研究生毕业后，马晓琳进入上海公安学院从事高校思想政治理论课教学和研究工作，并在中国浦东干部学院、华东师范大学开展博士后工作，在此基础上，从地域史的视角进一步对中共中央在沪十二年的领导机构沿革及其经验进行相关研究，望其再接再厉，再创佳绩！

作者在著作即将出版之际，希望我能为之作序，作为我指导的博士研究生，这是她在博士论文基础上修改完善的著作，写序自然不能推脱，是为序。

宋 进

2024 年 3 月于华东师范大学

前　言

　　马克思主义大众化是一个既内涵丰富又高度抽象的概念，它伴随着中国革命历史进程的始终，并随着时代演进而不断增益新的内涵。在中国，虽然马克思主义大众化的概念在党的文件中首次正式提出于十七大报告，但是其实践早在百年之前马克思主义的曙光初照中华大地时就已然存在。马克思主义之助益于中国焕然一新的革命面貌，大众化的作用不可或缺。

　　选择"马克思主义大众化"并聚焦于山东地方区域作为研究对象，有其内在的必要依据。山东是中国革命版图上一颗耀眼的红星，它曾以其波澜壮阔的革命斗争和彪炳青史的丰功伟绩在中国革命史上留有浓墨重彩的一笔。山东济南是中国国内建立党的早期组织的六个地区之一，济南共产党小组的发起人——王尽美、邓恩铭，也是中共一大代表。大革命时期，山东党团组织异军突起，工人运动声势浩大。土地革命时期，山东党组织前赴后继，屡败屡战，一大批优秀的共产党人慷慨就义，血沃齐鲁。抗战时期，在国民党不战而退的紧要关头，山东共产党勇挑重任，成立山东人民子弟兵的一支强大部队——八路军山东纵队，与八路军一一五师合作，在敌后建立抗日民主根据地。解放战争时期，山东更是人民军队北上南下的重要战略枢纽和粉碎国民党进攻的主战场之一，主力部队挺进东北，党政军民血战沂蒙，百万青年踊跃参军，七万干部北上南下，千万民工奋力支前。可以说，山东马克思主义大众化堪称模范表率。

　　那么，山东马克思主义大众化为何而来？如何进行？产生了怎样的效果？围绕以上问题，本书尝试以山东马克思主义大众化"为何化""如何化"以及"化的效果如何"三个环节为逻辑演进链条，并做出回答。

　　一是山东马克思主义大众化"为何化"，也就是山东马克思主义大众化的理论渊源和现实需要。马克思、恩格斯、列宁以及早期中国共产党人丰富的马克思主义大众化思想，以及近代山东人民反帝反封建的现实需要为马克思主义在山东落地生根提供了双重诉求。一方面，马克思主义的理论本质归根结底就在于为全人类求得解放，这最终落脚于政治解放、民族解放和无产阶级解放。另一方面，近代山东内外交困、风云激荡，山东人民追求民族解放、政治解放、个人解放的时代诉求，为马克思主义在山东落地生根孕育了肥沃的社会土壤。

二是山东马克思主义大众化"如何化"，此即山东马克思主义大众化的历史图景。从历时态的视角看，山东马克思主义大众化经历了思想发蒙、组织初创和潜伏壮大三个阶段；从共时态的视角看，山东马克思主义大众化经过场域传播、组织传播和话语传播的三重维度，实现了纵深发展。

从历时态的视角看，（1908年）自张继在青岛震旦公学首倡社会主义，（1937年）至抗战全面爆发，山东马克思主义大众化经历了萌芽、初创、高潮、受挫、复原、壮大等一系列螺旋式上升、曲折式前进的发展历程。这一过程不仅是党团成员和组织数量的增加，更是山东地方党自我革命、自我完善、自我发展的质的飞跃。

从共时态的视角看，山东马克思主义大众化分别经宏观层面的场域传播、中观层面的组织传播和微观层面的话语传播三重维度，实现了纵深发展。首先，在马克思主义大众化场域传播的视域下，一方面，山东马克思主义大众化离不开以苏俄场域、日本场域、欧洲场域为代表的国际先导场域和以北京场域、上海场域、广州场域、南京场域、武汉场域等为代表的国内先导场域的影响。在全国革命风潮风起云涌的大势下，山东场域与国际先导场域、国内先导场域同频共振、同向聚合，共同打造马克思主义大众化互联互通的强大场域群。另一方面，在山东马克思主义大众化的内部场域中，也存在着大大小小、形色各异的场域群。本书从"结构"和"关系"的视角审视"场域"概念及其理论，将"场域"划分为"母场域"（或"主场域"）和"子场域"（或"次场域"），并以"济南一师"为山东马克思主义大众化的"母场域"代表，以莱阳、临沂、曲阜、平原、惠民等地方师范学校为"子场域"代表，真实展现了国共两党意识形态博弈较量的鲜活历史图景。其次，山东党团组织的发展壮大是山东马克思主义大众化的实践成果。在山东马克思主义组织传播的视域下，马克思主义大众化体现为将马克思主义作为一种组织意识形态，渗透到山东党团组织的建构与重塑之中。在马克思主义组织意图的渗透下，山东党团组织从充满宗族人情色彩的自由松散的家族团体到以马克思主义为革命信仰的政党组织，再从"研究性小团体"到"群众性大政党"，又在"什么是党的群众化""如何实现党的群众化"的认识上克服了机会主义路线，成了真正的群众性大党，体现了山东马克思主义大众化的组织演进逻辑。最后，话语是马克思主义大众化的直接媒介，也是马克思主义意识形态的第一载体。在山东马克思主义话语传播的视域下，从话语内容、话语形式到话语体系，解决了山东马克思主义大众化"说什么""怎么说""说的效果如何"的问题。就话语内容而言，山东马克思主义大众化经历了从反帝话语到革命话语演变与交织的演进逻辑。就话语形式而言，山东马克思主义大众化以生活话语、叙事话语、情感话语负载政治话语、理论话语、阶级话语，以多元话语形式为载体灌输马克思主义意识形态。就话语体系而言，山东马克思主义大众化开始引入马克思主义核心概念范畴，引入社会形态演进以及无产阶级政党建设等理论观点，但尚未能够回答山东革命的基本理论问题，更缺乏国家统治权力的支撑。因而，相较于新民主主义革命话语体系，尚处于孕育雏形阶段。

三是山东马克思主义大众化"化的效果如何"，即山东马克思主义大众化的实际效果。从微观视角看，在山东马克思主义大众化的历史进程中，既散落着"国内最早建立党的早期组织的六个地区之一""中共一大代表——王尽美和邓恩铭""《共产党宣言》陈望道中文首译本广饶藏本"等闪亮的名片，又流传着"旧军阀冯玉祥在山东泰山隐居期间信仰马克思主义""山东民国教育家范明枢以八十一岁高龄加入中国共产党"等感人的佳话。从宏观视角看，在本书所论及的时间范围内，山东全省建立起的县级政权机构五十有余，为抗战时期山东抗日根据地成为全国唯一以省命名的抗日根据地，为解放战争数百万官兵参军参战，千万民工奋力支前，数万干部北上南下，奠定了深厚的民众基础。在山东革命波澜壮阔的斗争实践背后，是山东马克思主义早期传播及大众化的生动场景。与此同时，对于儒家文化对山东马克思主义大众化传播的辩证分析，以及对马克思主义理论创新的理性审视，仍需引起相关研究领域的深入思考。

目 录
CONTENTS

绪　论

一、研究旨趣

（一）选题缘由

山东是中国革命版图上一颗耀眼的红星，它曾以其波澜壮阔的革命斗争和彪炳青史的丰功伟绩在中国革命史上留有浓墨重彩的一笔。山东在革命战争年代所取得的卓越功勋，与山东马克思主义传播历史互为表里，紧密相关。在中国国内最早建立共产主义小组的六个地区之中，山东济南即占其中之一，王尽美、邓恩铭不仅创立了济南共产主义小组，同时也是中共一大的代表。《共产党宣言》陈望道中文首译本全国仅存十一本，其中之一就在山东广饶县刘家集村党支部，此即马克思主义在山东深入传播的有力证据。

在山东马克思主义传播史上，还有许多感人至深的佳话。例如，冯玉祥在他两次隐居之地——泰山，跟随李达、陈豹隐等我党早期理论家，首次接触并认真研读《反杜林论》《资本论》《唯物论和经验批判论》等马恩经典著作，思考自身作为旧式军阀曾经走过的道路，思考中华民族的过去、现在和未来。在此过程中，逐步认识到革命理论对于革命行动的极端重要性，并在泰山普照寺立碑明志，带动了后来成为新中国卫生部部长的冯夫人李德全及其高级将领、文职幕僚等学习马克思主义，周恩来盛赞冯玉祥为"从旧军人转变为坚定的民主主义战士"①。又如，山东早期同盟会会员、民国山东四大教育家之一——范明枢，早年留学日本，目睹日本侵略野心，激发他身在异国的爱国之情。归国后，他将满腔热情倾注于教育事业，在曲阜省立第二师范学校担任校长期间，千方百计为学生购进进步书刊，创办黎明书社，学生思想活跃，革命气氛浓厚，省立二师也因此被誉为"红二师"。抗战胜利前夕，历经几个历史时期、八十多

---

① 山东风物志［M］. 济南：山东美术出版社，1984：134.

岁高龄的范老选择加入中国共产党。当时延安《解放日报》撰文称，这不仅是范老的光荣，亦是中国共产党和人民的光荣。范老的入党，被视为与七十二岁高龄的法国科学家郎之万（Langevin）加入法国共产党、七十四岁高龄的美国进步作家德莱塞（Dreiser）加入美共相媲美的中外大事，交相辉映。

那么，山东马克思主义大众化为何而来？如何进行？产生了怎样的效果？换言之，即山东马克思主义大众化"为何化""如何化""化的效果如何"的问题。围绕以上问题，本书尝试做出回答。

（二）研究意义

本书以"传播视域下山东马克思主义大众化研究（1908—1937）"为选题，在挖掘大量第一手地方史志文献资料的基础上，尝试对山东马克思主义大众化"为何化""如何化""化的效果如何"构建一套相对完整的认知模型，具有重要的理论、现实、学术等多重意义。

一是建构理论框架。从理论意义上讲，马克思主义在山东的传播是中国马克思主义传播潮流中不可或缺的一股支流。从比较研究的视角来看，马克思主义在山东的传播与在其他地域相比，如北京、天津、哈尔滨、湖南、东北、新疆、西藏、海南等地，既有同质性，又有其特色。本书对山东马克思主义大众化的研究，较为清晰地揭示了1908年至1937年马克思主义在山东传播的真实过程，构建了一种新的山东马克思主义大众化的认识模型和理论框架，可以从地域史的视角展现山东革命从无到有、从小到大的源流轨迹，从微观细部回应"三个为什么"的历史归因，进一步解密山东革命胜利的成功密码，透视民族国家建构的宏观图景下民众、政党和社会等多个场域博弈和多元力量斗争的复杂关系，总结马克思主义大众化地域性传播的历史经验和理论智慧。

二是启示现实发展。从现实意义上看，作为革命老区的模范代表，不论是早期革命思想的传播，党团组织的营筑，还是抗日战争、解放战争时期卫国抗敌、献身疆场，山东一直堪称模范表率，其革命斗争波澜壮阔，丰功伟绩彪炳青史。山东革命的历史进程是在中国共产党的领导下抗敌御侮、追求解放的生动实践，在这一过程中产生的红色文化精神有其特定的历史环境、内在理路和实践路径，它所蕴含的革命意志、政治风尚、道德情操和价值追求，是中国革命精神链条的全面呈现，也是中国共产党凝心聚力、立根固本的天然教材。系统研究并生动再现山东马克思主义大众化的历史图景，深刻领会和全面总结山东革命的宝贵经验和精神实质，为新时代实现第二个百年奋斗目标，提供强劲的精神动力和无尽的智力支持。

三是推进学术研究。从学术价值上看，以"马克思主义在山东的早期传播"或"山东马克思主义大众化"为选题的学术论文和研究课题尚处于薄弱地位，有关此领域的博士论文或专著也相对稀少，呈现出偏零散、欠系统，重史料堆积、轻理论方法的倾向，这与山东在中国革命进程中的重要地位不甚相符。本书在借鉴前人研究成果的基础上，以1908年社会主义曙光初照青岛震旦公学为始，至1937年全面抗战爆发前为止，引入传播学、社会学等多学科理论，对马克思主义在山东传播的历史图景做一史实还原和理论分析，不仅有助于形成山东马克思主义大众化的全新认知模型，而且有助于从区域史的视角对中国共产党的宏观历程进行史实观照，弥补宏观历史进程中被遮蔽的微观细部，回答历史链条中的关键归因，以期对学界研究有所裨益。

二、研究述评

尽管作为一个概念，"马克思主义大众化"首次提出于党的十七大报告之中，但是作为一种实践，"马克思主义大众化"由来已久。关于山东马克思主义大众化的相关研究，学界有以下既有成果。

（一）国内研究现状

鉴于同一学科不同概念所指内涵的重叠交叉，抑或不同学科对同一实践之上概念的内涵界定之差异，综合既往成果，学界在山东马克思主义大众化的相关研究领域主要形成了以下"三个论域"和"五个视角"：

论域一：马克思主义在山东的传播研究

一是山东革命史料汇编。

关于山东革命史料，在中共山东省委的领导下，中共山东省委党史研究室和中共党史学会完成了山东党史的"五大工程"，其中包括常连霆主编的《山东党史资料文库》（1—30卷）①、《中共山东编年史》（1—20卷）② 以及《山东党的革命历史文献选编》（1—10卷）③，成果卓著，内容全面，史料珍贵。其一，《山东党史资料文库》第 1 卷编入"新民主主义革命时期组织史资料选编"和

---

① 常连霆主编，中共山东省委党史研究室，山东省中共党史学会编．山东党史资料文库（第1—30卷）［M］．济南：山东人民出版社，2015.

② 常连霆主编，中共山东省委党史研究室．中共山东编年史（第1—20卷）［M］．济南：山东人民出版社，2015.

③ 中共山东省委党史研究室编．山东党的革命历史文献选编（第1—10卷）［M］．济南：山东人民出版社，2015.

"党的创立、大革命和土地革命战争时期报刊资料选编"，第2—4卷编入"党的创立、大革命和土地革命战争时期档案资料选编（2）（3）"，第5—6卷编入"党的创立、大革命和土地革命战争时期回忆资料选编（1）（2）"，第7—20卷分别为抗战时期档案、报刊、回忆资料选编，第21—30卷分别为解放战争档案、报刊、回忆资料选编，从组织史、报刊、档案、回忆资料四个维度全方位、全过程展示了山东新民主主义革命时期的历史场景。其二，《山东党的革命历史文献选编（1920—1949）》（1—10卷）收入的主要文献，包括山东党、政、军组织的重要文件以及反映其重要决策、会议、活动、工作的文献资料；山东党、政、军主要负责同志的工作报告、讲话、电报、信函及指导地方、部队和部门工作形成的文献资料；中共中央、中央军委、八路军总部、中共中央北方局、中共中央华东局给山东党政军及其负责人的重要指示。这些重要文献比较全面地反映了党领导山东人民进行新民主主义革命，实现马克思主义基本原理、毛泽东思想与山东具体实践相结合的历史进程和基本经验。其三，《中共山东编年史》（1—20卷）按照编年史体例，以"本年纪要""分类纪事""大事年表""文献特载"四个主题分别记述山东革命历史概况，其中分类纪事又分"党的建设""革命宣传""群众运动"三方面，将山东革命历史的宏观场景与微观叙事清晰展现。

二是马克思主义在山东传播的研究成果。

目前学界代表性的研究著述仅有一部，即闫化川梳理了马克思主义在山东地区的传播史，考证了马克思主义生根山东的"出生证"问题。[1] 他还以"早期马克思主义在山东的传播系列研究"[2] 为专题，系统阐述了山东地方精英在马

---

[1] 闫化川. 马克思主义是怎样生根中国的：马克思主义在山东早期传播研究 [M]. 北京：方志出版社，2017.

[2] 这一系列研究成果：闫化川，李丹莹. 地方精英的文化弄潮与政治博弈：早期马克思主义在山东传播系列研究之一 [J]. 上海党史与党建，2015（3）；闫化川，李丹莹. 地方精英的角色互动与信仰诉求：早期马克思主义在山东传播系列研究之二 [J]. 上海党史与党建，2015（4）；闫化川，李丹莹. 地方精英的组织关系与亲情纠结：早期马克思主义在山东的区域性传播问题研究之三 [J]. 上海党史与党建，2015（5）；闫化川，李丹莹. 地方精英的断代谢幕与薪火相传：早期马克思主义在山东的区域性传播问题研究之四 [J]. 上海党史与党建，2015（6）.

克思主义早期传播中经历了"文化弄潮—政治博弈—亲情纠结—断代谢幕"的
角色更替，展现了山东马克思主义传播的百态图景。另外，倪志勇、王晴等选
取特定时期、主体等视角论述了山东马克思主义早期传播的历史语境、历史分
期、传播途径、传播主体、传播内容、传播客体、传播特点、评价启示等
问题。①

　　综观中国知网以"马克思主义在山东的传播"为主题的学术关注度的数据
（参见图0-1），2014年首次出现涉及山东五四新文化运动的硕士论文②以来，
每年关于此主题的中文相关文献产出量平均为2篇，呈现为一个稳定持续但薄
弱匮乏的研究状态。这一时期的学术成果集中于"党的建设""马克思主义"
等学科领域（参见图0-2），围绕"山东""马克思主义""地方精英"等关键
词进行（参见图0-3）。

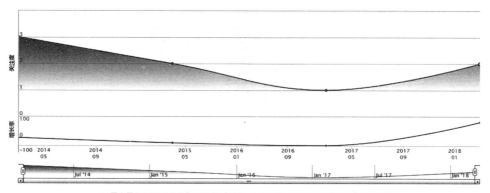

　　　　→ 马克思主义在山东的传播中文相关文献量　→ 马克思主义在山东的传播中文环比增长率

**图 0-1　中国知网 2014—2018 年以"马克思主义在山东的传播"
为主题的学术关注度增长率线形图**

---

① 研究成果：王华东 . 山东抗日根据地文化研究 [D]. 长春：吉林大学，2018；王
　　晴 . 1919—1927 年马克思主义在山东的传播 [D]. 哈尔滨：哈尔滨工业大学，2016；张
　　楠 . 王尽美党建思想研究 [D]. 武汉：华中师范大学，2019；倪志勇 . 王尽美与马克思主
　　义在山东的选择性传播研究 [D]. 南京：南京师范大学，2015.
② 刘淑萍 . 山东青年知识分子与五四新文化运动 [D]. 济南：山东师范大学，2014.

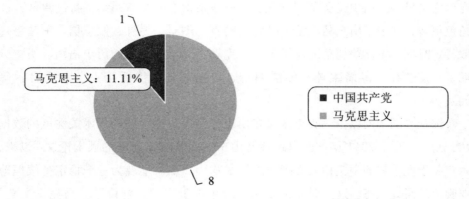

图 0-2　中国知网 2014—2018 年以"马克思主义在山东的传播"
为主题的学科分布饼形图

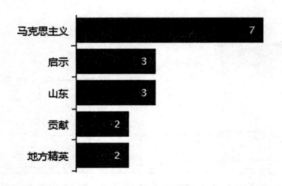

图 0-3　中国知网 2014—2018 年以"马克思主义在山东的传播"
为主题的相关词分布柱形图

　　通过对以"马克思主义在山东的传播"为主题与以"马克思主义在中国的传播"为主题的比较研究，相据中国知网 1977—2019 年以"马克思主义在中国的传播"为主题的学术成果关注度的数据（参见图 0-4），有关此主题的学术成果 1977 年以来一直呈现为一个稳定持续的研究状态，尤其是 2007 年党的十七大报告首次提出"马克思主义大众化"的政治命题，推动了学术研究的热潮。这一时期的学术成果集中于不乏从政治学、哲学、历史学、新闻学、出版学等多学科视角切入（参见图 0-5），并与"马克思主义""传播""马克思主义中国化"等主题词相关联（参见图 0-6）。

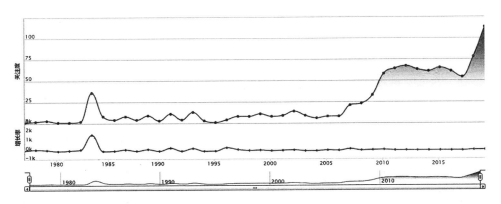

图 0-4 中国知网 1977—2019 年以"马克思主义在中国的传播"
为主题的学术关注度增长率线形图

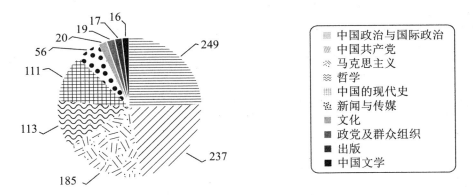

图 0-5 中国知网 1977—2019 年以"马克思主义在中国的传播"
为主题的学科分布饼形图

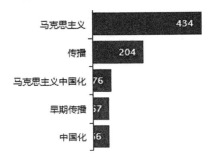

图 0-6 中国知网 1977—2019 以"马克思主义在中国的传播"为
主题的相关词分布柱形图

将"马克思主义在山东的传播"置于"马克思主义在中国的传播"视域下，通过对比研究发现，关于"马克思主义在山东的传播"研究不仅数量匮乏，而且多学科交叉研究极为薄弱，研究视角还略显狭隘，不够开阔。更值得注意的是，在本学科范围内，现有成果的理论水准也亟待提升。

论域二：山东马克思主义大众化研究

由于"马克思主义大众化"和"马克思主义传播"具有内涵上的重叠性和交叉性，以山东为坐标，与这一主题相关的学术成果仅有两篇硕士学位论文，赵越①和刘雪②分别论述了山东抗日根据地、解放区因时而移、因人而异地推进马克思主义大众化的多维路径、方式方法、特点启示，以及沂蒙红色文艺作品推进马克思主义大众化的艺术形式、内容阐释、取得成效和现实启示。根据中国知网以"山东马克思主义大众化"为主题的学术关注度的数据（参见图0-7），山东马克思主义大众化的中文相关文献只有一篇，环比增长率为零，这表明关于山东马克思主义大众化的研究状况不仅存量不足，而且增量缓慢，可以说极为薄弱。

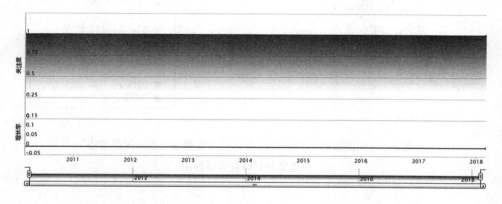

图0-7　中国知网2010—2018年以"山东马克思主义大众化"为
主题的学术关注度增长率线形图

与山东匮乏薄弱的研究现状相比，就全国而言，十七大报告中首次提出"马克思主义大众化"这一命题以来，关于这一主题的研究快速增长，2011年达到最高潮——中文文献相关量达1018篇，至2017年，相关研究成果回落至一

---

① 赵越．山东根据地和解放区马克思主义大众化研究［D］．曲阜：曲阜师范大学，2011.
② 刘雪．沂蒙红色文艺作品推进马克思主义大众化研究［D］．曲阜：曲阜师范大学，2019.

个稳定的水平，年均中文文献相关量在二三百篇左右（参见图 0-8）。这一时期的学术成果广泛分布于政治学、马克思主义、高等教育、哲学、新闻传播、职业教育等多学科领域（参见图 0-9），并对特定时期、特定主体、特定受众以及途径方法等做出了有价值的研究。

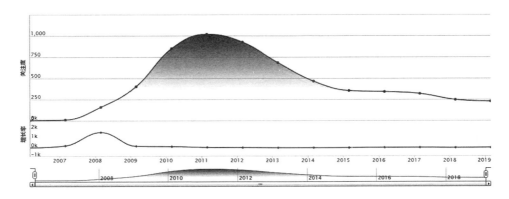

图 0-8　中国知网 2006—2019 年以"马克思主义大众化"为主题的学术关注度增长率线形图

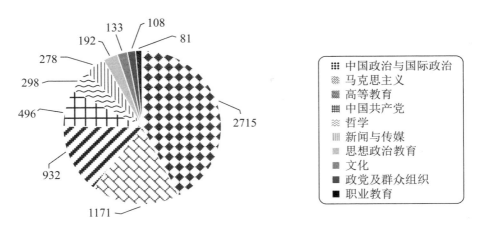

图 0-9　中国知网 2006—2019 年以"马克思主义大众化"为主题的学科分布饼形图

将"山东马克思主义大众化"置于全国范围内"马克思主义大众化"研究视域下，对比研究发现，山东马克思主义大众化研究同样存在数量匮乏，增速缓慢，多学科、跨学科研究尚未开展，研究视角狭隘等问题。

论域三：山东革命民众动员研究

与"马克思主义大众化"内涵高度关联和交叉重叠的另一个概念是"民众动员"，抑或"民众组织""革命动员"等同义概念。这一概念内涵让群众了解和掌握马克思主义内化于心、外显于行的交叉内涵。从"民众动员"的微观视角，考察实践运作层面国家、政党与民众在情感、心理、利益、制度等多维层面的博弈冲突与妥协调试下的行为选择，展现中国革命历史发展进程中鲜活的微观细部，有利于还原和再现真实的历史场景，弥补宏观层面审视下的理论抽象和概念空泛。

针对山东解放区或沂蒙解放区，以及山东抗日根据地抑或胶东抗日根据地的土地改革、民兵动员、"冬学"运动、支前民夫动员、民站运作等山东革命运动过程中的一系列微观史实，学界现有成果虽呈现出"点状分布、局部研究"的态势，但也做出了有价值的创新性探索。

张红云聚焦研究沂蒙地区的典型群体，在民众组织和民众动员中融入马克思主义大众化的具体史实，对马克思主义大众化研究具有借鉴意义。① 她还基于山东解放区或沂蒙解放区支前民夫、民站运作等组织动员的一系列微观史实，从社会学理性选择理论的视角考察，展现了共产党乡村革命动员过程中真实复杂的历史面相。譬如，以山东解放区支前的民夫为考察对象，阐述了共产党面临农民保卫现实土改利益与乡村道德合力下的正向行为选择，与形势判断、时局变化、最大化利益的追求与考量、"搭便车"心理等消解因素的冲突与对抗，在经历"对抗—博弈—妥协—调适"中，使中国共产党的政治目标与农民的利益诉求达成契合。② 又如，她基于地方档案资料，以沂蒙解放区支前人力工作为例，从微观层面分析了基层群众的情感、心理、利益诉求及其不同的行为选择，以及党与农民之间的利益冲突与博弈，并在各阶层农民之间人力工作的实际运作中，还原和再现解放区支前人力工作的真实历史场景，揭示其历史过程的复杂性、多功能性和鲜活性。③ 她还以解放战争时期党在后方的民站为对象，论述了山东解放区密如织网、几乎覆盖全境的民站网的运作实况。固然，民站网络的设立原则、职能定位、组织管理在其运行中极为重要，但是人的因素应具有

---

① 张红云. 沂蒙山区民众组织与革命动员问题研究 ［M］. 济南：山东人民出版社，2014.

② 张红云. "理性"的对抗与博弈：山东解放区支前民夫组织中的中共与农民 ［J］. 党史研究与教学，2015（6）.

③ 张红云. 沂蒙解放区的支前人力工作：基于乡村动员中矛盾冲突与利益调适的策略分析 ［J］. 中共党史研究，2016（4）.

决定性作用。民站运作过程实际上是一个群众组织发动过程，群众动员组织发动始终贯彻民站运作的始终，民站运作过程中人的因素更具有决定意义。①

王友明论证了莒南县土地改革过程中动员农民参与土改，启发阶级觉悟，参与社会变革的过程，这一过程实际上就是马克思主义大众化的过程。② 此外，他以山东解放区莒南县为个案研究，论证了山东老解放区的参军动员，认为减租减息、土地改革与解放区的参军动员是一个复杂多变、利益博弈的动态过程，受制于农民中新旧力量的对比、战争环境的变化、细密的组织动员等因素的影响。土改对参军支前的作用是积极的，但土地分配与农民积极参军之间并不具有正向相关性，参军动员是要通过各级党组织精心组织动员才能实现的。③ 另外，陈国申基于对山东省古邵镇土地改革口述史的调查研究，以土改中阶级意识的塑造和阻滞为例，论证了党的政治动员与社会关系的重构。④

杨焕鹏对山东抗日根据地，尤其是胶东抗日根据地的革命动员做出了一定研究，他论证了以民兵为核心的农村人民武装力量，已成为战时共产党向农村社会渗透的重要手段，也是党建设基层政权的重要途径。党在民兵内部建立了党和团组织，支部是自卫团与民兵队的核心，实现了党对民兵的统一领导，民兵成为战时共产党在乡村各种政策的载体，便于共产党渗透到基层社会各个角落。⑤ 他以儿童团、"四四"儿童节⑥、过年⑦等为例，论述了共产党在战时组织、规训、动员民众的重要手段，成为党进行政治宣传、培养儿童和群众政治人格、增强群众对共产党政权的政治认同的重要途径。

另外，相关学位论文集中于对山东抗日根据地和解放区的群众动员，武慧从山东"冬学"运动的动员主体、动员形式、动员特点、动员影响等方面，对

① 张红云．"后方的后方"：淮海战役期间山东解放区的民站［J］．党史研究与教学，2018（1）．
② 王友明．莒南县土地改革研究（1941—1951）［D］．上海：复旦大学，2004.
③ 王友明．论老解放区的参军动员：以山东解放区莒南县为个案的分析［J］．军事历史研究，2005（4）．
④ 陈国申，张毅．政治动员与社会关系：土地改革中阶级意识的塑造与阻滞：基于对山东古邵镇土改口述史的调查［J］．中国农村研究，2016（1）．
⑤ 杨焕鹏．抗战时期中共领导的基层人民武装研究：以胶东抗日根据地为中心［J］．中共党史研究，2015（6）．
⑥ 杨焕鹏．革命动员视野下中共"四四"儿童节研究：以山东根据地为主的考察［J］．党史研究与教学，2017（2）．
⑦ 杨焕鹏．形塑革命节日：胶东抗日根据地过"年"革命叙事［J］．中国农史，2017（1）．

山东抗日根据地的"冬学"民众动员做一概览。① 张阳论述了山东解放区共产党利用冬学运动提高群众政治觉悟和政治参与度，动员群众积极参与政治生活，实现党的政治目标及历史使命。② 王国龙论证了山东解放区以土地改革、耕战结合、物质补偿为主要内容的物质型社会动员，以动员教育、诉苦运动、立功运动、建立统一战线和灵活多样的文艺活动等为主的精神型社会动员等动员方式。③ 王宜胜论述了山东抗日根据地以政治上的爱国主义、抗日救国、民主政治动员，经济上的新财政政策、生产运动、减租减息动员，文化上的群众教育、革命文艺宣传，军事上的发展民兵、敌后游击战争、拥军优属和参军动员等形式，广泛动员民众，推动了抗战胜利。④

基于"民众动员"与"马克思主义大众化"在概念内涵上的交叉重合，以山东革命的民众动员为马克思主义大众化研究的新突破口已经初步取得了一定成果，从微观视角展现了国家、政党与民众在情感、制度、利益等方面的斗争博弈和妥协调试，但也呈现出水平参差不齐、领域零散碎片等不足和缺陷。

从上述三个论域对山东马克思主义大众化的研究现状做一概览后，从不同的理论视角和方法工具研究"马克思主义大众化"或"马克思主义传播"的经验，亦可为山东马克思主义大众化研究提供可移植、可复制、可借鉴的经验。

视角一：话语理论

话语理论与马克思主义的传播及马克思主义大众化具有重要关联，从新民主主义革命话语体系到当代中国马克思主义话语体系，涉及话语竞争、话语选择、话语传播、话语建构、话语嬗变、话语创新、话语转换、话语权等领域，都是从话语理论楔入马克思主义大众化研究的生长点。譬如，李军林第一次从话语理论视角论证了马克思主义革命话语体系在中国的传播与选择、建构与中国化的历史进程，指出了马克思主义革命话语的历史方位和现代转型。⑤ 陈德祥论述了当代中国马克思主义大众化的话语嬗变、话语创新和范式转换问题，包

---

① 武慧．山东抗日根据地冬学运动中的民众政治动员研究（1937—1945）［D］．上海：华东师范大学，2009.
② 张阳．山东解放区"冬学"运动研究［D］．济南：山东师范大学，2014.
③ 王国龙．解放战争时期中国共产党在山东解放区的民众动员研究［D］．济南：山东师范大学，2013.
④ 王宜胜．中国共产党在山东抗日根据地的民众动员研究［D］．济南：山东师范大学，2014.
⑤ 李军林．马克思主义在中国的早期传播及其话语体系的初步建构［M］．北京：学习出版社，2013.

括政治话语与学术话语、中西话语、官方话语与民间话语、对内话语与对外话语的现实困境与消解路径，① 为话语理论切入马克思主义传播及大众化研究提供了可借鉴的方法。

视角二：接受理论

在接受理论视域下，马克思主义大众化是一个马克思主义理论不断被大众认知、认同、内化和外化践行的动态过程。在这一特殊的思想接受过程中，存在着接受主体、接受客体、接受媒介、接受环境等多种因素及其相互作用。运用这一理论研究马克思主义大众化，比较有代表性的研究成果有：刘丽琼深入研究了马克思主义大众化的接受过程、对象、主体、媒介、障碍、优化、现状和规律，马克思主义大众化研究领域得以大大拓展，初步建立了一种相对完整的马克思主义大众化接受理论体系。② 何理从接受视角出发，论证了马克思主义大众化经典著作——《大众哲学》，用通俗的语言、生动的例子阐释哲学原理的生动实践。③

视角三：场域理论

运用场域理论探究马克思主义的传播及大众化是一个新颖的视角，黄进华是这一理论领域的开创者，他所著的《马克思主义在哈尔滨传播的历史经验和现实启示》是国内第一部运用社会学的"场域"理论研究马克思主义传播的学术专著。④ 此书从早期现代化着手，借助于中东铁路的修建，哈尔滨迅速分化出各种社会场域，马克思主义在哈尔滨的传播场域应运而生并得到发展，进而以中东铁路、哈尔滨工业大学、东华学校、《晨光报》、中共哈尔滨独立组为若干个案进行深入资本剖析和场域分析，最后立足于"场域"视角，揭示马克思主义在哈尔滨传播的若干现实启示。以此为契机，黄进华于 2017 年又出新作《场域视野与马克思主义在东北的传播：1872—1948》，⑤ 是运用社会学的场域理论探索马克思主义传播的又一部力作。本书将近代东北社会场域的分化变迁与马克思主义在东北传播场域的演变之间的密切关系，分为早期现代化运动、辽河

---

① 陈德祥. 话语理论视域下的当代中国马克思主义大众化研究 [J]. 教学与研究，2017 (2).
② 刘丽琼. 接受理论视域中的马克思主义大众化研究 [M]. 北京：人民出版社，2016.
③ 何理. 从接受者角度看《大众哲学》与马克思主义大众化 [J]. 前沿，2011 (11).
④ 黄进华. 马克思主义在哈尔滨传播的历史经验和现实启示 [M]. 北京：中国社会科学出版社，2017.
⑤ 黄进华. 场域视野与马克思主义在东北的传播：1872—1948 [M]. 哈尔滨：黑龙江人民出版社，2017.

流域兴起、中东铁路沿线崛起、抗战时期、解放战争时期五大历史阶段，分别全面生动地展现出来，是引入新的理论工具，开展跨学科研究的一部佳作。

视角四：传播理论

传播理论与马克思主义的传播及大众化关联紧密，为马克思主义传播及大众化研究架构了全新的认知模型和可借鉴的方法指导。譬如，李春会运用传播学研究方法，历史性地考察中国马克思主义的传播脉络，从理论要求、实践方法、媒体整合、话语转换等多维视角，剖析马克思主义大众化的困境及其根源。从传播受众的心理特质、行为习惯、知识偏好、媒体更新等维度，客观分析了马克思主义大众化传播的现实环境和运作模式，提出了可操性的马克思主义大众化传播建议与原则。① 张品良围绕马克思主义在苏区的大众化传播，全面系统地阐述了苏区马克思主义在群众传播的发展历程，建构了传播理论视域下中央苏区马克思主义传播的认知框架。② 黄进华以东北地区马克思主义的传播及大众化为基点，嵌入传播学理论，在主中心——哈尔滨之下，分七大传播阵地和四个次传播中心分述马克思主义传播普及的具体实践活动，清晰细致地展现了马克思主义大众化传播的结构性要素。③

视角五：语境理论

语境理论切入马克思主义传播研究的结合也是一个值得借鉴的创新点。彭继红首次从语境的角度探究了中国马克思主义传播的路径和语境差别，对早期马克思主义传入中国的论据进行了跨时空的全面反映，展现了马克思主义与非马克思主义的理论较量与马克思主义中国化的初步实践成果。④ 在语境视角研究的基础上，王刚对马克思主义在中国早期传播的初始语境做出了有益探索，严密地论证了语境、主体与马克思主义中国化起源之间的基本理论问题。⑤

上述"五个视角"为马克思主义大众化研究提供了可供借鉴的理论支撑和方法突破，也为山东马克思主义大众化研究提供了新的致思路径。

---

① 李春会. 传播视域下的马克思主义大众化［M］. 北京：人民出版社，2013.
② 张品良. 传播学视域下的中央苏区马克思主义大众化［M］. 北京：中共党史出版社，2016.
③ 黄进华. 马克思主义在中国东北的传播：1900—1931：基于历史学和传播学的视角［M］. 北京：中国社会科学出版社，2012.
④ 彭继红. 传播与选择：马克思主义中国化的历程（1899—1921年）［M］. 长沙：湖南师范大学出版社，2001.
⑤ 王刚. 马克思主义中国化的起源语境研究：20世纪30年代之前马克思主义在中国的传播及中国化［M］. 北京：人民出版社，2011.

（二）国外研究现状

中国共产主义革命运动以其成功的奥秘一直引起国外学者的研究兴趣，从延安红色政权建立，到新中国成立，再到改革开放四十年步入新时代，中国以腾飞的速度和瞩目的成就，引发世界各国的高度关注，世界中国学随之成为一门讲解中国故事的热门学科。无论是革命建设，还是改革复兴，都是在中国共产党的领导体制下取得的，因而海外中共学也日益成为一门显学。然而，国外关于山东马克思主义早期传播、山东马克思主义大众化或者山东革命动员的专题性研究成果甚为稀少，大多是在整体或宏观论述中国共产党、中国革命运动或领袖人物事迹时，间接性地零星论及。综合现有的研究成果，主要有：

列文森（Joseph R. Levenson）从文化思想的视角分析，处在新旧转型、东西交汇时代的中国，社会意识形态的建构需要既客观批判儒家文化的糟粕，又汲取儒家文化的精华。他结合儒家文化的精神特质和儒家政治的本质特征，论述了儒家文化在中国走向现代化过程中的角色与命运。① 这为儒家思想作为马克思主义在山东早期传播的文化背景提供了一个重要的研究参考维度。

杜赞奇（Prasenjit Duara）以上半世纪的华北农村为代表，论述了国家权力与底层社会之间的实践运作和渗透途径，并从现代民族国家重组的视角分析了华北地方政权的现代化进程，也是山东地方民族国家政权重塑过程的一个缩影。②

美国学者丛小平从 1897 年中国第一所师范学校成立到 1937 年抗日战争全面爆发，跨越教育史的界限，着重于过去四十年师范学校的历史、政治和社会，并将其作为社会变化的一个方面，讨论了师范学校的变化与教育改革、社会现代化之间复杂的相互作用，为理解和评估中国的现代化进程提供了一个师范教育的视角。其中，附录涉及山东乡村师范学校培养的革命人才统计表，用史实证明了山东红色乡村师范学校在培养革命人才，衔接共产党的宏观政策与民众动员之间不可替代的中介作用。③

日本学者石川祯浩在论及中国共产党成立的历史缘由、条件准备、初期传

① 约瑟夫·列文森. 儒教中国及其现代命运［M］. 郑大华，等译. 桂林：广西师范大学出版社，2009.
② 杜赞奇. 文化、权力与国家：1900—1942 年的华北农村［M］. 南京：江苏人民出版社，2010.
③ 丛小平. 师范学校与中国的现代化：民族国家的形成与社会转型（1897—1937）［M］. 北京：商务印书馆，2014.

播等事宜时，在大量丰富史料的基础上，考证了济南党的早期组织成立前后的一些基本史实。①

综合以上的研究现状分析，国外中国马克思主义的传播及中国共产党的政治体制呈现出"重当下，轻历史；重整体，轻地域；重党建，轻传播"的特色，对于地域史视域下的马克思主义传播，尤其是山东马克思主义传播史考察的成果尚处于异常薄弱的状态，亟待弥补或加强。

三、研究思路与方法

（一）研究思路

本书的题目为"传播视域下山东马克思主义大众化研究（1908—1937）"，以1908至1937年山东马克思主义大众化"为何化""如何化""化的效果如何"为主线，着力从横纵两条线予以回答。

首先，要回答山东马克思主义大众化"为何化"的问题。山东马克思主义大众化是马克思主义理论思想与山东革命斗争的时代要求相结合的产物。从理论溯源上来说，马克思、恩格斯、列宁以及早期中国共产党人的马克思主义大众化思想是山东马克思主义大众化的深厚理论渊源，加之儒家思想的深厚积淀为山东地区马克思主义传播提供了独特的文化土壤。从时代要求上来说，山东素有浓厚的革命传统，借近代留学生和华工群体出国之机，沐浴近代革命思想，萌发改造社会观念，山东烟台被定位为辛亥革命的北方中心，加之五四运动导火线源于青岛主权归属，可谓山东人民的切肤之痛。总之，山东近代反帝反封建的时代诉求为山东地区马克思主义传播提供了深厚的社会土壤。

其次，要回答山东马克思主义大众化"如何化"的问题。要回答这一问题，本书从横纵两条线尝试做出回答：其一，横向梳理1908年至1937年山东马克思主义大众化的历史轨迹，回答山东马克思主义大众化"如何化"。其二，从宏观场域传播、中观组织传播和微观话语传播的三维视角纵向剖析山东马克思主义大众化"如何化"，分别展现了山东马克思主义大众化场域传播、组织传播和话语传播的生动场景（参见图0-10）。

---

① 石川祯浩. 中国共产党成立史［M］. 袁广泉，译. 北京：中国社会科学出版社，2006.

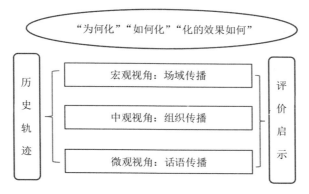

图 0-10　本书研究框架图

最后，要回答山东马克思主义大众化"化的效果如何"的问题。对于山东马克思主义大众化的历史评价，要坚持一分为二、全面辩证的方法。山东马克思主义大众化的历史成就显而易见，微观地看，既有"中共一大创始人"等闪亮名片，也有旧军阀冯玉祥转变为革命民主战士等感人佳话；宏观地看，山东在抗战全面爆发前，在全省范围建立起五十余个县级政权，为省级抗日战争根据地的建立奠定了坚实基础，也为解放战争动员百万鲁籍官兵参军参战、千万山东民工奋勇支前积累了广泛的群众根基。当然，不可否认，山东马克思主义大众化亦存在领袖群体理论素养薄弱、国际视野匮乏，儒家文化保守落后、人情关系色彩浓厚，问题意识薄弱、理论思维缺乏等局限。

（二）研究方法

一是历史与逻辑的统一方法。

历史与逻辑的统一是马克思主义的基本研究方法。这种方法注重史料梳理基础之上对研究问题的理论提炼和方法概括，并总结其内在逻辑规则。坚持历史与逻辑的统一，就是坚持实践与理论的统一。马克思主义大众化研究必须基于山东革命历史资料的搜集和梳理，否则这一研究就是无源之水，无本之木。但是，这一研究不能仅仅停留在革命史料的再现与重述上，必须进行方法上的深入挖掘和理论上的创新支撑，建构一种全新的认知框架或认知体系，必须坚持历史与逻辑相统一的研究方法。

二是传播理论分析法。

在中国马克思主义传播模式的分析研究中，美国传播学的奠基人之一——哈罗德·拉斯韦尔（Harold Lasswell）的"五 W"模式颇具典型意义。这一模式回答了一项传播活动所具备的五大要素：who、to whom、say what、through which channel、with what effect。"五 W"模式从传播者、传播对象、传播内容、传播途径、传播效果五个方面全面展现了一项传播活动的基本构成要素。后来，也有学者从传播环境、传播意图等方面进一步完善这一传播模式。①

拉斯韦尔的"五 W"传播模式为传播学的研究提供了一种简便易行的传播学基本研究范式，对传播学研究起到了重要的引领作用。近年来，随着传播学研究的逐步深入和研究分支的逐渐细化，一些关于传播理论和传播方法的创新性研究成果开始突破原有的研究范式呈现出来。譬如：黄进华运用场域传播理论对东北马克思主义早期传播的相关研究，② 胡宁河对组织传播学的理论创新性探索，③ 吴海琳进一步对组织传播学中组织意识形态对组织本身发展、演进和整合、壮大的凝聚作用的专题创新研究，④ 以及本书基于对"马克思主义大众化"这一概念再审视的视角，重新挖掘马克思主义大众化话语传播的思想、观点，建构马克思主义大众化"话语传播"的概念和认知框架。依托学界已有研究成果，挖掘前人的思想观点，契合山东马克思主义早期传播的生动史实，本书引入了"场域传播""组织传播"和"话语传播"的概念和理论，尝试运用新的理论方法建构一个传播视域下山东马克思主义大众化研究的认知框架。

四、研究创新与不足

（一）研究创新

1. 史料创新

新史料的搜集与挖掘是研究创新的第一步。与以往关于山东马克思主义早期传播的已有成果相比，本书在史料搜集工作方面做出了一定的创新性探索。为搜集关于马克思主义在山东传播的第一手资料，笔者走访调查山东省图书馆、山东省档案馆、山东省党史陈列馆，以及包括济南市、潍坊市、东营市、滨州市、淄博市、临沂市、惠民县、广饶县等在内的山东十七个市县的党史研究办

---

① 李军林. 从"五 W"模式看马克思主义在中共的早期传播的特点［J］. 湖南师范大学社会科学学报，2007（1）.

② 黄进华. 马克思主义在哈尔滨传播的历史经验和现实启示［M］. 北京：中国社会科学出版社，2017；黄进华. 场域视野与马克思主义在东北的传播：1872—1948［M］. 哈尔滨：黑龙江人民出版社，2017.

③ 胡宁河. 组织传播学：结构与关系的象征性互动［M］. 北京：北京大学出版社，2010.

④ 吴海琳. 组织变迁中的意识形态整合研究［M］. 长春：吉林人民出版社，2011.

公室、地方史志办公室、图书馆、档案馆，甚至包括中共济南乡师党史陈列室、广饶县《共产党宣言》纪念馆等红色遗址遗迹，发掘了大量关于山东党史及马克思主义早期传播的第一手珍贵的原始史料，不仅有山东省委党史研究室、山东省中共党史学会集体编纂的《中共山东编年史》《山东党的革命历史文献选编》等精品力作，还有许多尚未公开出版的内部流通或学习资料。这些第一手原始珍贵资料的首次发掘，展现了山东马克思主义早期传播真实准确、生动丰富的图景故事，为本书研究提供了丰厚的史料根基。

2. 方法创新

关于马克思主义在山东的传播这一选题，目前有一本专著《马克思主义是怎样生根中国的——马克思主义在山东早期传播研究》和多篇硕士论文，对马克思主义在山东传播的历史条件、历史轨迹、传播形式、传播特点、传播意义等做出了初步研究，但是停留在史料的梳理和堆积上，缺乏方法上的深入挖掘和理论上的创新支撑。本书引入场域传播、组织传播和话语传播，将马克思主义在山东的传播与世界社会主义运动、全国革命形势相衔接，从宏观场域传播、中观组织传播、微观话语传播三个层次，将山东马克思主义大众化"如何化""化的效果如何"等一系列问题做一深入探究，这是本书在理论方法上的创新。

3. 观点创新

在山东马克思主义大众化的场域传播、组织传播和话语传播中，研究得出了很多创新性观点，例如，马克思主义在山东地区的传播及大众化是一个由隐性到显性、从边缘到中心的出场并不断在场的生命律动过程，它不是在共产党单独的场域内封闭进行，而是在多主体经济、政治、社会、文化等资本竞争与博弈中生成，尤其是在与国民党的角力中消长。山东马克思主义大众化场域传播的资本分析，尤其是文化资本分析也在一定程度上印证了葛兰西（Gramsci）的文化领导权理论，即每次革命都是以激烈的批判活动和大众文化思想的传播为先导的。又如，山东马克思主义组织传播经历了从宗族人情到革命信仰、从研究团体到群众性政党，以及"何为"和"如何实现"党的群众化的递升演进过程。山东马克思主义大众化的话语传播内容经历了从反帝话语到革命话语的嬗递与交织，话语传播形式以生活话语负载政治话语、以叙事话语观照理论话语、以情感话语融合阶级话语，并孕育了新民主主义革命话语体系的雏形。

（二）研究不足

本书从传播学视角探讨 1908 年至 1937 年山东马克思主义大众化的研究，横向梳理山东马克思主义大众化的历史轨迹，纵向剖析山东马克思主义大众化场域传播、组织传播和话语传播的历史图景，并对山东马克思大众化的成就与局限做出客观全面的历史评价。但限于写作时间紧张和个人实践经验缺乏，本书对山东马克思主义大众化的当代启示方面和写实方面还有待于进一步思考和提升。因此，本书还存在进一步提升的空间。

第一章

山东马克思主义大众化的理论溯源和时代要求

山东，是中国革命版图上一颗耀眼的红星，它曾以其波澜壮阔的革命斗争和彪炳青史的丰功伟绩在中国革命史上留有浓墨重彩的一笔。

近代山东在争取民族独立及人民解放的革命斗争中，山东党组织和山东人民牺牲巨大，功绩甚伟。党的创建时期，在中国国内建立党的早期组织的六个地区之中，山东济南即是其一。作为济南共产主义小组的代表，王尽美、邓恩铭出席了中国共产党的第一次全国代表大会，并为中国共产党的创立做出了重要贡献。大革命时期，山东党组织迅速发展，领导工人运动，异军突起，声势浩大。土地革命时期，面对国民党反动派的屠刀，山东党组织前赴后继，屡败屡战，一大批优秀的共产党人慷慨就义，血沃齐鲁，掀起了十几次英勇悲壮的农民武装暴动。抗战时期，山东党组织在国民党不战而退的紧要关头，勇挑重任，成立山东人民子弟兵的一支强大部队——八路军山东纵队，与八路军一一五师合作，在山东敌后建立抗日民主根据地。山东是解放战争时期人民解放军北上南下的重要战略枢纽和粉碎国民党进攻的主战场之一，主力部队挺进东北，党政军民血战沂蒙，百万青年踊跃参军，七万干部北上南下，千万民工奋力支前。可以说，在中国人民革命战争史上，山东党组织带领山东人民建立了卓越的功勋，写下了光辉的篇章。

山东党组织在革命战争年代所取得的卓著功绩，与马克思主义在山东的早期传播及大众化的历史进程互为表里，紧密相关。如果我们把马克思主义在山东的早期传播及大众化的内在逻辑演进链条，形象地划分为"为何化""如何化""化的效果如何"三个阶段的话，那么，山东马克思主义大众化"为何化"的问题就成了解山东马克思主义传播脉络和演进逻辑的一个首先需要回答的问题。如果对这一问题无法做出探索和回应，那么，就无法从理论上弄清山东马克思主义大众化是"如何化"的，换言之，即马克思主义在山东是"如何传播”的，更难以辩证地回答山东马克思主义大众化“化的效果如何”等一系列问题。而山东马克思主义大众化“为何化”的问题又牵涉到“何以需要”“何以可能”等问题。只有回答好了“山东马克思主义大众化何以需要”“山东马克思主义大众化何以可能”的问题，才能从理论自觉、理论科学的高度上更好地解决山东马克思主义“如何化”的问题；也只有弄清楚了这一问题，才能更客观、理性地评价山东马克思主义大众化“化的效果如何”，总结得失，借古鉴今。

正如毛泽东从矛盾普遍性与特殊性互相联结的视角分析中国战争问题所指出的，我们应该研究一般战争、革命战争以及中国革命战争的规律。[①] 马克思主义在山东的早期传播及大众化也正需要从这一视域出发，既要从马克思、恩格斯、列宁以及早期中国共产党人马克思主义大众化的一般原理出发，也要考虑山东儒家思想的文化积淀对马克思主义传播的正向或逆向之影响。恩格斯曾经说过，社会对于科学技术的需要能大大推动科学技术的发展。[②] 同样，社会一旦有了时代的需求，这种时代的需求也将极大地推动思想理论的产生。近代山东内外交困、风云激荡，山东人民追求民族解放、政治解放、个人解放的时代诉求，为马克思主义在山东落地生根孕育了肥沃的社会土壤。

第一节 "何以需要"：山东马克思主义大众化的理论溯源

就山东而言，马克思主义大众化的理论渊源是什么？近代山东革命运动不是凭空臆想的，而是有其深厚的理论渊源。山东马克思主义大众化的宏大历史图景，是马克思主义与山东特定地域政治、社会、文化相结合的产物。马克思、恩格斯、列宁关于马克思主义大众化的基本思想，加之山东儒家思想的文化底色，为山东马克思主义大众化提供丰富的理论渊源。

---

① 毛泽东选集（第一卷）［M］. 北京：人民出版社，1991：171.
② 中共中央马克思恩格斯列宁斯大林著作编译局. 马克思恩格斯选集（第四卷）［M］. 北京：人民出版社，2012：648.

一、马克思恩格斯的马克思主义大众化思想

德国诗人歌德（Goethe）在他的诗剧《浮士德》中借用魔鬼梅菲斯特（Mephistopheles）之口说出这样一句话，理论是灰色的，亲爱的朋友，生命的金树才是永恒的。① 如果将灰色的理论与鲜活的生命实践活动相融合的话，那么可以说，理论也是有生命的。每一种理论从它诞生的那一刻起，就承载着对特定阶层的价值观照和利益关怀，马克思主义理论也是一种拥有蓬勃生命力的理论。作为理论的首创者，马克思和恩格斯在中学时代就树立了为人类幸福和自身完美而奋斗的职业观，他们亲身经历 19 世纪欧洲资本主义发展怪象——一方面工业和科学理论蓬勃发展，另一方面人的生命价值被漠视和贬值，发出拯救工人阶级、寻求人类解放的理论呼声。正如陈先达从马克思主义理论对以往一切理论形式的超越性和彻底性视角所指出的，在人类历史上，有许多思想家对穷人表示同情。只有马克思没有用怜悯、眼泪或抽象的人道主义原则来表达同情和慰藉，而是真正用科学理论来揭示他们的处境和实现自身解放的途径。② 可以说，马克思主义理论源源不断的生命力恰恰来自马克思主义大众化。

（一）就马克思主义大众化的内涵来看，在个体—国家（或民族）—世界三个层级的视域下，马克思主义大众化是一个囊括内部政治解放和外部民族解放，致力于无产阶级尤其是工人阶级的经济解放或劳动解放，最终以人的解放乃至全人类的解放为旨归的宏大历史活动

"人生来是自由的，却无处不受枷锁的束缚。"③ 卢梭在《社会契约论》中所描述的资本主义上升时期资产阶级对抗封建制度和等级特权的历史图景，与 19 世纪中期资本主义占据主导地位时期马克思和恩格斯所批判的无产阶级对抗资本压榨和制度剥削的历史图景相比，虽时代殊异，但场景相似，展现了社会演进进程中螺旋式上升的历史相似性。19 世纪的无产阶级就是处在这样一个"无处不在枷锁之中"的惨痛处境，那么，19 世纪的欧洲呈现出怎样的时代特征呢？马克思在《人民报》创刊纪念大会上精准地概括了 19 世纪欧洲的两大事

① 歌德．浮士德［M］．上海：上海译文出版社，2011：77.
② 陈先达．陈先达文集（第 2 卷）：马克思和马克思主义［M］．北京：中国人民大学出版社，2015：2.
③ 卢梭．社会契约论：英汉对照［M］．克兰斯顿英译，高黎平汉译．北京：中国对外翻译出版有限公司，2011：5.

实：一方面，过去人类历史上任何时代都无法想象的工业和科学的力量已经产生①；另一方面，衰颓的迹象已经显现②。

马克思运用形象具体、自相矛盾的各种社会怪象展现了 19 世纪欧洲的社会矛盾，引发民众深刻思考。正如马克思所描述的那样，我们这个时代的一切似乎都走向了反面：机器有减少人类劳动、提高劳动效率的神奇力量，但却造成饥饿和过度疲劳；新发现的财富的来源由于某种奇怪的、不可思议的神奇力量而成为贫穷的来源；"技术的胜利"被"道德的腐败"所取代，一切科学发现和社会进步，其结果似乎都是使物质力量的生活更加理性，使人的生活变成枯燥的物质力量。③ 科学技术从"解放人"的初衷开始，到"束缚人"的终结，技术的解放力量——工具性的东西——已经变成了解放的枷锁，即使是人也被工具化。④ 在现代工业与现代贫困之间、现代科学与社会衰颓之间、现代生产力与社会关系之间，这种断裂与对抗，不得不引发民众和党派思考背后的深刻原因到底是什么。

在理性思索欧洲社会怪象背后根源的同时，19 世纪的欧洲呈现出怎样的时代主题这样一个问题的答案也日渐浮出水面。在试图为上述社会怪象诊断把脉的各党派中，有的只能痛哭流涕却束手无策，有的试图退回到前工业时代，为避免现代冲突而抛弃现代技术，还有的妥协于政治上的巨大倒退而安于科学技术所带来的巨大社会进步……然而，这些立场和观点始终都未能解决一个根本性的问题：人的解放或者工人阶级的解放该何去何从？

马克思早在《论犹太人问题》中就做出了回答，他说只有把人类世界和人类关系还给人类自身，才是获得一切解放的必要条件。⑤ 正是在诊断上述社会怪象的过程之中，马克思和恩格斯深刻分析了资本主义社会的病因，弄清了资本主义制度是剥削性质的客观现实，揭示了在现代资本主义社会制度支配的资本

---

① 中共中央马克思恩格斯列宁斯大林著作编译局．马克思恩格斯文集（第二卷）［M］．北京：人民出版社，2009：579.

② 中共中央马克思恩格斯列宁斯大林著作编译局．马克思恩格斯文集（第二卷）［M］．北京：人民出版社，2009：579.

③ 中共中央马克思恩格斯列宁斯大林著作编译局．马克思恩格斯文集（第二卷）［M］．北京：人民出版社，2009：580.

④ 赫伯特·马尔库塞．单向度的人：发达工业社会意识形态研究［M］．刘继，译．上海：上海译文出版社，1989：143.

⑤ 中共中央马克思恩格斯列宁斯大林著作编译局．马克思恩格斯文集（第一卷）［M］．北京：人民出版社，2009：46.

主义生产方式下，资本家如何剥削工人，进而印证了马克思两大历史性发现中的另一个重要发现："过去的全部历史都是在阶级对抗和阶级斗争中发展的"①，从而得出，无产阶级的解放出路只有一个，"无产阶级没有任人挑拨去进行暴动，它要干的是革命"②。简言之，无产阶级的解放在于通过暴力革命夺取政权，实现自身的政治解放。

但是，不论是无产阶级的个人解放，还是无产阶级的政治解放，都不是一个国家一个民族的地域性事务。随着各地不同步工业化进程的推进和世界市场的开拓，资本主义的生产方式由工业较发达的国家和地区向工业较不发达的国家和地区拓展和延伸，它所带来的铁的规律必然发生作用，造成了全球范围内既"苦于资本主义生产的发展"，又"苦于资本主义生产的不发展"的双重困境。③ 对于工业较不发达地区的工人阶级，必然承受本国资本主义和外国资本主义的双重压榨，除了自身的政治解放、个人解放，民族解放成为较不发达地区工人阶级肩负的另一项历史重任。

所以，一是国际主义是工人阶级的一个基本属性。从根本利益上看，全世界无产阶级是一致的。民族纠纷只存在于封建地主资本家统治时期。当工人阶级获得政治支配地位时，所有民族不和的借口都将消失。因为工人阶级本质上是国际主义者。二是工人阶级积极影响统治阶级的外交政策，是革命无产阶级最重要的任务之一，也是劳动人民争取解放总斗争的一部分。因此，工人阶级应当了解国际政治的秘密，监督本国政府的外交活动，必要时尽一切可能加以抵制；不能防止的时候，应当一致揭露。④ 另外，还要把民族解放斗争同内部社会改革和政治改革结合起来。

---

① 中共中央马克思恩格斯列宁斯大林著作编译局．马克思恩格斯文集（第三卷）［M］．北京：人民出版社，2009：459.
② 中共中央马克思恩格斯列宁斯大林著作编译局．马克思恩格斯文集（第二卷）［M］．北京：人民出版社，2009：167.
③ 中共中央马克思恩格斯列宁斯大林著作编译局．马克思恩格斯选集（第四卷）［M］．北京：人民出版社，2012：322.
④ 中共中央马克思恩格斯列宁斯大林著作编译局．马克思恩格斯选集（第三卷）［M］．北京：人民出版社，2012：11.

（二）就马克思主义大众化的途径来看，马克思主义大众化要做到两个结合，一是将"思想"与"使用实践力量的人"相结合，二是将"脑力劳动无产阶级"与"体力劳动无产阶级"相结合，实现两个结合的关键在于共产党对工人阶级阶级意识的宣传与教育

马克思主义大众化是一项包括个人解放、政治解放、民族解放等多重内涵在内的宏大历史活动，那么，如何实现这一历史活动呢？首先，要把"思想"和"使用实践力量的人"结合起来。马克思和恩格斯认为，思想要获得实现，就必须借助于人。① 也就是说，理论思想与实践主体的结合，是理论发展与时俱进和实践取得预期效果的双重需要。一是思想作为一种"批判的武器"不能替代"武器的批判"——实践，革命理论也不能替代革命的实践活动，社会的真正改造要靠革命实践活动所产生的物质力量，这是唯物史观在革命理论上的具体体现。马克思恩格斯这一唯物史观革命理论的确立不是一蹴而就的，而是在批判旧有的一系列唯心史观革命理论中一点一滴创立起来的。在马克思主义理论诞生之前，关于无产阶级解放的理论不乏乌托邦式的幻梦，但都因无法正确地解释现实，抑或无法科学地改造社会而以失败告终。正如马克思对此所批判的那样，如何解释世界只是第一步，关键是如何改变世界。我们要把思想和群众结合起来，才能真正契合实践需要并达到预期的实践效果。二是无产阶级的解放实践活动需要以科学理论为指导。光有思想去走向现实是不够的，现实也要努力走向思想，革命阶级斗争的需要是革命思想产生的重要推动力量。19世纪30至40年代欧洲三大工人运动显示了埋葬资本主义制度的真正社会力量是工人阶级，但也暴露出缺乏先进思想理论武器的弱点，这也是欧洲三大工人运动失败的思想根源。如果不能从理论上弄清资本主义不可避免走向灭亡与社会主义必然走向胜利的根源所在，就不能掌握无产阶级斗争的科学规律，无法引领工人运动的正确方向，也就找不到无产阶级解放斗争的正确途径，更无法取得阶级斗争的胜利。面对时代提出的问题，还有法国的布朗基主义，德国的魏特林（Weitling）的乌托邦共产主义、蒲鲁东（Proudhon）的无政府主义、格律恩（Grun）的"真正的社会主义"等不成熟思潮和主张的回答，这些思想观念虽然具有强烈的革命倾向，但缺乏对资本主义社会发展规律的科学认识，因此并没有摆脱幻想和密谋的色彩。马克思和恩格斯适应工人解放运动的需要，在

---

① 中共中央马克思恩格斯列宁斯大林著作编译局. 马克思恩格斯文集（第一卷）[M]. 北京：人民出版社，2009：320.

全面批判吸收前人优秀成果的基础上，创立科学社会主义。

其次，要把"脑力劳动无产阶级"与"体力劳动无产阶级"结合起来。恩格斯在国际社会主义大学生代表大会上的讲话中指出，他希望大学生队伍中诞生脑力无产阶级，与体力无产阶级一道，在即将到来的无产阶级革命中并肩作战。① 马克思和恩格斯从无产阶级革命的高度对"脑力劳动无产阶级"和"体力劳动无产阶级"的阶级属性和角色定位做出了深刻界定，是马克思主义大众化理论的重要组成部分。其一，马克思和恩格斯把脑力劳动者定位为无产阶级的一部分，他们是雇佣劳动关系下的被剥削者。资本主义生产方式把脑力劳动和体力劳动相分离，由此形成脑力劳动者和体力劳动者。这些人和资本之间的关系就是雇佣工人的关系。② 在资本主义的生产方式下，大多数脑力劳动者及体力劳动者都是雇佣劳动生产链条上的被雇用者，同时也是资本主义生产关系中的被剥削者。他们只是分工有别，但阶级地位是一致的。其二，"脑力劳动无产阶级"的科学和知识只有与"体力劳动无产阶级"相结合，才会形成推动无产阶级革命事业前进的巨大动力。无产阶级革命事业既需要"体力劳动无产阶级"的奋斗，也需要"脑力劳动无产阶级"的引领。如恩格斯所言，若是有哲学家与我们共同思考，有工人与我们一起抗争，世界上还有什么力量可以阻止我们前进？工人阶级的解放，离不开"脑力劳动无产阶级"与"体力劳动无产阶级"并肩奋斗，通力合作。

最后，马克思主义大众化要实现"两个结合"，关键在于共产党对工人阶级的宣传、组织和教育。工人已经具备了人数这一成功的因素，但只有在知识的组织和引导下，工人阶级的数量才能起决定性的作用。③ 科学理论的指导才是决定工人斗争胜负的关键因素。

（三）就马克思主义大众化的实现来看，只有人民建立无产阶级政党组织，通过暴力革命掌握政治权力，以"政治解放—民族解放—人的解放"为旨归的马克思主义大众化才能真正得以实现

马克思主义大众化的真正实现必须依靠政党组织和暴力夺权，这是马克思

---

① 中共中央马克思恩格斯列宁斯大林著作编译局. 马克思恩格斯文集（第三卷）[M]. 北京：人民出版社，2009：446.
② 中共中央马克思恩格斯列宁斯大林著作编译局. 马克思恩格斯文集（第八卷）[M]. 北京：人民出版社，2009：418.
③ 中共中央马克思恩格斯列宁斯大林著作编译局. 马克思恩格斯文集（第三卷）[M]. 北京：人民出版社，2009：13-14.

和恩格斯马克思主义大众化思想的重要内容。恩格斯充分肯定革命和政党在推动德国革命进程中的重大作用，认为革命和政党是推动政治变革和社会进步的"引擎"和"火车头"。正是在古老而复杂的社会制度中，阶级对抗的迅猛发展，使革命成为社会政治进步的强大引擎。正是新政党的不断涌现和快速成长，一个又一个政党在掌权后政治剧烈震动的五年内，带领一个民族完成了在普通环境下百年无法完成的征程。① 建立工人阶级政党组织和支部组织，通过暴力革命取得政权，是工人运动发展进程中的必然选择。

　　建立无产阶级独立的政党组织及其支部，以经济斗争推动经济变革，这是无产阶级解放的第一步。一切经济贫困、精神奴役和政治从属的根源在于垄断者对劳动者的经济支配。② 那么，如何维护和谋求无产阶级独立的不受资产阶级影响的利益呢？马克思和恩格斯认为，唯一的出路在于建立独立的不受资产阶级影响的工人政党组织和支部，使之成为工人协会的中心。工人，首先是共产主义联盟，不应该屈从于资产阶级民主派的合唱。相反，他们应该寻求在正式的民主党派旁边建立一个秘密的、公开的、独立的工人党组织，把每个支部作为工人协会的中心和核心，在不受资产阶级影响的情况下，独立讨论无产阶级的地位和利益。③ 经济斗争是工人运动的开始，但不是终点。在经济斗争中，无产阶级结成经济组织，为经济组织向政治组织的跃升及政党组织的建立奠定基础。

　　无产阶级政党通过暴力革命，掌握政治权力，建立一个可提供平等权利和义务的全新社会制度，以消灭阶级和阶级统治，这才是无产阶级的真正解放。马克思和恩格斯从理论上的科学研究和实践中的工人运动中认识到：第一，工人政党存在的必要性之一就是要进行政治活动，放弃政治是不可能的。只有工人阶级意识到必须依靠自己的力量，将经济变革上升到政治革命，为夺取政权而斗争时，工人阶级的解放才能真正得以实现。正如恩格斯所说：只有当经济变革使广大工人认识到自己的地位，从而为他们获得权力开辟道路时，真正导

---

① 中共中央马克思恩格斯列宁斯大林著作编译局．马克思恩格斯文集（第二卷）[M]．北京：人民出版社，2009：383.

② 中共中央马克思恩格斯列宁斯大林著作编译局．马克思恩格斯全集（第二十一卷）[M]．北京：人民出版社，2003：16.

③ 中共中央马克思恩格斯列宁斯大林著作编译局．马克思恩格斯文集（第二卷）[M]．北京：人民出版社，2009：193.

致解放的措施才有可能。① 第二，工人政党的最高使命是革命，革命的手段是无产阶级掌握政治权力，革命的最终目标是消灭阶级。为此，恩格斯教育工人，想要使他们的地位得到改善，就必须亲自夺取政权，具体来说，就是争取工人在下院占多数的普选权，要实现无产阶级的阶级专政，就要把这个专政作为必要的过渡阶段，从根本上消除阶级差异和产生阶级差异的一切生产关系。② 自此，无产阶级专政被当作科学社会主义基本原理之一而载入人类思想宝库。第三，革命不可能仅仅依靠一个工人政党来完成，只有依靠人民才能完成革命，这就需要无产阶级政党进行广泛的革命宣传。

二、列宁的马克思主义大众化思想

在国际社会主义运动的链条上，科学社会主义理论经历了"从空想到科学，从理论到实践，从理想到现实"的三重演进逻辑。作为世界上第一个社会主义国家——苏联党和国家的主要缔造者，列宁领导苏俄完成了国际社会主义运动演进链条上"从理论到现实"环节的第一次跃升。列宁大量研读马克思和恩格斯的经典原著，依据自身领导无产阶级革命的实践经验，回应俄国革命各个阶段和不同进程中的时代课题，形成了全面丰富的马克思主义大众化思想。列宁用三个词对马克思主义大众化的内涵做了完美演绎，他指出，社会革命党应该是无产阶级的思想领袖，领导无产阶级进行现实斗争。然后，把理论工作和实际工作结合起来，这个工作用德国社会民主党老战士李卜克内西的（Liebknecht）话说就是，"研究，宣传，组织"③，没有理论工作，就不能成为思想领袖；如果不将理论成果灌输到工人阶级中去并将他们组织起来，同样也不能成为思想领袖。④ 研究，宣传，组织，这三个词如同一条金线涵盖了马克思主义大众化的始终，把列宁的马克思主义大众化思想串联起来。

---

① 中共中央马克思恩格斯列宁斯大林著作编译局. 马克思恩格斯文集（第十卷）[M]. 北京：人民出版社，2009：607.
② 中共中央马克思恩格斯列宁斯大林著作编译局. 马克思恩格斯文集（第二卷）[M]. 北京：人民出版社，2009：166.
③ 中共中央马克思恩格斯列宁斯大林著作编译局. 列宁选集（第一卷）[M]. 北京：人民出版社，2012：78.
④ 中共中央马克思恩格斯列宁斯大林著作编译局. 列宁选集（第一卷）[M]. 北京：人民出版社，2012：79.

（一）从"研究"的视角来看，马克思主义大众化要做好理论研究工作，充分发挥知识分子的理论优势，用彻底的革命的理论武装群众，提高无产阶级的阶级自觉和理论自觉，在同资产阶级思想体系进行不调和的斗争之中建立社会主义的思想体系

首先，革命理论是革命行动的必要条件。一个政党只有武装好"先进理论"，才能担当起"先进战士"的使命。① 那么，先进的革命理论从何而来呢？列宁认为，先进的无产阶级革命理论离不开有产阶级知识分子的理论研究工作。自从社会主义成为科学，人们就被要求把它当作科学来对待并研究它。作为一门科学的马克思主义理论，要求人们必须以科学的态度对它进行理论研究；而马克思主义大众化理论作为马克思主义理论的一个分支，也同样要求以科学的态度来对待。在马克思主义大众化的理论研究中，列宁首次提出灌输理论，他认为工人阶级无法创立自己独立的意识形态，这种意识形态只能由从事马克思主义理论研究的知识分子阶层从外部灌输进去。②

其次，社会主义知识分子的理论研究工作必须从俄国现实的社会经济出发寻找理论的立足点，完备地说明俄国现实生产关系体系的现状、弊端及出路。列宁进行理论研究的目的就在于为建立一个适合俄国国情的无产阶级政党提供理论基础，因此，他十分重视理论研究的方向，指出社会主义知识分子要以俄国现实的经济政治关系为理论研究的出发点和立足点，反对脱离俄国实际的各种政治乌托邦幻想。③ 列宁认为，俄国社会主义知识分子理论工作的方向，应该是具体研究俄国各种形式的经济对抗、经济对抗与经济发展的关系及其一致性。只要这种对抗被政治历史、法律特征和传统理论偏见所掩盖，就应该被揭示出来。理论工作要对俄国作为一定生产关系体系的现实、在这一体系下剥削和剥夺劳动者的必然性以及经济发展所指明的走出这一体系的道路做出完整的解释。同时，要把这种思想政治知识灌输到工人阶级中去，知识分子要到居民的各个阶层去，派自己的队伍到各个方面去。④

---

① 中共中央马克思恩格斯列宁斯大林著作编译局．列宁选集（第一卷）[M]．北京：人民出版社，2012：311.
② 中共中央马克思恩格斯列宁斯大林著作编译局．列宁选集（第一卷）[M]．北京：人民出版社，2012：317-318.
③ 中共中央马克思恩格斯列宁斯大林著作编译局．列宁选集（第一卷）[M]．北京：人民出版社，2012：77.
④ 列宁．列宁全集（第六卷）[M]．北京：人民出版社，2013：76.

最后，马克思主义大众化理论研究的重要载体是思想理论斗争，马克思主义理论在俄国统治地位的确立，是在同各种反动空想社会主义的思想斗争中一步一步巩固起来的。马克思主义大众化的理论研究工作，就是要在严格坚持社会主义党性的前提下，在同资产阶级思想体系进行不调和的斗争中建立社会主义思想体系。以马克思主义学说为基础的科学社会主义在俄国的统治，并不是一下子就巩固起来的，而是在同小资产阶级社会主义、无政府主义、民粹主义、取消主义等各种反动落后思潮的斗争之中巩固起来的。列宁在观察俄国社会主义运动实际状况的基础上忧虑地指出，"随着马克思主义的广泛传播，理论水平有了某种程度的降低"①。只有对这些错误思潮进行不妥协的批判，才能建立和巩固社会主义意识形态。比如，作为两种政治乌托邦思想之一的民粹主义，否定俄国资本主义的统治，否定资产阶级政治革命的意义，幻想从小农经济的农民村社出发，通过对所有土地的公平再分配，从本质上消除资本统治和雇佣劳动制度，这是处在资本家和工薪阶层之间的一种小业主的幻觉，他们试图在没有阶级斗争的情况下消除雇佣劳动制。② 取消主义取消党组织，用资产阶级思想败坏无产阶级意识，从本质上是一种放弃革命的改良主义。此外，列宁还批判了俄国社会民主党内否认政党、否定铁的纪律和民主集中制、拒绝在反动工会工作和任何妥协的"左"倾错误思潮。列宁借马克思在《哥达纲领批判》中的话指出，如果有必要团结起来，那么为了实现运动的具体目标，就可以达成协议，但不能用这一原则进行交易，也不能做出理论上的"让步"。③ 列宁明确指出，不存在超阶级的意识形态。因此，藐视和脱离社会主义意识形态，就是加强资产阶级意识形态。④ 总之，马克思主义大众化必须坚持广泛的阶级斗争原则，必须发展严格的党性。在这里，"非党性是资产阶级思想。党性是社会主义思想"⑤。

---

① 列宁. 列宁全集（第六卷）[M]. 北京：人民出版社，2013：22.

② 列宁. 列宁全集（第二十二卷）[M]. 北京：人民出版社，2017：131.

③ 列宁. 列宁全集（第六卷）[M]. 北京：人民出版社，2013：23.

④ 列宁. 列宁全集（第六卷）[M]. 北京：人民出版社，2013：38.

⑤ 列宁. 列宁全集（第十二卷）[M]. 北京：人民出版社，2017：128.

（二）从"宣传"的视角来看，马克思主义大众化要做好理论宣传工作，说明工人阶级的地位、资本主义政治经济制度和社会主义制度的必然性和不可避免性，充分发挥报纸、口号等作为集体宣传员、鼓动员和组织者的作用，建立党的思想领导工作中心——中央机关报

首先，理论宣传的内容和对象必须具体化、事实化，避免笼统化、观念化。进一步说，一是就宣传内容而言，马克思主义大众化必须详细地说明俄国社会经济政治制度的反动性、落后性及其发展趋势的必然性和不可避免性。应当指出的是，俄国中世纪的半农奴制残余势力仍然非常强大，所以，这里俄国的反动落后制度不仅包括资本主义政治经济制度，还包括旧的封建农奴制残余。列宁高度强调马克思主义理论宣传工作的具体化和事实化，他指示：必须非常详细地向工人们指出，这些制度是多么可怕多么反动，它们如何加强对劳动的资本压迫，如何压迫工人，如何以中世纪的形式封锁阻滞资本。这种剥削劳动的形式，不亚于现代的工业形式，给解放斗争增加了很大的困难。①二是就宣传对象而言，马克思主义大众化必须将资本压迫和封建剥削的具体表现落实到每一个阶层每一个个体，而不能停留在阶级敌对的笼统化、观念化层面。列宁指出，政治教育的内容应该是什么？我们能不能把自己局限于宣传工人阶级反对专制的思想？当然不，必须将这种压迫具体至每一阶层。因为这种压迫属于不同的社会阶层，只有充分揭露每一个阶级和个人被压迫的具体表现形式，才能真正培养工人的政治意识。总而言之，无论是宣传内容，还是宣传对象，列宁都高度强调马克思主义大众化理论宣传工作的具体化和事实化，避免笼统化和观念化。

其次，理论宣传必须基于写作是无产阶级事业的一部分的认识高度，充分发挥报纸、口号等作为集体宣传员、鼓动员和组织者的作用，建立党的思想工作领导中心——中央机关报。列宁十分重视文字写作事业，把它定位为无产阶级事业的不可或缺的组成部分和社会民主主义机器的"齿轮和螺丝钉"②。写作事业应当是社会民主党工作的组成部分，③不能被资本所侵蚀，成为个人或集团

---

① 中共中央马克思恩格斯列宁斯大林著作编译局. 列宁选集（第一卷）［M］. 北京：人民出版社，2012：72.

② 中共中央马克思恩格斯列宁斯大林著作编译局. 列宁选集（第一卷）［M］. 北京：人民出版社，2012：663.

③ 中共中央马克思恩格斯列宁斯大林著作编译局. 列宁选集（第一卷）［M］. 北京：人民出版社，2012：663.

赚钱的工具。报纸不仅是集体的宣传员和鼓手，也是集体的组织者。① 如何充分发挥报纸的宣传、鼓动和组织作用呢？列宁指示：一是报纸要成为一切党组织的机关报，写作者必须参加一切党的组织。二是建立党的思想领导工作中心——中央机关报，中央机关报担负思想上的领导工作。②

最后，理论宣传必须从日常生活斗争的视角出发，了解群众利益，摸透群众情绪，在日常生活的斗争中与群众打成一片。价值关怀始终是马克思主义理论的特质所在，为工人阶级以及全人类的解放和幸福而奋斗是马克思主义理论的终极价值关怀。这一价值关怀的实现，离不开对群众利益的追寻和对群众情绪的把握。在社会民主党的政治活动中，一个重要的任务就是培养工人阶级担当无产阶级革命解放战士的历史重任。要实现这一历史担当，列宁认为，社会民主党一是要了解群众利益，二是要摸透群众情绪，只有在日常生活斗争中与群众同苦同乐，打成一片，"以无产阶级感情体会一切劳动者"③，才能真正担当革命领导者的角色。如果我们连群众的情绪都搞不懂，也不善于联系群众、动员工人群众，那就根本不能发挥社会民主党革命先锋队的作用！④ 为此，列宁指示，社会民主党人要善于接近那些最不了解我们的科学、最不了解生活的最不开化、最不发展的成员。只有这样，才能与他们交谈，与他们融为一体，并坚持不懈地培养他们的社会民主意识，而不是把我们的学说变成干巴巴的条条框框，不是单靠书本，而是靠无产阶级中最不开化、最不发达的阶层参加日常生活的斗争。⑤

（三）从"组织"的视角来看，马克思主义大众化要做好组织理论化工作，将马克思主义理论原则渗透到组织建构之中，既要建立以经济斗争为主的职业组织，又要建立以政治斗争为主的革命组织，建立无产阶级专政政权

首先，组织既是一个物质实体的概念，又是一个动态建构的过程，无产阶级政党组织既是马克思主义大众化的成果之一，又是马克思主义大众化的重要

---

① 中共中央马克思恩格斯列宁斯大林著作编译局．列宁选集（第一卷）［M］．北京：人民出版社，2012：441.

② 列宁．列宁全集（第七卷）［M］．北京：人民出版社，2013：2.

③ 中共中央马克思恩格斯列宁斯大林著作编译局．列宁选集（第三卷）［M］．北京：人民出版社，2012：836.

④ 列宁．列宁全集（第十卷）［M］．北京：人民出版社，2017：334.

⑤ 列宁．列宁全集（第十卷）［M］．北京：人民出版社，2017：336.

载体。

　　列宁十分重视组织在马克思主义大众化进程中的重要作用，指出在争取政权的斗争中，无产阶级除了组织没有别的武器，① "给我们一个革命家组织，我们就能把俄国翻转过来!"② 在这里需要强调的是，"组织"并非一般的组织，而是革命的无产阶级政党组织，更确切地说，是以马克思主义理论为指导的无产阶级政党组织。理论是组织建构的灵魂，组织理论化工作如果做不好，不仅会带来思想上的分歧，而且会导致组织上的混乱。如何建立无产阶级政党组织？这就需要做好组织理论化工作，将马克思主义理论原则渗透到组织建构之中。之所以重视组织建构中马克思主义理论的指导原则，是因为在组织建立和发展过程中，存在大量因受资产阶级思想因素影响而误入歧途的现象，譬如取消派鼓吹建立"公开的工人党"，取消所有的地下党组织，取消阶级斗争，其实质是放弃革命的改良主义，是反革命的自由派主张。又如，除了受右倾机会主义思想的侵蚀之外，社会民主党还受"左"倾错误思潮的影响，否认党内组织必须有铁的纪律，否定政党和组织中的民主集中制，反对争取群众的细致斗争，其实质是放弃工人运动的领导权，完全解除无产阶级的武装。因此，在党的组织理论建设中，既要反对右倾机会主义，又要反对"左"倾错误思想，只有这样，才能建立和巩固一个真正革命的无产阶级政党组织。

　　其次，组织的建立和巩固是一个在斗争实践中不断深化演进的过程，既要建立能够领导无产阶级进行经济斗争的经济组织，还要建立一个政治组织，领导无产阶级的政治斗争和一切解放斗争，最终从无产阶级上升到统治阶级，建立无产阶级专政。工人阶级在自发斗争中只会形成工联主义意识，在组织上即表现为结成工会，组织互助会、罢工储金会和工人小组等，与工厂主抗争，努力向政府争取颁布对工人有利的法律等。但是，在马克思主义理论原则的指导下，组织建构不止于此，更要建立一个独立的无产阶级政党，把工人阶级的意识提高到自觉的社会民主主义的水平。反之，不提高到这一水准，则会从社会民主主义滑到工联主义水平上去。社会民主党的政治斗争与工人阶级的经济斗争相比要广泛和深刻得多，与之相应，社会民主党的政治组织与工人阶级的经济组织相比也广泛和复杂得多，他们的区别表现在：一是组织性质，前者是政

---

　　①　中共中央马克思恩格斯列宁斯大林著作编译局．列宁选集（第一卷）［M］．北京：人民
　　　出版社，2012：526．

　　②　列宁．列宁全集（第六卷）［M］．北京：人民出版社，2013：121．

治组织，后者则是经济组织；二是组织范围，前者是带有严格准入条件和要求的组织，后者则是尽量广泛的组织；三是组织纪律，前者是带有秘密性和纪律性的组织，后者则是广为公开的组织。无产阶级的真正解放也只有依靠社会革命党人的领导，进行政治斗争才能得以实现。

最后，在党的组织建构中，无产阶级铁的纪律性和组织性的强调，是坚持马克思主义理论原则，抵制小资产阶级思想渗透的必然选择。一定的政治战略和政治策略的制定，其背后体现着一定的政治思想。正如列宁对"左"派共产党人所告诫的那样，否定政党和党的纪律，就是对小资产阶级劣根性的纵容，必然会断送无产阶级革命运动。马克思主义理论原则指导下的无产阶级专政，其本质就在于它是"无产阶级的组织性和纪律性"[1]。无产阶级要发挥引领作用，就必须有一个坚持组织性和纪律性的无产阶级政权。

三、早期中国共产党人的马克思主义大众化思想

正如李大钊在《庶民的胜利》中对世界潮流的预言，一个人思想的变动是全世界人思想变动的征兆，一个事件的发生是世界风暴发生的前兆。1789 年的法国大革命是 19 世纪世界革命的先行者，1917 年俄国革命是 20 世纪革命的先声。[2] 受到俄国十月革命胜利的鼓舞，20 世纪国际社会主义运动呈现出一片高歌猛进的景象，中国正是这一世界社会主义潮流中的一分子。顺应这一世界潮流，早期中国共产党人把马克思主义同自己民族的命运、思想和实践紧密联系在一起，在思索和践行马克思主义大众化的历史和时代课题中，为启发民众阶级自觉意识、实现民族解放和阶级自由贡献了丰富的思想智慧，至今闪耀着理论的光芒。

（一）从"媒介"的视角来看，马克思主义大众化要充分利用报纸、刊物、讲演、谈话、文艺、出版、社团、书社、纪念活动等多种多样的媒介载体，进行马克思主义理论的宣传与释疑

从"媒介"的视角来看，以李大钊、陈独秀、瞿秋白、蔡和森、恽代英、邓中夏、毛泽东、邓恩铭等为代表的早期中国共产党人，通过创办工人小报、群众报纸，出版新式刊物，学校或街头讲演，出版文艺作品，谈话，创办社团、

---

① 中共中央马克思恩格斯列宁斯大林著作编译局 . 列宁选集（第三卷）［M］. 北京：人民出版社，2012：835.

② 李大钊选集［M］. 北京：人民出版社，1959：111.

书社，举行马克思、恩格斯、列宁等国际共产主义运动领袖人物的诞辰或逝世纪念活动以及巴黎公社、十月革命、五四运动等世界社会主义运动的重大事件的纪念活动，身体力行地利用多种多样的媒介载体进行马克思主义大众化传播。

首先，撰写理论文章，创办新式刊物，运用马克思主义分析国家、阶级、政党、权力、法律等上层建筑的政治实质。中国共产党创办早期报刊，譬如上海早期共产党组织主办的《新青年》《共产党月刊》《民国日报·觉悟》副刊等，北京共产主义小组创办的《工人周刊》《先驱》等，广州党的早期组织创办的《劳动者》《群报》等，济南共产主义小组创办的《励新》《泺源新刊》，中国共产党机关报《向导》周报等，这些新式报刊大量刊登以马克思主义理论、社会主义理论、俄国十月革命、工人运动等为主题的理论宣传与解释。例如，《新青年》主要联系中国革命运动中的实际问题进行马克思主义理论的宣传，李大钊曾发表《庶民的胜利》《唯物史观在现代史学上的价值》《战后之妇人问题》等文章，陈独秀也发表了《列宁主义与中国民族运动》《殖民地及半殖民地职工运动问题之题要》《俄罗斯革命与我国民之觉悟》等文章，此外，还有李季的《马克思通俗资本论序言》，刘秉麟的《马克思传略》等，热情宣传唯物史观、阶级竞争学说、"余工余值说"、劳工专政，以及俄国革命实践。另外，除了思想宣传和释疑类的理论报刊，早期中国共产党人还特别注重面向不同职业不同群体创办通俗性报刊，如工人报刊《劳动界》《劳动音》《劳动者》，青年学生刊物《赤光》《中国青年》，农民报刊《中国农民》《山东农民画报》等，作为宣传动员组织群众的最广泛的工具。

其次，早期中国共产党人以教师身份为掩护，实则以马克思主义理论宣传家的身份，通过各种学校、研究会等组织的讲演与授课活动进行马克思主义理论的宣传。1920年以来，李大钊利用在北京大学、北京女子高等师范学校等5所大学担任教授的机会，在学生中开设唯物史观、社会学、女权运动史等课程，使青年学生首次接触马克思主义科学理论，为他们点亮了真理的灯塔，毕业于北京女子高等师范学校的程俊英、罗静轩曾经回忆道：李大钊教授社会学、女权运动史，使她们初步接触马列主义。① 不仅限于北京各大高校，李大钊讲学范围遍布全国各地，他曾分赴武汉高等师范学校、上海复旦大学、上海大学等地就唯物史观、社会问题、社会进化理论等向师生讲演，陈独秀也应武汉、广州

---

① 中国社会科学院近代史研究所. 五四运动回忆录［M］. 北京：中国社会科学出版社，1979：277.

等学校邀请讲演社会主义理论。这些讲演从哲学体系到史学理论，从政治经济学到科学社会主义，系统通俗地展现了马克思主义理论的全貌，为中国社会改造提供了理论武器。

最后，除了以报纸、刊物、讲演、授课等为媒介外，纪念活动也是马克思主义大众化传播的重要路径之一。早期共产党人通过对领袖先驱的诞辰或逝世纪念日，以及国际共产主义运动中里程碑式的重大历史事件举行纪念活动，以跨越时空的理论与现实的对话和诠释，再现理论的生命力和阐释力。纪念活动主要集中在马克思和恩格斯的诞辰纪念日（亦被亲切地称为"五五节"）和逝世纪念日、"五一"国际劳动节、"五四运动"、列宁诞辰纪念日和逝世纪念日、巴黎公社纪念日、俄国十月革命胜利纪念日、"五卅运动"纪念日等。纪念活动是科学社会主义理论与各民族社会主义运动实践相结合的重要节点，是进行马克思主义理论深入宣传的有利契机。

（二）从"话语"的视角来看，马克思主义大众化要明确"说什么话""怎么说""为什么人服务"的问题，在革命知识分子与广大民众之间构筑"话语共同体"的桥梁

从"话语"的视角来看，以瞿秋白、毛泽东等为代表的早期中国共产党人在身体力行地推进马克思主义大众化的实践进程中，结合自己的亲历经验，率先提出了"马克思主义大众话"的问题，并就"说什么话""怎么说""为着什么说""为什么人服务""前途是什么"等问题进行了一系列的理论探讨和理论创新，在理论上和实践上就抽象的理论话语向生动的实践话语的转换提出了自己的真知灼见，是马克思主义大众化理论史上的一笔宝贵的思想财富。

首先是马克思主义大众化该"说什么话"的问题。为什么会提出这个问题？理论上提出这个问题有其现实原因。一是中国民众长期受反动思想的熏陶，他们的宇宙观、人生观和价值观中充斥着反动落后的意识形态。瞿秋白从文艺的角度指出，中国普通民众时下所"喜欢"的是：连环画，最低级的故事小说（《七侠五义》《说唐》《征东传》《岳传》等），时事剧本，甚至是《火烧红莲寺》等的大戏，影戏、木人戏、西洋镜，说书，滩簧，等等。① 这些文学作品中充斥的意识形态不是"充斥着乌烟瘴气的封建恶魔"，就是"小菜市场的道德"——"有钱买货无钱挨饿"的资产阶级意识。② 反动阶级利用意识形态工

---

① 瞿秋白选集［M］. 北京：人民出版社，1985：459.
② 瞿秋白选集［M］. 北京：人民出版社，1985：459.

具控制人们的思想，阻止民众的革命化倾向。二是革命知识分子与普通民众之间没有共同语言。"'五四'新文化运动对于民众仿佛是白费了似的"①，因用"绅士语言"来写，革命文学对普通群众影响甚微。不注意普罗文艺和文章用什么话来写的问题，是向资产阶级投降的问题，是机会主义的表现，是拒绝为群众服务的问题。② 考虑到革命文艺也需要解决资产阶级民主革命和社会主义革命的问题，然而，民主革命和社会主义革命的意识形态无法进入普通民众的头脑，革命任务就无法完成，阻碍这一进程的正是话语问题，而这一问题的解决逐渐聚焦到马克思主义大众化该"用什么话说"的问题上来。那么，马克思主义大众化"用什么话说"呢？"用什么话写"呢？首先，不能用"周朝话"来写，也就是说，不能用文言文写，也不能用"五四式"非驴非马的"骡子话"来写，更不能用章回体的白话文来写，而是要用更加简单浅显的普通俗话来写，这个标准就是"当读给工人听的时候，他们可以懂得"③。比如，"打倒帝国主义，就说打倒洋财东，这样农民才容易明白。"④

　　其次是马克思主义大众化该"怎么说"的问题。一是形式的问题。要充分利用旧式体裁，如故事小说、歌曲小调、诗歌戏剧，使一切作品可以口头朗诵、宣唱和讲演。考虑到识字的人极端少，还可以运用连环图画的形式或者说书式的小说普及给不识字的群众。这里需要说明的是，运用旧式体裁并非意味着完全模仿，而是依照旧体裁加以改革，加入新的成分，创造出新的形式。在"说"的方式上，我们应该用"描写"和"表达"的方法，而不是用"演绎"和"归纳"的方法，来揭示阶级的对立和斗争，历史的必然性和发展性。⑤ 二是内容的问题。要在具体的革命斗争和政治事变之中，明了并揭露群众日常生活中一切反动意识形态的假面具，扶助无产阶级革命意识的生长。普罗作家写工人、写人民、写一切题材，要从无产阶级的角度反映生活、社会关系和社会斗争的现实。⑥ 这就必须深切了解现实生活，避免浮在工人贫民生活之上"浮萍式"的气派，避免站在统治剥削阶级地位可怜洋车夫、老妈子、工人、农民的浅薄的人道主义，避免个人英雄主义，避免没有失败只有胜利、没有错误只有正确

---

① 瞿秋白选集［M］.北京：人民出版社，1985：489.
② 瞿秋白选集［M］.北京：人民出版社，1985：462.
③ 瞿秋白选集［M］.北京：人民出版社，1985：465.
④ 逄先知.毛泽东年谱（上卷）［M］.北京：中央文献出版社，2013：142.
⑤ 瞿秋白选集［M］.北京：人民出版社，1985：473.
⑥ 瞿秋白选集［M］.北京：人民出版社，1985：473.

的一厢情愿的团圆主义，避免黑白分明简单化的脸谱主义。

最后是马克思主义大众化"为着什么说""为什么人服务"的问题。党的宣传，要"脸向着群众"①。瞿秋白借用列宁批判俄国文艺脱离了大众生活，指出文艺不是"为吃饱饭的小姐服务"，也不是"为成千上万的胖的烦闷苦恼的高等人服务"，而是"为数千万劳动者服务"，他们是"国家的精华、力量和未来"。② 那么，马克思主义"大众话"要为着什么说呢？一是要为着鼓动群众而说。宣传和组织群众服务于政治斗争，是形势发展的必然要求。马克思主义"大众话"，归根结底，是为完成民主革命和社会主义革命而服务的。二是要为着组织斗争而说。这里的斗争，主要就是阶级斗争。为了组织无产阶级进行阶级斗争，我们要讲工人阶级的生活，包括穷人、农民和士兵的生活，他们的斗争，工人的罢工、游击战争、土地革命；说一切反动阶级的残酷狡猾，基于无产阶级的立场去揭发他们；说无产阶级斗争的前途，即打倒军阀和帝国主义、完成土地革命、实现中国的真正解放等。三是要为着理解人生而说。党的宣传需要以无产阶级的观点去了解无产阶级和劳动人民，引导他们发现生活意义。③工人、农民和所有穷人都有自己的私生活、爱情、家庭和争取解放的斗争。因此，"马克思主义大众话"的任务就是要把他们从地主阶级和资产阶级灌输的封建反动的意识形态束缚下解放出来，从而为实际的革命斗争提供思想上和理论上的武装。

（三）从"组织"的视角来看，马克思主义大众化应加强组织中的马克思主义理论教育，在组织体系、组织策略、组织纪律、组织构成等方面进一步系统化、制度化、理论化

组织既是马克思主义大众化的基本载体，又是马克思主义大众化的重要成果。以李大钊、陈独秀、恽代英、毛泽东、邓中夏等为代表的早期中国共产党人，在中国共产党早期组织的建立过程中，大力推进马克思主义理论的立场、观点和方法的教育，并将其转化为组织中的革命策略和政治策略的指导，在组织体系、组织策略、组织纪律等方面形成了一套具有创新性的理论观点体系。

首先，坚持马克思主义理论原则是抵制党内各种非无产阶级思想，坚持马克思主义正确组织路线的必然要求。从国际因素上说，坚持严格的组织纪律是

---

① 瞿秋白选集［M］. 北京：人民出版社，1985：487.
② 瞿秋白选集［M］. 北京：人民出版社，1985：456.
③ 瞿秋白选集［M］. 北京：人民出版社，1985：470.

在总结国际社会主义革命运动失败经验中得出的必然选择。毛泽东在总结巴黎公社仅存七十二天就倏然而逝的原因时提及，缺乏统一集中有纪律的政党做指挥是巴黎公社失败的首要原因。"当时巴黎公社，因为没有一个统一的党，以致内部意见分歧，势力分散，而予敌人以可乘之机，这是失败的第一个原因。"①从国内因素上说，党在初创时，党内有各种非无产阶级思想，加之党员质量较差，组织松懈，极大地妨碍了党的正确路线的执行，导致党接连犯盲动主义和取消主义的错误。组织路线的失误源于思想深处理论导向的偏移或薄弱，党内各种非无产阶级思想的根源在于马克思主义理论原则在具体革命策略和政治策略指导上的缺失。因此，必须加强党在组织建设中的马克思主义理论教育。

其次，加强组织建设中的马克思主义理论教育，就是将马克思主义理论原则贯彻到具体的无产阶级革命斗争的政治策略和革命策略中去，形成一整套创新性的马克思主义组织大众化理论体系，主要表现在：一是军事组织必须服从无产阶级政党的领导，军事组织是执行革命政治任务的团体，而无产阶级政党除了军事任务以外，还必须担任宣传、组织、武装群众以建立革命政权的任务。毛泽东说，军事与政治的时间分配乃是一比十。二是必须严格执行党的纪律，建立群众政权，避免任何小资产阶级的"个人主义""极端民主化"和封建"流寇主义"的错误思想。三是将党的领导原则贯彻到组织路线之中，"每连建设一个支部，每班建设一个小组，这是红军中党的组织的重要原则之一"②。各级党部不仅是指导实际工作的组织中枢，而且还利用各种训练班、讨论会对党员同志进行马克思主义理论原则的教育。

最后，马克思主义政党组织的建立需要党员同志深入田间地头，在了解群众的痛苦和需要之后把他们组织起来。值得一提的是，早期中国共产党人很早就意识到农民问题的重要性，毛泽东曾预见农民问题是国民革命的中心问题，③要下决心组织农民工作，党员同志就要走马克思主义群众路线，跑到熟悉或不熟悉的村庄，夏天晒热太阳，冬天冒寒风雪，从农民的痛苦和需要出发，引导他们组织起来。④ 另外，党的组织不能仅包括农民劳动分子，也应包括干部知识分子，将知识分子与劳动分子混合编制在党的组织体系之中，以使青年知识分子努力做有力的各阶级间之连锁。

---

① 毛泽东文集（第1卷）[M]. 北京：人民出版社，1993：35.
② 毛泽东文集（第1卷）[M]. 北京：人民出版社，1993：88.
③ 毛泽东文集（第1卷）[M]. 北京：人民出版社，1993：37.
④ 毛泽东文集（第1卷）[M]. 北京：人民出版社，1993：39.

四、山东儒家思想与马克思主义思想的碰撞与融合

山东文化之脉源于两支：齐文化和鲁文化，齐鲁文化虽多并称，但究其历史原貌和基本样态，却是两种不同特质的文化样态。齐、鲁两国始创之初，其所依托的文化底色和采取的文化政策都各有差异，齐太公依于东夷文化，贯彻"简礼从俗"的方针，"五月而政成"；鲁国以周文化为基石，"变其礼，革其俗，三年而政成"，以使周公感叹，齐太公"平易近人，人必归之，鲁后代其北面事齐矣"①。齐文化"尊贤尚功"，爱智开放，鲁文化"尊尊亲亲"，重德保守，齐鲁文化各自走上了不同的发展轨道，而儒家文化就是师承鲁文化一支而来。儒学草创者孔子生活于春秋后期的鲁国，鲁国曾是保存周礼最为完备的国家，至春秋时期，礼崩乐坏、纲常尽失的社会图景摇撼了传统文化的权威性。于是，在孔子的努力下，维护传统伦理纲常，捍卫政治权威的儒家思想应运而生，这也为儒家思想注入了文化底色和文化基因。儒学经历代统治者的推崇以及孔子后人的发展与传承，成为支配中国人生活存在的一种文化模式。山东作为儒学的发源地，儒家思想的文化原生态是马克思主义在山东传播的鲜明特质。这一特质对马克思主义在山东的早期传播及大众化有何影响？是正向促进作用，还是反向阻滞效果？儒家思想为山东早期马克思主义大众化提供了怎样的理论基础？我们可以从以下三个方面来回答这一问题：

（一）从文化理论来看，任何一种文化思想体系可分为物质层面、制度层面和精神层面三个层次，作为一种完整的文化思想体系，儒家思想无疑也包括这三个层次

索洛金（P. Sorokin）提出文化现象的三层次理论，即理论层次、行动层次和物质层次。韦政通将文化现象的三层次理论用于分析儒家思想在中国传统社会所扮演的角色，指出儒家思想无疑包括这三个层次。② 欧阳军喜在解读和阐释这一理论时提出：任何一种文化现象都可分为物质、制度和精神三个层面，儒家思想在中国的影响无疑包括以上三个层次。③ 顾红亮从"儒家生活世界"的视角出发将其分为礼俗儒学、政治儒学和心性儒学三个维度。④ 尽管各个学者对

---

① 周绍良. 全唐文新编（第 3 部）（第 3 册）[M]. 长春：吉林文史出版社，2000：7558.
② 韦政通. 儒家与现代中国 [M]. 上海：上海人民出版社，1990：165.
③ 欧阳军喜. 五四新文化运动与儒学 [M]. 西安：陕西人民出版社，2000：26.
④ 顾红亮. 儒家生活世界 [M]. 上海：上海人民出版社，2008：26.

儒家思想层面用不同的概念加以区分和概括，但其所指内涵大致是相通的。也就是说，儒家思想包括理论层次（或精神层面）、行动层次（或制度层面）和物质层次（或物质层面）。那么，儒家思想在三个层面都有什么样各自的体现呢？

首先，从精神层面来看，儒学起源于孔子对春秋末期礼乐秩序崩溃的社会图景的深刻反思。孔子思索的结果是，主要在于人自己，因为人心麻痹堕落，才使得礼制尽丧，纲常尽失。那问题如何解决呢？孔子认为，要从人心上着手，"仁"作为一个核心概念在孔子的思想中出现并延展，"克己复礼为仁"，只要克制造成人心堕落的私欲，重建礼制，再度发挥社会、政治方面的协调治理功能，就可以达到"仁"的境界。在这里，"克己"的修养功夫成为儒家内圣之学的起点，"复礼"则成为儒家外王之学的终点。孔子的"内圣外王"思想，经过后代儒者进一步延展和阐发，形成了一套从个人到国家，从天道到人伦的内省外修的思想体系。自儒家思想诞生以后的两千余年间，中国历代儒者在阐发和延展儒家"修齐治平"的思想体系的过程中，通过对自身、家族以及民族、国家问题的思索，塑造了优秀的精神基因，形成了宝贵的思想遗产，成为中国人修身处世、建功立业的精神寄托。如"老有所终，幼有所长"的大同社会理想图景，"大道之行，天下为公"的治理理念，"穷则独善其身，达则兼济天下"的理想主义入世情怀和豁达开朗的出世心态，"先天下之忧而忧，后天下之乐而乐"的家国情怀和忧患意识，等等。儒家思想对中国知识分子理想化人格的精神塑造和价值引领，体现了儒家思想不仅仅是一种思想，更是一种生活，儒家思想在精神层面的价值引领和人格塑造一直滋养中国人的精神世界，提升中国人的道德境界。

其次，从制度层面来看，任何一种社会制度都必然依托一定的思想文化，任何一种思想文化也必然渗入制度体系，才能内化为人的行为准则和处世规范。儒家思想始创之初，就以内省修养式的"仁"和外塑规制式的"礼"，奠定了儒家思想的两大支柱，这里的"礼"，即礼制，就是制度化儒家思想的源头。礼起源于祭祀，祭祀过程中的程序和仪式就是礼的最初规范。这样一来，本身尊崇等级象征的祭祀活动就通过外在的礼制体现出来，并成为人们必须严格遵守的行为规范。随着礼制从宗教祭祀领域向政治人伦领域的延展，礼制逐渐成为中国古代宗法社会的伦理观念、行为准则和组织结构的灵魂。随着宗法社会向封建社会的过渡，儒家思想成为封建社会统治阶级的统治思想，封建统治者借助法律、制度、风俗、伦理、习惯、经验等手段，将儒家文化挤压到人的日常生活世界之中，并内化为人们的思维方式、性格取向和活动方式，可以塑造中国传统社会的政治制度和社会秩序，进而实现统治的目的。

最后，儒家思想从物质层面来看，主要表现为儒家的礼俗世界，由习惯风俗、惯例礼仪、伦理规则等组成。儒家思想作为中国古代社会的主要意识形态，借助于礼制民俗，广泛影响中国社会和中国文化的方方面面，渗透于中国人的精神生活和社会生活之中。儒家的礼俗世界，大致可以包括"礼制"和"民俗"两大方面。需要说明的是，这里的"礼制"与制度层面儒家思想的"礼"区别在于："礼"侧重于儒家思想的制度理念层面，而"礼制"侧重于制度所依托的物质载体。"礼制"包括社会制度、政治制度、道德规范等，礼制的重要载体之一就是"民俗"，也就是人们日常生活中的敬天祭祖、婚丧嫁娶、衣食起居、年节时令、娱乐游艺等等。"传统民俗是民族文化的蓄水池"①，蕴藏着中国人的世态人情、价值取向，儒家思想借助于礼制和民俗渗透于人们日常生活的方方面面，规范人们的日常行为，不仅承载着伦理规范的内容，而且保证社会秩序的有序化。

（二）从文化层次理论的视角来看，传统儒家思想与马克思主义的碰撞主要表现为物质层面的封建礼法和制度层面的封建政治制度

著名国学大师陈寅恪曾就儒家思想文化对中华民族的深远影响提出过这样一个著名的论断："二千年来华夏民族所受儒家学说之影响，最深最巨者，实在制度法律公私生活之方面。"② 儒家思想作为中国封建社会的主流意识形态，借助自身的制度化存在和封建社会统治者权力的大力推崇，广泛影响中国社会的方方面面，其中，物质层面的礼俗儒学和制度层面的政治儒学对中国人的日常生活影响最深最远。然而，随着儒家自身的制度性危机和西方的现代性危机的双重冲击，儒家思想在政治层面和物质层面对自由人格的压制和摧残日益显露，成为马克思主义批判的靶点。

考察马克思主义早期传播的历史语境，可以照见，马克思主义对儒家思想的批判兼具物质层面和制度层面，两种批判方式相互交织缠绕，主体层面从底层民众到统治集团，内容层面从封建礼教到政治制度，实现了思想批判由表及里的深入演进。

一是物质层面的封建礼教。封建礼教是依附于封建政治制度的，一方面，

---

① 刘仲宇. 儒释道与中国民俗［M］. 修订版. 桂林：广西师范大学出版社，2016：446.
② 陈寅恪. 陈寅恪史学论文选集［M］. 上海：上海古籍出版社，1992：511.

封建礼教以民间习俗为依托载体，是封建政治制度在普通民众层面的制度延展。另一方面，封建制度将儒家的政治伦理观念渗入封建礼教，实现对普通民众生老病死等日常生活的价值控制。然而，随着儒家思想成为封建统治阶级的主流意识形态，以"三纲五常""三从四德"等为观念核心的封建道德和封建礼教对人们的管控力和震慑力日益严重，甚至发展到"礼教吃人""以理吃人"的地步，这与马克思主义立足资本逻辑批判所倡导的"为每个人建设一个自由全面的共产主义社会"是格格不入的，因而遭到了早期马克思主义者的猛烈批判。事实上，早在马克思主义者之前，封建地主阶级和资产阶级中的民主开明分子就曾猛烈批判封建礼教，谭嗣同、康有为等批判"三纲"是君主为了钳制天下而制造的钳制之器。这些学说对否定"三纲"的神圣产生了重要影响，但在理论上显然是肤浅的。早期马克思主义者则立足于马克思主义阶级斗争学说之上指出，"三纲"之根本要义是阶级制度。所谓明教，所谓礼制，都支持这种尊卑贵贱的制度。① 如果你是君，那么民则是依附于君的附属品，没有独立的人格；如果你是丈夫，那么你的妻子是依附于丈夫的附属品，没有独立的人格；如果你是父亲，那么你的儿子是依附于父亲的附属物，没有独立的人格。全天下的男人和女人，做臣子，做儿子，做妻子，却看不到一个独立的人，② 若要实现尊重个人独立自主之人格，不为他人的附属品，就必须努力摆脱这种附属品的地位，以恢复独立人格！③ 早期马克思主义者运用马克思主义理论批判封建礼教，从思想上为启发中国人的独立人格和个性自由做出了重大贡献。

　　二是制度层面的专制统治。建立思想体系真理性的最有效途径是制度化。④ 儒学作为封建社会统治阶级的意识形态，与儒家思想的制度化是同步进行的。汉代以来，儒学作为封建统治阶级主流意识形态的规范化和制度化趋势，一方面为儒家思想的发展提供了合法性的制度化保证，另一方面也在制约和规范着儒家思想的解释体系，儒学的意义解释系统开始依附于权力而失去了自身独立发展的学术路径。更为严重的是，随着宋明清朝封建专制统治的日益加强，儒家思想及其制度体系越发被封建制度所垄断，造成了儒家思想制度体系的异化，如科举制度的"八股化"，封建礼教的"奴役化"，等等。作为儒家制度核心枢纽的科举制度，在封建专制的重压下，沦为"干禄"、逐利的工具，儒家礼法打

<hr />

① 陈独秀．陈独秀文集（第一卷）[M]．北京：人民出版社，2013：140.
② 陈独秀．陈独秀文集（第一卷）[M]．北京：人民出版社，2013：133-134.
③ 陈独秀．陈独秀文集（第一卷）[M]．北京：人民出版社，2013：134.
④ 干春松．制度化儒家及其解体[M]．北京：中国人民大学出版社，2012：13.

着"孔孟之道"的旗号，用"三纲五常""存天理，去人欲"的绳索紧紧束缚着黑雾弥漫的精神世界，严重摧残了中国人的个性独立和人格自由。清政府统治的内部危机和西方侵略的外部危机预示着儒家思想制度性总危机的降临，内外双重危机的到来从整体上对儒家主流意识形态合法性带来威胁与质疑。封建专制制度及军阀专制、封建家庭制度、封建婚姻制度等，都成为马克思主义批判的焦点。

（三）从文化层次理论的视角来看，儒家思想在精神层面的优秀成分不仅与马克思主义理论相契合，而且为马克思主义理论在山东的传播及大众化提供了一定的接引

韦政通曾经说过，五四运动时期对儒家思想的批判一直集中在物质层面和制度层面，"对儒家的理论层面，如仁、义、心、性等问题则几乎没有涉及"①。儒家思想在精神层面的优秀成分，作为一种文化底色和精神基因融入主体的思想观念和行为趋向之中，潜移默化地影响着个体选择和历史动向。

20世纪中国的社会危机，是一场涉及政治、文化、经济、军事等全方位的整全性危机，而在思想文化领域突出表现为儒家思想在应对内外危机方面的无力无为所带来的精神信仰危机。换句话说，就是封建社会的统治意识形态——儒家思想既无法应对来自西方现代化的挑战，也无法解决国内日益崩溃的制度性危机，在此情况下，人们对儒家思想及其政治体系产生了信仰危机。西方先进文化伴随着帝国主义入侵传入中国，因此，如何处理本国的文化传统与西方先进思想文化之间的关系，就成为摆在中国人面前的一道难题。胡适对这个问题的认识是：在一个突然与我们自己的文化不同的新世界里，我们中国人怎么能感到自在呢？一个有着光荣历史和灿烂文化的民族，在新的文化中永远不会感到安心。② 一方面是对历史上灿烂文化的高度自信，另一方面是内外双重危机下对本民族传统文化的极度自卑，如何在二者协调之中寻找一个平衡点？如何重建中华民族的文化自信？这成为中国人冥思苦想的一个重大时代课题。

在西方马克思主义理论与中国传统儒家文化赫然显现的巨大鸿沟面前，中国的知识界先进分子也在努力地思索和尝试，在二者之间建立一条共通的桥梁，以便为中国人接受西方先进文化的优秀成分，解决中国儒家文化的危机找寻理论上的合理性。在此过程中，出于一种文化补偿的心理，中国人发现，西方马

---

① 韦政通．儒家与现代中国［M］．上海：上海人民出版社，1990：26.
② 胡适．先秦名学史［M］．合肥：安徽教育出版社，1990：11.

克思主义理论所论及的观点和理念与中国儒家文化的一些基本理念是相连通的。如以公有制代替私有制的共产主义传入中国并引起广泛热议后，就有人指出，"今之谈大同主义者，谓其说发于欧美。而不知我中国数千年前，孔子已有此伟论"①。具体而言，中国传统儒家文化与马克思主义的契合是多层次多面向的，不仅体现在思想体系的哲学方法论上，也体现在社会理想的蓝图规划上。

一是在哲学方法上，儒学在唯物史观、辩证法、认识论上蕴藏着丰富的思想宝藏，使中国早期知识分子在接触马克思主义之时，一种"似曾相识"之感油然而生，为中国人接受和认同马克思主义理论提供了一定接引。其一，唯物史观。中国传统文化中蕴含着丰富的唯物史观思想基因，譬如，《管子·牧民》中曰："仓廪实而知礼节，衣食足而知荣辱。"②《潜夫论·爱日》云："礼义生于富足，盗窃起于贫穷。"③体现了儒家思想中朴素的唯物史观基因。其二，辩证法。作为儒家经典"五经"之一的《易经》中蕴藏着丰富的辩证法思想，"一阴一阳之谓道""刚柔相推而生变化"等，是儒家辩证法的渊源。其三，认识论。儒家文化是一种世俗文化，呈现出鲜明的现世主义色彩，突出表现在儒学的"经世致用"的价值取向，"修齐治平"就是为了"道德"与"事功"，经世致用就是事功层面的表达。为此，王阳明在认识论上提出了"致良知""知行合一"之说，认为知中有行，行中有知，二者相互依存，相互促进，不可分离。知行合一中的朴素的认识论和实践观，也为中国人接受马克思主义认识论和实践观提供了思想基础。

二是在社会理想的蓝图规划上，孔子在《礼记》中描绘了小康社会和大同社会的理想蓝图。小康社会是"大道既隐，天下为家，各亲其亲，各子其子"④。大同社会则是天下为公，各尽所能，各得其养，"男有分，女有归。货，恶其弃于地也，不必藏于己；力，恶其不出于身也，不必为己。是故谋闭不兴，盗窃乱贼而不作，故外户而不闭，是谓大同"⑤。孔子关于小康社会和大同社会的理想蓝图规划，与马克思、恩格斯所描述的"财产公有""每一个人自由全面发展"的共产主义社会高度相通契合，为中国人容受马克思主义理论提供了一定接引。

---

① 汤公亮. 孔子抱大同主义［N］. 时报，1921-12-06（13）.

② 房玄龄注，刘绩补注，刘晓艺校点. 管子［M］. 上海：上海古籍出版社，2015：1.

③ 王符. 潜夫论［M］. 开封：河南大学出版社，2008：179.

④ 鲁同群注评. 礼记［M］. 南京：凤凰出版社，2011：100.

⑤ 鲁同群注评. 礼记［M］. 南京：凤凰出版社，2011：100.

第二节 "何以可能"：山东马克思主义
大众化的时代要求

更深入、更全面地思考山东马克思主义传播脉络和演进逻辑的首要一环，就是要回答山东马克思主义大众化"为何化"的问题。而这一问题的回答，又牵涉到"山东马克思主义大众化何以需要"和"山东马克思主义大众化何以可能"两个问题。要回答上述问题，既要追溯山东马克思主义大众化的理论渊源，又要观照山东马克思主义大众化的时代诉求。实践的需要决定理论的产生，决定理论研究的走向，决定理论满足这个国家的需要的程度。可以说，实践不仅是理论产生的基础，也是理论发展的不竭动力。那么，彼时山东马克思主义大众化的时代诉求是什么呢？换言之，马克思主义在山东早期传播的社会土壤是怎样的？正如马克思论述法国大革命是在反抗强大的反革命力量的过程中为自己开拓道路一样，"革命的进展不是在它获得的直接的悲喜剧式的胜利中，相反，是在产生一个联合起来的、强大的反革命势力的过程中，即在产生一个敌对势力的过程中为自己开拓道路的"①。山东的革命进程也是在与山东封建势力和帝国主义侵略势力艰苦卓绝的斗争中发展起来的。近代山东内外交困，风雨激荡，备受封建势力和帝国主义势力的双重压迫，人民生活在水深火热之中。山东人民追求个人解放、政治解放和民族解放的时代诉求，为马克思主义在山东的生根发芽孕育了肥沃的社会土壤。

一、山东革命传统浓厚，反抗精神强烈

山东，在近代以来风云变幻，是中国近代历史曲折发展的一个缩影。清末民初，帝国主义列强不断侵略中国，山东具有重要的战略位置和丰富的矿产资源，长期以来成为列强觊觎的重要目标。山东是中国神圣不可侵犯的领土，富有光荣革命传统和反抗精神的山东人民，为维护山东主权掀起了一场又一场波澜壮阔的伟大斗争，山东人民在艰苦卓绝的斗争中，彰显出强烈的反帝反封建的精神诉求，对山东以及全国人民革命意识的觉醒都起到了重要的推动作用。

---

① 中共中央马克思恩格斯列宁斯大林著作编译局．马克思恩格斯文集（第二卷）［M］．北京：人民出版社，2009：79.

（一）山东以其重要的战略位置和丰富的资源矿产成为帝国主义列强侵略的重要目标

山东省，亦称"鲁"，东部沿海十二省（市）之一。山东半岛位于渤海和黄海之滨，战略位置极为重要。山东的气候属暖温带季风气候，土地肥沃，资源丰富，人口众多。① 鸦片战争爆发后，随着一系列不平等条约的签署，山东成为西方列强觊觎已久的一个重要侵略目标。

一是战略位置极其重要。山东最初是作为一个地理名称而不是一个政区名称出现的。战国时期，秦人把崤山（或华山）和函谷关的东部变成山东，有时指太行山的东部。"山东"以行政意义的面貌出现始于宋代，明朝设"山东行省"，清代去掉"行省"中的"行"字，开始与今天的山东省相合。古人以左为东，故山东又称"山左"。以山东为据，北至辽东半岛、京津冀、山西、内蒙古，南可通至河南、安徽、江苏，南北最长约 420 千米，东西最宽约 700 千米，总面积 15.72 万平方千米，约占全国总面积的 1.6%。② 因此，山东不仅是环渤海战略圈中的重要一环，而且是全国范围内北上南下的重要战略枢纽。

二是矿产资源十分丰富。山东地处暖温带季风气候区，暖温带落叶阔叶林植被丰茂，为丰富矿藏储备了条件。因而，山东的煤、铁等矿产资源十分丰富。山东沂州、博山、章丘、潍县被列为四大重要煤矿区。山东铁矿资源也比较丰富，如胶县七宝铁矿、临淄金岭铁矿等，另外招远金矿、平度金牛山金矿等有色金属矿藏亦十分丰富。③ 储量丰富且品种多样的矿产资源，成为帝国主义对山东进行经济侵略的重要目标。

三是西方殖民者对山东的侵略觊觎已久。早在嘉庆二十一年（1816 年），阿美士德（Lord Amherst）英国访华使团就侵入山东，搜集情报，深入渤海沿岸，获得了从山东到辽东的详细沿海航道，为英国在接下来的两次鸦片战争中攻打镇江、南京和兵临白河口完成了航道情报的准备工作。④ 第一次鸦片战争后，西方列强纷纷闯进胶东海湾。俄、法、英、美等国强迫增开的口岸就包括

① 山东省地方史志编纂委员会编. 山东省志：建置志［M］. 济南：山东人民出版社，2003：3.
② 山东省地方史志编纂委员会编. 山东省志：自然地理志［M］. 济南：山东人民出版社，1996：3.
③ 山东省地方史志编纂委员会编. 山东省志：地质矿产志［M］. 济南：山东人民出版社，1993.
④ 汪敬虞. 赫德与近代中西关系［M］. 北京：人民出版社，1987：195.

山东登州（今蓬莱）。英法联军曾一度占领烟台，使之成为西方列强侵略山东的第一个据点。1861 年，烟台成为山东乃至北方最早开埠的城市，在接下来的半个世纪里，山东成为诸列强，特别是日本、德国和英国等国争夺在华势力的焦点。

明治维新以来，日本扩张性的垄断资产阶级以东北、山东等地区为主要侵略对象。1895 年，日本借《马关条约》占领威海卫三年。1898 年，英国向清政府提出不合理的租佃威海卫的要求。19 世纪中叶以后，德国地质兼地理学家李希霍芬（Richthofen）对山东重点调查后，提出胶州湾是德国侵略中国最理想的地区，后德国以"巨野教案"为借口，下令海军进入胶州湾。一战爆发后，德国在山东的侵略权益被日本取代。外国侵略者通过军事侵略迫使清政府签订不平等条约，为其疯狂经济掠夺、文化渗透和政治控制中国铺平了道路，德、英、日等国利用在中国的特权修路、开矿、设厂、设银行，加强了对山东的控制。

第一，西方殖民者通过控制海关，使之为其殖民侵略服务。1858 年英国"帮办税务"后，在各通商口岸推行海关税务司制度，外籍税务司控制了中国海关的行政管理大权。1861 年，烟台建立海关，海关的行政管理大权完全掌握在英国人手中。1898 年 4 月，德国与清政府签订了《青岛海关税收办法》，规定青岛海关税务部门必须任命德国人为工作人员。此后，青岛海关完全控制在德国人之手，成了为德国侵略服务的殖民地海关。

第二，西方殖民者通过控制铁路交通，将入侵触角深入山东腹地。德国修筑胶济铁路并夺取其控制权，德英帝国主义夺取津浦铁路修建权。铁路开通与对山东交通命脉的垄断，更加剧了帝国主义对山东的经济掠夺，列强借助铁路交通将经济侵略的触角深入山东腹地。

第三，西方殖民者通过控制市场，变山东为其原料掠夺地和产品倾销地。英、法、德、日等国通过烟台、威海、青岛等通商口岸倾销大量工业品，掠夺矿产资源和原料，操纵和垄断原料市场。西方殖民者通过向山东市场倾销商品和掠夺原料控制市场，攫取暴利，瓦解了封建小农经济，压制了刚刚起步的近代民族工业的发展。

第四，西方殖民者通过控制金融和输出大量资本进行经济侵略。随着西方资本主义国家向帝国主义阶段的过渡，经济侵略的方式也从商品输出过渡到资本输出，帝国主义列强纷纷在山东设立银行，如德国德华银行、俄国俄华银行、英国汇丰银行、日本正金银行等，以此控制山东的财政金融。

（二）富有光荣革命传统和强烈反抗精神的山东人民进行了一次又一次反帝反封建的伟大斗争

山东，孔孟故里，儒学发源地，山东人长期浸润于齐鲁文化的濡染之中，形成了独特的文化气质，其中蕴含着一种价值判断的文化正义。这种文化正义是一种价值判断和价值正义，它融合了忠孝仁义的价值观，在山东有名的"响马文化"中尤为突出。有人说，响马不是土匪，而是这样一种人：他们行侠仗义，打家劫舍，杀富济贫，一般来说，他们不做见不得人的偷鸡摸狗的小勾当，也非鸡鸣狗盗之徒，当身处不义时，响马是一种对不义争斗、反抗不公的力量。① 历史的发展也确如此言，山东"响马文化"中所蕴含的儒家文化正义和价值正义，像一座天平一样，在近代山东风云变幻的政治更迭之中，始终支撑着山东人的精神世界，赋予了山东人民革命传统和反抗精神，在历史的重大关头，做出符合天人之道的正义选择。

其一，受儒家文化仁义忠孝价值理念的濡染，山东人身上有一种义薄云天的豪迈气质。

山东是中华古文明的发祥地之一，粗犷雄浑的齐文化和温文尔雅的鲁文化在山东人身上阴阳调和，一面是孔孟之道的敦厚、博大、谦和，另一面又是梁山英雄的血性、淳朴、豪放。在齐鲁文化的濡染下，山东人的文化气质既不乏义薄云天、自强不息，也不乏坚韧如钢、厚德载物，这种文化气质根源于儒家文化忠孝仁义价值理念的熏陶。儒家文化源于鲁国，鲁国地处内陆，以农耕经济为主，加之继承正统周礼，逐渐形成了一种重农轻商、重义轻利的"道德型"文化。这种文化对山东人的性格有着深刻的影响。忠孝仁义观念在山东人的文化基因中根深蒂固，是社会伦理道德的基本要求。在这一文化底蕴之上孕育了山东特有的"响马文化"。"响马"一词起源于山东。在山东历史上，响马曾多次发动农民起义。隋末唐初，"山东豪杰"成为一股重要的政治力量。在儒家文化浸润下成长起来的山东"响马"，更多的并非人所熟知的"强盗"，而是对不义社会境况进行抗争的一股民间力量。故有人把响马当作英雄好汉的代名词，也是山东彪悍民风的体现。

其二，儒家文化中所蕴含的价值正义支撑起山东人的精神世界，鼓舞着近代山东人掀起一次又一次波澜壮阔的反清和反洋教斗争。

在儒家文化忠孝仁义价值正义的濡染下，具有抗争精神和革命传统的山东

----

① 耿立. 晚清民国那些人（二）[M]. 北京：现代出版社，2015：213.

人民，不断揭竿而起，为生存斗争。早在太平天国起义之前，山东人民就不堪清朝反动统治和暴政压迫而进行反抗，幅军是鲁南地区一支历史悠久、影响广泛的农民武装。19 世纪中叶兴起的太平天国运动为推翻清王朝进行北伐，极大地鼓舞了山东人民，鲁西南一带农民相继起事，迎接和配合太平军北伐。与此同时，在邹县、泗水、曲阜交界的山区兴起的邹教军，鲁西南地区兴起的长枪会，鲁中地区兴起的五大旗军，都曾拥兵数万，威震一时。山东人民在进行反清斗争的同时，还开展了反洋教斗争。其中，山东人民反洋教斗争的光辉史迹突出表现为"巨野教案"。德国帝国主义借"巨野教案"侵占胶澳后，各地闻风而动，相继爆发了大规模的反洋教斗争，声势尤为浩大的是山东冠县的义和团运动。1898 年 10 月，阎书勤与直隶威县赵三多一起烧毁红桃园教堂，成为义和团反帝起义兴起的信号。此后，义和团势力发展如燎原之火，神速波及茌平、禹城、平原等鲁西北各地，形成群众性大规模反帝爱国运动，令帝国主义列强惊恐不安。清政府腐朽的虐政，加上帝国主义的疯狂掠夺，激起了山东人民思想深处所内蕴的儒家文化价值正义，外化为强烈的革命倾向和反抗斗争，奏响了一曲曲反对帝国主义和封建主义的华彩乐章。

二、日欧学说启蒙思想，改造社会心切

近代以来，中国内忧外患，交相煎迫，国运危在旦夕，尤其是甲午一役，更是创巨痛深。这一境况促使中国社会各个阶层的爱国志士不懈地思考与探索中国的出路。强邻环伺，日本明治维新以来，从一个蕞尔小邦一跃成为打败大清朝的帝国主义列强；欧美诸国完成古代专制政体向现代民主政体的社会变革和国家转型，国力远在中国之上。近代中国为什么会由强变弱，一落千丈？落后在哪里？如何补救？这一问题链条始终困扰着每一位饱含爱国热情的中国人。穷则变，变则通，通则久，承认中国落后的残酷现实之后，"学习"与"改造"也成为这一时代的中国人的核心热词。

（一）学习日本

在中国近代历史上，日本逆转了传统的师徒关系，成为中国现代化道路上的向导。甲午一战，尽管中国惨遭失败，但是却启发了中国知识分子和政治精英知耻而后勇，开始了向日本学习的历程。维新变法后，改良政治，求取新式人才成为时代的呼声。清政府顺应时局，推行"新政"，废科举，兴学堂，成为社会风潮所向。日本毗邻中国，具有路近、费用省、同文同种等优势，加之受

甲午中日战争的刺激，清政府乃至全国对日本的态度逐渐由轻视变为崇拜，进而学习和模仿日本。日本由弱转强的历史遭遇，恰好与清末中国的被动处境高度相似。这不仅使中国人高度认同日本所走过的近代化强国之路，而且也为中国人带来了"走日本的路"亦可实现富国强兵的希望，"以日为师"成为一股新的潮流，日本成为近代中国留学国家之优选。据统计，1896 年清政府首次派出 13 名留学生赴日学习，1905 年至 1906 年间，留日学生创下八千人以上的纪录。①

清末新政以后，中国学生踏足日本，目睹日本维新有成，深受震撼。加之孙中山、梁启超等在日的革命活动和反清思想，心中开始播下革命的种子。日本东京高校多采用英法著名思想家自由平等、天赋人权等学说教材，学生耳目一新，深受洗礼，多以卢梭（Rousseau）、华盛顿（Washington）、罗伯斯庇尔（Robespierre）等欧美思想家、革命家自许。② 受义和团事件影响，革命与立宪的思潮发生分化，反清排满的革命思潮一日千里，在年轻的留日知识分子中打下根基。所以，中山先生书："吾乃托以在东物识有志学生，结为团体，以任国事，后同盟会之成立，多有力焉。"

山东籍留日学生在日接受革命思想的启蒙并加入同盟会的有徐镜心、丁惟汾、谢鸿焘、蒋洗凡、王鸿一、于洪起、宋绍唐、张树德、陈干、姜致中、周庆恩、齐芾南、彭占元、栾星壑、吴启宪等。此外，虽未加入同盟会，但同情革命并暗中支持的有丁世铎、曲卓新、周树标、赵正印、肖永弼、金志汉、于明信、丛琯珠、韩履祥、安举祥等，都是各方活跃人物。他们在日本创办了《晨钟》，大力宣传同盟会的革命思想，并向国内寄送。返回祖国后，鼓吹革命，振兴教育，以山左公学、东牟公学、震旦公学、掖西中学、端本女校、曹州普通中学等为掩护，一方面培养革命骨干，另一方面联络革命活动。鲁籍留日学生所携革命思想如一颗颗火种，点燃了省内爱国民主人士的革命烈火。刘冠三、王者塾（又名王乐平）、邱丕振、邓树贞、孙斌、马素贞、秦瓒等加入山东同盟会革命阵营，为革命事业奔走呼号。据统计，同盟会山东籍会员多达 647 人。③总之，山东籍留日学生在孔孟之乡树起了革命旗帜，促进了人们的觉醒，推动了民主革命思想的传播，培养了一大批革命骨干。

---

① 参见黄福庆《清末留日学生》。
② 参见黄福庆《清末留日学生》。
③ 山东省政协文史资料委员会编. 辛亥革命在山东［M］. 济南：山东人民出版社，2011：459.

（二）学习欧俄

俗语曰：多难兴邦。民族危亡的急迫促使每一个中国人反思"国家兴亡，匹夫有责"的责任感和使命感，出洋留学，探索新知，报效祖国成为一时风潮。外出求知无非两条路径：一是东向日本，二是西向欧美。就山东而言，如果说东向日本的主体多为知识分子和青年学生的话，那么，西向欧美则多为华工群体。"一战"期间，协约国深感劳瘁不堪，亟须我国加入战团，以工代兵。于是招募华工，作工以助。据原山东省威海档案馆馆长张建国所述，山东人体格健壮，与法国地理位置相似，能适应法国冬天的严寒气候，所以，山东被视为最理想的招工区域。据不完全统计，中国有 14.5 万多华工奔赴欧洲支援，其中来自山东的华工有 8 万之多。周恩来高度评价华工在近代中国旅欧历程中的重要作用，"一战华工来法，系后来勤工俭学之前奏"[1]。时任中华民国首任教育总长的蔡元培也明确指出："中国有幸吸收欧洲文明，在欧华人便是中国学习西方文明的前驱。"[2] 以山东籍为主体的华工，为加速"一战"结束以及战后重建付出了体力上的巨大牺牲，他们以爱国热忱和政治智慧迫使中国拒签《巴黎和约》，也以自身经历成为五四运动的先驱，为传播无产阶级革命思想做出了精神上的巨大贡献。

华工是西方殖民者苦力贸易的主要来源，华工深受国外帝国主义和本国资本主义的双重压榨和剥削。早于 16 世纪，葡萄牙、西班牙、荷兰等西方殖民者就曾在澳门等中国沿海城市进行掳掠人口的罪恶活动。19 世纪初期，被称作"隐蔽的奴隶贸易"形式——契约华工大量出现，公开打出"移民"招牌。进入招工公所，他们就成为失去自由的奴隶，等待他们的是"带着锁链"的劳动。本着生存目的来到异国他乡的华工，浸润于欧风美雨的先进文明之中，一方面忍受欧洲残酷的战争劳动和欧洲资本家的压榨剥削，另一方面对西方文明产生羡慕、叹服之情。

但是，欧洲华工自觉的阶级意识并未自主产生，而是在青年知识分子的理论灌输下才得以形成。也就是说，欧洲华工的阶级自觉意识是在青年知识分子的勤工俭学运动和欧洲华工教育的互动之中才得以实现。随着勤工俭学团体陆续赴法，旅欧青年知识分子有组织、有领导的革命宣传和革命组织活动才开展

---

① 中央电视台《探索·发现》栏目编.华工军团 [M].合肥：安徽教育出版社，2012：123.

② 中央电视台《探索·发现》栏目编.华工军团 [M].合肥：安徽教育出版社，2012：123.

起来，他们通过演讲、写信、报刊、识字、算术和文娱活动等向华工讲解世界大势，灌输爱国思想。在这一过程中，青年知识分子与旅欧华工是一个互相学习、加深认识的互动提升的过程，旅欧留学知识分子在参与华工运动中认识到工人阶级的伟大力量，接受了深刻生动的阶级教育；旅欧华工也在知识分子的理论灌输下，由自在自发的生存方式向自觉自为的生存方式转变。

除了远赴欧洲，俄国也是华工佣工的一个主要目的地国家。俄国为了加紧远东地区经济开发，需要大量的劳动力，从相邻的中国招募廉价劳工成为俄国政府和企业事半功倍的选择。自19世纪70年代中期，俄国从直隶、山东招募第一批华工开始，为兴建西伯利亚大铁路，俄国每年从山东招募万名华工。一战期间赴俄华工数量虽无法精确统计，但无疑是一个庞大的数字。《山东省志·侨务志》载：第一次世界大战期间，"在俄国的华工共50万人，其中山东人约44万"①。山东籍华工占在俄华工数量的近乎九成之多，他们在远东大开发中付出的鲜血和泪水自不待言。俄国十月革命胜利之前，部分旅俄华工就曾加入布尔什维克党的赤卫队，十月革命胜利更是为他们带来了新生。在十月革命的洗礼中，他们在苏联创办《华工报》《震东报》等报刊，宣传马列主义和无产阶级在俄国的新胜利，广大华工政治觉悟不断提高，形成充满革命激情的战斗团体，为苏维埃政权的建立和巩固而斗争。

无论是旅欧华工，还是旅俄华工，都以自身生命亲身经历19世纪末20世纪初无产阶级革命运动的狂飙浪潮。因而，无论是思想上还是行动上，都浸润了无产阶级革命运动的深厚基因。以鲁籍为主体的华工群体回到家乡各地，无疑为山东的革命运动点燃了星星之火。

三、辛亥革命北方中心，历史积淀深厚

随着形势的进一步发展，全国革命浪潮风起云涌，民主革命运动箭在弦上，一触即发。在孙中山的领导下，山东革命运动轰轰烈烈地开展起来。在孙中山对全国革命战略的规划图谱中，同盟会国内支部分为五个部，北方支部设于山东烟台，下辖包括山东、山西、陕西、蒙古、直隶和东三省在内的分会组织。②从此，烟台成为山东，乃至整个北方革命活动的中心。这既是对山东在全国民

---

① 山东省地方史志编纂委员会编．山东省志：侨务志［M］．济南：山东人民出版社，1998：44.

② 李宏生．孙中山与山东革命运动（1905－1919）［J］．山东师大学报（社会科学版），1996（6）：29.

主革命中重要战略地位的认可，也为山东的民主革命运动累积了深厚的历史积淀。

（一）以山东留日学生为骨干，山东同盟会组织从成立到发展壮大，至有据可考的六百四十余人，他们成为山东革命火种的播种者

借清末新政"废科举，兴新学"的东风，中国兴起了一股办新学、出洋留学的潮流。至1909年，山东官办的新学校达数百所，在校就读学生达数千人。与此同时，山东还选派一批留学生出洋留学，开展自费留学活动。辛亥革命前夕，山东留日归国的学生人数居全国首列。随着新式学堂的建立和新思想的传入，一些革命书籍在山东广泛流传开来。甲午一役使国人目睹清政府的腐败无能，他们忧心如焚，在留日学子的启发下，萌发了革命思想。

其一，在徐镜心、丁惟汾等人的组织下，山东同盟会成立，烟台成为同盟会北方支部的活动中心。

革命主体是开展革命活动的前提，山东革命活动的有效开展离不开山东革命党人的高超过人的政治才干和忧国恤民的政治情怀。他们中间很多出身于名门望族，眼界开阔，胸怀远大，忧国忧民，敢为人先，对清政府的腐朽统治深为不满，借由留学日本之机，接受革命思想浸润，萌发反对帝制、民主共和的革命思想。山东同盟会主盟人徐镜心，五岁入私塾，青年喜读历史英雄人物传记，甲午一役，丁汝昌、邓世昌等人的爱国牺牲精神令其敬佩不已。反观清政府的腐朽无能，忧心如焚，萌发反封建的革命思想。在济南山东高等学堂就读期间，他接触西方文明，后东渡日本，入日本早稻田大学法律系就读，1905年留学回国。在济南泺源书院旧址撰联——"事到万难须放胆，理当两可且平心"，表达了为革命献身的政治气魄和无畏精神。同盟会创始人、山东同盟会主盟人丁惟汾，自父辈丁以此一代即对清政府腐败深为不满，对儿孙每每灌以"欧风美雨留嘉客，古史今书课幼孙"的民主共和思想。受父亲的影响和支持，丁惟汾将革命思想灌输于族人头脑之中，不仅自己成为民主革命家，而且带动一门家族内部，如丁立同、薄子明、丁基实、王乐平等同辈及后辈数人为民主革命献身。又如，中国近代民主革命家邱丕振，出身于富商之家，家资巨富，财雄一方。1903年入日本振武学校学习，入学后极其热心国事，并与兄长邱砥之共创利群社，宣传革命。武昌起义爆发后，邱丕振与八兄邱典五、九兄邱子厚等联合徐镜心共同创组"革命急进会"，共举胶东起义，光复登州、黄县。邱姓家族在革命奔走中家产以倾，人亦罹难，为革命事业牺牲甚巨……他们只是山东成百上千个革命党人英勇事迹的一个缩影，但正如毛泽东所言，星星之火，

可以燎原，正是无数革命主体的高瞻远瞩和无私牺牲，才为山东革命运动开启先河，点亮路途。

山东同盟会的成立是山东革命党人满腔革命热情和坚定救国责任的结晶。1905年，孙中山在东京约集各省留日学生，筹备成立中国同盟会，丁惟汾等代表山东留日革命学生出席，8月中国同盟会正式建立，徐镜心、丁惟汾等山东留日学生百余人均宣誓入盟。同盟会北方支部设于山东烟台，虽与国内其他四部（上海、香港、重庆、汉口）难分伯仲，但反映了革命党人对山东资产阶级革命寄予厚望。徐镜心、丁惟汾被推举为山东同盟会的主盟人、北方支部负责人。徐镜心被誉为"鲁省革命巨子"，与黄兴同为孙中山的得力助手，有"南黄北徐"之称。丁惟汾负责国内对山东革命同志的通信联络，孙中山有"唯丁是赖"的高度评价。此外，山东同盟会的革命先驱刘冠三、谢鸿焘、蒋衍升、齐树棠、丁世铎、彭占元、陈干、丛琯珠、吴大洲等在宣传革命思想、组织革命力量、领导革命活动方面为山东早期革命做出了巨大贡献。

其二，以山左公学、东牟公学、震旦公学、普通中学等为革命活动基地，以《晨钟》周刊、《东亚日报》《山东白话报》等为媒介，山东同盟会宣传进步思想，鼓动革命运动，发展同盟会会员达六百余人。

为培养革命骨干，传布革命思想，山东同盟会会员先后返回祖国，以振兴教育为号召，除在各官立学堂秘密宣传外，还纷纷募集款项，设立公学。如刘冠三创办山左公学，谢鸿焘主办东牟公学，陈干主办震旦公学，马秋仪创办端本女校，鄪洗元主办胶莱公学，邱丕振、邱砥之创办掖西中学，一时之间，公学林立，指不胜屈，均散布了革命种子。

据初步统计，山东同盟会会员所办新式学校约有32处之多，在数量上远胜于同盟会力量较强的江浙及两湖地区（见表1-1）。其中，同盟会办学所涉地域虽集中于鲁东烟台、黄县、潍县等地区，但是也遍及鲁北、鲁西、鲁南、鲁中各个地区，在整个山东地区较为均匀地播撒了革命的火种。

表1-1　山东同盟会办学情况简表

学校名称	成立时间	地点	主持人	概况
育英学堂	1906	烟台	王学锦 徐文炳	后扩展到10所
明新学堂	1906	黄县	徐镜心 徐镜古	影响全县创办多所 此类学校

学校名称	成立时间	地点	主持人	概况
坤元女子学堂	1906	黄县	徐镜心 徐镜古	
育英学堂	1906	黄县	赵踵先	
西关公益小学		黄县	李召南	
东川小学		黄县	李瀛海	
山左公学	1906	济南	刘冠三	山东同盟会联络中心之一
东牟公学	1906	烟台	谢鸿焘 胡瑛 徐镜心	实为山东同盟会机关部
端本女校	1906	烟台	马秋仪	
农林小学	1906	诸城	臧伯勋 张庚文	
东关小学	1906	潍县	杜佐宸 于　瀛	
自新学堂		曹州	王朝俊	
柳疃小学堂		潍县	高彭年	
庞家小学堂		潍县	于联英	
寒亭小学堂		潍县	张洛书	
胶莱公学	1907 年秋	即墨	鄄文翰 魏显庭	
坤明女子学校	1907	潍县	刘树声 李咸升	革命党人拆庙建学校，被称为"砸神"
震旦公学	1908	青岛	刘冠三 陈干	山东同盟会联络中心之一
东关公学	1908	潍县	李次元	
英林公学		高密	王麟阁 唐寿先	

续表

学校名称	成立时间	地点	主持人	概况
南华公学		曹州	王朝俊 彭占元	
普通中学	1906	曹州	王朝俊 彭占元	称为鲁南革命中心
棣州公学		惠民	王谢陈 阎受青	
东武公学		诸城	臧少梅	
青州中学	光绪某年不详	益都		迄民国未废
沂州公学			李小岩	
莱州公学			赵金漳	
师范传习所		文登	于春暄	
城内高等小学	1911	德州	朱星垣	
滨州牡丹台小学		滨州	郑幼庭	
东良庄初小		泰安	张殿忠	
洪智寺高小		威海	于春暄	

资料来源：丁惟汾. 山东革命党史稿［M］. 台北：山东革命党史编纂委员会，1971；张奚若，丕强. 辛亥革命回忆录［M］. 上海：生活书店，1947；山东省政协文史资料委员会. 辛亥革命在山东［M］. 济南：山东人民出版社，2011.

　　在山东革命党人的宣传组织下，山东同盟会迅速发展起来，山东同盟会会员至 1912 年发展到六百四十余人。更为重要的是，山东同盟会会员大多具有多重社会身份和广泛社会活动能力，他们在山东革命场域中掌握并操控社会政治、文化、军事等多种社会资本。在近代山东广大的革命场域中，山东革命党人的培育和出场，无疑将会掀起一场巨大而又持久的风浪。

（二）以山东同盟会为主体，山东革命党人为推翻封建帝制、建立民主共和政体，领导策划了山东独立、二次革命、护国战争、护法战争等一系列革命活动，促进了人民的觉醒，培养了一大批革命骨干

在旧民主主义革命的峥嵘道路上，山东革命党人始终是孙中山革命事业的忠实追随者和"三民主义"民主革命纲领的坚定执行者。在孙中山的领导下，山东革命党人策划了山东独立、二次革命、护国战争、护法战争等革命活动，结束了几千年封建专制统治，第一次在孔孟之乡树起了民主共和的旗帜，对山东革命历史进程产生了重大影响。

山东独立是革命党人推翻反动封建统治，取代旧的社会制度的第一次革命尝试。武昌首义的枪声传至山东，振奋了山东革命党人。山东同盟会于 1911 年 11 月 13 日迫使巡抚孙宝琦宣布山东独立。策划独立后不久，因不利于袁世凯巩固北方大本营的统治，遂在其拉拢利诱下，于 11 月 24 日宣布取消独立，改都督为巡抚，恢复旧制，山东独立运动倏然而逝。山东独立取消后，部分革命党人走上了独立领导武装起义的道路，烟台、黄县、文登、牟平、荣成、即墨、诸城等相继起义，建立革命政权，但终因寡不敌众而失败。此后，山东革命党人也积极响应孙中山"二次革命"的号召，先后集聚青岛，商议起兵。后因江南各省起义队伍溃散，起义未能发动。

在辛亥革命的影响下，革命党人在齐鲁大地上策划了山东独立、二次革命、护国战争、护法战争等革命活动，虽以失败而告终，但山东革命的烈火并未熄灭。正如陈万雄所说，无论是在革新思想上，还是在人事谱系上，五四新文化运动和辛亥革命运动都有着一脉相承的连贯性。① 许多山东辛亥革命的先驱，在革命失败后总结经验，探求新路，后来成为传播新文化、参加五四运动的带头人，有的甚至接受马克思主义，成为中国共产党的同情者和同路人。

四、五四运动导火线，切肤之痛尤甚

陈万雄曾就五四新文化运动的源流提出一个著名的论题并做出回答：在中国近代史运动中，五四新文化运动是由知识分子群体主导和支配的。那么，五四时期的知识分子何以迸发出如此巨大的力量？从人脉和思想衍变的理路，通过梳理辛亥革命到五四运动的历史脉络，我们可以发现，五四新文化运动与辛

---

① 陈万雄. 五四新文化的源流［M］. 修订版. 北京：生活·读书·新知三联书店，2018：3.

亥革命在人脉和思想上有着密不可分的条理。在中国革新与图强的时代课题中，"器物层次—政制层次—政体层次"屡败屡战的探索历程淬炼了第一代中国近代知识分子。"这一代近代型知识分子一经形成，立刻跃登历史舞台，成为这20年间主要革新力量。"① 可以说，陈万雄的这一论断恰恰是近代山东知识分子和革命谱系的真实写照。但是，"革命需要被动因素，需要物质基础"②。随着帝国主义经济侵略的深入和山东民族资本主义的发展，山东工人阶级的力量逐渐培育和萌芽。生产力的发展遭遇桎梏，社会革命时代必然来临。山东的革命形势就像一堆干柴，一点火星就能燃起熊熊大火。以"山东问题"为导火线的五四运动的爆发，就是引发山东革命运动的"星星之火"。

（一）伴随着帝国主义经济侵略的加深和山东民族资本主义的发展，以10万产业工人为核心的山东工人阶级队伍总人数有60万人之多，成为一支举足轻重的社会力量

山东工人阶级的形成和发展与山东近代工业的产生和发展是同步的。据不完全统计，辛亥革命前夕，山东有大、中型近代企业88家，工人33700人。第一次世界大战时迎来"黄金时代"的发展，山东有主要工矿企业580家，工业工人的数量已增长至10万之多，加上店员、人力车工人和手工业工人，山东的工人总数达到了60万，约占当时中国工人总量的6%。③ 山东工人阶级队伍的发展壮大，形成了五四运动重要的社会基础。

以甲午中日战争为界，山东近代工业及工人阶级的发展可以分为三阶段：第一阶段从19世纪70年代外国资本在华开设企业，到1894年甲午中日战争，此为山东工人阶级的孕育萌生阶段；第二阶段从甲午中日战争，列强对中国掠夺由商品输出转变为资本输出，民族企业在一定程度上得到发展，此为山东工人阶级的形成发展阶段；第三阶段则是第一次世界大战期间，资产阶级革命运动的推进和欧洲列强忙于战争，无暇东顾，山东民族工业迎来发展的"黄金时代"和"短暂春天"，山东产业工人也借机迅速发展。其中，第二、三阶段在时间上紧邻，发展阶段上相承接，可以合二为一，划归为一个较大的发展阶段。

---

① 陈万雄. 五四新文化的源流［M］. 修订版. 北京：生活·读书·新知三联书店，2018：3.

② 中共中央马克思恩格斯列宁斯大林著作编译局. 马克思恩格斯文集（第一卷）［M］. 北京：人民出版社，2009：12.

③ 山东省地方史志编纂委员会编. 山东省志：工人团体志［M］. 济南：山东人民出版社，2003：3-5.

山东的工人阶级同全国的工人阶级一样，既有同样的经历——遭受帝国主义、封建主义、资产阶级三重压迫，也有自己的独特性。一是从数量上来说，山东工人阶级在全国工人阶级的相对比重中，具有数量上的明显优势。单就山东工人在全国工人阶级队伍中的比重而言，就占全国工人总数的约1/20，这一数量和比例是远远超过其他各省工人数量及其比重的，这也反映了山东近代工业发展水平走在全国前列。二是山东工人阶级反抗强暴的革命意识特别强烈，尤其是反帝意识尤为突出。帝国主义列强对地处沿海的山东侵略比较早，侵略程度也比较深，所以山东工人的反抗意识比较强烈。在近代山东反帝反封建的历史进程中，山东工人阶级作为新兴的社会阶级和社会力量，在随后的山东革命运动中，它将必然发挥应有的作用。

（二）以"山东问题"为导火线的五四运动爆发，为山东工人阶级作为一支独立的阶级队伍登上政治舞台提供契机

巴黎和会把德国在山东的侵略权益不是归还中国而是转交日本的决议，成为引发五四爱国运动的导火线。山东人民对此有切肤之痛，因而对和会上外交之成败最为焦心，反应也最为敏捷。

一是五四运动在山东的酝酿兴起。按照马克思的观点，历史不过是人类现实社会生活中内在矛盾驱动的辩证过程。同样地，五四运动以山东问题为导火线而爆发，也不是偶然的，而是帝国主义侵略压力下北洋政府外交无能，激起了中国人民尤其是山东人长期积压的愤懑火焰的必然结果。一战期间，日本以对德宣战为借口，向山东派兵占领被德国占领的青岛、胶济铁路，发行日本军票，从政治、军事、经济等方面侵略。日本为实现独吞中国的美梦，于1915年1月与袁世凯政府签订了"二十一条"密约，要求中国政府承认日本继承德国在山东的一切权益，袁世凯接受大部分条件以得到日本对他复辟的支持。1917年至1918年段祺瑞政府为向日本借款，先后与其秘密缔结了"山东善后协定"和出卖中国铁路、矿山等一系列密约。北洋反动政府的上述卖国行为和日本帝国主义对中国特别是山东的疯狂侵略，激起了全国人民尤其是山东人民的无比愤慨。

1918年，第一次世界大战以"协约国"的胜利告终，中国作为战胜国提出取消列强在中国特权、取消日本在山东的各项权利、取消"二十一条"密约等合理要求却被无理拒绝，中国人第一次被"强权战胜公理""弱国无外交"的帝国主义强盗逻辑当头棒喝，激发出强烈的愤怒与反抗。第一阶段，1919年4月中旬，通电抵抗拒签契约。山东省议会、曹州各界联合会、烟台商会、山东

省教育会多次致电北洋政府和中国巴黎和会公使，宣布山东主权归属，并致电美国、英国、法国、意大利等国首脑和国际联盟呼吁其主持正义并归还山东。第二阶段，4月中旬以后，山东人民的抗争进入了建立团体、举行集会请愿的新阶段。山东各界爱国人士组织成立了山东学生外交后援会、山东国民请愿团、山东外交商榷会、山东国民请愿大会等团体，并作为全国唯一省份亲派代表远赴巴黎请愿。① 由此可见，山东人民对巴黎外交失败的切肤之痛与剜心之痛！

在上层代表斗争的同时，济南各行各业群众的斗争也日益激烈，其中工人阶级的直接参与最为引人注目。五月初，济南三千余名搬运工人举行演说。车夫赵强东说：我在这里出生，在这里长大，我是这里的主人，如果我们失去一尺一寸的领土，那是我们的耻辱。② 强烈呼吁收回青岛，不失一寸国土。

二是山东工人阶级登上政治舞台。巴黎和会于4月30日议定将战前德国在山东的一切权益转让给日本。遵照北洋政府的意旨，在帝国主义的压力下，中国代表准备签署和平协议。群情激昂，举国愤慨，一场以中国外交失败为导火线酝酿已久的反帝爱国运动终于爆发了。山东是最早响应五四运动的省份之一，运动爆发后，山东各界爱国人士纷纷汇入反帝爱国运动的大洪流。

山东青年学生在反帝爱国运动中始终站在前列，成为运动先锋。巴黎和会上中国外交失败，广大青年学子救援无路，呼吁莫闻，民族沦亡在即，无心求学，转而参加群众集会、示威游行、罢课斗争、查抵日货等活动，组织"救国十人团"到街道、村庄、工厂进行爱国主义宣传，联合农工商各界，推动山东反帝爱国运动由宣传抗议形式向组织群众抵抗的直接斗争形式转变。

在五四反帝爱国运动中，山东工人阶级开始登上政治舞台，显示了工人阶级的政治力量。五四运动爆发后，济南劳动界多次举行集会，津浦机厂、电灯公司等厂的工人也主动邀请学生到厂内演讲。济南劳动界发起组织了"劳动五人团"和"救国十人团"，开展查抵日货、提倡国货的斗争。旅京、苏、陕、沪等地的山东劳动者与山东工人遥相呼应，"各地方响应的每天数十起"③。山东工人阶级身处帝国主义压榨和封建主义压迫的第一线，因而反抗精神最为强烈，

---

① 中共山东省委党史研究室．中共山东地方史（第一卷）［M］．济南：山东人民出版社，1998：5.
② 华中工学院马克思列宁主义资料室编．五四运动文辑［M］．武汉：湖北人民出版社，1957：34-35.
③ 中共山东省委党史研究室．中共山东地方史（第一卷）［M］．济南：山东人民出版社，1998：15.

也最为彻底。通过"劳动五人团""救国十人团"等组织的建立、示范和集会，工人阶级发挥了组织的力量和作用，为建立工人组织打下基础。五四爱国运动后，工人阶级对新思想新事物的追求更为强烈，在斗争中具有高度组织性和纪律性，以及完全不妥协的革命精神，引起了具有初步共产主义思想的知识分子的注意，促成了进步知识分子和工人阶级结合的第一步！

第二章

山东马克思主义大众化的历史轨迹

《管子·形势》曰："疑今者察之古，不知来者视之往。"① 梁启超在谈及
"历史之意义"这一主题时，曾说："史者何？记述人类社会赓续活动之体相，
校其总成绩，求得其因果关系，以为现代一般人活动之资鉴者也。"② 前车之
覆，后车之鉴。只有从历史的观点出发，"究天人之际，通古今之变"，探求事
物演化的因果规律，才能为当下所从事的事业提供一定的镜鉴作用。列宁还说，
分析任何社会问题，马克思主义理论的绝对要求是把问题放在一定的历史范围
内。③ 历史性的思维方式和观念体系是社会科学研究的起点和基础。马克思主义
在山东的传播及大众化也是一个复杂历史过程的集合体，它经历了萌芽、初创、
高潮、受挫、复原、壮大等一系列从无到有，从弱小到强大的发展演变过程。
山东马克思主义大众化的历史轨迹是怎样的？经历了哪些发展阶段？研究这些
问题，能为我们对山东马克思主义大众化的历史轨迹做一鸟瞰。

山东地处我国东部沿海，南北交通要冲，素来通达开放，思潮新鲜涌动。
春秋时期，齐国都城临淄有稷下学堂，诸子贤士，云集争鸣，蔚然成风，齐国
也因此成为战国时代最兴盛的国家。近代以来，山东向近代化迈进的历史进程
伴随着烟台、青岛、济南、周村、潍县等城市相继开埠而徐徐展开，尤其是袁
世凯主政山东期间倡设官立山东大学（次年更名山东高等学堂），为天下储备人
才，为国家谋划富强，山东的经济、文化也逐渐开全国风气之先。与之同时，
山东也较早且较深刻地感受到了帝国主义国家的殖民侵略，山东正是在近代化
与殖民化矛盾冲突的深厚土壤中，孕育了民主革命的萌芽。

---

① 管仲. 管子 ［M］. 覃丽艳，译注. 南昌：二十一世纪出版社集团，2016：13.
② 梁启超. 中国历史研究法 ［M］. 北京：中华书局，2016：1.
③ 中共中央马克思恩格斯列宁斯大林著作编译局. 列宁选集（第二卷）［M］. 北京：人民
出版社，1995：375.

山东同盟会会员陈干于 1907 年在青岛创办震旦公学，传布革命思想。章太炎听闻，从日本给陈干来信，"知青岛大有可为，喜极。……溥泉可至青岛一游，与同人开讲社会主义一两礼拜"①。自此，社会主义的曙光在山东大地上开始显露出一缕光芒。毛泽东曾经说过，"讲马克思主义倒还是国民党在先"②。正如毛泽东充分肯定国民党人在马克思主义传播历史长河中的先导性角色一样，马克思主义在山东的传播也正是缘起于早期资产阶级革命派，尤其是山东同盟会会员及其后来演化为的国民党人。据统计，山东同盟会会员有 647 人之多，他们遍及山东各地，广撒革命火种，是山东近代民族民主革命图谱上的重要一环。以五四运动和中国共产党的成立为全新起点，马克思主义在山东传播的接力棒由国民党人转移到共产党人手中，马克思主义同无产阶级争取自身解放的各种斗争紧密联系在一起，在国共合作和抗日救亡的契机中跌宕起伏，山东共产党组织从无到有、从小到大地发展壮大起来。本书以 1908—1937 年为一时间断限，将山东马克思主义大众化的历史轨迹划分为三个时期：一是思想发蒙阶段——马克思主义初介山东（1908—1921）；二是组织初创阶段——山东共产党初创阶段的马克思主义大众化（1921—1927）；三是潜伏壮大阶段——内外冲击与抗日转机下山东马克思主义大众化的起伏嬗变（1927—1937）。

第一节　思想发蒙：马克思主义初介山东
（1908—1921）

马克思说过，人不能自由地选择生产力，只能在承袭前人已经创造出来的生产力的基础上继续前进，因而也不能自由地选择生产关系。基于社会生产力发展水准之上社会形态的演变也是一个层层演进、环环相扣的因果因袭过程。无论是历史运动的长时段、中时段，抑或是短时段，尽管历史演进的节奏不同，但无一例外的是，它们都只能在历史唯物主义的轨道上行进。中国共产党成立之前，列宁在谈到孙中山领导的辛亥革命与将来成立的无产阶级政党之间的联系时，曾高屋建瓴地指出：以孙中山为代表的资产阶级革命民主派，是要激发

---

① 章炳麟著，马勇编 . 章太炎书信集［M］. 石家庄：河北人民出版社，2003：189.
② 中共中央文献研究室 . 毛泽东在七大的报告和讲话集［M］. 北京：中央文献出版社，1995：5.

农民在政治和土地改革中的主动性、勇气和决心，找到"复兴"中国的正确途径。将来中国无产阶级要建立这样一个党，这个党在批判孙中山小资产阶级乌托邦和反动观点时，一定会认真地识别、保存和发展其政治纲领和土地纲领中的革命民主主义内核。① 中国共产党的成立，就是对孙中山"战斗的、真诚的民主主义"② 的继承和发展。

　　山东之所以成为国内最早建立党组织的六个地区之一③，是因为与辛亥革命、"五四"新文化运动密切相关。同样，山东马克思主义大众化这一主题也只有置于中国近代历史发展的特定语境中，在环环相扣的历史演进中才能更真实、更生动地呈现。那么，马克思主义在山东传播及大众化的起点是什么？山东共产党组织成立之前，马克思主义在山东的传播及大众化的历史进程是怎样的？

一、震旦公学首倡社会主义

　　马克思主义的曙光是何时照进山东的呢？换句话说，马克思主义在山东传播及大众化的起点是什么？毛泽东曾论断，在传播马克思主义方面，与共产党人相比较而言，倒是国民党人在先。但严格说来，就山东而言，在国民党人之前，资产阶级革命党人，尤其是留日的青年知识分子（一部分转化为山东同盟会的革命党人）在传播资产阶级革命思想的同时，已经在间接传布社会主义思想了。

　　自孙中山将中国同盟会北方支部设于山东烟台，山东籍留日学生满怀爱国热情，为实现救国救民的宗旨，纷纷加入山东同盟会组织。他们在日本接受革命风潮的熏陶之后，返回山东，谋办学校、报馆和书店，以便开通风气，宣传革命。④ 山东同盟会会员徐镜心、谢鸿焘、刘冠三、陈干等利用清政府推行"新政"之机，在各地先后创办三十余所公学，从各地招收优秀学员，聘请一大批同盟会会员任教，并时常邀请路经山东的著名革命党人讲演，其中张继、胡瑛、邹秉绶、李廷璧、鄮文翰、左汝霖、周树标、商震、陶成章、景定成、陈

① 中共中央马克思恩格斯列宁斯大林著作编译局 . 列宁选集（第二卷）［M］. 北京：人民出版社，2012：295-296.

② 中共中央马克思恩格斯列宁斯大林著作编译局 . 列宁选集（第二卷）［M］. 北京：人民出版社，2012：291.

③ 山东是国内建立党的早期组织的六个地区之一，另外五个分别是北京、上海、长沙、武汉、广东。国外的有日本东京和法国两个地区。

④ 安作璋 . 山东通史（近代卷·上册）［M］. 北京：人民出版社，2009：313.

家鼎等都曾在山东同盟会会员创办的公学任教，他们痛斥清政府腐败，号召参加革命，砥砺革命人才。

现有史料载，1907 年冬，陈干以山东同盟会主盟人的身份倡议在青岛创办震旦公学，得到革命党人的拥护。"震旦"是在佛教经典中的中国称呼，革命党人取之作为校名是很有深意的，即取其振兴中华之意，寄托了山东革命党人以革命振兴国家的祈愿。章太炎得知后，从日本给陈干来信积极支持。在震旦公学的课程设置上，章太炎建议专门开设社会主义课程，"鄙意学堂不当骤办，盖此事既需经费，讲师又不易求，不如专在学会讲社会主义为妙"①。不仅如此，章太炎还建议陈干邀请张继至青岛震旦公学开讲社会主义课程，并予以路费资助。"溥泉可至青岛一游，与同人开讲社会主义一两礼拜，但今尚无经费。由日抵胶不过二三十元而已，不可骤得，君若能为溥泉筹集川资寄下，则甚好也。"② 震旦公学的课程设置与革命斗争紧密结合，教员由学有专长的同盟会会员担任，学校对学生注重国民真正精神之教育，激发爱国情怀，甚至使一部分学生能够领略社会主义。③ 有研究者认为，马克思主义在山东的传播"始于1919 年冬"，标志是齐鲁书社的成立。④ 而张继在青岛震旦公学讲授社会主义课程的史实，将马克思主义在山东传播的时间起点往前推移到了 1908 年。

张继，字溥泉，中华民国时期著名政治家。年轻时赴日本早稻田专门学校学习政治经济，在图书馆里读到了日本维新时期中江笃介⑤翻译的《法兰西大革命》《民约论》等书。"革命思想，沛然日滋"⑥，决心投身于推翻清政府专制统治的革命斗争，"不顾家室，虽父书至亦不拆"⑦。在张继的人际图谱中，章

---

① 章炳麟著，马勇编. 章太炎书信集［M］. 石家庄：河北人民出版社，2003：189.
② 章炳麟著，马勇编. 章太炎书信集［M］. 石家庄：河北人民出版社，2003：189.
③ 马庚存著，山东省政协文史资料委员会编. 同盟会在山东［M］. 济南：山东人民出版社，1991：65.
④ 王继春. 马克思主义在山东的传播［J］. 山东师范大学学报（人文社会科学版），1983（2）：57.
⑤ 中江笃介（1894—1901），又名中江兆民，男，日本明治维新时期著名的思想家和评论家，自由民权运动的理论家、政治家，唯物主义哲学家、无神论者，幸德秋水的老师。1871 年赴法国留学，深受法国民主主义思想影响，译有卢梭的《社会契约论》，附以解说，名为《民约译解》。译著发表后给日本社会以很大的影响，许多热血青年在中江兆民的影响下，投身于自由民权运动，他也由此被美誉为"东洋的卢梭"。
⑥ 张继著，沈云龙主编. 近代中国史料丛编第三辑：张浦泉先生回忆录·日记［M］. 台北：文海出版社，1982：5.
⑦ 《河北文史资料》编辑部. 河北文史资料（1991 年第 4 辑，总第 39 期）［M］. 石家庄：《河北文史资料》编辑部，1991：84.

太炎、邹容、陈梦坡、黄兴、蔡元培、刘师培、曹亚伯、吴稚晖、李石曾、张静江以及日本早期社会主义思想家堺利彦、幸德秋水、大杉荣等都是熔铸其思想图谱的关键人物群体。他在日本留学期间与章太炎、邹容相拜为兄弟，加入蔡元培主持的主张推翻清政府的"军国民教育会"，与刘师培共同为《警钟报》撰稿，宣传普及革命主张。之后，他回到长沙，和黄兴一起在明德学堂任教习。"克强任生物图画教习，余任西洋历史教习。克强白日上堂，……晚上计划革命。余讲西史，开章即讲法兰西大革命。"① 在管理《民报》事务时，他与幸德秋水、堺利彦、大杉荣互动往来，"尤佩服秋水学问"②，并重新翻译出版了幸德秋水翻译的"意人马拉德士③无政府主义及西人某总同盟罢工论"④，与吴稚晖、李石曾、张静江等创办《新世纪报》，还在法国鹰山共产村学习法语的同时，"兼研究社会主义"⑤。总之，在对张继的人际图谱和思想脉络大致了解以后，即使限于史料不能还原他在震旦公学讲授社会主义课程的原貌，也能大致了解他在震旦公学传布社会主义思潮方面的情况。但是我们也应看到，他的主旨还不是传播马克思主义，甚至对马克思主义的社会主义与无政府主义的社会主义还没有分辨，也不是走社会主义道路，而是为中国资本主义的发展扫清道路。总而言之，张继在震旦公学传播社会主义是山东资产阶级革命党人传播马克思主义和革命思潮之缩影，在与其同时代的其他革命党人之中，在山东同盟会会员创办的其他三十余所公学以及不计其数的官立、私立新式中小学堂之中，像这样宣讲社会主义思潮的历史场景只会更加丰富，更加生动！

---

① 张继著，沈云龙主编. 近代中国史料丛编第三辑：张浦泉先生回忆录·日记［M］. 台北：文海出版社，1982：6.
② 张继著，沈云龙主编. 近代中国史料丛编第三辑：张浦泉先生回忆录·日记［M］. 台北：文海出版社，1982：8.
③ 马拉德士，指意大利人马拉德士塔（Enrico Malatesta，1853—1932），是一名顽固的革命组织者，相信只有革命才能带来人类和谐的新世界，他呼吁左派人士摒弃清谈政治的沙龙与客厅，而走上街头来要求改变。他敦促其追随者通过暗杀政治领袖和其他分裂行为来助长叛乱，"以行动宣传"成为他的口号。他的思想深刻影响了意大利、埃及、法国、比利时、阿根廷、罗马尼亚、西班牙和美国的无政府主义运动。
④ 张继著，沈云龙主编. 近代中国史料丛编第三辑：张浦泉先生回忆录·日记［M］. 台北：文海出版社，1982：8.
⑤ 张继著，沈云龙主编. 近代中国史料丛编第三辑：张浦泉先生回忆录·日记［M］. 台北：文海出版社，1982：8.

二、同盟会会员率先发动革命

在中国民主革命的漫长历史进程中，旧、新民主主义革命是相互联系、不可分割的两个阶段，社会的发展演进就在这种新旧因袭、推陈出新中滚滚向前。民主革命无论新旧，在"革命"这一时代主题上肩负着共同的使命。可以说，近代中国民主革命的历史使命是由旧民主主义革命党人和新民主主义革命党人共同完成的，而"革命"也正是马克思主义核心概念之一。山东同盟会会员在以资产阶级革命思想启蒙民众的同时，也为马克思主义在山东的传播和容受提供一定的接引。

首先，创办新式学堂，建立民主革命阵地。借着清政府废科举、兴新学的东风，山东同盟会会员以新式学堂为活动阵地，培养革命青年，扩大革命影响。在兴新学的热潮中，山东是领先于其他省份的，这得益于时任山东巡抚的袁世凯在新式教育改革上的卓越实绩。在袁世凯的建议下，清政府开启了"省设大学堂，府及直隶州设中学堂，县州设小学堂"的新式教育体制改革，山东还将济南最大的书院——泺源书院改为山东大学堂，成为仅次于北京京师大学堂后省一级别的最早的官办大学堂。在新学潮流的涌动下，山东同盟会成员纷纷创办新学堂，传布革命思想，培养革命骨干。据不完全统计，山东各地同盟会会员创办或参与的公学多达32处，数量上远超江浙两湖地区。山东同盟会会员以剪发辫、废缠足、教唱革命歌曲、传阅革命书刊、讲授社会主义课程等方式广布反清革命思想，使熏陶于其中的青年志士思想为之一新。

其次，创办革命报刊，积极宣传革命思想。山东同盟会会员深知，要推翻政权，必须借助民意发动群众，团结群众，借以揭发打击敌人。因此，必须大力建设舆论阵地，启发蒙昧。同盟会以《民报》作为机关刊物，大力宣传反清革命，令清政府大为惊恐，严加禁止。为迂回宣传《民报》革命思想，同盟会呼吁各省留日学生创办含蓄的、思想上没有差异的刊物输往国内。1906年秋，山东同盟会会员丁惟汾、蒋衍升等创办的《晨钟》在日本东京出版。《晨钟》是一份反清色彩浓厚的刊物，所刊登文章痛陈民族危机，阐述革命大义，受到国内进步青年热烈欢迎，他们"如获至宝，转相传示"①，在其影响下走上了革命道路。在国内，山东同盟会会员王讷、刘冠三在济南趵突泉白雪楼创办了

---

① 马庚存著，山东省政协文史资料委员会编. 同盟会在山东 [M]. 济南：山东人民出版社，1991：56.

《白话报》，"论政首斥贪污，论学首崇维新，引而归之革命"①，开创了山东革命宣传之先河。此外，1908年，同盟会会员丁训初、齐苻南在烟台创办《渤海日报》，李凤梧、钱子青主笔。孙锡纯在烟台正阳街创办了荟萃图书公司，成为胶东地区宣传革命的基地。徐镜心到东北宣传革命创办了《盛京时报》，也极为关切山东革命形势。旅京山东革命者还创办了《齐鲁》杂志，对唤醒民众发挥了重要作用。

最后，组建革命团体，领导发动武装起义。山东革命青年素有结社研究、砥砺思想的传统。随着革命形势的进一步发展，为了加强团结，为反清革命做好组织准备，山东同盟会会员组建了一批革命团体（参见表2-1），并以此为支撑领导一系列武装独立起义（参见表2-2）。山东同盟会会员领导的武装独立起义，虽持续时间不长，且最终失败者居多，但革命党人推翻清政府封建专制、反对帝国主义侵略的斗争赢得了大众民心，迎合了时代潮流，在山东民主革命波澜壮阔的历史画卷上，留下了浓墨重彩的一笔！

表2-1　辛亥革命前山东留日学生组建的革命团体一览表

团体名称	创办时间	地点	主要领导人	备注
利群社	1904年	东京	邱丕振、徐霜林等	
同盟会辽东支部	1907年	大连	徐镜心等	
山东同乡会	1908年	长春	陈干等	办有多处分会
山东矿产保存会	1908年	济南	陈干、周树标等	
武学研究会	1910年	新民	孙谏声等	
戏曲改良社	1911年	济南	徐镜心等	
尚志社	1911年	曹州	王朝俊、彭占元等	
模范体操团	1911年春	上海	蒋衍升等	
军国民会山东分会	1911年	济南	丁惟汾、颜振兹等	
全省各界联合会	1911年	济南	徐镜心	
中华民国共和急进会	1911年11月	上海	徐镜心	办有多处分会

资料来源：安作璋. 山东通史·近代卷 [M]. 济南：山东人民出版社，1995；马庚存. 同盟会在山东 [M]. 济南：山东人民出版社，1991；徐启民. 清末留日学生与近代中国的政治变革 [D]. 曲阜：曲阜师范大学，2004.

---

① 中国史学会济南分会. 山东近代史资料（第2分册）[M]. 济南：山东人民出版社，1958：123.

表 2-2　辛亥革命时期山东革命党人武装独立起义一览表

起义名称	时间	地点	主要领导人	备注
山东独立大会	1911 年 1 月 13 日	济南	谢鸿焘、丁世铎等	
烟台独立起义	1911 年 11 月 12 日	烟台	李凤梧、栾星壑等	留日学生领导第一次大规模起义
登州独立起义	1912 年 1 月 14 日	登州	徐镜心、邱丕振等	第一次成功地掌握一个地方政权
黄县独立起义	1912 年 1 月 16 日	黄县	徐镜心、张彦臣等	南北和谈之际坚持革命斗争的焦点
文登独立起义	1912 年 1 月 19 日	文登	丛禾生、丛琯珠等	
荣成独立起义	1912 年 1 月	荣成	刘鉴清、左汝霖等	
即墨独立起义	1912 年 1 月 27 日	即墨	孙毓坦等	
诸城独立起义	1912 年 2 月 2 日	诸城	钟孝先、隋理堂等	
益都独立起义	1912 年 1 月	益都	赵魏等	
高密独立起义	1912 年 1 月 27 日	高密	班麟书、吴鸣歧等	

资料来源：徐启民. 清末留日学生与近代中国的政治变革 [D]. 曲阜：曲阜师范大学，2004；王爱华. 近代山东国外留学教育研究 [D]. 济南：山东大学，2007.

三、新文化运动传播马克思主义

辛亥革命后，帝国主义侵略加剧。西方民主共和思想深入人心，北洋政府却推行尊孔复古的逆流。革命志士孜孜不倦致力于实现民主共和的理想蓝图，与中国黑暗政治现实的交锋更为尖锐，矛盾也更加突出。中国政治现实的发展路向偏移了人民的期许，先进知识分子被迫反思思想变革，马克思主义应时而入。山东是五四运动的缘起地，最先感受到救亡图存的紧迫与焦虑。在救亡与启蒙的双重变奏中，马克思主义在山东开始了真正意义上的传播。在马克思主义的启蒙下，沉闷蒙昧的山东"国民心理感受新思潮的冲动"，"渐渐有点觉悟"，"也是如梦初醒"。①

（一）创办齐鲁书社

齐鲁书社是山东马克思主义传播及大众化的摇篮，它在山东马克思主义传播史上的地位不可估量，甚至有学者将其作为马克思主义在山东传播的起点。王继春认为，以齐鲁书社成立为标志，马克思主义"从 1919 年冬开始"在山东传播。② 1919 年 9 月，随着《青年杂志》（后改为《新青年》）创刊，一场以"民主"和"科学"为旗帜的新文化运动开始向封建传统思想、伦理道德和腐朽文化公开宣战。山东地处京、沪交通要冲，是北上南下的重要枢纽，新文化运动的思潮通过多种渠道传播到齐鲁大地。特别是在省会济南，介绍西方文化、民主思想、自然科学技术的书刊在人群中广为流传，产生了广泛的影响。

早在 1913 年，鞠思敏等人在济南芙蓉街就曾创办济南教育图书社，与省内外出版机构建立了广泛联系。1919 年，王乐平在济南成立"齐鲁通讯社"（附设图书售书部），销售进步杂志和新出版物，并与北京、上海、广州等建立了密切的销售联系（参见表 2-3）。齐鲁通讯社如一盏明灯，对追求真理的山东青年知识分子产生了很大的吸引力，使"在旧空气里边闭塞已久"③ 的青年知识分子"中了新文化的毒"④。省立一师的王志坚、王尽美，省立一中的赵宸寰、邓恩铭，工专学校的王象午，省立女师的隋灵璧、王辩以及育英中学教员王翔千等，都经常到齐鲁通讯社购阅书刊。为适应新文化运动深入传播马克思主义思潮的需要，齐鲁通讯社拓展为齐鲁书社，以引进文化、增进人类知识为宗旨。经由齐鲁书社发行的进步书刊中，不乏《共产党宣言》《资本论入门》《每周评论》《新青年》等进步书刊。齐鲁书社对山东新文化运动和马克思主义传播发挥了巨大的先导性作用。

---

① 常连霆主编，中共山东省委党史研究室，山东省中共党史学会编. 山东党史资料文库（第 1 卷）［M］. 济南：山东人民出版社，2015：404.

② 王继春. 马克思主义在山东的传播［J］. 山东师范大学学报（人文社会科学版），1983（2）：57.

③ 常连霆主编，中共山东省委党史研究室，山东省中共党史学会编. 山东党史资料文库（第 1 卷）［M］. 济南：山东人民出版社，2015：405.

④ 常连霆主编，中共山东省委党史研究室，山东省中共党史学会编. 山东党史资料文库（第 1 卷）［M］. 济南：山东人民出版社，2015：405.

表 2-3　山东地方进步书刊发行机构一览表

出版机构名称	创办时间	创办者	地点	概况
济南教育图书社	1913 年 10 月	鞠思敏、王祝晨、许德一	济南市芙蓉街	该社以"辅助山东教育为主旨",经销中华书局版教科书,其他出版社教育图书,与省内外很多学校关系密切
齐鲁书社	1920 年	王乐平	济南市市政大街 88、90 号	五四运动后在山东经销进步书刊第一家书店,推动新文化运动和马克思主义在山东的传播

(二) 创办进步刊物

五四新文化运动时期,马克思主义大众化呈现出一种集翻译、出版、社团、报刊等多种传播媒介在内的"传播共同体"的特点,马克思主义在山东特别是在济南地区也呈现出这样的特征。就报刊而言,"五四"新文化运动在山东尤其是济南地区的蓬勃发展,推动了《新文化介绍》《励新》《灾民号》《洣源新刊》《新山东》等一系列进步刊物群应运而生,宣传新的思想、探索改造社会。这些进步刊物研究学问,启蒙思想,抨击黑暗,讨论问题,它们如同朵朵浪花,汇聚成思想革新的洪流,为山东新文化运动的深入开展和马克思主义传播做出了巨大的贡献,可以说是推动近代山东社会变革的一把把"文化利刃"。

另外,山东旅京大学生王统照、宋介、范予遂、王晴霓、徐彦之等接受新思想的影响,立志于新文化运动。1919 年,他们在京创办了《曙光》杂志,在李大钊的影响下,《曙光》杂志发表了大量介绍苏俄的文章及列宁著作的一些译本和关于工人阶级、阶级斗争和社会制度的根本改造等问题的文章,并就中国根本变革问题发表了一系列具有社会主义倾向的正确意见。宋介用历史唯物主义理论观察思考社会变革问题,发表了《赞 Lenin》(即《赞列宁》)、《新俄罗斯之建设》等介绍十月革命后的苏俄的文章,主张实行社会革命,放弃改良主义。在《曙光》杂志的读者群中,山东读者是主要的发行对象之一,济南教育图书馆、济南齐鲁通讯社、烟台胶东日报社、日新书局、海阳薛寓等处设有发行机构。《曙光》杂志对推动山东马克思主义的广泛传播发挥了重要作用。

(三) 创办进步社团

五四新文化运动时期兴起的进步社团,是青年知识分子"所学"与中国黑暗政治现实改造"所需"相结合的桥梁。毛泽东充分肯定知识分子在日益严重的民族危机面前高度的自觉性和觉悟性，他说，辛亥革命和五四运动充分彰显了知识分子是中国民主革命中最先觉悟的成分。① 但是，知识分子的政治觉悟只有与革命实际相结合，与工农斗争相结合，才会有更广阔的空间，才会大有作为，而进步社团的诞生为这种结合迈出了组织化的第一步。

从 1919 年始，至 1921 年春济南共产主义小组成立，山东依次发起组织了齐鲁通讯社、康米尼斯特（共产主义）学会、励新学会、济南共产主义小组等一系列进步社团，以及"马克思学说研究会"等，呈现出社团"集群化"的特点。齐鲁书社不仅经销进步书刊，也是山东早期革命家从事革命活动的重要场所。1920 年秋，康米尼斯特学会成立。在此基础上，励新学会成立，出版《励新》半月刊，以砥砺改新。济南马克思学说研究会是王尽美、邓恩铭参加党的一大归来后于当年 9 月建立的一个公开的学术组织，会员发展至五六十人，它的成立，促进了马克思主义在山东的进一步传播，为党培养了一大批革命骨干力量。1921 年初，王尽美与李广义、刘乃泮等一批工运骨干共同成立济南大槐树机厂工人俱乐部。俱乐部在北大槐树、中大槐树等地办起了四所工人补习学校，数百名工人参加学习。创办工人补习学校及工人俱乐部，开启了马克思主义与工人运动初步结合的历程。从单纯的学术团体，到负有革命使命的政治团体，再到工人运动组织，反映了马克思主义传播初期进步社团演化的历史轨迹，山东党团组织也正是在这些进步团体中逐渐孕育起来，马克思主义的真理火种也从这里播撒到齐鲁大地。

第二节　组织初创：山东共产党初创阶段的马克思主义大众化（1921—1927）

马克思主义的传播与中国共产党的成立既是一种因果关系，也是一种相互促进的关系。马克思主义的传播，为党的成立提供了必要的思想条件。一批激进知识分子在传播过程中自我改造为马克思主义者，为中国共产党的成立奠定了组织基础。在共产国际人员和资金的帮助下，党成立了专门的宣传机构，使科学社会主义得到空前的传播，从而在思想上武装了新生的中国共产党。就山

---

① 毛泽东选集（第二卷）［M］. 北京：人民出版社，1991：559.

东而言，马克思主义大众化与党组织的发展壮大也是"一而二，二而一"的关系。山东马克思主义大众化的重要成果之一就是党团组织的萌芽和发展，山东马克思主义大众化的实践运作也是以党团组织为平台依托的。

一、广建党团工会支部，建立根基

"马克思主义生根山东的最大实践，便是山东党组织（团体）的成立。"①从 1921 年春济南共产主义小组的初创，到 1927 年 7 月山东共产党党支部达百余之多，共产党员近 1500 人（参见表 2-4）。山东党团组织的成立，是近代山东社会政治、经济、文化等各种因素激烈运动的必然结果。这些共产党党团组织和工会团体，如一座座"红色堡垒"，建立起中国共产党在山东的组织根基，在齐鲁大地上燃起了革命的烽火。那么，山东共产党的党团组织和工会团体是如何建立起来的？山东共产党的党团组织和工会组织都有哪些？它们在山东马克思主义传播及大众化历史进程中发挥了怎样的作用？

表 2-4　山东地区党员数目统计表（1922 年 6 月—1927 年 7 月）②

时间	组织名称	党员数
1922 年 6 月	中共济南地方支部	9 人
1923 年 11 月	中共济南地方执行委员会	16 人
1924 年 6 月	中共济南地方执行委员会	17 人
1926 年 7 月	中共山东地方执行委员会	515 人
1927 年 7 月	中共山东省委员会	近 1500 人

资料来源：中共山东省委组织部，中共山东省委党史资料征集研究委员会，山东省档案馆编. 中国共产党山东省组织史资料（1921—1987）［M］. 济南：山东人民出版社，1991.

（一）山东党团组织和工会团体的建立，一般而言有两条路径：一是基于学术研究团体演化而来的，二是基于社会状况调查发展起来的

中国共产党在山东的党团组织和工会团体是如何建立起来的，大致可以分

---

① 闫化川. 马克思主义是怎样生根中国的：马克思主义在山东早期传播研究［M］. 北京：方志出版社，2017：262.
② 中共山东省委组织部，中共山东省委党史资料征集研究委员会，山东省档案馆编. 中国共产党山东省组织史资料（1921—1987）［M］. 济南：山东人民出版社，1991：703.

为两条路径：一是基于学术研究团体演化而来的。譬如，1921年春济南共产主义小组的诞生就是从学术研究团体——济南康米尼斯特学会和励新学会中演化而来的。二是基于社会状况调查发展起来的。调研社会政治、经济状况，挖掘学生、工人、农民等社会阶层的物质要求和精神诉求，进而建立共产党党团组织和工会团体，津浦铁路济南大槐树机厂党支部就是这种类型的代表。山东党团组织和工会团体诞生的两条路径，反映了"革命理论与革命实践相结合"的共同纽带下尚处于两个端点的起始状态，也就是说，一条路径是从理论研究出发，迈向革命斗争的实践；另一条是扎根于革命斗争的土壤，反过来观照理论。马克思在《〈黑格尔法哲学批判〉导言》中对上述两条路径做出过高度概括，即"思想要力求成为现实"和"现实本身要努力趋向思想"①，并强调二者并重，不可或缺其一。

1. 基于学术研究团体

中国政党早期有一个很鲜明的特点：政党往往是从社团演变而来的，而与此相关的社团具有浓厚的政治色彩。② 社团是中国政党的"胚胎"，但是"社团"并不等于"政党"。中国近代意义上的政党是伴随着西方政治理念而移植到中国的，以一个政党成长的视角来看，政党在中国的发展走过了一段极不平凡的道路。中国共产党之所以能超越"社团"初创过程中的种种"安那其"组织困境，在国内超越同时代成立的其他政党，肩负着"为中国人民谋幸福，为中华民族谋复兴"的艰巨使命，源于坚持不懈的强大学习能力，源于马克思主义大众化。

在本书所研究的"山东马克思主义大众化"这一主题中，"社团"或"学术研究团体"不是一个纯粹的概念，而是集合了山东马克思主义大众化实践过程中的各种活动实体和活动形式之后所提炼出来的一种共同属性。比如："齐鲁书社"就是一个兼具出版、发行（书店）、社团、革命基地等多重角色在内的集合体，作为"社团"或"学术研究团体"的"齐鲁书社"仅是上述多重角色中的一种。这种多重角色集合体的特质，一方面为从事革命活动提供了多重功用，如齐鲁书社是山东济南第一家推销进步书刊的书店，③ 被视为山东新文化运动中

---

① 中共中央马克思恩格斯列宁斯大林著作编译局. 马克思恩格斯文集（第一卷）［M］. 北京：人民出版社，2009：13.

② 田子渝. 马克思主义在中国初期传播史（1918—1922）［M］. 北京：学习出版社，2012：107.

③ 济南市志编纂委员会编. 济南市志资料（第7辑）［M］. 内部资料，1987：100.

心的角色，"书籍是启蒙运动的基本组成元素"①，这一角色使其成为山东新文化启蒙和马克思主义传播的摇篮，推动了以马克思主义为主流的新文化运动的进一步发展。齐鲁书社除了进步书店的角色之外，还为读者和进步青年提供研讨学问、辩论时政、革命活动、联络感情和互通信息的活动基地。另一方面，这种多重角色集合体的特质为从事革命活动提供了多重掩护。从事革命活动，灵活适宜的革命策略是必不可少的，因此，"伪装书"、活动场所的多重角色等策略很明显地起到了掩护作用。

在这种多重角色集合体的孕育和掩护下，山东共产党的党团组织逐渐发育成熟起来。1921 年春，济南共产主义小组在康米尼斯特（共产主义）学会、励新学会等一系列前后相继、核心成员大致相同的学术研究团体的基础上酝酿成立。李大钊和陈独秀在 1920 年 2 月初最早酝酿讨论了在北京和上海分别组建中国共产党的问题，在中国共产党创建史上缔造了"南陈北李，相约建党"的佳话。在李大钊筹备北京建党、陈独秀筹备上海建党的"全息理论"② 效应下，王尽美、邓恩铭等济南共产主义小组的创始人，一是利用李大钊主持北京"马克思学说研究会"和"亢慕义斋图书室"通讯会员之关系，二是借用王乐平受陈独秀函约在济南组织共产主义小组之契机，三是恰逢共产国际远东局派维经斯基（Войтинский）、马迈耶夫和杨明斋等来到中国，他们往来于京沪之间，其间在济停留，不仅加强了这些地区知识分子之间的联系，而且对济南共产主义小组的成立起到了促进作用。在上述多方助力下，1920 年夏秋之交，康米尼斯特学会成立。以齐鲁书社为阵地，该学会核心成员吸收其他进步青年发起成立励新学会，并在此基础上于次年春成立党小组。值得一提的是，关于"济南共产主义小组何时成立？"这一问题，党史学界有不同观点，余世诚、刘明义认为，"其形成时间是一九二〇年十月至一九二一年五月之间"③，《山东省志·大

---

① 理查德·B. 谢尔. 启蒙与出版：苏格兰作家和 18 世纪英国、爱尔兰、美国的出版商（下册）［M］. 启蒙编译所，译. 上海：复旦大学出版社，2012：650.

② 全息理论是研究事物间所具的全息关系的特性和规律的学说，它认为宇宙是一个各部分之间全息关联的统一整体。在宇宙整体中，各子系与系统、系统与宇宙之间全息对应，凡相互对应的部位较之非相互对应的部位在物质、结构、能量、信息、精神与功能等宇宙要素上相似程度较大。整体包含着局部，局部反映整体，部分是整体的缩影。

③ 余世诚，刘明义. 关于山东地方建党的若干问题［J］. 华东石油学院学报（社会科学版），1985（1）：57.

事记（上）》认为是 1921 年春①，但都认为：在中共一大召开之前，山东（济南）共产党早期组织已经建立。

济南共产主义小组成立是在北京、上海共产主义小组的"全息效应"下，在省外共产主义先驱的联络帮助下，在共产国际派驻的俄共小组的亲自指导下成立的，同时，济南共产主义小组从"社团"到"政党"的成长轨迹也是山东党团组织孕育成长的一个缩影。不仅在济南，而且在青岛、益都、潍县、兖州等地，他们或以青岛"山东路启新书社"②"胶澳报馆"等书社为掩护，或以工人补习学校、中学、师范学校、职校、农民夜校等为根基，在反动黑暗的政治空气中，以灵活巧妙的革命策略宣传革命理论，组织革命活动，使马克思主义在山东大地上扎根发芽。

2. 基于社会状况调查

从"社团"到"政党"，这是山东无产阶级政党团体组织成立的路径之一。如果说这是一条"以革命理论为起点，迈向革命实践"的路径的话，那么，从革命斗争的实际需要出发，在调研社会政治经济状况和民众需求的基础上，启发群众革命意识，建立政党组织和工人团体，这就是党团组织建立的第二条路径。王尽美、邓恩铭积极深入津浦大厂、鲁丰纱厂、新城兵工厂等工人聚集地参与社会活动，了解民众疾苦，发起成立党支部。其中，津浦铁路济南大槐树机厂工人党支部即是"基于社会状况调查"路径的代表。

基于社会状况调查建立党团组织和工人团体，是建党思想走向成熟化和建党原则走向系统化的必然一步。在 1922 年 7 月召开的第二次全国代表大会上通过的《关于共产党的组织章程决议案》，明确了建党原则的群众性和革命性，对"社团建党"路径不可避免存在的"空想性"成分和"学术性"成分，进行了一定程度的纠偏。它明确指出，我们的共产党，不是由知识分子组成的马克思主义学会，也不是少数共产党员脱离群众的空想的革命团体，而是最革命的无产阶级群众组织起来为本阶级的利益而奋斗的政党。共产党既然不是讲学的知识分子，也不是空想的革命家，便不必到大学、研究会、图书馆去；共产党既然是为无产阶级利益奋斗的政党，就要走到群众中去，形成一个大的群众党。既然要形成一个革命运动和一个大的群众党，就不能忘记两大纪律：（1）党的

---

① 山东省地方史志编纂委员会 . 山东省志·大事记（上）［M］. 济南：山东人民出版社，2000：154.

② 山东革命历史文件汇集（甲种本第一集：一九二二年——一九二五年）［M］. 中央档案馆，山东档案馆，1994：23.

一切运动必须深入群众。（2）党内必须有适应革命的组织与训练。①

在中共二大建党思想和原则的指导下，山东党团组织出现了新气象，从原有的"社团建党"转向"基于社会状况调查"建立党团组织。1923 年 11 月 11 日，王振翼在青岛地方团组织及群运问题致敬云②信中对青岛地区工人、学生、农民的政治、经济、民风等社会状况做了详尽的调研，为该地党团组织的建立提供了一定的参考：青岛有四万多工人（大部分是文盲，占全数百分之九十多）。这些工厂主要是纱厂，其中大约有五家，中国资本只占其一，其余为面粉、糖、酒等工厂，以及市政港务，在北方商埠教育中发挥着重要作用。……教育方面，有小学三十七所，在校生八九千，但中学过去是一所非常小的日本人控制的教会学校，中国收回青岛主权后设两所中学，一所职业学校，学生数百人。此地的政治空气比较新鲜，学生没有受过沾染，党在此地很有发展的机会。附近的盐户和农民大多还保持着梁山泊的气质，加上很容易受外人和土匪的干扰，并且有良好的乡团组织，因此，有必要高度重视这个地方。③ 又如，1924 年 8 月 15 日，王化昌对青州团支部组织活动情况以及青州地区经济政治状况的报告中对青州教育状况和农民阶层状况的详细调查，为青州党团组织建立提供了一定的参照：青州有三所省立学校（中学、师范、农校）。师范院校的教职员多半思想保守，实行愚民式奴隶化教育，没有任何有价值的进步刊物，学生尚不知五四运动是什么。农校的教职员工出身于官僚和政客，学生气氛死气沉沉，常识方面连师范学校也不如。中学好多了，教职员的头脑更清醒，对学生压迫也很轻，所以学生的思想也很自由，很多订阅了党的进步刊物。然而，他们中的大多数人都持研究态度，有的只读课本，有的死读《红楼梦》《小说月刊》等自娱自乐，不问政治，很少有觉悟的青年。其余多半高小学校都是由"当一日和尚撞一天钟"的人管理，至于国民小学教员，更多半是不耐劳力而受经济所困的老秀才，所以大多数农民都嫉视学校，几乎没有平民教育机关，风气非常闭塞。农民大多属于自耕农，很少有大地主。④ 再如，邓恩铭致刘仁静的

---

① 中央档案馆. 中共中央文件选集（第一册）［M］. 北京：中共中央党校出版社，1982：90.

② 敬云，即刘仁静。

③ 山东革命历史文件汇集（甲种本第一集：一九二二年——一九二五年）［M］. 中央档案馆，山东档案馆，1994：45.

④ 山东革命历史文件汇集（甲种本第一集：一九二二年——一九二五年）［M］. 中央档案馆，山东档案馆，1994：157.

信中对青岛地区党的发展状况的摸索，为青岛胶澳报馆设立党的出版机构提供了可靠的依据：青岛的重要性就不用再谈论了，但是我们在这么重要的地方都没有一个根基，处处被无关紧要的事所束缚着，什么时候才有效果？所以在今天的信之后，我和象午商议，觉得有必要成立一书社。……先从送报纸、卖丛书杂志开始。① 1924 年 5 月《山东地方报告》中对青州、济宁党团组织发展现状及发展计划都是基于对当地社会状况的广泛深入调查。青州：有三所中学——青州十中、省立四师、青州甲种农业学校，学生们的精神还很活泼，该地民校的平民学会非常发达，有五十名会员。济宁：有两所中学——济宁七中及中西中学（德国教会学校）。现在，候补党员郭同志正在该地做民校活动，组织平民学会分会，已有二十多名会员。②

基于社会状况调查而建立的党团组织，是以"实践"为起点的建党思想和建党原则的产物。从这一时期的建党史实来看，这一路径下建立的山东党团组织在数量上是占绝大多数的。但是，我们也必须看到，革命斗争的实际需要固然是首先需要满足的必备条件，革命理论在革命斗争中的引领作用同样不可或缺。二者互相关联，缺一不可。

（二）自济南共产主义小组建立至 1927 年 6 月，山东党团组织遍及鲁东、鲁南、鲁西、鲁北、鲁中等地，全省党支部达百余之多，党员 1500 余名，山东革命渐成燎原之势

自 1921 年初济南共产主义小组成立至 1927 年 6 月，中共山东地方党团组织遍及济南、青岛、潍县、青州、张店、淄川、寿光、广饶、泰安、莱芜、兖州、沂水、阳谷、东昌等地，工会组织集中于津浦铁路、胶济铁路及其沿线的工矿产地，全省党支部达 100 多个，党员 1500 余名，山东革命渐成燎原之势！

从地域分布上来说，山东马克思主义早期传播的据点和地方党团工会组织的分布，除了鲁西南、鲁东南等边缘地区基本呈现出稀少状况之外，余则以省会济南为中心，青岛为次中心，较为均匀地遍及鲁中、鲁东、鲁北、鲁西北等地区。山东马克思主义传播的地域特点，其深层根源在于山东省境内津浦、胶济两大交通动脉如"十"字状一般，分别以南北方向和东西方向横纵贯通山东半岛，济南是津浦和胶济两大铁路的"十"字交会处，当仁不让地成为山东内

① 山东革命历史文件汇集（甲种本第一集：一九二二年——一九二五年）［M］. 中央档案馆，山东档案馆，1994：75.

② 山东革命历史文件汇集（甲种本第一集：一九二二年——一九二五年）［M］. 中央档案馆，山东档案馆，1994：120.

陆的核心城市，青岛则是集港口城市和胶济铁路的东端交通枢纽为一体。民国时期，山东的商业发展主要依靠沿海港口和铁路沿线城市的双重支撑，形成了"沿海港口城市铁路内陆中心城市"的独特结构。在这种结构的影响下，临海城市和临铁路城市的商业得到了飞速的发展，站到了山东商业发展的前列，而背离这种结构的城市则发展相对缓慢。① 胶济、津浦两大交通动脉给沿线城市工商业发展带来了极大的发展空间，它们依靠便利的陆路交通条件，有的再辅以自身丰富的矿藏资源或开埠通商的发展契机，成为新的商贸中心或工矿产地，如胶济铁路沿线的潍县、高密、临淄、张店、博山、周村等新兴商埠和津浦铁路沿线的德州、泰安、兖州等新兴工商业城市。这样一来，近代以来，山东工商业的格局开始向两条路线集聚，一条是山东半岛沿海城市一线，另一条是津浦、胶济两条铁路沿线。伴随着两大铁路沿线城市和山东半岛沿海城市的开埠通商，以工商业勃兴为鲜明特色的山东近代化历程随之起步。马克思曾经说过，革命需要被动因素和物质基础。② 一个国家对理论的需要程度决定了其实现的广度和深度。山东既有先天的海陆兼备的优越地理位置，又有后天的发达的交通设施及均衡的铁路布局，加之省内矿藏丰富，开埠通商的城市多且早，实际上，以工商业为先导的山东近代化进程是走在全国前列的，在一定程度上影响了马克思主义在山东传播的场域和布局。

从组织类型上来说，山东地方党团组织和工会团体针对学生、工人、农民等不同的宣传对象，主要依托学校、工厂、农民夜校等三种类型组织，宣传革命思想，发展革命骨干，组建革命组织。

一是山东省内以中学生为主要对象的各级各类学校，特别是山东地方师范学校。丛小平在"师范学校与中国近现代民族国家的形成与社会转型"的研究中发现：地方师范学校已成为共产党吸纳基层干部、培养地方革命领袖的温床。③ 丛小平的这一研究结果，与山东马克思主义传播及大众化的历史进程、山东地方共产党组织的兴起是契合的。民国时期山东师范教育从 1902 年清末新政创办山东大学堂附设的师范馆，到各府州开办简易师范学堂，兼办（县立）师

---

① 石会辉. 民国时期山东商业历史考察（1912—1937）：以青岛、济南、烟台等城市为例[D]. 南昌：南昌大学，2008：34.

② 中共中央马克思恩格斯列宁斯大林著作编译局. 马克思恩格斯文集（第一卷）[M]. 北京：人民出版社，2009：12.

③ 丛小平. 师范学校与中国的现代化：民族国家的形成与社会转型（1897—1937）[M]. 北京：商务印书馆，2014：250.

范讲习所，再到开办八所省立乡村师范学校——济南省立一师、莱阳省立二师、临沂省立三师、滋阳省立四师、平原省立五师、惠民省立六师、文登省立七师和寿张省立八师，无一不是锻造共产党人的"红色熔炉"。1915 年《全国师范讲习所一览表》载，是年山东师范讲习所为 66 所，179 名教职员，2272 名学生，10731 名毕业生。① 这是山东师范教育快速发展的一个缩影，在兴学潮流推动下，山东女子师范学校以及政法、农业、工业、商业、医学、矿业等各类专门学校勃然而兴，为山东马克思主义传播提供了天然摇篮，成为组建共产党和青年团组织的理想场所。育英中学、省立一师、女子师范、正谊中学、省立一中、齐鲁大学等，都是共产党人组建党团支部的聚焦点。

二是以工厂为中心的工人俱乐部、工人补习学校等。领导工人阶级，开展工人运动，是中国共产党第一次全国代表大会确立的中心任务。山东地方共产党人非常注重在工人萃集之地，宣传马克思主义，组建党的支部。1926 年 1 月 21 日，团济南地委在第十二号通信中极力主张在工人会聚之张店、淄川、石谷、周村、博山等地成立党团支部。信中分析，张店是胶济路之一大站，现已有十一名同学②。该支部书记介绍，旧历年前后能发展三十人以上。这个地区接近农村，可发展农村支部。淄川为山东著名的炭矿区，石谷也属淄矿区，现有十名同学③，最近有可能加倍发展。这里胶济路淄、博、张三条支线相连，并且附近如周村、博山都是工人聚集之地，目前有迅速建地方支部的必要。④ 在成立工人支部的同时，山东地方共产党人还针对工人的生活习惯、知识水平等，在文化普及、识字教育、习惯养成等活动中，启发革命意识，组织工人团体。1925 年 1 月，团济南地委农工部就济南工人运动情形向团中央做汇报，可以一窥其中建立支部、发行刊物、工人补习教育等活动概况。一是在兴顺福铁厂和胶济车站建立两个工人支部——第五支部和第六支部。二是编辑青年工人刊物。专为一般青年工人多嗜赌习编一《青年戒赌段》，取得较为普遍的效果。三是举办工人补习教育。根据工人识字水平，识字者宣教通俗的工人报纸——《平民之友》《苦力》《青年工人》《工人周刊》等，不识字者则教他们识字，读《千字课》

---

① 徐兴文，孟献忠主编．师范春秋 [M]．济南：齐鲁书社，2002：4-5.
② 同学，党团同志的隐语代号。
③ 同学，党团同志的隐语代号。
④ 山东革命历史文件汇集（甲种本第二集：一九二六年一月——一九二八年二月）[M]．中央档案馆，山东档案馆，1995：8.

《平民课本》等。又因为工人常用算术（机器工人），所以也教一点算术。①

三是以农民夜校等形式建立农村支部。农村地区以其远离城政治势力中心、偏僻隐蔽、邻里关系信任度高、群众来源广泛等优势成为山东地方党团支部的又一大摇篮，《共产党宣言》陈望道中文首译本广饶藏本就发现于山东省广饶县中共延集农村党支部。中共延集党支部通过举办农民夜校，在唱鼓词、说闲书、吹拉弹唱、习拳练武、识字读书等民间活动中，学习马克思主义理论，发展党团支部。除了广饶地区的中共延集村、刘集村、黄丘等支部，还有益都的城关、涝洼、圣水村等支部，潍县的南屯、茂子庄、庄家、东西曹庄、牟家院等支部、鲁北陵县宋集村党支部、阳谷九都杨支部等，以及山东社会主义青年团所辖临淄农村、青州农村、潍县农村、寿光农村、广饶农村、齐河农村、冠县农村等团支部，农村党团支部在山东党团组织中数量是占一定优势的。

总而言之，这一时期山东地方共产党组织（参见表2-5）、社会主义青年团组织（参见表2-6）和工会组织（参见表2-7）如雨后春笋般，从无到有、从小到大地发展壮大，是山东马克思主义大众化的生动历史图景。

表2-5 山东地方共产党组织概况（1921年7月—1927年7月）

支部名称	分支概况
济南市各支部	1. 康米尼斯特学会（即共产主义学会）（1920年夏）→济南共产主义小组（1921年春—1922年5月）→中共济南独立组（1922年5月—1922年7月）→中共济南地方支部（1922年7月—1923年10月）→中共济南地方执行委员会（1923年10月—1925年2月）→中共山东地方执行委员会（1925年2月—1926年10月）→中共山东区执行委员会（1926年10月—1927年6月）→中共山东省委员会（1927年6月—1927年7月）
	2. 济南省立一师党支部，书记：庄龙甲、孙善纪
	3. 胶济铁路济南站党支部，书记：牟洪伦
	4. 齐鲁大学党支部，书记：张同俊
	5. 津浦铁路济南大厂党支部，书记：李广义、薛文英、王登汝

① 山东革命历史文件汇集（甲种本第一集：一九二二年——一九二五年）[M].中央档案馆，山东档案馆，1994：302-303.

续表

支部名称	分支概况
济南市各支部	6. 济南省立女子师范学校党支部，书记：刘叔琴
	7. 济南鲁丰纱厂党支部（亦称济南北郊党支部），书记：鲁伯峻
	8. 济南正谊中学党支部，书记：吴宝璞
	9. 济南闫千户庄党支部，书记：宋伯行
	10. 济南省立一中党支部，书记：李宣之
	11. 胶济铁路济南机务段党支部
	12. 津浦路党支部
	13. 电灯公司党支部
	14. 电话局党支部
	15. 洋车夫工会党支部
	16. 面粉厂党支部
	17. 其他
青岛市各支部	1. 青岛组（1924 年夏—1925 年 2 月）→青岛支部（1925 年 2 月—1925 年 5 月；1925 年 8 月；1926 年春—1927 年 8 月）
	2. 四方支部（1925 年 5 月—1925 年 7 月）
淄博支部	1924 年 7 月—1927 年春，书记：王用章、史长森、孙秀峰、张如芝、卢福坦
张店车站支部	1925 年 2 月—1927 年 7 月，书记：王元昌、于本章
淄川县翟家支部	1926 年 7 月—1927 年 7 月，书记：翟洪谋
淄川县洪沟支部	1926 年 7 月—1927 年 7 月，书记：孟金山
昆仑（石谷）分矿支部	1926 年夏—1927 年 7 月，书记：孟传扬
南旺支部	1926 年初建立，书记：史长森
博山支部	1927 年 4 月—1927 年 7 月，书记：蒋西鲁
长山县铁山特别支部	1927 年 5 月—1927 年 7 月，书记：李清贵
临淄县白兔丘支部	1926 年冬—1927 年 7 月，书记：高新成

续表

支部名称	分支概况
张店地方 执行委员会	1927 年春—1927 年 10 月，书记：卢福坦、王元昌。下辖淄川、张店车站、石谷、翟家、洪沟、铁山、西河、华坞、索镇、毛瞳、解庄、临朐等党支部
寿（光）广（饶） 支部	1924 年 9 月—1925 年 2 月，书记：张玉山
寿光地方 执行委员会	1926 年 8 月—1927 年 7 月，书记：张玉山。下辖寿光、张家庄、北台头、南台头、崔家庄、王高前、王高后、南河、双凤小学、牛头镇、范家庄、寇家坞、杨瞳、田柳、北洋头、北孙、邢姚、陈家马庄、罗庄等 19 个支部
广饶县各支部	1925 年—1927 年，包括延集村、刘集村、黄丘党支部，在这里的广饶刘集支部发现了《共产党宣言》陈望道首版中文全译本，是全国仅存的七本之一
青州支部	1925 年 1 月—1926 年 10 月，书记：杜华梓
益都地方 执行委员会	1926 年 10 月建立，书记：宋伯行，建立城关、涝洼、圣水村三个支部，由商勤学、杜华梓、魏复中分别担任三个党支部书记
青州地方 执行委员会	1927 年 4 月—1928 年 2 月，书记：宋伯行
潍县支部	1925 年 2 月—1926 年 6 月，书记：庄龙甲
潍县地方 执行委员会	1926 年 6 月—1927 年冬，书记：庄龙甲。下辖南屯、茂子庄、庄家、东西曹庄（后分为东曹庄和西曹庄两个支部）、坊子铁路、牟家院、小庄子、辛庄、文美中学等 10 个支部
昌邑县岞山支部	1927 年 6 月建立，书记：王兴选
高密地方 执行委员会	1926 年秋—1927 年 7 月，书记：傅书堂。下辖：城市、车站、栾家庄、曹家郭庄、小王家庄、窑头、门家苓芝等 7 个党支部
泰安县各支部	1926 年建立，书记：马守愚。包括泰安党支部、中共大汶口特别支部、萃英中学党支部
莱芜县各支部	1926 年建立，书记：吕若侃。包括吕家芹党支部、西关党支部、孝义党支部
山东省立第二 师范学校支部	1926 年夏—1927 年夏，书记：马守愚（亦名马云亭）
枣庄矿区支部	1926 年 7 月—1927 年 7 月，书记：纪子瑞

续表

支部名称	分支概况
沂水支部	1927 年 4 月建立，书记：王敬斋（亦名王诚信）
齐河县后仁里庄支部	1924 年建立，书记：贾乃甫（亦名贾石亭）
鲁北地方执行委员会	1926 年秋—1927 年秋，负责人：李宗鲁。下辖小屯党支部、禹城城内第一高小党支部、平原县党支部、陵县宋集村党支部等，创办油印刊物《鲁北》（后改名为《露白》）
庆云县杨庄子支部	1926 年冬—1927 年，书记：杨智荣（亦名杨德荣，回族）
庆云·盐山县委	1927 年 2 月—1927 年 5 月，书记：邸玉森（兼）
宁津（城东）工委	1927 年 5 月建立，书记：马如林（亦名马全振，回族）
阳谷九都杨支部	1926 年冬建立，书记：杨耕心（亦名杨一斋）
东昌支部	1927 年春—1928 年夏，书记：张廷焕、李成连（亦名李建华）

表 2-6　山东社会主义青年团组织概况（1922 年 9 月—1928 年初）

支部名称	分支概况
中国社会主义（共产主义）青年团济南地方团、地方执行委员会(1922 年 9 月—1926 年 7 月)	青年团济南地方团执行委员会（1922 年 9 月—1923 年 8 月） 书记部：王复元 宣传部：贾乃甫 教育兼发行：张葆臣
	青年团济南地方执行委员会（1923 年 8 月—1925 年 2 月） 委员长：贾乃甫 宣传部：王辩 所辖支部：张店车站、青州、济南市第一、第二、第三等 5 个团支部
中国社会主义（共产主义）青年团济南地方团、地方执行委员会(1922 年 9 月—1926 年 7 月)	青年团济南地方执行委员会（1925 年 2 月—1926 年 7 月） 书记：李耘生、宫琦（一名王辩）、丁君羊、关向应、王平一、林礼周等。 宣传部：王辩、吴石英、丁君羊、秦缦云等。 所辖支部：淄川（洪山）、张店石谷、张店西河、济南鲁丰纱厂、津浦铁路大厂、胶济车站、临淄农村、高苑农村、寿光农村、广饶农村、潍县农村、齐河农村、冠县农村、济南正谊中学、北苑师范、济南第一中学、第一师范、育英中学、女子中学、女子职业学校、张店解庄等 23 个团支部，共有 233 名团员

续表

支部名称	分支概况
中国共产主义青年团山东区（执行）委员会（1926 年 7 月—1927 年 7 月）	团益都县委（地执）委（1926 年 10 月—1928 年 2 月） 书记：王元盛 团寿光县委（地执）委（1927 年 4 月—1927 年 7 月） 书记：赵一萍
青岛团组织（1923 年 11 月—1926 年冬）	青年团青岛支部（1923 年 11 月） 书记：邓恩铭 青年团青岛地方执行委员会（1924 年 10 月—1926 年冬） 书记：孙秀峰、李耘生、王平一等
青年团青州特别支部、青州地方执行委员会（1924 年 8 月—1928 年 2 月）	青年团青州特别支部（1924 年 8 月） 书记：王元昌 团青州支部（1925 年 10 月—1926 年 10 月） 书记：王元盛 青年团青州地方执行委员会（1924 年 8 月） 书记：李玉鼎（丁理育） 团青州地（执）委所辖团潍县（地执）委（1927 年 6 月—1927 年冬） 书记：郭家瑞 所辖支部：20 余个村、学校建立团支部，有团员 300 余名
青年团烟台支部（1923 年秋—1928 年初）	青年团烟台支部（1923 年秋—1928 年初） 负责人：郭寿生、叶守祯、林祥光

表 2-7　山东工会组织概况（1921 年 9 月—1927 年 7 月）

支部名称	分支概况
津浦铁路济南大槐树机厂工人俱乐部（1921 年夏）	指导：王尽美、王荷波 山东第一个工人组织
中国劳动组合书记部山东支部（1922 年 6 月）	主任：王尽美、王用章 刊物：《山东劳动周刊》

87

支部名称	分支概况
各地工会组织	1. 济南津浦大厂工会（1922 年 6 月） 负责人：李广义、刘乃泮
	2. 山东理发业联合总会（1923 年 10 月） 委员：高永清、马广裕等
	3. 济南鲁丰纱厂工会（1925 年 6 月） 委员长：朱锡庚
	4. 四方机厂"圣诞会"（1923 年春—1924 年 9 月） 会长：郭恒祥 青岛地区最早的工会组织
	5. 胶济铁路总工会（1925 年 2 月） 委员长：丁菊畦 山东省最早按产业系统建立起来的工会
	6. 四方纱厂女工执行委员会（1925 年 5 月） 委员长：马玉俊 山东最早的由党领导的女工工会
	7. 青岛工界援助各地惨案联合会（1925 年 7 月 6 日—7 月 26 日） 委员长：孙义昌
	8. 山东矿业工会淄博部（1922 年 6 月） 主席：陈锡五
	9. 张店车站工会、胶济路总工会第四分会（1923 年 3 月） 负责人：李青山
	10. 淄川炭矿工人学艺研究社（1924 年 3 月—1925 年 8 月） 会长：顾永增
	11. 淄川炭矿工人俱乐部（1925 年 9 月） 委员长：沈延龄
	12. 枣庄矿区赤色工会（1926 年 12 月—1927 年 6 月） 主席：张福林
	13. 枣庄矿区劳工会（1927 年 6 月—1927 年 7 月） 负责人：张福林

资料来源：中共山东省委组织部，中共山东省委党史资料征集研究委员会，山东省档案馆编．中国共产党山东省组织史资料（1921—1987）［M］．济南：山东人民出版社，1991．

二、因时因地因人宣传，扩大影响

毛泽东同志曾经说过，宣传工作是红军的第一项重大工作。① 宣传是组织群众，扩大政治影响，进而武装群众，建立政权的重要武器。中国共产党历来重视宣传工作之重要性，曾有"一支笔可以当得过三千毛瑟枪"②"一张报纸胜过一发炮弹"③ 之著名论断。山东地方共产党人和青年团员在党团宣传工作中，因时因地因人地宣传马克思主义，进行马克思主义大众化，可谓见缝插针，不遗余力！那么，山东党团组织从 1921 年春济南共产主义小组诞生，至 1927 年发展至党支部百余个，党员一千五百余人，这一空前发展的盛况，在宣传方面是通过哪些途径实现的呢？

1. 利用共产主义运动重大事件的周年纪念日进行红色宣传

历史作为一种载体，是最好的教科书。在国际共产主义运动波澜壮阔、跌宕起伏的漫长历史进程中，有许许多多震撼人心且值得纪念的重大历史事件，比如，巴黎公社周年纪念，马克思、恩格斯、列宁等国际共产主义运动先驱的诞辰周年纪念（其中，马克思诞辰纪念又被亲切地称为"五五"节），孙中山逝世周年纪念，国际妇女节纪念，苏俄革命胜利周年纪念，"五一"国际劳动节纪念，"五四"爱国运动周年纪念，"五七""五九"国耻纪念，"五卅"运动纪念，等等。纪念国际和国内共产主义运动中的"里程碑式"的重要事件，是中国共产党重要的显性文化现象，是贯通历史、现实和未来的一个重要载体。在山东，地方党团成员在每一次纪念活动中，都充分抓住时机，以贯通历史的视角，制定科学的宣传策略，不遗余力地宣传共产主义理论和实践。

1923 年 11 月 8 日，山东济南地方团汇报了如何纪念苏俄十月革命的概况：根据中央局第十六号的通告，在 11 月 7 号举行苏俄十月革命六周年纪念会。苏俄纪念会在济南育英中学召开，到会参观的人极多。④ 1926 年 3 月 11 日，团济南地委在关于"三八"妇女节纪念情况致曾延⑤的信中说，"三八"妇女节，我们要在妇女群众中广泛宣传。在鲁丰女工方面，发放纪念册六七百份，宣传小

---

① 毛泽东新闻工作文选［M］.北京：新华出版社，1983：15.
② 中共中央文献研究室编.毛泽东文集（第二卷）［M］.北京：人民出版社，1993：257.
③ 新华月报编.永远的丰碑（七）［M］.北京：人民出版社，2005：79.
④ 中共山东省委党史研究室编.山东党的革命历史文献选编（第一卷）［M］.济南：山东人民出版社，2015：46.
⑤ 曾延，团中央的隐语代号。

册子二千五百册。① 1926 年 2 月 28 日，齐兰②第五号关于开展"红色礼拜周"活动事的通告，对抓住"三八"国际妇女节和孙中山逝世周年纪念日的绝好时机，宣传党的主张，扩大党的组织等问题做出了重要指示，并特别决定以"三八"到"三月十二日"前后一周作为"红色礼拜周"，集中力量致力于对外宣传活动。"三八"是国际妇女节，"三月十二日"是孙中山逝世周（年）纪念日。这两个纪念日是我们对外宣传活动之最佳时机，不要轻易错过它们。这两天，我们应当努力从事对外宣传和活动，努力发展同志，扩大学校③的组织与宣传范围。④

1926 年 4 月 20 日团济南地委对"五月宣传周"计划和执行意见做出详细指示。红色五月是帝国主义所提心吊胆的日子，从"五一""五四""五五""五七"到"五卅"，所有的纪念日都值得我们广泛宣传。"五一"是世界无产阶级与被压迫民族反对国际帝国主义的纪念日。这一天应提出"八小时工作制""世界工人大联合""速颁工会条例"等口号。"五四"是中国人民第一次自觉反对帝国主义的纪念日，这一天的宣传应以青年学生为中心。"五五"是马克思生日纪念日，"五七""五九"是十年前日本强迫中国接受"二十一条"的纪念日。今日的宣传应该以反日为重点，再加上日本帝国主义最近的进攻实力。"五卅"是全国民众联合同帝国主义斗争的纪念日。自"五卅"至今，这个联合战线逐渐被帝国主义者分离破坏。我们要利用这个纪念日很好地重新巩固反帝统一联合战线，提出"废除酿成'五卅'案的祸根——不平等条约""打倒媚外残民军阀段祺瑞、吴佩孚、张作霖""拥护反抗帝国主义的广州革命政府北伐"等斗争口号⑤，为我们展现了这一时期山东地方党团在运用纪念活动开展马克思主义大众化生动丰富的历史图景。

纪念活动的实质不仅仅在于纪念，还通过纪念活动唤起公众的社会记忆，进而在未来的身体实践上得到延续和获得功效，它是中国共产党通过与之开展

---

① 山东革命历史文件汇集（甲种本第二集：一九二六年一月——一九二八年二月）[M]. 中央档案馆，山东档案馆，1995：82.

② 齐兰，团济南地委的隐语代号。

③ 学校，共产党和共青团组织的隐语代号。

④ 山东革命历史文件汇集（甲种本第二集：一九二六年一月——一九二八年二月）[M]. 中央档案馆，山东档案馆，1995：63.

⑤ 山东革命历史文件汇集（甲种本第二集：一九二六年一月——一九二八年二月）[M]. 中央档案馆，山东档案馆，1995：140-142.

跨越时空的对话来"贯通历史、回应时代、塑造未来的方式和载体"①。1926年3月14日，中共山东地委、团济南地委对各支部纪念巴黎公社纪念日中指示要讲明、讲清、讲透如下问题：一是巴黎公社纪念日的意义。它是世界上无产阶级最伟大的纪念日，每一个无产者都应该牢牢铭记于心。巴黎公社是世界无产阶级第一次向资产阶级武装夺取政权，第一次实行无产阶级专政，是无产阶级革命斗争史上最光辉的一页，具有重要的意义和价值。二是巴黎公社纪念日的来源。巴黎公社起源于1870年到1871年的普法战争，法国人民因为受战争之苦对拿破仑政府颇为不满，全国革命已十分成熟。1870年9月，德军占领法国赛丹炮台，巴黎形势异常危急，旦夕可下，法国人民奋起组织临时国防政府，组织国民自卫军抵御德军进攻，声势浩大，勇猛异常。法国资产阶级被法国工人势力所吓，他们觉得城市内的武装工人比城外包围他们的德军更可怕，于是同德军妥协，于次年1月订立德法和约。资产阶级的首领第维埃勾结敌人严厉压迫敌人，解除他们的武装。因此激起了法国全体工人和巴黎人民的愤怒反抗。从此，法国一切权力于3月18日都移交了国民中央委员会公社。公社实行选举制，武装公民，宗教与国家分离，限制工资水平，等等。三是巴黎公社失败的原因。没有强有力的政党指挥、工人阶级本身组织不够巩固完备且缺乏外国无产阶级的援助、革命策略失误等原因，为反革命军队提供喘息之机，被屠杀的法国工人不下十万人。为纪念法国工人阶级光荣流血斗争，遂立纪念日加以纪念。四是启示现实。今天纪念应汲取其革命首创的宝贵经验，借鉴其组织政党的血的教训，在共产党的领导下，经武装暴动和阶级斗争，建立工人阶级专政，实现真正的解放。另外，要警惕资产阶级的妥协性、反动性和软弱性。②

以历史、现实和未来的三重视角对巴黎公社纪念活动做出指示，可以说，这是山东地方共产党人以纪念活动开展马克思主义大众化的一次生动实践，以历史的普及、现实的规训、未来的塑造三维向度，为广大党团成员和人民群众上了一堂深刻的马克思主义理论教育课程。

2. 利用进步书刊进行红色宣传

进步书刊是马克思主义理论和国际社会主义运动实践的文本载体，罗伯特·达恩顿（Robert Darnton）认为，"书籍是启蒙思想的载体，这个载体跨越了

---

① 宋进. 论中国共产党对马克思诞辰的纪念活动 [J]. 马克思主义理论学科研究（双月刊），2018（6）：157.

② 山东革命历史文件汇集（甲种本第二集：一九二六年一月——一九二八年二月）[M]. 中央档案馆，山东档案馆，1995：86-90.

国界"①。理查德·谢尔（Richard B. Sher）也认为，启蒙运动的基本元素就是书籍，尤其是进步书籍，社会进步的"高楼大厦"就是在进步书籍的累积之上建造起来的。② 据不完全统计，这一时期在山东地区传播的红色书籍达十余种（参见表2-8），进步红色期刊达四十余种（参见表2-9）。进步书刊的发行与阅读造就了山东的早期马克思主义者，他们有组织、有计划地宣传组织，也为马克思主义广泛深入传播做出了巨大的贡献。

表 2-8　在山东传播的红色书籍一览表（1921—1927）

书籍名称	译者或作者	备注
《共产党宣言》	陈望道译	由社会主义研究社作为社会主义研究小丛书第一种在上海出版，山东广饶县中共延集支部发现《共产党宣言》陈望道中文首译本
《资本论入门》	李汉俊译	由社会主义研究社作为社会主义研究小丛书第二种出版
《俄国革命史》	不详	
《俄国革命纪实》	不详	
《社会科学大纲》	不详	
《新社会观》	不详	
《共产主义与共产党》	不详	
《新社会提纲》	不详	
《青年平民读本》	不详	
《〈唯物史观〉解说》	不详	
《上海大学经济与社会学讲义》	不详	
《钟英联合讲义》	不详	
《少年国际》	不详	

资料来源：山东省地方史志编纂委员会. 山东省志·出版志［M］. 济南：山东人民出版社，1993.

---

① 戴维·芬克尔斯坦，阿利斯泰尔·麦克利里. 书史导论［M］. 何朝晖，译. 北京：商务印书馆，2012：103.

② 理查德·B. 谢尔. 启蒙与出版：苏格兰作家和18世纪英国、爱尔兰、美国的出版商（下册）［M］. 启蒙编译所，译. 上海：复旦大学出版社，2012：650.

表 2-9 在山东地区传播的红色期刊一览表（1921—1927）

期刊名称	简介
《新青年》	1915 年，陈独秀创刊于上海
《每周评论》	1918 年 12 月 22 日由陈独秀、李大钊在北京创刊，与《新青年》相互补充成为五四运动时期最重要的报刊之一
《建设》	中华革命党 1919 年 8 月 1 日创刊于上海
北京《曙光》	1919 年 10 月，山东旅京大学生宋介、王晴霓、王统照、范予遂、徐彦之等在北京成立进步社团曙光杂志社，出版《曙光》杂志，大量刊载介绍苏俄的文章和列宁著作译文
北京《晨报》	《晨报》初名为《晨钟报》，1916 年 8 月 15 日创刊。李大钊曾任第一任总编，并写代发刊词《晨钟之使命》。它曾对马克思主义的早期传播做出特殊贡献
《晨钟报》	中共济南支部汝仲文创办，创刊于 1923 年 8 月 2 日，四开四版，每日发行量 600 份，汝仲文任社长，王翔千任主笔，王尽美、王用章等任编辑。该报大量刊载山东各界的革命斗争，进行反帝反封建的宣传
《星期评论》	中华革命党 1919 年创刊于上海，侧重研究、介绍社会主义与劳工运动问题，对马克思和马克思主义做了大量宣传和评介
《共产党》月刊	中国共产党 1920 年 11 月 7 日在上海发起组出版的理论刊物，李达任主编，为统一早期共产主义组织建党思想，促进党的诞生做出了贡献
《小说》月报	1910 年 7 月创刊于上海，倡导"为人生"的现实主义文学，是文学研究会代用机关刊物
《觉悟》	五四运动时期天津进步团体"觉悟社"创办的刊物，主编周恩来
《莽原》	1926 年 1 月 10 日在北京创刊，主编为鲁迅，成员为鲁迅、韦素园、韦丛芜、李霁野、台静农、曹靖华 6 人，由未名社发行。提倡"撕毁旧社会的假面"，注重文明批评和社会批评。办此刊物的宗旨是"率性而言，凭心立论，忠于现世，望彼将来"
《新文化介绍》	王祝晨、鞠思敏等人发起成立"尚学会"的会刊，出版文学、哲学、教育等号，文学号风行全省，后易名《新文学评论》
《先驱》	1922 年 1 月创刊于北京，社会主义青年团中央机关报。施存统、蔡和森等先后任主编，宣传马克思列宁主义，介绍苏联和国际共产主义运动

续表

期刊名称	简介
《中国青年》	中国社会主义青年团的机关刊物，创办人恽代英，萧楚女、张太雷、邓中夏、林育南、李求实、毛泽东等为《中国青年》撰稿。它生动地传播马克思主义和中国共产党的主张，动员和鼓舞广大青年反对帝国主义、封建主义，受到青年们的热烈欢迎，最高发行量曾达3万份
《青年工人》	1923年10月31日在上海创刊，中国共产党创立时期的通俗工人刊物。邓中夏任主编，内容主要是宣传马克思列宁主义，对青年工人进行政治启蒙教育，文字通俗浅显，文体活泼多样
《中国工人》	中国共产党指导工人运动的刊物
《励新》半月刊	1920年秋，王尽美、邓恩铭等发起成立了研究新文化、以"新思潮互相砥砺"为宗旨的进步学术团体"励新学会"。12月15日，学会创办《励新》半月刊，宣布该会以"研究学理，促进文化"为宗旨，积极宣传新思潮，努力探索救国救民的道路
《新山东》杂志	五四时期的学生爱国刊物，山东学生联合会于1921年7月在济南创办的刊物。内容主要是揭露旧山东社会的黑暗和统治阶级的罪恶，探讨改革和建设新山东的方针和方法，主张建立苏俄式的苏维埃政治组织。现今仅见到第一期，停刊日期不详
《泺源新刊》	1920年10月1日，山东省立一师学生自治会在济南创刊
《灾民号》	1920年10月山东省立一中学生会创刊于济南
《工人周刊》北京	1921年7月31日，由北京共产党组织在北京创刊，是中国共产党早期指导工人运动的刊物
《工人周刊》济南	1921年至1923年5月刊行于济南
《济南劳动周刊》	1921年5月1日在《大东日报》副刊上创刊，以促进劳动者觉悟
《山东劳动周刊》	中国劳动组合书记部山东支部主办的机关报，1922年7月9日创刊于济南
《山东省立第一师范学校周刊》	山东省立第一师范主办，1916年6月至1926年刊行于济南
《现代青年》	周刊，中共济南地方执行委员会主办的党、团刊物，主办人王尽美，1924年创刊于济南，公开发行
《齐鲁青年》	周刊，齐鲁书社主办，1924年创刊于济南
《铁路工人》	不定期刊物，社长邓恩铭，1924—1927年刊行于青岛

期刊名称	简介
《济南工人》	不定期刊物，中共济南党组织主办，1924—1927 年刊行于济南
《现代周刊》	周刊，山东省社会主义青年团执行委员会①主办，1924 年创刊于济南，停刊时间不详
《红星》	不定期刊物，中共山东省执行委员会主办，1925 年创刊于博山，停刊时间不详
《东风》	旬刊，齐鲁大学东风社编辑，1926 年 5 月创刊于济南，停刊时间不详
《鲁北》	半月刊，中共鲁北县委主办，1927 年创刊于齐河，停刊时间不详
《一中旬刊》	济南省立第一中学校刊
《正谊周刊》	济南正谊中学校刊
《莘莘青年》	不详
《平民之友》	不详
《苦力》	不详
《中学校刊》	不详
《劳动青年》	不详
《十日》	旬刊，济南平民学会创办，1923 年 9 月至 1924 年 9 月刊行于济南

参考资料：山东省地方史志编纂委员会．山东省志·出版志［M］．济南：山东人民出版社，1993.

一是建立红色宣传的工作制度。制度具有相对稳定性、行为强制性、历史延续性等特点，任何制度一旦生成，就具有了相对独立性，并持之以恒地以"行为标杆"的角色对人们的行为起着约束规范作用。红色宣传工作制度化，是提升马克思主义理论大众化效果的有力保障。在红色宣传工作上，山东地方党团组织设立马克思主义理论教育兼发行的专门机构，将理论学习制度化，在红色宣传上迈出了制度化、组织化和规范化的第一步。1923 年 11 月 8 日，山东济

---

① 一说，中共济南地方执行委员会主办。

南地方团组织改组后第一次委员会专设负责教育兼发行的委员一职，并任命张葆臣担任教育兼发行工作。今后所有书报交给济南第一中学的包澄（即张葆臣）①。不仅如此，他们在理论学习制度化上也做出规定。1925 年 3 月 24 日，团济南地委改组后下设教育宣传委员会，"与大学②合作，每校③三人"④ 组织马克思主义研究会，商讨教育宣传事宜。这里，济南党团红色宣传机构的制度化和马克思主义理论学习的制度化，只是全省地方党团组织制度化的一个冰山一角，在山东地方百余个党团支部中，不同程度不同范围地在制度化和组织化上都迈出了重要的第一步。

二是阅读或赠阅进步书刊。以济南教育图书社、齐鲁书社等早期进步书店为基地，山东进步青年不仅自己订阅和研读红色进步书刊，提升自身的马克思主义理论素养，而且还向广大的知识分子、工人、农民等群体广为传播，甚至通过谈话会、读书会、直接免费赠阅等方式将"红色火种"传递给广大民众。

山东地方党团成员通过订阅的方式直接阅读中共中央和共产主义青年团的机关报刊，以及最新出版的红色书籍。1923 年 10 月 19 日，邓恩铭就青岛拟成立地方团组织及工运问题在致仁静⑤信中，向团中央索要进步书刊团刊十份，五十份《中国青年》，一百份《青年工人》。⑥ 对于党刊、团刊和红色书籍的学习，一般以读书会、讲演会、谈话会、组织生活会等方式进行。此外，他们还以直接赠阅或免费赠送的方式，将红色书刊送给进步师生和工人等阅读，比如，邓恩铭在广泛接触进步师生和工友过程中，向他们免费赠阅或推荐《向导》《中国青年》《〈唯物史观〉解说》等进步书刊，组织召开谈话会，交流阅读心得，探讨社会人生问题。⑦《济南劳动周刊》创刊后，不仅在社会上发行，还直接赠送给溥益糖厂、大槐树机厂、小清河码头、鲁丰纱厂的工人阅览，也传送给外地工人。他们还针对不同的受众群体各自的文化水平、生活习惯等特点，采取有

---

① 中共山东省委党史研究室编．山东党的革命历史文献选编（第一卷）［M］．济南：山东人民出版社，2015：46.

② 大学，共产党及共产党组织的隐语代号。

③ 校，即学校，共产党和社会主义青年团组织的隐语代号。

④ 中共山东省委党史研究室编．山东党的革命历史文献选编（第一卷）［M］．济南：山东人民出版社，2015：93.

⑤ 即刘仁静，时任团中央执行委员会委员长。

⑥ 山东革命历史文件汇集（甲种本第一集：一九二二年——一九二五年）［M］．中央档案馆，山东档案馆，1994：29.

⑦ 中共东营市委党史研究室著．中共东营地方画史［M］．北京：中共党史出版社，2015：14.

针对性的宣传策略。1926年3月31日，团济南地委内部教育情形以及各支部内部训练显示，针对学生支部和工人支部分别学习研读不同的书刊。学生支部——以《新社会观》为教育读本，按照宣传所作的提纲进行系统的研究，由教育宣传员提出其中的问题进行讨论。工人支部——工人同志受教育程度低，不能与学生同志一起学习《新社会观》，因此，对于他们应注重名词术语的解释，首先研究《共产主义与共产党》。①

在宣传上，采取"先宣传，后斗争"方法，即先以阶级觉悟启发民众，进而转至经济斗争上来。1925年1月23日，团青岛地委在组织工作的报告中总结道：我们在青年运动中的宣传方法，首先是唤醒他们的阶级意识，让他们知道自己承担着非常重要的社会责任，但现在他们的地位却处在最底层。要打破这种不平等制度，就要团结起来，从他们的生活与资本家的生活上，描述出社会的不公，引起他们对于现实生活的不满，并引导他们进行经济争斗。② 在红色刊物的大众化的过程中，注重从读者或受众的角度，对其宣传效果的反馈。

第三节 潜伏壮大：内外冲击与抗日转机下山东马克思主义大众化的起伏嬗变（1927—1937）

以中共二大为起点，确立了"从研究的小团体到群众化的政党"为组织发展的逻辑主线，中国共产党在"群众化""革命化"的道路上迈出了重要一步。1927年中国共产党第五次全国代表大会通过的《组织问题议决案》在充分肯定党的"群众化"路线的同时，也隐隐指出了在党员数量急剧发展的形势下，对党的组织是否巩固，以及党员质量能否保证的担忧：在过去的一年半里，我们党已变成了一个有五万多党员的真正群众党。革命运动的发展，增加了我党进一步发展的可能性。……但是，随着党的迅速发展，党的干部和人才的缺乏和幼稚，我们的党部自然不具备组织巩固的可能性，在这里隐藏着巨大的危险。③

① 山东革命历史文件汇集（甲种本第二集：一九二六年一月——一九二八年二月）[M].中央档案馆，山东档案馆，1995：117.
② 中共山东省委党史研究室编.山东党的革命历史文献选编（第一卷）[M].济南：山东人民出版社，2015：78.
③ 中央档案馆.中共中央文件选集（第三册）[M].北京：中共中央党校出版社，1983：87.

与全国革命浪潮起伏相一致，山东在奉系旧军阀张宗昌和国民党新军阀韩复榘等主政期间的白色恐怖和血腥屠杀的政策下，地方共产党的组织屡遭破坏，党员人数急剧减少。据统计，从1927年11月到1928年11月，仅一年间，山东全省共产党员数目从1500余人急剧锐减至420余人，减少了2/3以上，并呈现继续锐减的趋势。在山东省委和地方党组织屡遭叛徒破坏和敌人残酷镇压的严峻情势下，至1930年7月，山东省共产党员数目一度锐减至最低值——241人（参见表2-10）。可以说，这一时期马克思主义在山东的传播及大众化遭遇巨大冲击。

表2-10　山东省共产党员数目统计一览表（1927年8月—1937年7月）

时间	组织名称	党员数
1927年11月	中共山东省委员会	约1500人
1928年6月	中共山东省委员会	1500余人
1928年11月	中共山东省委员会	423人
1929年1月	中共山东省委员会	251人
1930年7月	中共山东省委员会	241人
1931年2月	中共山东省委员会	390人
1931年7月	中共山东省委员会	约250人
1932年3月	中共山东省委员会	550多人
1932年6月	中共山东省委员会	677人
1932年12月	中共山东省委员会	600多人
1937年7月	中共山东省委员会	约2000人

资料来源：中共山东省委组织部，中共山东省委党史资料征集研究委员会，山东省档案馆编.中国共产党山东省组织史资料（1921—1987）［M］.济南：山东人民出版社，1991.

　　正如张闻天所言，革命是一项最伟大的事业，同样也是最困难的事业。我们在革命中犯了一些错误，甚至是非常严重的错误，这是免不了的。[①] 毛泽东也以"种牛痘"增强自身免疫力为喻，说明从错误中学习的重要性：马克思主义

----

① 中共中央文献研究室，中央档案馆编.建党以来重要文献选编（1921—1949）（第十五册）［M］.北京：中央文献出版社，2011：253.

者是在人民群众的批评中间和斗争的风雨中间，发展自己，锻炼自己，扩大自己的阵地。跟错误的思想作斗争，就像种牛痘一样，接种牛痘疫苗后，人们的免疫力才能增强。①　在革命斗争的残酷现实面前，山东的共产党人不得不从理论和实践上再度思考"何为党的群众化""如何在革命斗争中实现党的群众化""何为马克思主义大众化""如何实现马克思主义大众化"等一系列问题链条，进而在新的高度和新的起点上，实现对马克思主义大众化理论与实践的"螺旋式上升，波浪式前进"式的新认识。在白色恐怖和武力镇压的"反作用力"之下，山东共产党的组织向秘密化、农村化、武装化方向发展，在退却中前进，在潜伏中壮大，并以抗日救亡高潮为新契机，在济南、青岛、胶东、潍坊、淄博、鲁北、鲁中、鲁南等地建立了近50个县级以上的党的政权机构，全省党员由1930年的二百余人发展至1937年的两千多人（这里不包括当时不属于中共山东省委领导的胶东、鲁北、鲁西南等地党组织）。这一时期，山东马克思主义大众化的历史进程如凤凰涅槃一般，浴火重生，党组织的发展壮大为山东人民在抗日战争以及后来的解放战争中扎下了深厚的组织根基。

一、机会主义与白色恐怖的内外冲击

蒋汪叛变革命后，全国革命形势急转直下，笼罩在一片白色恐怖之中。和全国革命形势跌宕起伏一样，山东国民党反动组织把积极反共作为头等大事来抓。在敌人的残酷镇压下，1928年冬至1933年12月，中国共产党山东省委领导机关遭遇十余次之多严重破坏，党的领导机关名称多次变化，有时称省委，有时叫临时省委或省工委，省委机关有时在济南，有时驻青岛，甚至中共山东省工委在1933年12月再次遭到破坏后，两年内也未能成立中共省级领导机构，直到1935年冬，山东省工委再次成立，组织部部长赵健民与中共河北省委代表、直南特委黎玉取得联系，并于1936年5月重建中共山东省委。在王复元、王用章、陈衡舟、宋鸣时等人的相继叛变下，省（工）委书记以及主持过省（工）委工作的领导人，如刘谦初、邓恩铭、卢一之、任国桢、党维蓉、刘一梦、雷晋笙、宋占一、郭隆真（女）等相继牺牲。在白色恐怖的笼罩下，全省革命形势陷入一片沉寂之中，"同志都有找不到出路的感觉"②。造成山东革命

①　毛泽东著作专题摘录［M］.北京：人民出版社，1964：686.
②　山东革命历史文件汇集（甲种本第四集：一九二九年一月——一九三〇年六月）［M］.中央档案馆，山东档案馆，1995：113.

形势低沉死灰的原因是什么？山东革命的道路该向何处去？回答好这些问题，将为山东地方马克思主义传播及大众化提供宝贵的教训以资借鉴。

（一）内因：机会主义路线

在中国马克思主义大众化的历史进程中，机会主义作为一种非无产阶级思想意识，在思想路线、政治路线和组织路线中的贯彻执行，给中国革命带来了重大挫折。机会主义有两种表现形式：一是以陈独秀为代表的右倾机会主义，表现为思想落后于实践，不能随着客观形势的变化而推动革命前进，而是保守的，停滞的，甚至企图开历史倒车。他们或高估敌人的力量，低估群众的革命力量，看不到有利于革命形势的因素，散布悲观的情绪，不敢斗争，甚至鼓吹阶级合作；或惧怕革命形势，向反动势力屈服，镇压群众斗争，放弃原则，甚至出卖革命，向敌人投降。右倾机会主义的特点是主客观相分离，认识与实践分离，是革命的绊脚石，对革命危害极大。二是"左"倾机会主义，如李立三的"左"倾机会主义。如果右倾机会主义是不敢革命，不敢斗争，采取投降主义政策，那么"左"倾机会主义就是一种冒险主义政策，它忽视客观现实的可能性，急于求成，高估了群众的主观力量和自觉性，不注意斗争策略。"左"倾机会主义从本质上也是主客观相分离。无论是右倾机会主义，还是"左"倾机会主义，从认识论根源上，都犯了理论与实际、认识与实践相脱节的错误。只有同这种错误作斗争，从理论与实践两个端点无限地相互接近，才能做到少犯或不犯错误。

这一时期，在山东马克思主义大众化的历史进程中，机会主义路线渗透在党员成分、发展路线、宣传教育等方面，导致山东地方共产党的革命活动在一定程度上存在"不行动""不作为"现象。尤其是在国民党白色恐怖重压下，山东共产党不仅党内叛变革命事件频频出现，而且全省革命形势呈现出一片沉寂萧条的景象，这些都由外而内地促使山东共产党人深刻反思问题根源及改进策略。

1. 党员成分：发展对象的非无产阶级化

从党员成分来看，机会主义路线在山东马克思主义大众化进程中的渗透，所造成的后果之一就是发展对象的非无产阶级化。除去受中央机会主义错误路线的影响之外，山东共产党党员成分的非无产阶级化是造成山东共产党革命行动"不作为""不行动"的根源所在。山东党的不作为，不是中央机会主义造成的，而是山东党的非无产阶级性造成的，它是一个以自耕农、工匠和知识分子为基础的小资产阶级政党，当然不是积极的，而是保守的。①

一是农民党员以自耕农为主，而不是以雇农、佃农、贫农为主。据统计，1927年12月，在山东一千五百余名党员中，十分之五为农民党员，而在农民党员中，十分之八九为自耕农。所谓自耕农，就是自己占有土地和生产资料，以自己的劳动进行个体经营的农民，除了向官府纳税外，不再向任何地主缴纳地租。这些自耕农在经济上自给自足，思想上保守。虽然他们觉得目前的捐税太重，生活很艰难，但他们除了抱怨外，不需要采取任何激烈的措施来改变自己的生活。这是因为他们的生活虽很艰难，但他们仍然能活得下去，并不像一般佃农、雇农那样紧迫地需要采取极端措施来改变他们的生活。② 而与之不同的是，普通雇农、佃农、半自耕农，没有一个不感到常年为军阀、地主做牛马，过得却是牛马不如的生活③。可以说，农民党员以自耕农为绝大多数的非无产阶级倾向，是造成山东共产党革命"不作为""不行动"的一个重要因素。

二是工人党员以月薪三四十元的工匠为主，而不是月薪不到十元的工人、小工、苦力、学徒。工人党员中多是月薪三四十元，再加上徇私舞弊每月竟有百元以上④的工匠，当然，他们的生活不是问题，即使是收入超过二十元的工人，目前的生活也不差。所以他们都不觉得生活艰窘，也不需要用激烈的手段来改善生活。相反，他们担心失业，他们不能有什么行动，甚至连口头上的愤语亦多不发出。⑤ 但对于工资不满十元的工人、小工、苦力、学徒，他们一辈子努力工作，收入不仅无法养家，而且无法养活自己⑥。据统计，占山东党员十分之三的工人党员中，大多数为月薪三四十元以上之工匠。可见，工人党员中的非无产阶级化倾向亦十分严重。

三是知识分子党员除了极少数是决心与无产阶级为伍外，其余多数是革命

① 山东革命历史文件汇集（甲种本第二集：一九二六年一月——一九二八年二月）[M]. 中央档案馆，山东档案馆，1995：380.
② 山东革命历史文件汇集（甲种本第二集：一九二六年一月——一九二八年二月）[M]. 中央档案馆，山东档案馆，1995：380.
③ 山东革命历史文件汇集（甲种本第二集：一九二六年一月——一九二八年二月）[M]. 中央档案馆，山东档案馆，1995：382.
④ 山东革命历史文件汇集（甲种本第二集：一九二六年一月——一九二八年二月）[M]. 中央档案馆，山东档案馆，1995：380.
⑤ 山东革命历史文件汇集（甲种本第二集：一九二六年一月——一九二八年二月）[M]. 中央档案馆，山东档案馆，1995：380.
⑥ 山东革命历史文件汇集（甲种本第二集：一九二六年一月——一九二八年二月）[M]. 中央档案馆，山东档案馆，1995：382-383.

的投机者。他们在国民党的反动政策下，纷纷退出革命队伍，即使尚存在于革命队伍之中，也不过是挂名而已，毫无革命行动。此外，对于拿性命到战场上拼杀衣食住行却仍然坏到极点的兵士，对于"穷得精光，一无所有，衣食住都朝不保夕"的青皮、流氓、地痞、无赖等社会最低阶层，他们的革命性虽然最强，却被排斥在党员范围之外，这就造成了山东党的非无产阶级化，甚至是小资产阶级化。"一个无产阶级政党错了路，以小资产阶级为基础，而要他们有无产阶级之行动，那简直是痴人说梦。"①

2. 发展路线：发展路线的投机主义

山东地方共产党党员成分的非无产阶级化，在一定程度上与党员发展路线中的投机主义有关。1931 年 3 月 11 日，《中共山东省委关于征收同志决议案》对于党员发展过程中"不在斗争中发展，只靠情感拉拢"投机主义路线做出批评和指导，至于组织发展的严重性，省委已经向各地做出了详细的指示，但各地党的部门执行情况很不充分，甚至完全被忽视。他们不敢大胆地征集新的工农分子入党，只是寻找老线索。不在斗争中引进勇敢的工农分子入党，只依靠同乡关系、朋友情感去拉拢，这是完全的机会主义路线。② 蔡和森曾经说过，如果一个政党允许反革命派别同时并存，就永远不能完成其革命使命。只有不断地同各种反革命分子决裂，严格地消灭一切改良派、投机者以及妥协者，我们才能真正成为一个马克思主义政党，也才能完成党的伟大历史使命。③ 因此，在党员发展路线中必须深入群众，深入斗争，而决不能脱离于群众，游离于斗争。

为纠正党员发展过程中脱离群众、游离斗争的机会主义路线，山东省委指示各地党部，必须根据"八七"会议以来变化了的革命斗争形势，适应武装暴动的新要求，改变以往"先宣传，再组织，后暴动"的旧路线，转向"在斗争中发展，在群众中建立"的新路线。1927 年 11 月 29 日，为组织暴动，中共山东省委在致淄博张县委的信中以新的斗争路线对工人运动中工会组织的建立和工人党员的发展做出指示：我们不要再抱着先宣传、再组织、后暴动及恢复名义工会的错误思想，我们应该组织成一个权威的、真正的群众组织——工会。④

---

① 山东革命历史文件汇集（甲种本第二集：一九二六年一月——一九二八年二月）[M]. 中央档案馆，山东档案馆，1995：381.

② 山东革命历史文件汇集（甲种本第六集：一九三一年三月——一九三二年年底）[M]. 中央档案馆，山东档案馆，1995：5.

③ 蔡和森. 蔡和森文集：全2册（下）[M]. 北京：人民出版社，2013：780.

④ 山东革命历史文件汇集（甲种本第二集：一九二六年一月——一九二八年二月）[M]. 中央档案馆，山东档案馆，1995：301.

此外，在农民暴动中，必须坚持新的群众化、斗争化的路线，努力发展农民党员，建立农村党组织。在反动军阀最强大的山东，农民的要求和革命的形势都很高。这种两相对垒的势力可以随时接触，这个接触就是武装的，绝没有和平的，同时我们也决不能依靠僵化的先宣传后组织暴动的死板干法。①

以南昌起义打响武装反抗一切反动统治为起点，武装暴动、土地革命、建立政权成为革命斗争的新要求。在新阶段下，马克思主义大众化如何与时俱进地吸收新内涵，开展新行动？要从理论和实践上回答好这些问题，山东共产党人需要一个过渡的摸索期和试错期，更重要的是，即使领导层面能够保证决策的科学性和准确性，从上到下贯彻也需要一个缓冲阶段。1928 年中共山东省委致各级党部的信中对上述问题已经有了比较明晰的认识：第一，为什么要在斗争中建立党的组织？我们党是建立在工农群众斗争基础上的。在群众斗争中，要吸收斗争中积极勇敢的分子入党，在群众中建立党的组织，在斗争中发展党的组织，使我们的组织在群众中发挥中心作用，成为领导斗争的组织，以斗争为导向。② 第二，如何在斗争中建立起党的组织？党的组织必须提出群众迫切需要的口号，命令全体同志动员起来，努力动员和领导群众斗争。党的组织离不开斗争。③ 可以说，山东共产党"群众化、斗争化"党员发展路线的确立，在一定程度上是对以往"不在斗争中发展，只靠情感拉拢"的投机主义发展路线的纠偏。

3. 宣传教育：学院式的"本本主义"

这一时期山东马克思主义大众化机会主义路线的第三个表现，即宣传教育中的学院式"本本主义"，这种倾向无视革命形势发现的新特点和群众革命心理的新要求，停留于理论宣传上纸上谈兵式的"本本主义"，错失革命发展时机，造成理论与实践的严重脱节。1928 年 2 月 8 日《中共山东省委秘书处引发王□□在狱中写的一封信》对党内宣传教育方面的机会主义路线做出深刻揭露与批评：我们的同志可能被反动派逮捕净尽，这对我们来说是一场重大危机。在民众方面呢，农民的大刀会、红枪会等团体猛增，没有一日不直接卷入与军阀的武装

---

① 山东革命历史文件汇集（甲种本第二集：一九二六年一月——一九二八年二月）[M]. 中央档案馆，山东档案馆，1995：431.

② 山东革命历史文件汇集（甲种本第三集：一九二八年三月——一九二八年年底）[M]. 中央档案馆，山东档案馆，1995：107.

③ 山东革命历史文件汇集（甲种本第三集：一九二八年三月——一九二八年年底）[M]. 中央档案馆，山东档案馆，1995：107.

冲突。我们的团体还在那儿讨论如何宣传和组织科学革命。这是什么缘故呢？这是我们党没有看到革命的时机和民众的心理。① 此前，1927年12月15日中共山东省委也对山东党的革命行动跟不上形势的问题做出指示：这个时期，各地党部不尽快去了解党的新政策，却按部就班地在支部会上学习《ABC》《红星》，这样的学院（式）研究就错过了革命的时机。这并不是说我们不允许看《ABC》与《红星》（其实《红星》的有些内容已经成为过去了），而是我们应该关注更紧急迫切的问题，所以要：

一是积极学习"八七"和扩大会议的决议，以及中央、省委的通讯，深入了解，避免盲目了解，宁可发现不同的意见向上级反映。

二是立即开展党内讨论，批评各级党部门的机会主义政策和当前机会主义的残余毒害，找准今后的工作方向。

三是在行动上要注意纠正同志的机会主义，因为"口头上讲反机会主义，行动中搞机会主义"是山东的普遍现象。②

因此，中共山东省委提出了宣传教育的两大任务：一是彻底消除同志思想政治工作中一切投机、妥协的残余毒害；二是积极、真实地了解党的最新政策，以此适应瞬息万变的革命形势发展需要。

（二）外因：白色恐怖镇压

山东马克思主义大众化在这一时期遭受重挫的直接原因就是新旧军阀的白色恐怖和血腥屠杀。山东共产党人、共青团员和广大群众，在党中央的领导下，在反抗国民党反动统治和军阀血腥镇压的斗争中，前仆后继，愈挫愈勇，走过了一条艰难曲折的道路。反过来，也正是在革命历程的挫折和磨难中，山东地方共产党人经过深刻反思和反复磨炼，从革命理论，到斗争策略，再到革命实践，逐渐地一步步成长、成熟起来。

无论是张宗昌的北洋军阀统治，还是韩复榘主政期间的国民党新军阀统治，他们反共的立场是高度一致的。张宗昌反动政府镇压共产党领导的农民暴动，密切注意进步师生的运动，疯狂叫嚣反"赤"，多次破坏中共地下组织和残杀共产党人。1927年8月1日，他在"乡老会议"开幕式上公开宣布：山东是一个圣贤之邦，以道德为基础，决不允许赤化共产党在当地流行，自从宗昌莅鲁，

① 山东革命历史文件汇集（甲种本第二集：一九二六年一月——九二八年二月）[M]. 中央档案馆，山东档案馆，1995：431.
② 山东革命历史文件汇集（甲种本第二集：一九二六年一月——九二八年二月）[M]. 中央档案馆，山东档案馆，1995：357-358.

唯一的目的就是讨伐共产党。① 这就明白地宣布了他反共、反"赤"的立场，著名共产党人鲁伯峻、李清漪、李子珍、陈仁甫等都惨遭其杀害。韩复榘主政山东期间，大肆屠杀共产党人员。国民党在山东的统治确立时期（1928—1937），包括省工委和临时省委在内的共产党山东省委，先后八次遭到国民党的大规模破坏（参见表2-11），共产党员人数急剧减少。山东共产党的地方组织，在白色恐怖中度过了一个非常困难的时期，经受住了十分严峻的考验。

表2-11　山东省委被破坏情况一览表（1928—1937）

时间	破坏事由	被捕共产党员及其组织
1928年12月—1929年2月	王复元、王用章叛变投敌	山东省委遭到成立以来的第一次大破坏
1929年2月—4月	王复元、王用章纠集"清共委员会"和"捕共队"进一步破坏党组织	共青团和中共山东省委相继遭破坏
1929年4月—7月	王用章、李松耶出卖革命	省委书记刘谦初、省委秘书长刘晓浦、妇女部部长陈孟君等8人先后被捕，省委在济南的3处机关和在青岛的2处机关同时遭破坏，中共山东省委第三次遭敌人破坏
1929年10月	叛徒出卖革命	1929年10月，临时省委机关遭破坏，省委常委兼青岛市委书记党维蓉、秘书长孟介人被捕
1930年2月	叛徒王明智等叛变	1930年2月，临时省委书记卢一之、秘书长雷晋笙等8人被捕，被破坏机关达3处
1930年11月	李立三"左"倾冒险主义错误	省委机关遭到破坏，妇委书记郭隆真被捕
1931年4月	"左"倾冒险主义错误	省委常委颜世斌、彭湘、徐子兴、陈道威等20多人先后被捕，省委书记张含辉遭敌通缉。中共山东省委第六次遭到严重破坏
1931年8月	"左"倾冒险主义行动方针，以及国民党特务密布	省委书记滕英斋被捕后遭敌杀害

---

① 《晨报》1927年8月5日。

续表

时间	破坏事由	被捕共产党员及其组织
1932年3月—9月	党的组织不严密；党团员基础不稳定；两条战线的斗争不深入	省委和各地党组织先后遭到多次破坏。3月下旬，济南被捕党团员10余人。4月曲阜二师被捕24人，党团员占半数。6月省委宣传部部长裴光被捕。青岛被捕党团员和群众近80人；潍县被捕20多人；泰安被捕3人；郯城特支全部被捕；坊子铁路支部全部被捕。8月，博兴暴动失败，被捕数十人；益都暴动失败，被捕党团员20余人。半年时间，全省被杀党团员100多人，其中干部40多人。10月，省委书记武平、组织部部长汤美亭被捕后自首。中共山东省委机关第七次遭到严重破坏
1933年2月	陈衡舟叛变	任作民、巨荆山等29人被捕
1933年7月	宋鸣时叛变	这是1929年以来山东党组织遭到最严重的一次大破坏，全省有300多名党员和革命群众被捕。山东党组织与上级党组织、党中央失去联系长达近3年之久，后经赵健民等同志在白色恐怖下，坚持秘密工作，艰苦寻找，终于于1935年年底与中共河北省委代表、直南特委书记黎玉接上关系，1936年4月北方局派黎玉同志来山东，5月在济南成立中共山东省委，山东党组织才得以恢复发展。中共山东省委机关第八次遭到严重破坏

资料来源：中共山东省委组织部，中共山东省委党史资料征集研究委员会，山东省档案馆编.中国共产党山东省组织史资料（1921—1987）[M].济南：山东人民出版社，1991.

二、在秘密化和群众化中潜伏壮大

纵观山东马克思主义大众化波澜壮阔的实践进程，对于"什么是"以及"如何实现"马克思主义大众化这一问题的认知实现了两次飞跃。第一次飞跃是在中共二大确立的"从研究的小团体到群众化的政党"这一逻辑主线下，实现了从"学术研究团体进路"式的大众化到"群众化进路"式的大众化的第一次转向。但是，实现第一次转向后并不意味着问题的真正解决。对于"什么是党的群众化？""党的群众化是否完全等同于以群众为来源的党员数量的增加？"等问题，在残酷的革命实践面前依然接受着严峻的拷问。在1927年革命急转直下的当口上，陈独秀在关于提议扩大党组织给各级党部的信中开始了对这一问题的理论思索：我们已经提出了"从研究小组到群众政党"的口号了；但是，我们怎样才能走到群众性政党呢？党员人数的增加是第一个重要的问题。当然，我们不能忽视质量上的提高。我们必须明白"数量的增加可以提高质量"这一原则；我们也要明白质量上的提高很大程度上取决于群众在实践活动中的学习与训练，而不是仅仅依靠书本上和党校中可以收效的。我们决不能将许多革命的工人和农民关在门外，使这些革命分子没有机会接受党的直接训练，徘徊歧路，走到别的政党去。而这些革命工农党员的增加，正是党的革命化，是提高素质的一条重要途径。① 如陈独秀所言，确立"党的群众化发展路线"只是实现了第一步，至于"什么是党的群众化发展路线？"，"如何真正实现党的群众化"，却又是一个需要在实践和理论的互动磨合中才能回答的重大课题。山东共产党人在山东革命斗争的碰撞中，对这些问题也形成了有价值的思考和观点。

（一）什么是党的群众化？"党的群众化"不是说党是群众中的"尾巴主义者"，而是说党是群众中的"战士""谋臣"和"保镖者"

在国民党反动统治的白色恐怖和血腥屠杀之下，党内普遍存在一种畏难退却的情绪色彩和消极保守的行动风气，每个人都存在一种得过且过混一天算一天的心态。在这种风气的支配下，没有人敢也不愿意考虑自己的未来，更没有人愿意考虑整个民族甚至整个人类的未来。在这种风气的影响下，最积极的是那些想让自己和妻子过上舒适富足的生活的人，而最消极的是那些想吃饱穿暖的人。除此之外，即使天塌地陷也似乎与他们无关。这就是今日中国的现实，也是中国为什么如此灰暗的原因。② 屈服于白色恐怖之下，党内保守主义、消极失败、悲观畏惧的情形表现得异常浓厚。加之这一时期"左"倾机会主义失误带来多重败绩，进一步加重了省内革命的死寂气氛。

在这种风气的影响下，党在群众运动中处于"袖手旁观"的"尾巴主义者"角色，党在群众中的组织和影响也付之阙如。比如，1930 年 5 月 30 日修五关于青岛党的工作情形的报告暴露出党团的领导远远落后于群众运动的尾巴主义倾向。汇报中说，我们所指定的党和团，反而不如群众激烈，他们不假思索地提出了许多拥护共产党和苏联的口号。不过由于地点的关系，不能照常地派

---

① 中央档案馆. 中共中央文件选集（第二册）［M］. 北京：中共中央党校出版社，1983：635.

② 常连霆主编，中共山东省委党史研究室，山东省中共党史学会编. 山东党史资料文库（第 1 卷）［M］. 济南：山东人民出版社，2015：764.

代表参会，所以发展不是很快，但这足以证明我们同志是群众的尾巴主义了。①
1927年11月19日，中共山东省委在给津浦铁路济南大厂支部的信中也批评了
抛弃群众的机会主义错误：大厂的支部，早已失去功能。最近以来，所有的经
济斗争都是由主管的领班去领导，我们倒落到领班监工员的后面。我们若是袖
手旁观，那就等于把群众抛弃，交给他们。因为我们不能独立领导，所以去迁
就他们就是一个极大的机会主义错误。②为此，省委指示：党应该坚定不移地领
导工人进行经济斗争：我们支部要立即行动起来，站在工人的前列，带领工人
进行当前的小经济斗争。③

现实的"尾巴主义"消极倾向与革命斗争的迫切需要之间的差距，暴露出
党的理论教育的薄弱甚至是缺失。1928年6月29日《中共山东省委关于当前工
作告同志书》对共产党员的责任做出指示：作为共产党员，我们是有阶级觉悟
的分子。当然，我们是能勇敢牺牲的，是能为无产阶级利益工作的，是能领导
无产阶级战斗的。我们是工农和一切受压迫阶级的先锋队、导师和救世主。我
们对一切劳苦人民的苦难表示同情，我们更要解除一切劳苦群众的痛苦。我们
要完成工农革命，建立共产主义社会。我们共产党员担负的责任多么重大！多
么艰巨！④

那么，在严峻的革命形势下，到底什么才是真正的党的群众化？真正的党
的群众化，并不仅仅等同于以群众为来源的党员数量的增加，唯有深入群众斗
争，在斗争中做群众的"战士""谋臣"和"保镖者"，才能真正担当起一个共
产党员的责任。如何担当呢？党认识到，我们的同志们要鼓起勇气和精神，勇
往直前，毫不顾忌跑入农民和工人群众中去，唤醒并组织他们，领导他们进行
斗争。要求改良待遇，减少时间，增加工资，解救失业工人，为工农群众建立
广泛的力量，引导他们走上阶级革命的道路。因此，我们每个同志都要群众化，
深入群众，领导群众，做群众中的"战士""谋臣"和"保镖"。因此，不在群
众中领导、不在群众中发挥作用的同志，就不是一个好党员，就没有履行党员

---

① 山东革命历史文件汇集（甲种本第四集：一九二九年一月——一九三〇年六月）[M].中
央档案馆，山东档案馆，1995：339.
② 山东革命历史文件汇集（甲种本第二集：一九二六年一月——一九二八年二月）[M].中
央档案馆，山东档案馆，1995：293.
③ 山东革命历史文件汇集（甲种本第二集：一九二六年一月——一九二八年二月）[M].中
央档案馆，山东档案馆，1995：294.
④ 山东革命历史文件汇集（甲种本第三集：一九二八年三月——一九二八年年底）[M].中
央档案馆，山东档案馆，1995：133.

的责任。① 对"什么是党的群众化?"有了清晰的认知之后,那么,如何实现党的群众化呢?

(二) 如何实现党的群众化? 相信群众的力量,发动并领导群众斗争,去发展党,组织群众,使党建立在无产阶级基础上

广大人民群众是革命组织的汪洋大海。要实现党的群众化,就要打破群众的畏缩恐惧心理,将一切斗争融入群众,在工人、农民、学生、兵士、职员、商人、手工业劳动者等各种阶层中公开建立各种群众组织,如工会、工人委员会,以农村裁缝、剃头匠、皮匠、木匠等独立劳动者为主体的联合会,农民协会、农民委员会,士兵委员会等,使党的组织基础立足于"无产阶级和贫民群众,要尽量发展群众组织,使他们成为共产主义的学校"②。要根据党的政治任务和斗争策略,将其与群众的利益需求联系起来,站在群众的立场上,与群众打成一片,深入扩大鼓动宣传,坚决地发动和领导群众的斗争,确保每个同志都是群众的先锋队。正如毛泽东所说,在一切工作中,一切正确的任务、政策和作风,都适合当地人民的要求,都是与人民群众有关的;一切错误的任务、政策和作风,都不适合当时当地人民的要求,都是脱离人民群众的。③ 山东革命工作亦是如此。武装暴动如果离开群众,就会成为普通的土匪,被孤立、被歼灭。④ 总之,党的群众化的实现,不是高踞于群众之上,而是深入群众之中,深入斗争之中,不仅在数量上,而且在质量上扩大党在群众中的影响力和渗透力。

值得一提的是,山东共产党在公开领导群众运动的同时,极其重视秘密工作机制的建立,提出要使党的组织与群众组织划分开来,并以党团为媒介,搞好公开工作与秘密工作的良好衔接。党团是群众的核心,如果党团工作做得不好,不是党与群众分开,就是没有在群众中发挥作用。党团是党与群众的枢纽,要建立良好的关系,特别是党团要负责把群众积极分子介绍入党。⑤ 马思宇认为,在1921年至1927年中共从研究小团体向群众性政党跨越的重要时期,"党

① 山东革命历史文件汇集(甲种本第三集:一九二八年三月——一九二八年年底)[M]. 中央档案馆,山东档案馆,1995:133-135.
② 中央档案馆. 中共中央文件选集(第七册)[M]. 北京:中共中央党校出版社,1983:163.
③ 毛泽东选集(第三卷)[M]. 北京:人民出版社,1991:1095.
④ 山东革命历史文件汇集(甲种本第二集:一九二六年一月——一九二八年二月)[M]. 中央档案馆,山东档案馆,1995:280.
⑤ 中共山东省委党史研究室编. 山东党的革命历史文献选编(第二卷)[M]. 济南:山东人民出版社,2015:117.

团"机制成为连接中共与群众的关键桥梁。"党团"既可以渗透到各群众团体，潜移默化地扩大党的影响，"以有形化无形"，又可以组织、宣传、外联等途径渗透、整合、掌控群众组织，掀起群众运动的洪波巨澜，"化无形为有形"。①以"党团"机制为媒介，共产党人不仅置自身于秘密状态，还能影响数倍于己的群众组织，可谓"一举两得"，显示了中国共产党在马克思主义大众化历史进程中的高度灵活与无穷智慧。

三、抗日转机下的公开化和武装化

马克思主义大众化的发展演进始终与整个国家和时代的脉搏相起伏，始终同民族和人民的需求相呼应。以山东为坐标，国内时局和省内局势都发生了转折性的新变化：一是以国民党特别是以蒋介石为首的国民党新右派为主线，顺次操控了"四一二""七一五"反革命政变和济南"五三"惨案，暴露了其反对革命、媚外求荣的真面目。二是以日本帝国主义为主线，以咄咄逼人的侵略态势强占"东三省""华北五省"，中日民族矛盾逐步上升为主要矛盾，国内阶级关系发生重大变化。在国内外时局的逆转下，不仅以工农商学兵为主体的群众抗日救国运动在全国城乡勃然兴起，而且包括国民党内部在内的社会各阶层开始发生分化和破裂，上至爱国将领、知名人士，下至青年学生、百姓黎民，无不率部抵抗日本侵略，并要求国民党当局"改弦更张"，抵抗日本，有的甚至强烈谴责国民党的内外政策，毅然脱蒋抗日，他们或潜伏于国民党之中，或加入共产党，国共两党在人心向背场域的博弈已经初现雏形。胶东群众唯一的出路就是找到共产党②，乡间迷信团体"九宫教"公开宣称共产党的成功③，中国的民族斗争和阶级斗争进入了一个新阶段。那么，在这一特殊的革命阶段，马克思主义大众化"化什么""如何化"？

---

① 马思宇. 无形与有形：中共早期"党团"研究［J］. 中共党史研究，2017（2）：32.

② 山东革命历史文件汇集（甲种本第七集：一九三三年——一九三六年）［M］. 中央档案馆，山东档案馆，1995：215.

③ 山东革命历史文件汇集（甲种本第七集：一九三三年——一九三六年）［M］. 中央档案馆，山东档案馆，1995：267.

（一）化什么："把帝国主义压迫中国革命的事实和动机，国民党投降帝国主义的可耻和屠杀工农的残酷，印进每一个劳动群众的脑子里去！"

在革命的新阶段，革命任务也转化为不可分割的两个方面：一是推翻豪绅地主国民党统治的土地革命；二是打倒帝国主义的民族革命。我们党一定要引导和团结工农群众反对帝国主义和国民党的革命力量，彻底完成这两大任务。民族革命战争必须要由无产阶级领导，反帝的民族革命和反国民党的土地革命要协调好，才能取得完全胜利。① 适应革命新阶段的新任务，马克思主义大众化在指向公开化和武装化的同时，也着力于反帝、反国民党的宣传。

1933 年 1 月 7 日《中共山东省委关于反日本帝国主义紧急通知》强调：我们北方的党——特别是我们山东的党，要抓紧宣传这一日本进占华北的严重事件。在这一反帝宣传中，要立即动员党的同志、团的同志、所有党和团的组织、群众的组织，深入工厂、农村、学校、兵营去，把帝国主义压迫中国革命、国民党投降帝国主义和屠杀工农的事实和动机，铭刻进每一个劳动人民的心中。宣传的方式要灵活运用，除宣言、传单、标语、壁报等文字宣传外，还要开展个别谈话、公开群众集会的方式，并且利用各种环境，适当创造各种新方式。除努力做好反帝宣传外，还要和反国民党的宣传联系起来。要集中百分之百的精神，艰苦又耐心地开辟、建立与扩大各种反帝组织，注意抓住劳动人民对于日本帝国主义的仇恨和对国民党的不满的革命情绪的高涨，发展反帝。②

在揭露国民党的卖国行径和帝国主义的侵略事实的同时，山东地方还积极宣传共产党的抗日主张，如《八一宣言》《毛泽东和斯诺的谈话》和共产国际第七次代表大会的文件，以及党在巴黎出版的《救国时报》等。这一时期党的抗日宣传呈现出公开性与秘密性并存的特征。共产党旗帜鲜明地打出抗日救亡旗号，顺民心，合时势，为公开地开展革命活动提供了有利条件。在组建反帝大同盟、北上决死团等反帝组织的过程中，省委指示各地党组织尽可能地利用各

---

① 山东革命历史文件汇集（甲种本第七集：一九三三年——一九三六年）[M].中央档案馆，山东档案馆，1995：5.
② 山东革命历史文件汇集（甲种本第七集：一九三三年——一九三六年）[M].中央档案馆，山东档案馆，1995：6.

种公开活动的方式，一方面可以扩大活动在群众中的影响力，另一方面也可避免关门主义的失误。而在不同地区存在不同程度白色恐怖的情势下，秘密宣传的形式也普遍存在。在广大乡师民校中，山东共产党人采取秘密出版进步刊物，创办平民夜校、平民识字班，组织雇工会、短工会等方式，传播革命思想，建立党的支部。

（二）如何化：以"中华民族解放先锋队"为代表的外围组织为依托实现马克思主义大众化的公开化和武装化

共产党为适应国民党白色恐怖的政治高压环境，完成特定革命任务而建立一大批秘密外围组织，如以"左联"为代表的中国左翼文化团体、中国互济会、反帝大同盟、中华民族解放先锋队（简称"民先"）等，直接接受党的领导，有严密的组织系统和严格的组织纪律，在较长时间内起到了党的助手和联系党和群众纽带的作用，"民先"组织就是抗战前夕活跃在山东抗日救亡运动的一种重要的公开外围组织。为尽最大可能团结一切反日爱国力量建立反日统一战线，团结一切群众力量，以外围组织为依托的马克思主义大众化呈现出公开化和武装化的特点。

一是公开化。抗日救亡是马克思主义大众化经历白色恐怖的低潮冲击后，重新焕发生机的有利契机。为抓住这一有利契机，避免重犯"关门主义"的错误，再次掀起马克思主义大众化的新高潮，山东省委决定利用这一好形势，把抗日活动作为第一要务，广泛深入地动员群众，公开组织中华民族解放先锋队、工人抗日救国会、抗日自卫团、战地服务团、抗日救亡团、抗敌后援会等外围组织，开展抗日救亡宣传。其中，"民先"组织遍布济南、烟台、莱阳、淄博、菏泽、潍县（今潍坊）、寿光、安丘、诸城、新泰等地，是分布范围最广、发展最成熟的外围组织。"民先"组织以读书会、座谈会的形式介绍了国内外形势和党的抗日民族统一战线政策，揭露和抨击了蒋介石"攘外必先安内"的反动行径，扩大政治影响。除此之外，还组织革命文艺作品的宣传、革命文学组织的整合、救亡歌曲合唱团剧团以及鲁迅逝世追悼会纪念等活动，号召广大群众继承并发扬鲁迅先生的战斗精神和作风，积极投身抗日救亡运动。有的"民先"组织还筹集长短枪支，建立武装小队，在抗日武装化道路上迈出了重要一步。

二是武装化。武装斗争是"八七"会议确立的总方针之一，中共山东省委高度重视武装斗争在革命运动中的极端重要性，并领导多次武装暴动。1933年，《中央关于日本帝国主义进攻华北的决议》指出：武装民众，是扭转和坚持民族革命战争、抵抗日本帝国主义进攻、推翻帝国主义国民党的统治、完成中国独立与统一的主要条件。要认真组织以工农劳苦民众为主力的义勇军和自卫队，按照工厂、村庄组织起来，像军队一样编制组织，接受军事和政治的训练。① 山东共产党不仅发展自己的武装力量，而且利用一切可以利用的武装，建立武装力量的抗日民族统一战线。如建立抗日义勇军、抗日自卫队。"白色士兵中，帝国主义军队中（尤其是韩复榘的主要部队）的工作，是一刻也不容迟缓的，更吸引广大的兵士群众到阵线中，到义勇军中、自卫队中来。"②

这一时期，马克思主义在山东的传播及大众化尽管遭遇机会主义与白色恐怖的内外冲击，但也在秘密化和群众化的潜伏壮大中迎来抗日的转机。因而，无论是红色书刊的发行，还是党团组织的提升，都是一个螺旋式上升、曲折式前进的跃升过程。一方面，红色书刊及其发行网络更加密布完善。据不完全统计，这一时期发行的红色期刊达三十余种（参见表 2-12），红色书刊的发行网络在地域上更加密布广泛，进步书店不仅超出济南、青岛两大核心城市，还拓展到了鲁西南地区的济宁，鲁中南地区的莱芜、泰安等地（参见表 2-13），以红色书刊传输马克思主义理论和革命思想的内容，更加丰富、强大。

表 2-12 山东地方进步书刊发行机构一览表（1927—1937）

出版机构名称	创办时间	创办者	地点	概况
青岛书店	1928 年	邓恩铭	青岛市平原路中段	陈列各种进步书刊，任读者自由选购和阅读，是中国共产党在青岛的活动基地之一
国民书店	1930 年春	王临之	滕县南门里	1931 年，中共滕县特支委员会设在此店内，1932 年被国民党军队强行搜查，发现共产党文件和刊物，被迫封闭

① 山东革命历史文件汇集（甲种本第七集：一九三三年——一九三六年）［M］. 中央档案馆，山东档案馆，1995：15.
② 山东革命历史文件汇集（甲种本第七集：一九三三年——一九三六年）［M］. 中央档案馆，山东档案馆，1995：15-18.

续表

出版机构名称	创办时间	创办者	地点	概况
荒岛书店	1933 年	孙乐文 张智忠	青岛广西路新 5 号	1934 年，孙乐文、张智忠先后参加共产主义青年团后，经常为中共地下组织在荒岛书店召开秘密会议做掩护工作，并积极经营进步书刊，如《国家与革命》《铁流》和创造社的《生活》杂志等。许多进步学者和作家如老舍、洪深、沈从文、王统照、肖红、臧克家等都曾涉足此店
文成书局	1933 年 1 月	王其仁	莱芜鲁西街	1933 年 1 月，中共莱芜县委派王其仁建立此书局，以走乡串学做掩护，从事党的秘密工作，他们先后与 70 余所小学、150 多个村庄的地下党员接上关系
文化书店	1937 年 8 月	万里、强仁普等	东平城南栅门内路西	书店从上海、济南等地购进大量进步图书，如《呐喊》《母亲》《铁流》《彷徨》等，很受当地知识分子学生欢迎

资料来源：山东省地方史志编纂委员会 . 山东省志·出版志［M］. 济南：山东人民出版社，1993.

表 2-13　在山东地区传播的红色期刊一览表（1927—1937）

期刊名称	简介
《布尔什维克报》	《布尔什维克报》是中国共产党中央委员会在第二次国内革命战争时期的机关刊物。1927 年 10 月 24 日在上海创刊，先为周刊，后改为半月刊，再改为月刊，十六开本。1933 年初，党中央机关迁往中央革命根据地，《布尔什维克报》停刊
《无产者》	中国共产党无产阶级思想领导的刊物，半月刊，从创刊号起共出版四期，系统地介绍和论断各地工人群众斗争经过，联系到新的工作方法和斗争方法的运用
《政治通讯》	不定期刊物，中共山东省委主办，党刊，主办人吴可敬，1927 年 7 月至 1928 年 8 月刊行于济南，停刊后改出《教育杂志》
《省委通讯》	不定期刊物，中共山东省委主办，1927 年 11 月至 1928 年 3 月刊行于济南
《山东工人》	中共山东省委员会主办，1927 年创刊于济南，工人刊物

续表

期刊名称	简介
《淄川工人》	不定期刊物，中共淄川特支主办，1928 年 8 月创刊于淄川，停刊时间不详
《红旗》	不定期刊物，中共山东省委主办，主办人丁君羊，1928 年 10 月 25 日至 11 月 1 日刊行于济南，共出两期
《红星周刊》	周刊，中共掖县党支部①主办，1928 年 10 月创刊于掖县，11 月 1 日停刊，共出两期
《青年工人》	月刊，共青团淄川炭矿特支委员会主办，1929 年 4 月创刊于淄川，停刊时间不详
《我们的教训》	不定期刊物，中共山东省委主办，1930 年 11 月创刊于青岛，停刊时间不详
《党的生活》	不定期刊物，中共山东省委主办，1931 年 3 月创刊于济南，停刊时间不详
《老百姓》	不定期刊物，中共山东省委主办，1928 年创刊，停刊时间不详
《时事简报》	不定期刊物，中共山东省委主办，1928 年创刊，停刊时间不详
《教育杂志》	中共山东省委主办，2018 年 9 月 1 日创刊，党刊，用于指导党内工作
《斧镰周刊》	中共山东省委主办，1928 年创刊于济南，党刊
《我们的教训》	中共山东省委主办，主办人任国桢、张若臣，党刊，不定期，1930 年创刊于青岛，共出三期
《山东红旗报》	中共山东省临时委员会创办，1930 年 12 月至 1931 年 4 月刊行于济南、青岛
《山东群众报》	中共山东省委创办，周刊，1931 年 7 月 7 日创刊于济南，共出两期
《士兵出路》	中共山东省委主办，1931 年 7 月创刊，宣传军运工作
《前冲》	不定期刊物，共青团山东省立第一乡村师范学校支部主办。1931 年 12 月至 1932 年刊行于济南
《大众》	不定期刊物，中共青岛市委主办，1931—1932 年刊行于青岛

---

① 一说中共山东省委员会主办。

期刊名称	简介
《赤峰》	不定期刊物，共青团益都县委主办，1932年9月刊行于益都，停刊时间不详
《斗争》	不定期刊物，中共山东省委主办，1932年创刊于济南，停刊时间不详
《炬轮》	不定期刊物，共青团山东省立第一乡村师范学校支部主办，1932年创刊于济南，停刊时间不详
《工农》	不定期刊物，中共山东省临时委员会主办，创办人任作民，1933年2月创刊于济南，停刊时间不详，秘密发行
《齐鲁文化》	中共山东省委主办，党刊，1936年7月创刊，不定期刊物，即《团结》刊物
《沂水红旗》	不定期刊物，中共沂水县委主办，1933年创刊于沂水，停刊时间不详
《新路》	不定期刊物，中共牟（平）福（山）县委主办，1935年创刊于牟平，停刊时间不详
《战声》	不定期刊物，烟台中华民族解放先锋队主办，1936年11月创刊于烟台，停刊时间不详
《战斗》	不定期刊物，中共胶东临时工作委员会主办，1936年12月创刊于胶东地区，停刊时间不详
《齐鲁先锋》	不定期刊物，山东省立第一乡师中华民族解放先锋队主办，1936年创刊于济南，停刊时间不详
《民声》	不定期刊物，中共掖县县委主办，1937年10月创刊于掖县，停刊时间不详

　　资料来源：山东省地方史志编纂委员会. 山东省志·出版志［M］. 济南：山东人民出版社，1993.

　　另一方面，从党团组织递升演进的视角来看，这一时期山东马克思主义大众化也是一个质的飞跃。在白色恐怖的"反作用力"下，山东共产党的组织不仅在秘密化、农村化、武装化的新发展路向下，建立了近50个县级以上的政权组织，而且从组织性质而言，党团组织也从地方支部、地方执行委员会，跃升至县委、市委、工委、特委、省委等更加完善成熟的政治机构组织（参见表2-14）。

表 2-14　山东地方党组织发展概况一览表（1927 年 7 月—1937 年 7 月）

党组织名称	分支概况
中共山东省委、临时省委、工委	中共山东省委员会（1927 年 8 月至 10 月）
	中共山东省委员会（1927 年 10 月至 11 月）
	中共山东省委员会（1927 年 11 月至 1928 年 2 月）
	中共山东省委员会（1928 年 2 月至 10 月）
	中共山东省委员会（1928 年 12 月至 1929 年 2 月）
	中共山东省委员会（1929 年 2 月至 4 月）
	中共山东省委员会（1929 年 4 月至 7 月）
	中共山东省临时委员会（1929 年 7 月至 8 月）
	中共山东省临时委员会（1929 年 8 月至 12 月）
	中共山东省临时委员会（1930 年 1 月至 2 月）
	中共山东省临时委员会（1930 年 3 月至 5 月）
	中共山东省委员会（1930 年 6 月至 11 月）
	中共山东省临时委员会（1930 年 12 月至 1931 年 2 月）
	中共山东省委员会（1931 年 2 月至 6 月）
	中共山东省委员会（1931 年 6 月至 8 月）
	中共山东省委员会（1931 年 8 月至 1932 年 3 月）
	中共山东省委员会（1932 年 3 月至 10 月）
	中共山东省临时委员会（1932 年 10 月至 1933 年 2 月）
	中共山东省临时委员会（1933 年 3 月至 7 月）
	中共山东省工作委员会（1933 年 11 月至 12 月）
	中共山东省工作委员会（1935 年冬至 1936 年 5 月）
	中共山东省委员会（1936 年 5 月至 1937 年 7 月）
济南市委	济南市委（1931 年 6 月至 1932 年 1 月）
	济南市委（1932 年 8 月至 11 月）
	济南市委（1934 年 5 月至 1937 年 11 月）

续表

党组织名称	分支概况
青岛市委	青岛市委（1927 年 9 月至 1928 年 9 月）
	青岛市委（1928 年 12 月至 1931 年 4 月）
	青岛市委（1931 年 9 月至 1931 年 10 月）
	青岛临时市委（1933 年春至 12 月）
	青岛工作筹备委员会（1934 年 6 月建立）
	青岛市工委（1934 年 7 月至 8 月）
	青岛市委（1934 年 9 月 7 日至 27 日）
淄博张（淄张）县委	1927 年 10 月至 1928 年 7 月，辖 10 个党支部，共有党员 234 名
淄博张特区委员会	1931 年 11 月至 1932 年 12 月
桓台县委	1927 年夏在张店建立，不久即停止活动
枣庄矿区工委	枣庄矿区工委（1931 年 3 月至 1932 年 7 月）
	枣庄矿区工委（1933 年 1 月至 1935 年 2 月）
	苏鲁边区临时特委（1935 年 2 月至 1936 年 12 月）
	苏鲁豫皖边区临时特委（1936 年 12 月至 1937 年 7 月）
峄西工委	峄西工委（1931 年 4 月至 1932 年 7 月）
	峄县县委（1933 年 6 月至 1937 年 7 月）
郯城县委	郯城县委（1932 年 5 月至 9 月）
	临郯县委（1932 年 9 月至 1933 年 7 月），1932 年 9 月领导"苍山暴动"
费县临时县委	费县临时县委（1933 年 11 月建立）
	费县工委（1936 年 11 月至 1937 年 12 月）
临沂中心县委	1936 年夏至 1937 年 9 月
日照县委、中心县委、工委	1928 年 2 月至 1933 年 3 月，领导日照暴动
沂水县委	沂水县委（1928 年 12 月至 1929 年 5 月）
	沂水县委（1932 年 8 月至 1933 年 7 月）

续表

党组织名称	分支概况
邹县县委	邹县县委（1932 年 12 月至 1933 年 3 月）
	邹县工委（1935 年春至 1937 年 1 月）
泰安县委	泰安县委（1927 年 8 月至 1928 年 5 月）
	泰安中心县委（1932 年 5 月至 1933 年 12 月）
泰莱县委	1927 年 9 月至 1928 年 5 月
莱芜县委	莱芜县委（1927 年 9 月至 1928 年 2 月）
	莱芜县委（1932 年至 1937 年 7 月）
新泰县委	新泰县委（1932 年 11 月至 1933 年 9 月）
	新泰县委（1935 年 7 月至 1937 年 7 月）
寿光县委	寿光县委（1927 年 8 月至 1932 年 2 月）
	寿光中心县委（1932 年 2 月至 4 月）
	寿光县委、临时县委（1932 年 4 月至 1933 年夏）
	寿光县工委、县委（1936 年 8 月至 1937 年 7 月）
益都县委	1932 年 5 月至 8 月，全县党员 43 人，领导郑母暴动
潍县临时县委、县委	潍县临时县委、县委（1927 年冬至 1930 年 6 月），领导潍县暴动
	潍县中心县委、青莱特委（1933 年 9 月至 1934 年 10 月）
	潍县工委（1933 年 9 月至 1934 年 10 月）
	鲁东工委（1934 年 4 月至秋）
高密县委	1927 年 8 月至 1929 年 1 月
广饶县委	1928 年 12 月至 1932 年 1 月
安丘县委	1931 年 8 月至 10 月
昌邑县委	1936 年秋至 1937 年 11 月
胶东特委	胶东特委（1933 年 3 月至 1935 年 12 月）
	胶东临时特委（1936 年 4 月至 10 月）
	胶东临时工委（1936 年 10 月至 1937 年 7 月）
	胶东特委、临时特委、临时工委所辖县、市委：1. 莱阳县委、中心县委；2. 掖县县委；3. 牟平县委；4. 文登县委、临时县委；5. 牟海县委；6. 海阳县委；7. 牟福边区委；8. 烟台临时市委、市委、烟台工委

党组织名称	分支概况
博兴县委	博兴县委（1932 年 3 月至 1933 年 4 月）
	博兴县委（1933 年 9 月至 1934 年 4 月）
惠民县工委	1933 年 7 月至 1934 年 4 月
鲁北县委	鲁北县委（1927 年秋至 1928 年 4 月）
	鲁北特委（1928 年 4 月至 5 月），领导鲁北高唐谷关屯暴动
	鲁北临时委员会（1930 年 10 月至 1931 年 7 月）
平原中心县委	1931 年夏至 1933 年 7 月，辖平原、禹城、恩县、武城、清平、临清等县党组织
禹城县委	1930 年至 1936 年
庆云县委	庆云县委（1927 年 5 月至 1928 年 3 月）
	庆云·盐山县委（1928 年 3 月至 1934 年 4 月）
	庆云县委（1935 年 10 月至 1937 年 4 月）
	庆云县工委（1937 年 4 月至 9 月）
乐陵县工委、县委	乐陵县工委、县委（1932 年 7 月至 1935 年 8 月）
	乐陵中心县委（1935 年 8 月至 1937 年 7 月）
宁津县委	1932 年 8 月至 1937 年 8 月
东昌县委	1927 年 10 月至 1937 年秋，领导阳谷坡里暴动
鲁西总支	1932 年秋至 1935 年春，领导临清、聊城等地党组织
鲁西特委	鲁西特委（1935 年 2 月至 1936 年 6 月）
	鲁西北特委（1936 年 6 月至 1937 年初）
	鲁西特委（1937 年夏至 11 月）
鲁西北特委	鲁西北特委（1937 年夏初至 11 月）
	鲁西北、鲁西所辖县工委、中心县委：1. 冠县县委、工委、中心县委；2. 阳谷县委
东阿县委	1936 年 2 月至 1937 年 11 月，发展 24 个党支部，近 100 名党团员
清平县委	1932 年 7 月至 1935 年秋

资料来源：中共山东省委组织部，中共山东省委党史资料征集研究委员会，山东省档案馆编. 中国共产党山东省组织史资料（1921—1987）[M]. 济南：山东人民出版社，1991.

第三章

山东马克思主义大众化的场域传播

通过对山东马克思主义大众化"如何而来"的历时态考察可见，从"思想发蒙"，到"组织初创"，再到"潜伏壮大"，山东马克思主义大众化经历了一个凤凰涅槃的再生历程。然而，要回答山东马克思主义大众化"如何化"这一问题，借此辩证地评判山东马克思主义大众化"化的效果如何"，进而以山东为个案，在中国革命历史进程中，要深入剖析诸如"为什么选择中国共产党""为什么选择马克思主义""共产党如何能赢得中国"等深层次问题链条，仅仅停留于此还是远远不够的。本书引入"场域""组织""话语"三个视角，分别从宏观、中观、微观三个层次对山东马克思主义大众化"如何化"这一问题进行深入剖析，并将这一问题分解为"山东马克思主义大众化的场域传播""山东马克思主义大众化的组织传播""山东马克思主义大众化的话语传播"三个子问题。想要更好地再现山东马克思主义大众化"如何化"，无疑要围绕这三大问题的解决来展开。

场，是现代物理学的概念，"是由力的作用构成的一种特殊物质形态，如电场、磁场、引力场等"①。受这一概念的启发，法国社会学家皮埃尔·布尔迪厄（Pierre Bourdieu）将其引入社会学研究，并提出了"场域"理论。"从分析的角度来看，一个场域可以被定义为在各种位置之间存在的客观关系的一个网络（network），或一个构型（configuration）。"② 在一个高度分化的社会世界里，存在大大小小各种类型的场域，它们都有相对自主的内在逻辑，并以此支配场域的运作。场域中的行动者、占有者或体制与场域的位置以及这些位置与其他场

---

① 李岗.论传播场的基本特征［J］.西南交通大学学报（社会科学版），2004（2）：107.
② 皮埃尔·布尔迪厄，华康德.反思社会学导引［M］.李猛，李康，译.北京：商务印书馆，2015：122.

域之间的客观关系是在权力或资本的支配下互动运作的一个动态过程。"从场的角度思考就是从关系的角度思考。"① 那么，以"场域"的观点和理论去考察和分析基本的传播关系，就产生了"场域传播"这一概念。值得注意的是，"场域传播"与"传播场域"两个概念的内涵是各有侧重的。与"场域传播"不同，传播场域指的是"信息传播者通过媒介发出信息，信息通过媒介传播后所形成的受众范围和影响力"②。前者是一个动词性结构，侧重于"传播"；而后者是一个名词性结构，侧重于"场域"。

在山东马克思主义大众化的研究中，为什么要引入"场域理论"呢？中山大学的陈春声教授曾从"地点感"和"时间序列"的视角强调"地理空间"的历时性过程和场景的重建与再现在区域社会历史研究中的重要性，他指出："在追寻区域社会历史的内在脉络时，要特别强调'地点感'和'时间序列'的重要性。在做区域历史的叙述时，只要对所引用的资料所描述的地点保持敏锐的感觉，在明晰'地点感'的基础上，严格按照事件发生的先后序列重建历史的过程，距离历史本身的脉络也就不远了。"③ 这里的"地点感"与"场域"有着极大的相似度。更为重要的是，陈春声教授还进一步指出二者内涵之间更为密切的关联："研究者在某一'共时态'中见到的地域社会的相互关系及其特点，反映的不仅仅是特定地域支配关系的'空间结构'，更重要的是要将其视为一个复杂的、互动的、长期的历史过程的'结晶'和'缩影'。'地域空间'实际上'全息'地反映了多重叠合的动态的社会经济变化的'时间历程'。"④ 因此，"场域理论"从关系的视角、资本分析的方法研究社会历史演变的理路，与陈春声教授强调的历史现场的本真面相的"地点感"及其相互关系所带来的互动演进，是不谋而合的。这一契合也为场域理论运用于马克思主义传播及大众化提供了理论依据。

以"场域"理论为工具分析山东马克思主义大众化"如何化"会发现，是一个由隐性到显性，从边缘到中心的出场并不断在场的生命律动过程，它不是在共产党单独的场域内独立封闭进行，而是在多元主体政治、经济、文化、社

① 皮埃尔·布尔迪厄. 文化资本与社会炼金术：布尔迪厄访谈录 [M]. 包亚明，译. 上海：上海人民出版社，1997：141.
② 蒋宏，徐剑. 非典事件传播场的结构分析 [J]. 上海交通大学学报（社会科学版），2004（3）：61.
③ 陈春声. 走向历史现场 [J]. 读书，2006（9）：26.
④ 陈春声. 走向历史现场 [J]. 读书，2006（9）：26.

会等资本较量和博弈中生成，尤其是在与国民党的角力中消长。场域理论视域下山东马克思主义大众化研究，对山东革命组织动员的博弈做一历史还原和理论分析，不仅有助于形成对"山东马克思主义大众化的传播场域是什么？""马克思主义如何在不同的场域中传播？""山东马克思主义大众化场域传播的效果如何？"等问题链的认知框架，而且有助于从地域史的视角对中国共产党的宏观历程进行史实观照，弥补宏观历史进程中被遮蔽的微观细部，回答历史链条中的关键归因。

第一节　山东马克思主义大众化的外部传播场域

山东马克思主义大众化不是在封闭的场域内单独行进，而是在多元主体的交融、较量和博弈中生成。以山东为坐标原点，山东马克思主义大众化的场域传播离不开外部场域的影响。

一、国际先导场域

将中国问题置于世界问题的视域之中以寻求解决，是中国共产党人"世界视野，中国坐标"的一以贯之的思维范式。从青年时代毛泽东把"改造中国与世界"作为新民学会方针，到习近平在一系列国际场合提出建设"人类命运共同体"的倡议，中国共产党对于时代问题的思考和解答始终着眼于世界，落脚于中国，反映了中国共产党人宽广的世界视野、深厚的天下情怀和勇毅的时代担当。正如毛泽东在新民学会长沙会员大会上所言，中国问题属于世界问题的一部分，若不从世界视野去改造中国的问题，那么所改造的也是狭义的改造，最终将妨碍世界的改造。① 中国的改造必须着眼于汲取世界文明的智慧，中国的发展也应该致力于世界问题的治理。中国革命离不开汲取马克思主义理论营养，同理，山东革命也得益于马克思主义在山东的传播。就世界范围而言，山东马克思主义大众化的传入场域有苏俄场域、日本场域和欧洲场域。

（一）苏俄场域

苏俄场域是山东马克思主义大众化传播场域的直接且有力的来源。苏俄场

---

① 中央文献研究室. 毛泽东年谱（1893—1949）（上卷）［M］. 北京：人民出版社，1993：77.

域对山东马克思主义的传播主要依托两种媒介：一是以维经斯基为代表的共产国际代表团；二是山东籍旅俄华工。前者直接参与帮助山东党团组织的建立，后者则以山东籍旅俄华工为媒介，将苏俄场域下的马克思主义"全息式"地传入山东。

1. 以维经斯基为代表的共产国际代表团在济南向王翔千、王尽美、邓恩铭等传播马克思主义，并直接帮助济南建党

从苏俄方面来说，国际共产主义运动的革命浪潮并未如期而至，促使列宁将其目光由西方转向东方。一是十月革命后，世界革命形势尤其是中东欧革命并没有如马克思理论所预言的，发生世界性的共产主义革命浪潮，这引起了列宁的深切忧虑和思索：如果世界性的无产阶级革命不发生，苏联的无产阶级政权也面临失败危险。[①] 那么，欧美资本主义发达国家为什么没有爆发无产阶级革命呢？列宁认为，是因为这些国家从东方的殖民地或半殖民地国家掠夺了大量财富，并作为本国工人阶级的福利。由此，这些国家的工人阶级丧失了革命斗志。只有从引导东方国家开展反帝革命运动入手，才能对欧美发达国家釜底抽薪。二是第一次世界大战后，列宁宣布无条件放弃帝俄时代从中国获取的利益，这顿时让苏俄取代欧美成为公理和正义的化身，更让列宁成为中国知识界新的偶像，中国知识界从崇尚欧美转变为崇尚苏俄，从讴歌威尔逊转变为讴歌列宁。三是为打败远东反动势力，苏俄政府特别希望得到中国政府的支持。以上三个因素，催促俄共将目光由西方转移到东方。

就在共产国际、俄共（布）将目光向东转移的过程中，维经斯基来到中国，他来到中国的第一个任务是推动中国共产党的建立。从 1920 年 4 月至 1921 年春，维经斯基在翻译杨明斋的联络下，在北京与李大钊讨论党的建设事宜，以及在南下上海与陈独秀会晤的间隙中，利用停留济南的机会，向王翔千、王尽美、邓恩铭等传播马克思主义，对济南建党起到了直接的促进作用。那么，对于学界存疑已久的"山东党组织的建立与维经斯基代表团到底有没有联系？"这一问题，现有的史料可以做以下三点说明：一是山东党史研究专家余世诚在《杨一辰谈杨明斋》（1975 年 12 月 31 日）一份回忆材料中说："为了具体地帮助中国建党，当时共产国际派维经斯基来中国，他的翻译，就是山东人旅俄华侨杨明斋。他们先到北京，找到了李大钊，酝酿建立党的组织，经大钊同志介

---

① 中共中央马克思恩格斯列宁斯大林著作编译局. 列宁全集（第二十七卷）［M］. 北京：人民出版社，1958：82.

绍，准备去上海找陈独秀。路过济南时，他们即与育英中学国文教员王翔千，一师、一中的学生、教师王尽美、邓恩铭等联系，传播马克思主义。"① 二是虽无当事人直接的资料显示维经斯基对济南建党的促进作用，但是，在维经斯基首次赴华的这一时间段内（1920 年 4 月至 1921 年春），济南建党的进程发生了质的跃升，内隐二者之间存在极大的因果联系。《山东省志·大事记》载：从 1920 年 8 月至 1920 年秋，再到 1921 年春，济南建党在陈独秀约函王乐平并经其介绍王尽美、邓恩铭二人直接参与建党的这段时间内，济南共产党早期小组的创建过程发生了质的飞跃。② 济南共产主义小组的成立，表明中共一大召开之前山东已经存在共产党组织。三是共产国际代表在济南停留，并直接指导山东党团组织的建立，或与山东籍俄共党员杨明斋有直接关系。甚至有说法认为，亲自参加上海中共一大的十多名代表中山东占两名，也与杨明斋有直接关联。虽然这种说法还未被证实，但足见杨明斋在山东建党过程中极为突出的个人影响。杨明斋在维经斯基首次赴华使团中的角色是翻译，但他的职责不会仅仅限于翻译。在维经斯基小组首次到访中国这一陌生的东方国家，而且肩负着宣传共产主义革命的使命之时，他们还不能轻易亮出建党的底牌，而杨明斋恰恰担负起了联络和接洽中国知识界的种种工作。从某种意义上说，这个小组的真正领队是杨明斋。加之杨明斋的山东籍和俄共党员的双重身份，在受托回国的使命中，能为家乡革命发展做出一点力所能及的贡献也在情理之中。

2. 山东籍旅俄华工将苏俄场域下的马克思主义"全息式"地传入山东

近代以来，山东人民饱受苦难，多数人外出谋生。在远赴国外的山东人中，以赴俄国者居多，造就了近代中国移民史上"闯关东"的一大壮举。从 19 世纪末到 20 世纪初，山东每年"出佣满蒙俄领苦力"多达 35 万人，其中登州、莱州最多，青州、沂州和胶州次之。山东苦力赴俄，其中一部分从东部港口乘船到海参崴。在西伯利亚和远东的中国工人不但生活条件和工作条件极其恶劣，而且工资也远低于从事同类工作的俄国工人，一般只相当于俄国工人的 60%。旅俄华工姚信诚回忆说：我们中国工人在俄国做工，除了受资本家的压迫以外，还有一层民族压迫。③ 杨明斋还提及华工遭受双重剥削的困境：在崴子（海参崴）、伯力，资本家对苦力盘剥更为严重。就像这里的富人在土地上剥削穷人一

---

① 余世诚，张升善. 杨明斋 [M]. 北京：中共党史资料出版社，1988：123.

② 山东省地方史志编纂委员会. 山东省志·大事记（上）[M]. 济南：山东人民出版社，2000：151-154.

③ 李永昌. 旅俄华工与十月革命 [M]. 石家庄：河北教育出版社，1988：71.

样，都是在喝人民的血。① 不仅如此，一战前，沙俄政府为侵占由华工开垦的土地，还奉行杀戮驱逐华工的排华政策。1914 年，一战爆发，俄国政府为招募战时劳动力资源，一反过去排华政策转而决定吸收"黄种劳动力"入境，大规模在华招工。他们既不能回国，也无处申诉，又不能提出改善生活待遇，处境极其悲惨。

在苏俄场域的熏陶下，成千上万的华工献身革命，政治觉悟大大加强。十月革命和俄国内战时期，旅俄华工中不仅建立了群众性的革命团体、红军武装，而且还建立了旅俄华人的共产党组织。从地方红军支部到相应的党中央机关，党组织在领导华工进行爱国政治、经济、文化学习，宣传社会主义革命理论，教育华工爱国主义和无产阶级国际主义等方面做了大量工作。旅俄华工从自身的血泪经历中认识到，只有走上十月革命的道路，才能改变他们的悲惨命运。

1917 年，以刘泽荣为首的旅俄留学生毅然承担起对濒于绝境的华工的救济重任。在他们的努力下，到 1918 年 5 月，在捷克军团开始叛乱之前，大约有三万（一说四万）华工被送归国。他们在归国的同时，将苏俄场域下的马克思主义"全息式"地传入国内，传入山东。为了维持反动统治，中国军阀政府害怕布尔什维克的"过激主义"传入中国，他们在边防检查站严格盘查，对回国的华工百般刁难，还向黑龙江、吉林等省派出重兵"剿匪"。然而，不可否认的是，归国后，旅俄华工在宣传中国革命、促进俄共（布）与中国革命团体，特别是同中国早期马克思主义者的接触和沟通方面，发挥了不可估量的先导作用。

（二）日本场域

日本场域是山东马克思主义大众化传播场域的首要来源，山东马克思主义大众化的起点——张继在青岛震旦公学讲授社会主义课程正是来源于日本场域，日本场域的马克思主义主要依托山东籍留日学生群体传至山东。在近代山东的留日大潮中，有近六百名齐鲁学子先后东渡日本，他们在日接受新思想的熏陶，归国后为挽救民族危亡，大多投身于山东政界，造福桑梓，齐鲁大地一时间出现了"一家有人留日，影响到全家；一府有人留日，影响到全府"② 的盛况。山东留日学生是近代山东政治变革和社会变迁的第一支力量庞大的队伍，他们大多是地方精英，拥有政治、经济、文化、社会等多种资本，具有强大的社会活动能力和广泛的社会影响力，加之儒家文化熏陶下所内蕴的强烈的家国情怀

---

① 余世诚，张升善．杨明斋 ［M］．北京：中共党史资料出版社，1988：4.
② 黄尊严．中日关系史专题要论 ［M］．天津：天津社会科学院出版社，1996：234.

和价值正义，在其影响下生成的山东同盟会会员群体在近代山东的历次政治运动中，他们或是担当主力军，或是革命的同情者与支持者，他们的出场并一直在场为近代山东马克思主义的场域传播做出了重要贡献。

致力于完成反帝反封建的民主革命是贯穿中国近代历史，因而也是贯穿山东近代历史进程的一条主线。山东留日学生作为近代山东政治变革的第一支先导队伍，在近代山东历次政治运动的场域中首次出场并一直在场，在实现山东民主革命的历史进程中，总能看到他们负重前行的身影。以清末近六百名留日学生群体，以及由此碰撞生成的六百四十余名山东同盟会会员为主体成长起来的第一个独立的政治场域，对山东马克思主义场域传播做出了重要贡献。譬如，山东早期同盟会元老、民主革命家王乐平，不仅创办了山东新文化传播的渊薮——齐鲁通讯社（1920 年扩建为齐鲁书社），励新学会、平民学会、康米尼斯特学会等也以之为依托相继建立起来，而且直接为上海共产主义小组陈独秀约函建立济南共产主义小组提供联络和接洽。1920 年 8 月，陈独秀写信给王乐平，他推荐王尽美、邓恩铭与之联系，济南共产主义小组随之建立。至于学界存疑已久的"济南共产主义小组的创始人"，以及"王乐平为什么没有亲自参加济南共产主义小组的筹建"等一系列问题，有观点认为：王乐平不是共产主义者，王尽美是王乐平的同乡和远亲，他与邓恩铭也是齐鲁书社的热心读者，三人在五四运动中建立了较深的友谊。王乐平了解王尽美、邓恩铭信仰共产主义，就推荐了他们。[①] 但是，也有不同的观点。根据 1922 年 1 月在莫斯科召开的远东共产党第一次代表大会期间各国代表填写的《调查表》，山东参会的"中华共产党山东部"有王筱锦（也就是王象午）、王居一（也就是王乐平）、王福源（也就是王复元）、邓又铭（也就是邓恩铭），唯有王尽美填的是"中国共产党山东部"。根据中央档案馆和党史专家研究，"中华共产党"就是"中国共产党"，由此判定王乐平也是共产党员。[②] 就学界现有的两种截然相反的观点，本书在考证第一手资料的基础上形成了独立判断：原件显示，王尽美此处为笔误的成分比较大。原因有二：一是王尽美的个人调查表上有两处填写所属党派，第一处填写为"中华共产党部"，而第二处却填写为"中国共产党部"；二是参会的其他 35 名代表中，在第一处填写的全部为"中华共产党部"，第二处所属

---

① 中共中央党史资料征集委员会编. 共产主义小组（下）［C］. 北京：中共党史资料出版社，1987：608.

② 苗体君，窦春芳. 关于济南共产主义小组创始人的新考证［J］. 宝鸡文理学院学报（社会科学版），2007（2）：23.

党派则有的填写"中国国民党"（张伯亚）、有的填写社会主义青年团（贺衷寒）、有的填写共产党（黄凌霜）等，可见这一时期党派纷杂繁芜的真实状况，既然如此，争论王乐平的党派属性似乎在马克思主义传播这一点上意义不大。此外，根据王乐平参加莫斯科远东共产党及民族革命团体第一次代表大会前后的行踪①，王乐平此行也可能是受孙中山的委派，去苏俄探一下社会主义国家的虚实，考察苏联的社会主义制度，以此为以后国民党与苏联的合作提前探路。在这里，抛却王乐平的党派争议，他在山东马克思主义的广泛传播和筹办济南共产主义小组活动中的功绩是不可磨灭的。我们应该而且必须看到的是，王乐平对山东马克思主义传播的功绩只是山东留日学生群体或者山东同盟会会员群体的冰山一角，还有六百余名其他同盟会会员及其活动和影响下不计其数的个体和组织，将日本场域下的马克思主义及各种革命思潮，以各种各样的形式传入山东，影响至大众。不可否认，这一群体内部也有分化，有意志薄弱者，也有游离于历史主流之外者，但是其中的进步分子一直活跃在改造山东社会、探索中国新出路的进程中，对山东马克思主义场域传播做出了不可估量的重要贡献。

恩格斯运用"历史合力论"总结了人类创造历史的多种因素，历史是这样创造的：最终的结果总是由许多个人意志的冲突产生的，而其中每一个人的意志都因许多特殊的生活条件而成为它所成为的那样。这样，就有了无数互相交错的力量和有无数个力的平行四边形，产生了一种合力，也就是历史结果。② 恩格斯的"历史合力论"在山东马克思主义传播史中同样得到印证。山东马克思主义传播的绚丽壮阔的思想画面，正是由马克思主义者、国民党进步人士与其他进步知识分子合力绘就的。值得一提的是，在儒家文化长期浸润下的山东知识分子，骨子里有一种强烈的家国情怀和文化上的价值正义，这种文化精神支撑着他们在近代山东政治波诡云谲的正与反、向与背、成与败的斗争中，总能顾全民族大义和人民福祉，做出合潮流、顺民心的政治选择。

（三）欧洲场域

欧洲场域是山东马克思主义大众化传播场域的第三个来源，欧洲场域下的

---

① 王乐平参加莫斯科远东各国共产党及民族革命团体第一次代表大会之前，曾放弃北洋政府要他参加华盛顿会议的派遣；参会回国后，王乐平立即到上海先去拜访山东籍的国民党员丁惟汾，也就是王乐平的恩师，又去拜访孙中山，向孙中山汇报在苏俄的见闻。回济南后，又与王尽美一起创办了"平民学会"，会址就设在齐鲁书社内。

② 中共中央马克思恩格斯列宁斯大林著作编译局．马克思恩格斯文集（第十卷）［M］．北京：人民出版社，2009：592.

马克思主义主要以华工为媒介传至山东。一战期间，应协约国要求，前后有十四余万华工远渡重洋支援协约国作战，其中来自山东的华工就超过八万人。华工为协约国的胜利立下了不朽的功勋。旅欧华工因旅途颠簸、水土不服、饮食卫生、战争伤亡等牺牲甚众，归国者非但没有得到政府的功勋和奖章，反被军警监视，而且大部分人回乡务农，消失在茫茫人海中。对于自己的经历，他们认为这是为北洋政府、为洋人卖命的悲惨过往，不再声张和提及。只有极少数优秀的个体能以近代化的视野，利用在欧洲所得积蓄和所学知识办教育、开诊所、建工厂，甚至更有在欧洲工人运动场域的熏陶下走入无产阶级革命运动队伍者。

在欧战期间，华工群体就是一支接受了无产阶级革命启蒙的队伍。这不仅与华工自身的经历有关，而且与欧洲华工和旅欧青年学生勤工俭学运动的互动影响有关。一是华工尤其是山东籍欧洲华工自身的特殊经历为他们接受无产阶级革命启蒙提供了现实基础。生存需求是山东华工远涉重洋到达欧洲的第一初衷，然而，欧洲工人状况的残酷现实和战争死亡的危险境地打破了他们的美好愿望，加之一战结束后巴黎和会对山东问题的不公平处理这一切肤之痛，加深了他们对国际形势的清醒认知，激发了他们对民族危亡和国家复兴的使命感和责任感。二是欧洲场域下的无产阶级革命运动是知识分子与工人阶级结合最深入、最成熟的场域，两个群体通过华工宣传教育、中共旅欧支部等活动，互相结合，相得益彰，彼此受益。比如，1918 年平民教育家晏阳初到法国战场为华工服务期间，就被华工质朴热心、吃苦好学的精神感动得落泪。华工也在识字教育中了解世界大势，开阔知识眼界，言谈举止、文化素养、精神境界都突飞猛进。

在山东籍的欧洲华工群体中产生的优秀人物虽然有限，但这批人在经风雨、见世面之后，既有工人阶级的坚决果断，也有山东好汉的忠贞浩气，他们中有的早早加入周恩来、赵世炎的旅欧支部，有的回鲁投身山东革命运动，还有的娶妻生子后带领家族参加抗日战争。化名"尹发汤""王文仲"的颜世斌①烈

---

① 颜世斌（1899—1931），山东广饶人，曾化名尹发汤、王文仲。1917 年远赴法国，当过搬运工、挖过战壕，参与创办《工人旬报》《新工人》等刊物。后来加入赤色工会和中国共产党。华工签约期满后，颜世斌成为一名自由的华工，继续留在法国。后由法赴苏，在莫斯科东方大学学习。1930 年 11 月，他奉命回国，1931 年出任山东省委兼青岛市委书记，他领导了青岛工人运动并形成一定高潮。然而因叛徒出卖而被捕，并于1931 年 8 月就义。

士，牺牲时担任青岛地下党的书记，他就曾是第一次世界大战来到法国的山东华工。

总之，"世界视野，中国坐标"是中国共产党人一以贯之的思维范式和视野格局，山东革命运动与世界革命形势息息相关，山东马克思主义大众化的传播场域也离不开苏俄场域、日本场域和欧洲场域下马克思主义传播的辐射和影响；而山东马克思主义大众化的实践运动也在一定程度上发展并实现了马克思主义的理论旨趣，二者互相促动，密不可分。

二、国内先导场域

就全国范围而言，马克思主义大众化的传播场域呈现出层次性和递进性。北京、上海、广州、南京、武汉等政治、经济和文化中心，思想活跃，风气开化，各种思潮集聚，因而也为马克思主义理论的着陆和容受提供了肥沃的土壤，就马克思主义大众化传播而言处于一种"高势能"的场域位置。与之相对的地方区域和广大偏远乡村，物资相对匮乏，信息比较闭塞，文明相对处于蒙昧状态，就马克思主义大众化传播而言，则明显处于一种"低势能"的场域位置，文化传播就是从"高势能"流向"低势能"。山东马克思主义大众化的传入场域有北京、上海、广州、南京、武汉等场域。

（一）北京场域

北京场域对山东马克思主义大众化场域传播的辐射性影响是全方位、多层次和持续性的，从五四运动到抗日战争前夕，北京场域对山东马克思主义大众化传播场域的辐射效应一直存在。这种全方位的影响无法一一列举，仅举其中有代表性的几例，窥一斑而知全豹。

一是早在五四新文化运动时期因文化问题和山东问题而起的北京与山东的各种往来已然非常密切。山东问题是山东人民的切肤之痛，引发省内外山东人的热切关注。"近两三个月来，山东问题已经成为中国外交中唯一的大事，中国人的行动非常活跃。……山东人到北京来，北京的人去山东、上海。共同的目的是外而争回青岛，内而惩罚国贼。"① 因着山东问题而起的社会变革和文化争鸣蜂拥而起，1919 年 11 月在北京成立的《曙光》杂志社是五四新文化运动时期进步刊物之一，其编辑成员宋介、王统照、王晴霓、徐彦之等都为山东人。1921 年三四月间，宋介来山东考察，以观察济南社会，协助社会科学研究，探

---

① 億萬. 山东问题：一周中北京的公民大活动 [J]. 每周评论, 1919 (21): 1.

索社会改革道路。①《曙光》杂志社山东籍成员多次回山东活动，有王尽美、邓恩铭等。王晴霓出席励新学会的成立大会，王统照的长篇小说《春花》创作素材也取自励新学会。②《曙光》杂志将北京场域下的马克思主义传至山东，对山东进步青年影响很大，推动了济南党团组织的创建进程。

二是北京共产主义小组对济南共产主义小组的成立施以影响和帮助。"济南共产主义小组在形成过程中，还受到北京共产主义小组的影响和帮助。"③鉴于济南是南北往来的必经之地，北京马克思主义传播场域对山东建党给予了大力指导和支持。1920年，北京大学发起成立"马克思学说研究会"，王尽美立即到北京大学学习考察，参加北京大学马克思学说研究会的活动。同年夏秋，王尽美等在济南成立了马克思学说研究会，成为济南共产主义小组的前身。

三是在白色恐怖的动乱年代，革命者经常因为躲避军警追捕而逃亡或隐匿在地方的中小学校任教，在自我保护的同时利用乡村讲台传播红色思想。其中，北京各学校的革命者因此逃亡至各地方中小学校，山东各地各级师范学校就成为他们暂时栖身定居的理想选择。比如，山东省立第二乡村师范学校（简称"莱阳乡师"）教务主任王衷一（现名王哲，新中国成立后曾任山东省副省长），1919年就读于北京大学，毕业后就读于苏联莫斯科大学，1927年4月回国，加入中国共产党。他在北大教学的掩护下开展革命活动。然而，军阀张作霖的侦缉队发现其涉嫌共产党，于是利用校长董凤宸赴北平聘请教师之机，来到"二乡师"任教务主任。他主张教育与实践相结合，在讲授"农村经济""教育心理学"两门课程的同时，巧妙地把苏联领导革命和中央苏区红军反"围剿"等革命内容糅合进课程里面，润物细无声地以半公开的方式在学生中进行马克思主义和中国革命理论的教育，被学生誉为"共产主义老师"。王哲只是"二乡师"爱国教师中的一位，还有不计其数的红色教员从北京、上海、广州等各个马克思主义重镇到山东、安徽、陕西等地方省份，他们活跃在乡村，不遗余力地播撒革命火种。在白色恐怖的动荡年代，红色教员无论是平行的流动性，还是上下的流动性都特别大，为场域间马克思主义传播造就了绝佳良机。

（二）上海场域

上海是中国共产党的诞生地，是中国马克思主义早期传播当之无愧的重镇。

---

① 宋介. 两周中之山东 [J]. 曙光，1921 (6).

② 何洪. 五四时期《曙光》杂志研究 [J]. 中国国家博物馆馆刊，2012 (9)：124.

③ 中共中央党史资料征集委员会编. 共产主义小组（下）[C]. 北京：中共党史资料出版社，1987：608.

上海场域对山东马克思主义场域传播的影响也是广泛和深刻的，主要体现在以下两个方面：

一是上海共产主义小组对济南共产主义小组的成立起着中心指导作用。上海共产主义小组成立后，陈独秀被选为临时中央局书记，"由于他在当时的声誉和交际较广，决定由他约函各地社会主义者组织支部"①，正是由陈独秀写信给王乐平在济南创立共产党的早期组织。但出于种种原因，王乐平并未亲自参加，而是向其介绍了王尽美、邓恩铭等人，并把陈独秀的信转交给王尽美，王尽美与邓恩铭、王象午酝酿以后，于 1921 年春成立了中国共产党济南支部，也就是后来的济南共产主义小组。"这样，上海的组织事实上成了一个总部，各地组织是支部。"② 可见，上海共产主义小组在济南共产主义小组成立中的中心指导作用是功不可没的。

二是上海大学鲁籍学子在沪接受革命思想的陶铸，回鲁播撒革命行动的种子，展现了山东马克思主义大众化场域传播的生动图谱。上海大学（1922—1927）是 20 世纪 20 年代初，国共两党在统一战线的旗帜下共同创办的一所名不见经传的"弄堂大学"，却经共产党人有组织、有计划地整顿改革，尤其因社会学系的增设而成为一个宣传马克思列宁主义和培养中国共产党优秀青年干部的红色摇篮。任教社会学系的教职员百分之六七十是共产党员，他们不计薪酬，致力于把上大办成一座共产主义大学。瞿秋白在《致胡适的信》中写道："我们和平伯都希望上大能成为南方的新文化运动中心。"③ 在此求学的全国各地的学生中，以李清漪、刘晓浦、刘一梦、刘鸣銮、李宇超、孟超等为代表的鲁籍学子，直接接受李大钊、邓中夏、瞿秋白、陈望道、蔡和森、恽代英等青年革命导师思想的熏陶和行动的指引，他们一方面在沪接受革命思想的陶铸，另一方面回鲁播撒革命行动的种子，展现了马克思主义大众化场域传播的生动图谱。

（三）广州、南京、武汉等场域

从全国范围看，除了北京场域、上海场域马克思主义场域传播重镇对山东影响深远外，还有广州场域、南京场域、武汉场域等红色文化集聚地，以前来求学、工作的山东籍学生、工人、兵士为媒介，将马克思主义传至山东各地，点燃了山东革命的星星之火。

---

① 唐宝林，林茂生．陈独秀年谱［M］．上海：上海人民出版社，1988：120.
② 唐宝林，林茂生．陈独秀年谱［M］．上海：上海人民出版社，1988：120.
③ 中国社会科学院近代史研究所中华民国史研究室编．胡适来往书信选［M］．北京：社会科学文献出版社，2013：154.

　　广州场域是中国近代革命的策源地，旧、新民主主义革命者都曾在此走过光辉的道路，留下奋斗的足迹。这里既有国共第一次合作创办的黄埔陆军军官学校，还有共产党人毛泽东、澎湃主持的广州农民运动讲习所，其中都有山东籍青年向往革命、探求真理的身影。1925年，在南方革命蓬勃发展的形势下，在聊城二中读书的聊城人赵以政、聂子政，阳谷人王寅生，莘县人孙大安等数十名进步学生，毅然辍学南下，考入黄埔军校第四期，学习救国真理，接受革命教育。在他们的影响下，1926年秋，赵以政的弟弟赵以凯携手同学王之茵、李若学、贺清源等十几名有志青年奔赴广州。在广州红色革命场域的熏陶下，他们受过周恩来的谆谆教诲，听过熊雄、萧楚女、恽代英等革命家的演讲，逐渐从爱国主义青年学生成长为坚强的无产阶级战士。1927年反革命政变后，在广州参加革命的一部分山东籍共产党员和革命者，在中共中央的安排下一批又一批地回到家乡，有从黄埔军校毕业后参加北伐的王寅生、孙大安、赵以政；有在广州毛泽东主办的政治讲习班结业、后任国民革命军第四军党代表的宋国瑞和参加过广州起义的田泗；还有参加过南昌起义的刘冰，受叶挺指挥的国民革命军独立师传奇人物刘鸣銮及在武汉、上海等地从事党的工作的徐约之、李伯颜、张洛书等人，相继回到高密、临朐、沂水、莱阳、烟台等地，他们在中共山东省委的领导下，贯彻八七会议精神，组织了山东最早的坡里暴动和谷关屯暴动，震惊全国。暴动虽以失败告终，但是扩大了党的影响。

　　武汉场域也是中国民主革命的重镇，辛亥革命的第一枪在这里打响，北伐军光复武汉也使国民大革命的浪潮一下子从珠江流域席卷到了长江流域，黄埔军校在武汉设立分校，毛泽东在武昌设全国农民运动干部学校——武昌中央农民运动讲习所，武汉也成为风起云涌的革命圣地。山东籍共产党员田泗、申兰生（又名申仲铭）、张干民等都曾在武汉学习、工作、接受革命教育。大革命时期，他们经中共中央安排回乡，申兰生、张干民等以军事特派员的身份到鲁西一带开展工作，曾任中共武汉市委委员的田裕旸和在武汉工作的孙仲衢，先后回到诸城，郑天九、牟春霆（陈雷）、安哲等曾在武汉农民运动讲习所、中央军事政治学校、国民革命军第四军宣传队，先后回到日照，领导发动了日照暴动、潍河暴动等。

　　另外，南京场域对山东马克思主义场域传播也产生一定程度的重要影响。南京是长江中下游东南各省的文化中心，五四新文化运动中新思想、新文化刊物层出不穷。在运动中，青年知识分子争相阅读进步书刊，开始接触和传播马克思主义。山东鲁西南地区共产党的创始人马霄鹏，中共山东分局宣传部部长、大众日报社史上职级最高的烈士李竹如都曾在南京东南大学（今南京大学）就读学习，并在阅读进步书籍中逐步接受马克思主义学说和进步思想，走上革命道路。

综上，在全国革命潮流风起云涌的大势下，山东场域与北京场域、上海场域、广州场域、武汉场域、南京场域等马克思主义传播重镇同频共振，同向聚合，打造出马克思主义大众化互联互通的强大场域群。

第二节　山东马克思主义大众化的母传播场域
——以"济南一师"为代表

在使用"场域"这个概念时，布尔迪厄隐性地谈及两个视角：一是"结构"的视角。布尔迪厄主张从"结构"的视角定义和研究"场域"概念和"场域"理论："如果我们不对场域的结构进行共时性的分析，就不能把握该场域的动力机制；同时，如果我们不对结构的构成、不对结构中各种位置间的张力以及这个场域和其他场域，尤其是权力场域间的张力进行一种历史分析，也就是生成性分析，我们也不能把握这种结构。"[①]　二是"关系"的视角。他指出，"根据场域概念进行思考就是从关系的角度进行思考"[②]。"在社会世界中存在的都是各种各样的关系。"[③]　既然可以从"结构"和"关系"的视角来界定和认知"场域"概念及其理论内涵，那么，在高度分化的社会中，不同结构下的场域，或者说处于不同关系位置上的场域，它们有何区别或如何区分呢？要回答这一问题，就必须涉及"场域"理论中的另一概念——资本。资本是决定并改变不同场域类型及其结构关系的决定性力量。场域的作用及其变更就依赖于资本的力量及其改变。"场的作用和改变的原动力是什么呢？场的原动力存在于其结构的形式之中，尤其是存在于彼此冲突的各种各样特殊力量之间的距离、差距和

①　皮埃尔·布尔迪厄，华康德. 反思社会学导引［M］. 李猛，李康，译. 北京：商务印书馆，2015：116.

②　皮埃尔·布尔迪厄，华康德. 反思社会学导引［M］. 李猛，李康，译. 北京：商务印书馆，2015：121.

③　皮埃尔·布尔迪厄，华康德. 反思社会学导引［M］. 李猛，李康，译. 北京：商务印书馆，2015：122.

不对称之中。在场中很活跃的力量是那些界定特殊资本的力量。"① 不同的场域，有其各自主导性的逻辑和规则，这种逻辑和规则取决于行动者所掌握的资本类型及其资本力量。正是在各种资本的交融、博弈和争夺中，场域才呈现出大小不一、类型各异的繁杂面相。

既以"结构"和"关系"的视角来审视"场域"概念及其理论，那么，场域就不可避免地具有系统性和结构性。尽管布尔迪厄一再强调，"场域"与"系统"两种理论之间仍存在天壤之别②，其中最基本的一点差别就是"争斗，以及由此产生的历史性!"③ 但是，二者在自我分化和结构性上是存在一致性的。为此，布尔迪厄还提到了"子场域"这一概念："一个场域并不具有部分（parts）和要素（components），每一个子场域都具有自身的逻辑、规则和常规，……每一个场域都构成一个潜在开放的游戏空间，其疆界是一些动态的界限，它们本身就是场域内斗争的关键。"④ "子场域"在另一种场合下的表述就是"次场"。布尔迪厄提及："场没有组成部分。每个次场（subfeild）都有自己的逻辑、规则和规律性。"⑤ 布尔迪厄不仅提及"子场域"（或"次场"）这一概念，而且认可既定场域与其他相关联的场域之间存在等级关系网络。⑥ 那么，从这一视角可以推知，与"子场域"相对的就是"母场域"，与"次场（域）"相对的就是"主场（域）"，"子场域"和"次场域"，"母场域"和"主场域"在内涵旨趣上，可以说是一致的。

"母场域"（或"主场域"）与"子场域"（或"次场域"）是相比较而言的，在整个高度分化的社会大场域之下，存在无数个大大小小的场域。在一定时空范围内的"母场域"在另一个时空结构中就是"子场域"，而在一个时空范围内的"子场域"，在其下属的或下一层级的时空关系中就是"母场域"，二

① 皮埃尔·布尔迪厄. 文化资本与社会炼金术：布尔迪厄访谈录 [M]. 包亚明，译. 上海：上海人民出版社，1997：147.
② 皮埃尔·布尔迪厄，华康德. 反思社会学导引 [M]. 李猛，李康，译. 北京：商务印书馆，2015：129.
③ 皮埃尔·布尔迪厄，华康德. 反思社会学导引 [M]. 李猛，李康，译. 北京：商务印书馆，2015：128.
④ 皮埃尔·布尔迪厄，华康德. 反思社会学导引 [M]. 李猛，李康，译. 北京：商务印书馆，2015：128.
⑤ 皮埃尔·布尔迪厄. 文化资本与社会炼金术：布尔迪厄访谈录 [M]. 包亚明，译. 上海：上海人民出版社，1997：149.
⑥ 皮埃尔·布尔迪厄，华康德. 反思社会学导引 [M]. 李猛，李康，译. 北京：商务印书馆，2015：183.

者既相对自主，又存在辐射与被辐射的关系。因此，要界定"母场域""子场域"的概念内涵，必须在相对的意义上去界定，离开了二者之间的相对关系，彼此各自的含义也就不复存在。那么，什么是"母场域""子场域"？本书在上述分析研究的基础上，拟将"母场域""子场域"界定为："母场域""子场域"是相比较而存在的，是就同处于一个大场域中而占有不同的资本类型和资本力量的大小不一的各种场域而言的，"母场域"是指在社会分化的大场域中，居于核心位置或关系网络中的关键节点，拥有占优势地位的资本力量和独有的惯习或习性类型，对周围其他场域兼具集聚和外溢的辐射效应的场域，而与之相对，"子场域"则是居于次核心位置或关系网络中的非关键节点，不占有优势地位的资本力量，但也拥有自己独具特色的惯习类型，接受其他场域集聚和外溢的辐射效应的场域。那么，在山东马克思主义大众化的传播场域中，"母场域""子场域"的内涵是什么呢？

就目前学界现有成果而言，运用场域理论研究马克思主义传播及大众化的相关成果还不多，但也有学者运用"母场域"和"子场域"概念分析场域视角下的红色文化传播问题，认为"布尔迪厄认为高度分化的现代社会是由无数个具有相对自主性的小社会组成的。如果将社会视为一个大的场域，这些分化的小世界就是'子场域'。用布尔迪厄的场域理论视角来分析，红色文化传播圈就是内嵌于整体社会场域——文化传播场域中一个有独特性的子文化传播场域，其有自己的内在运行特点与规律，同时受其他相关联兄弟场域以及上属母场域的制约"①。也有学者虽未明确提出"母场域"或"主场域"这一概念，但在其所述中也包括这一概念内涵，如"子场域的自主性并非绝对的，因为任何一个子场域都是由社会中的其他场域分化而来，在从大场域'脱胎'出来时，难免留有其他场域的痕迹与影响"②。在山东马克思主义大众化的传播场域中，存在各种大小不一、既相对独立又开放交融的场域类型，山东马克思主义大众化的"母场域"（或"主场域"）是指在山东马克思主义传播场域中，居于核心位置并拥有占优势地位的资本力量和独特的惯习特点，对其他场域具有集聚和辐射效应的场域，与之相对的是山东马克思主义大众化的"子场域"（或"次场域"），是指在山东马克思主义大众化的传播场域中，虽居于非核心地位但也拥有自己的习性特色，处于接受集聚和辐射效应的场域，二者是相对而言的。本

①　彭孝栋．场域视角下红色文化传播现状解析［J］．采写编，2016（3）：93.

②　李洁．多元文化场域中思想政治教育话语发展研究［D］．南京：东南大学，2018：16.

书选取"济南一师"作为山东马克思主义大众化"母场域"（或"主场域"）的个案，也是基于"济南一师"在山东马克思主义传播中的独特地位。

一、"济南一师"场域探究

"济南一师"，是坐落于山东济南的两所不同类型的师范学校的同一简称。本书中既包括作为正规师范学校的"山东省立第一师范学校"，也包括作为乡村师范学校的"山东省立第一乡村师范学校"（通常被称为"济南乡师"），二者共处于山东马克思主义大众化的传播主场域之中。在山东师范教育历史沿革进程中，作为正规师范学校的"济南一师"曾有"山东省立第一师范学校"（1914—1934）、"山东省立济南师范学校"（1934—1937）的名称，作为乡村师范学校的"济南一师"通常被称为"济南乡师"，全称为"山东省立第一乡村师范"（1928—1934）、"省立济南简易师范"（1934—1937）。① 在除了"济南一师"的"济南省立一中"、育英中学、正谊中学、齐鲁大学，以及政法、农业、工业、商业、医学、矿业专门学校等济南各大中等学校中，"一师在济南中等学校占一重要地位，其魔力之大，能操纵中等学校之一大半"②。一个以"济南一师"为母场域、席卷整个济南大中学校的场域群形成。

（一）"济南一师"场域的形成

1. 作为正规师范学校的"济南一师"场域的形成

通常我们所说的"济南一师"，即正规师范教育体制下的"山东省立第一师范学校"。它起源于清末"新政"时期山东大学堂附属的师范馆，后几经演变，至1937年以前，历经了"山东师范学堂""山东优级师范学堂""山东高等师范学校""山东省立第一师范学校""山东省立济南师范"等演变。因山东师范教育培训选拔师范留学人才的初衷且所选人才多被送往日本宏文书院，加之1902年至1911年山东师范教育建立了一整套包括官立师范学堂、府州简易师范、县立师范讲习所和民间中学附设师范科等在内的教育体制，山东各级师范

---

① 经考证，前两个名称是指"正规师范"学校的名称，后两个名称是指"乡村师范"学校的名称，二者实际上是山东师范教育发展沿革历程中不同教育发展规划下的两所学校，但是共处于山东马克思主义大众化的传播场域之主场域之中。1928年以后，在国民党山东省政府对乡村师范教育的重视下，特别是在省教育厅厅长何思源的主持下，山东在办好正规师范教育的同时，还大力规划兴办乡村师范教育，从而写下了山东师范教育的光辉篇章。

② 山东革命历史文件汇集（甲种本第一集：一九二二年——一九二五年）[M].中央档案馆，山东档案馆，1994：185.

学校不自觉地为山东同盟会会员兴学举事提供了得天独厚的天然条件。借山东早期师范教育发展之"东风"，山东同盟会会员一方面培植反清力量，建立革命据点和联络中心，另一方面以师范毕业生的身份兴办初等教育和中学层次的公学，以"滚雪球"的方式播撒革命火种。这样一来，山东师范教育的发展场域与山东同盟会会员的革命场域实现了高度重叠，表现之一就是山东师范教育的部分毕业生成为山东近代民主革命场域的主要行动者。"济南一师"的前身是山东同盟会会员刘冠三创立的"山左公学"。

表 3-1 "济南一师"（正规师范教育）沿革表

校名	时间	地点	监督事/校长	毕业生数目	备注
山东大学堂师范馆	1902 年 10 月—1903 年 9 月	济南旧城中心贡院内	陈恩涛、李凤年、方燕年、李经湘、武玉润、唐宝谔、周学渊、杨耀林、刘棣蔚、李豫同	905 人	清末山东最早的师范教育机构
山东师范学堂	1903 年 9 月—1909 年 12 月	贡院校舍狭窄，迁往铁狮峰下的泺源书院			从师范馆到山东师范学堂，标志着山东正规师范教育的形成
山东优级师范学堂	1909 年 12 月—1912 年	同上	李豫同、周洪藻、王讷、赵正印、马荫棠		
山东高等师范学校	1912 年—1914 年	同上	徐鸿策、鞠思敏		当时全国四大高等师范学府之一
山东省立第一师范学校	1914 年—1934 年	泺源书院旧址；1917 年建立济师北园分校	鞠思敏、于明信、王祝晨、李鉴绅、蔡自声、于国源、蔡自韶	1807 人	
山东省立济南师范	1934 年—1937 年	泺源书院校区和北园校区			

注：清代以前称监督事，民国以后称校长。

资料来源：济南师范校史编写组. 济南师范校史（1902—1982）[M]. 济南：山东师范大学，1982.

  山左公学由刘冠三①先生创办于 1903 年。山左公学初设于济南趵突泉西侧的数间民房，后因校舍狭窄迁至北园大杨庄。和刘冠三一同执教山左公学的多为师范毕业生和留日同盟会学生，如齐芾南（山东潍县人）、鞠承颖（字思敏，山东荣成人）等。山左公学重视反清革命教育，激发学生民主革命思想，鼓动他们参加反清革命。受业学生有二百余名，半数加入同盟会，山左公学实际上成为山东同盟会革命党人的活动阵地。后来山左公学因宣传革命被当局查封停办，刘冠三避祸出走青岛创立震旦公学，鞠思敏和其他优级师范学堂同学王讷（字墨仙，山东安丘人）、陈名豫（字雪南，山东滕县人），重整旗鼓，修复重建山左公学，并迁往西公界题壁堂内（现高都司巷小学分校校址），直至 1913 年府制废除，改为省立。

  1912 年，山东师范教育经历了国体变迁和规划的调整，初级师范学堂都改为师范学校，府立改为省立。1914 年，在废除山东高等师范学校的基础上成立山东省立第一师范学校，校址设于济南泺源书院旧址，学生主要来自济南、青岛、泰安、莱芜、潍县、禹城、平原等 27 县，校长由原山东高等师范学校校长鞠思敏担任。据 1918 年教育部公布的《全国师范学校概况》：虽多事之年，物力消耗颇多，但各省师范教育经费却有幸增加，鲁、陕、甘等省每年增加四至六万。② 1918 年，山东省立第一师范学校在校人数 420 人，总教育经费 48000元，每生平均经费达 114 元，在山东各类师范学校中经费最高。

  辛亥革命以后，思想解放和学术自由成为时代潮流。省立一师的校长鞠思敏（兼任正谊中学校长）于 1915 年带领王祝晨，自费参观考察了江苏、浙江、河北、北京等地，针对山东教育存在的问题起草了《山东教育改良计划》。1923年，王祝晨在省立一师专门设立国文专修科，推行白话文，并自选白话文编成《文学评论》作为教科书。改革师范课程的设置，增加平民教育、农村教育、教育原理、小学教授法、儿童心理学等课程，加强教育实践，以改变所学非所用。为提高教学质量，省立一师拟出细则延揽优秀名师，其中，山东优级师范学堂、高等师范学校的大学毕业生众多，甚至还有北大、燕大、东南大学、武汉大学

---

① 刘冠三（1872—1925），字恩赐，山东省高密县人，1902 年入山东大学堂师范馆，后入山东师范学堂。在校学习期间受民主思想的熏陶，积极投入革命运动并加入同盟会。他虽未能到日本留学，但却秉承师范的职责和同盟会的意旨，毅然集合志同道合的刘东候、丁鸿芹等集资创办山左公学。

② 中国第二历史档案馆.中华民国史档案资料汇编：第三辑［M］.南京：江苏古籍出版社，1991：340.

等名校毕业生。除了正式教师外，省立一师还到北京或其他高校邀请学界名流、学术权威，如沈尹默、王森然、张璜、王星拱、朱谦之等，到校做短期讲学或学术演讲。

"济南一师"兼容并包、自由开放、改革创新、革命民主的学术氛围，标志着一个具有相对自主性的"场域"初步形成。

2. 作为乡村师范学校的"济南乡师"场域的形成

在 20 世纪 30 年代民众教育思潮的推动下，国民党山东省政府较为重视乡村教育，梁漱溟到山东进行农村建设实验，何思源力倡"求生教育"理念，以民众教育推动社会进步。在多种因素的推动下，山东在办好正规师范教育的同时，大力兴办乡村师范教育，率先在山东建立了以济南为中心，南为临沂、滋阳（今兖州），东为莱阳、文登，北为惠民，西为平原、寿张八所乡村师范，基本形成了一个辐射全省的乡村师范教育网络。

1928 年 8 月，山东省立第一乡村师范学校在济南北园白鹤庄创办，教育界德高望重的鞠思敏任校长。由于鞠思敏在教育界拥有丰富的社会资源，所以经常聘请社会名流、著名教师如范明枢、田佩之、武新宇、吴天石、梁漱溟等到校任教或做学术报告。乡师学生每人每月五元膳食费，还有奖学金制。毕业后，学生通常都回原籍，经当地教育局介绍，校长聘用他们担任小学教师。1934 年改称省立济南简易师范。山东省立第一乡村师范学校力倡"到农村去"，以普及乡村教育、改造乡村世界为宗旨，济南乡师直接将"乡村""劳作""萎弱的民族，凋敝的乡村，端赖我们振起"① 一类的字眼写入校歌，训示学生树立服务农村、改造农村的志向。济南省立第一乡村师范学校从农村教育的实际需要出发设置课程和教学，以农村社会、农业生产、农业生活作为乡村师范教育的主要内容，为进步思想和革命行动向广阔的农村场域纵深延展提供了衔接的桥梁。

（二）以"济南一师"主场域为中心的场域群

"济南一师"和"济南乡师"作为济南师范学校的代表，在山东省教育厅厅长何思源和爱国教育家鞠思敏的奔走操持下，在与波诡云谲的政治力量的斡旋中，智斗力搏，整合了各种社会资源和社会力量，形成了相对成熟的场域。然而，必须看到的是，"济南一师"和"济南乡师"是济南教育界众多场域中的"冰山一角"。除此之外，还有从山左公学分化而来的"济南一中"，鞠思敏

---

① 张志勇．师范春秋（山东师范教育百年纪念丛书）［M］．济南：齐鲁书社，2002：121-122.

主持创办的私立"正谊中学"，孔子七十五代孙孔祥柯为首任校长的"育英中学"，省立女子师范学校，等等。它们作为"济南一师"的同级场域，所占资本的类型和力量虽然各有侧重，但在办学理念和学校氛围上，都形成了具有相对自主性的成熟场域，它们共同构成了一个以济南为中心的庞大场域群。

　　时代嬗变掀起的巨石，投诸学子，激起千层浪。鞠思敏秉承救国理念，在历经优级师范学堂学员、反清革命者、山左公学教员、荣成起义先锋等多重角色转换之后，"回归教育老本行"，取董仲舒名言"正其谊而不谋其利，明其道而不计其功"，奔走游说 59 名知名学者慷慨解囊，捐助桌椅、修葺房舍，于1913 年 9 月 8 日在济南大明湖南岸阁公祠内共同筹办私立"正谊中学"，"继续'山左公学'未竟事业之事宜"①。作为校长，鞠思敏不仅竭尽所能地为学校工作，还把自己在山东高师的大部分薪水挤出捐给了正谊中学。受校长无私精神的影响，授课教员为着"教育救国"的理想，亲自上阵清理校舍，因陋就简，招生上课。正谊中学有意错后招生时间，不仅不争取优质生源，反而把其他学校落榜生招录其中，鞠思敏也被戏称"收破烂校长"。在管理上，正谊中学坚持"有教无类"方针，坚持正面教育，从未开除学生。在教学上，允许教师自选自编教材。1926 年，正谊中学在校生高达一千七百余人，是济南办学规模最大的私立学校，从这里走出了季羡林、王幼平、孙思白、王统照、庄圻泰、王树元等著名人士，培养出的精英更是遍及全国。国学大师季羡林晚年回忆说：我少无大志。小学毕业以后，不敢投考当时大名鼎鼎的一中，我觉得自己只配得上"破正谊"或"烂育英"，结果我考入了正谊中学，校长就是鞠思敏先生。……但鞠思敏先生却给我留下了极其深刻的印象。他个子魁梧，步履庄重，表情严肃却又可亲。他那时并不教书，但他总是会在上朝会时当面对全校学生讲话。他讲的也不过是处世待人的道理，没有惊人的理论。但从他嘴里说出来，那缓慢而低沉的声音，严肃而真诚的态度，真的打动了我们的心。几十年过去了，我一直记得这样的朝会，每一次回忆，我的心里都充满了幸福之感。② 另外，诞生于爱国之炽风热潮的私立育英中学，从山左公学演化而来的"济南一中"，还有山东省立第一、第二女子师范学校，无一不是革命摇篮和红色熔炉，一个以"济南一师"为母场域、囊括济南各大中学校的庞大场域群形成了。

---

　　①　马德坤，张晓兰．民国山东四大教育家研究［M］．上海：复旦大学出版社，2011：51.
　　②　季羡林．君子如玉［M］．北京：现代出版社，2016：20-21.

二、"济南一师"马克思主义母传播场域的建构

作为正规师范的"山东省立第一师范学校"在山东马克思主义传播史上的地位不可估量，它曾脱胎分化于辛亥革命前的"山东师范学堂"，中国共产党创始人之一、山东党组织最早的组织者和领导者王尽美曾就读于山东省立第一师范学校。除了作为正规师范学校的"济南一师"之外，作为乡村师范的"山东省立第一乡村师范学校"也是山东马克思主义大众化的重要场域，它在山东革命历史进程中，曾有"白区里的一所红色党校""白色恐怖下的一颗红星""摧不毁的战斗堡垒""扑不灭的革命火种"① 等美誉。两所学校作为济南正规师范和乡村师范的代表，都是山东马克思主义大众化的红色堡垒。

（一）"济南一师"马克思主义母传播场域的分析

在布尔迪厄的场域理论中，资本是特定社会领域的有效资源，资本以多种形态存在，如政治资本、经济资本、文化资本、社会资本、符号资本等。资本附着于行动者之上并通过行动者所拥有的资本数量和结构形成一种积极踊跃行事的倾向，建构、维持或颠覆特定的场域及其逻辑。作为济南乃至山东马克思主义大众化的"母场域"（或"主场域"），"济南一师"占有或利用多重类型资本。这些资本的力量都不约而同地为马克思主义在山东的传播发挥了正向促进作用。

1. 政治资本

作为正规师范的山东省立第一师范，脱胎分化于清末最早的师范学校——山东大学堂师范馆，后历经山东师范学堂、山东优级师范学堂、山东高等师范学堂，这是一个充满浓厚政治氛围的场域，与山东同盟会会员及其从事的旧民主主义革命场域有着天然的重叠关联。

山东大学堂师范馆初设为选拔师范留学人才，第一批有 104 名学生，派往日本宏文学院多达 50 人。作为山东历史上最早的一批留学生，他们在日接受革命思想熏陶，回国成为兼具革命宣传与师范教育等多重角色的骨干力量。1911年，辛亥革命推翻清政府建立民国后，民主思潮广为传播，其中留日知识分子接触并传播西方政治学说，加入同盟会，师范学堂成为山东同盟会的活动中心。他们奔走革命、兴办学堂、创办报刊、宣传革命。山东旧民主主义革命时期同

---

① 山东分局书记朱瑞在党的七大之前到达延安，在中央党校做大报告时，曾赞誉："济南乡师党支部等于我党在白区的一所红色党校"，为党培养出大批干部。

盟会会员民主革命思想的传播为"济南一师"积累了第一波政治资本。

1914 年，在国体变革推动下，山东高等师范学堂奉令改为山东省立第一师范学校，培养对象以造就国民初小和高小教师为重点，校长仍由原高等师范学堂校长鞠思敏担任。他高瞻远瞩，所聘教员大多是思想活跃、曾留学欧美日本的学界名流，科学民主思想逐步形成，为早期省立一师营造了浓厚的革命氛围。在此，省立一师孕育了山东共产党的创始人之一——王尽美同志。王尽美是济南省立一师马克思主义大众化母场域最重要的政治资本，他领导成立进步社团济南康米尼斯特学会、济南共产主义小组的前身——励新学会，创办《泺源新刊》《励新》半月刊等。

济南乡师拥有独具特色的政治资本，乡师学生大多来自农村，具有强烈的改变现实的愿望，更加容易接受革命思想。第一任校长鞠思敏思想开放，治学民主，关心学生，同情革命，他和一些进步教师倡导的爱国民主、团结进步的良好校风，为马克思主义传播和党组织的发展提供了良好的政治氛围。1929 年8 月，"济南乡师"一成立，中共山东临时省委于清书（又名于画舫）便派学生与党员于福臻①取得联系，与学生党员杜继善、姜孝骞组建济南乡师第一届党支部。在白色恐怖和党内错误的双重压力下，济南乡师党支部遭遇挫折，失去了与上级党支部的联系，但仍坚持公开斗争与秘密斗争相结合幸存下来。"济南乡师"在革命低潮中保存了革命力量，为山东党组织的恢复发展做出了不可估量的贡献，因此被誉为"打不垮的战斗堡垒"。

2. 社会资本

山东马克思主义大众化不是在封闭的场域内进行的，而是在多元主体场域的斗争和博弈中进行的，尤其是在与国民党角力中进退消长，对社会资本的争夺或社会资本的政治倾向成为马克思主义大众化传播场域的一种独特的历史图景。以山东同盟会会员为主体的旧民主主义革命力量是山东民主革命的第一支政治力量，也是山东民主革命重要的社会资本之一，他们大多出身于社会中上阶层，拥有广泛的社会影响力和强大的社会活动能力，在旧民主主义革命向新民主主义革命的蜕变中，其中部分群体从革命的"同情者"转变为革命的"同路人"，对山东马克思主义传播及大众化发挥了重要作用。

以"济南一师"母场域为例，其校长鞠思敏从山东高等学堂师范馆学生到历任山左公学教员、省立一师校长、正谊中学校长、济南乡师校长等职，与其

---

① 于福臻，又名于一川，1928 年在潍县经于画舫介绍入党。

同属民国初年山东教育界第一批精英场域的二百余人（一说山东高师毕业 235 人①），主持山东教育界达 20 年之久。鞠思敏充满正义感和爱国心，他同情学生抗日运动，赞扬和鼓励南京请愿学生，亲自到火车站为候车的学生送茶水。在军警环伺的讲台上，他对学生们说：我老了，不能和你们一起去，这是我一生的遗憾。我希望，当你向政府表达人民的愿望时，也包括我的一份。② 无论是哪所学校，鞠思敏聘请教师，只看知识学问，不问政治信仰。师生之间有共产党活动，他不但容纳他们，而且多方试图保护。因此自由开放的第一乡师有"红色乡师"的称号。当国民党当局迫令鞠思敏开除进步学生时，他愤怒地搬出他"办教育以来从不开除一个学生"的传统顶回去。一次，鞠校长遭到某当局大员的当面斥责：你是山东的教育家，但你的学生却成了共产党。你真是昏庸老朽了！鞠思敏气愤地辩解道："我老而不朽，庸而不昏。我自办教育以来，一直希望我的学生有头脑、有见解、有主张。我的学生没有使我失望。"③ 鞠思敏的教育生涯和兼容并包的精神与蔡元培颇为相似，故被誉为"山东的蔡元培"。

以山东同盟会会员、山东教育界精英等多元角色为主体的社会资本力量从革命的"同情者"到革命的"同路人"，反映了山东马克思主义大众化传播场域中社会资本力量的斗争与博弈，也反映了国共两党在山东马克思主义大众化传播场域的人心向背。

3. 经济资本

山东地处孔孟故里，尊师重教。无论是民间的乡贤助学，还是政府的经费支持，山东一直走在全国前列。初设山东大学堂经费每年六万两，1904 年增至八万两，专项经费另行支付。后来国体变更，教育变革，但山东的教育经费不但没有减少，幸甚增多。其中，在 1918 年山东师范学校中，山东省立第一师范学校得到民国政府每年 48000 元经费的支持，位于山东师范学校教育经费之首（参见表 3-2）。山东省立第一乡村师范学校教师薪金和学员膳食费也由省教育厅拨付。可见，在当时战乱频仍、白色恐怖的反动统治下，仍能保持对教育经费的充足支持是难能可贵的。

---

① 张春常，李秋毅. 济南师范学校百年史 [M]. 济南：齐鲁书社，2002：20-21.
② 鞠思敏：贫而不穷的"山东蔡元培" [N]. 大众日报，2014-06-18（11）.
③ 济南市政协文史资料委员会，济南市教育委员会. 新中国成立 前济南的学校 [M]. 济南：济南出版社，1991：273.

表3-2　民国七年（1918 年）山东师范学校一览表

校名	地点	职教员数		在校学生		毕业学生数	经费	
		职员	教员	班数	人数		每生平均数	全校总数
山东省立第一师范学校	省城	6	30	12	420	122	114	48000
山东省立第二师范学校	曲阜	5	16	8	268	29	123	33000
山东省立第三师范学校	聊城	6	16	8	316	54	104.43	33000
山东省立第四师范学校	益都	6	13	8	270	47	120	33000
山东省立女子师范学校	省城	13	16	8	269	53	72	30963
菏泽县立女子师范学校	菏泽	1	2	1	39	11	46.2	2000

资料来源：徐兴文，孟献忠主编．师范春秋［M］．济南：齐鲁书社，2002.

4. 文化资本

文化资本是与文化和文化活动有关的有形及无形资产。对于文化资本，葛兰西曾提出著名的"文化领导权理论"："每一次革命都是以激烈的批判工作，以及在群众中传播文化和思想为先导的"①，突出显示了夺取文化领域意识形态领导权的极端重要性。在"济南一师"马克思主义传播场域之中，文化资本的争夺体现为两个方面：一是儒家文化所携的价值正义作为一种与习性和性情相关的文化资本影响行动者的价值和行为取向；二是马克思主义理论所携的文化资本填补了五四转型时代青年的精神虚空，回应了青年的时代苦闷，使其获得了精神寄托和价值归属。

其一，儒家文化修齐治平的价值正义，对山东青年知识分子的习性取向和行动逻辑具有长时段的沉潜性影响。作为性情系统的"习性"，解释了行为受深层的文化母体（cultural matrix）的制约。②纵观山东革命历史可以发现，长期受儒家文化浸润的山东近代知识青年，无论是政治抉择，还是实践取向，都自然

---

① 安东尼奥·葛兰西．葛兰西文选［M］．李鹏程，译．北京：人民出版社，2008：6.
② 张意．文化与符号权力：布尔迪厄的文化社会学导论［M］．北京：中国社会科学出版社，2005：64.

而然地趋向儒家文化的价值正义，在"国家向何处去""民族向何处去"的十字路口，总能基于这一价值正义做出合潮流、顺民心的政治选择。值得一提的是，在孙中山逝世后国民党党派更迭替换的几番转折中，即使是早期加入国民党的山东政治势力，也很少有追随国民党右派的脚步走向反动的。恰恰相反，他们大多属于国民党左派，与国民党右派势力并不相合。他们非但没有走向反动，反而基于儒家的文化正义在与各派政治势力的周旋与捭阖中，为挽救国家危亡、造福民众福祉做出了巨大贡献。

其二，马克思主义理论所携文化资本对医治五四以来知识青年的精神空虚和时代困惑发挥了重要作用。五四以来对民族国家危亡的焦虑和找不到出路的空虚一直充斥着青年人的精神世界，社会转型带来的文化转型急遽而至，一是文化理论界对于实践问题的回应还未来得及，二是从宏观的国家层面到微观的个人层面，如何应对实践问题的回应更是尚未来得及，这就导致问题丛生，精神空虚的现状弥漫和散布于青年周围。1932 年，曾在济南第一乡村师范读书的赵健民①在去往北园考试的途中，随手捡起一张路上的传单，上面写着"打倒蒋介石！""工人联合起来"等口号，同行的老同学赶忙警告：赶快扔掉，这些传单是捡不得的，否则特务会以为是你撒的。赵健民自述道："我扔掉了传单，可是扔不掉心中的苦闷，没有民主，没有自由，灾难深重的中华民族，出路何在?!"② 此时"中国向何处去？"的"世纪之问"成为压在爱国青年胸口的一块巨石，令人窒息苦闷。对这一问题做出回答的正是马克思主义理论指导下的中国共产党，中国共产党在回答这一问题的过程中建构了新民主主义理论体系。"文化的核心角色在于它使得统治秩序获得合法性和正当性。"③ 中国共产党在思索和回应"世纪之问"的过程中，也逐渐占据了马克思主义大众化传播场域的文化资本，进而掌握了意识形态的领导权。

（二）"济南一师"马克思主义母传播场域的建构

从场域的视角看，将"济南一师"作为山东马克思主义大众化的母传播场域，是基于"济南一师"在山东马克思主义大众化传播中的集聚效应和辐射效

---

① 赵健民（1912—2012），男，山东冠县人。1932 年加入中国共产党，新中国成立后任山东省委书记，山东省省长，中共中央顾问委员会委员。

② 张凯军. 坚强的战斗堡垒：中共济南乡师支部［M］. 济南：中共济南市委党史资料征集研究委员会，1989：87.

③ BOURDIEU P. Outline of A Theory of Practice ［M］. Cambrige：Cambrige University Press，1977：188.

应。"济南一师"地处省会,依托济南这一山东省的政治、经济、文化、交通中心,占有政治、经济、文化、社会等多重资本,成功孕育中国共产党的创始人之一、山东共产党最早的组织者和领导者——王尽美同志。在"济南一师"马克思主义母传播场域的锻造和洗礼中,从这里走出了中共潍县第一任县委书记——庄龙甲。另外,作为乡村师范的山东省立第一乡村师范学校创办八年间,培养党员一百六十余人,省部军级以上高级领导干部多达二十余人,比例之高令人称叹。"济南一师"如一颗冉冉升起的红日,将马克思主义理论的光和热播撒到山东各地,点燃了山东近代民主革命的熊熊大火。

1. 创办马克思主义母传播场域的进步团体和刊物

"济南一师"在王尽美的组织和领导下,建构起了一个以进步团体和进步刊物为载体传播马克思主义的场域群,在各个场域的共振效应下,马克思主义裹挟着救亡危机掀起了一个新的传播热潮。在五四运动期间,为揭露日本帝国主义暴虐罪行,发动同胞进行反帝斗争,省立一师学生会创办了《省立一师学生周刊》,以"唤醒同胞,协心勠力以救亡"为宗旨。于 1919 年 6 月 8 日创刊号由王尽美主笔的发刊词反映了省立一师学生强烈的爱国热忱:"同人等闵怀时虞,目击时艰,联合同志,出此周刊。作同胞晨暮之鼓钟,庶几使同胞之梦者醒,醉者苏。"① 1924 年,省立一师地下党支部成立书报介绍社,借此宣传马克思主义、交流进步书刊。其成员有庄龙甲、邓广铭(中国历史学家,曾任北大历史系主任)、臧克家、李广田(新中国成立后曾任云南大学校长)、王幼平(新中国成立后曾任外交部副部长)、刘照巽(革命烈士,为韩复榘所杀)等二十余名同学,他们秘密组织学习《国家与革命》《共产党宣言》《教育学大纲》、日本河上肇的《政治经济学》、恽代英的《中国青年》和《向导报》、鲁迅编著的《语丝》、郭沫若的《创造》等马列原著和进步书刊,并向济南各校学生销售和介绍文学研究会、创造社、未名社及苏俄作品。1927 年王幼平主动筹办了"甫晨书社",秘密向京沪各地赊购大量进步书刊,甚至以个人名义向有关私人家去筹购,如《洪水》半月刊、《语丝》周刊、《创造》月刊、《莽原》半月刊和《小说月报》等进步刊物,以出借、出租或售卖等方式向省立一中和济南学校中的进步师生传播。"书报介绍社""甫晨书社"是当时进步青年追求真理、争求进步的团体,他们在马克思主义"精神食粮"的滋养下,摆脱了封建桎梏

---

① 济南师范校史编写组. 济南师范校史(1902—1982)[M]. 济南:山东师范大学,1982:29.

的束缚，迈向革命道路。1925 年冬至 1927 年春，在革命进步思想的鼓舞下，中共山东省委组织一师九十余人，会同济南一中、正谊中学共百余名学生秘密前往上海、武汉，投入大革命的潮流，如一师的朱道南、谢拙民、臧克家、杨容林、孙叶煊、曹星海等投笔从戎，进入武汉中央军事政治学院，参加"广州起义"，接受时代的考验，跟着中国共产党走向革命的道路。

1920 年 10 月 1 日，"济南一师"学生自治会主办《泺源新刊》。至 1921 年 1 月 18 日共出刊 31 期，深受读者赞誉。王尽美在《泺源新刊》第 7、10、11、12 期发表了《乡村教育大半如此》《我对师范教育的根本怀疑》等文章，他用马克思主义阶级观分析山东教育现状，深刻揭露和猛烈批判了旧的腐败教育，并对师范教育所肩负的改造环境和与恶势力斗争的重大责任指明了方向。为救济山东灾荒和难民，一师《泺源新刊》还在第 24 期出版了"难民专号"，号召各界筹款赈灾，救济同胞。① 11 月 21 日，励新学会宣布以"研究学理，促进文化"为宗旨，并决定出版《励新》半月刊（参见表 3-3）。该刊以马克思主义理论分析山东时弊，刊载大量社会改造的文章，启发青年思想觉悟。这些进步团体及刊物如晨钟暮鼓，将消沉迷茫的知识青年从睡梦中惊醒，他们必然走向思想解放和革命行动。

表 3-3　《励新》半月刊部分目录（节选）

卷（期）	目录名称及其作者
第一卷　第一期 （一九二〇年 十二月十五日）	我们为什么要发行这种半月刊——王瑞俊
	新文化应该怎样提倡——于其惠
	我对社会的感触——李法田
	社会教育——吴隼
	改造社会的批评——邓恩铭
	家庭的讨论——王象午
	旧式婚姻的弊害——赵振寰
	乡村妇女教育——谢凤举
	中国妇女解放的初步——王克捷
	女子装束问题——王瑞俊

---

① 济南师范校史编写组．济南师范校史（1902—1982）［M］．济南：山东师范大学，1982：33.

卷（期）	目录名称及其作者
第一卷　第二期 山东教育号（一） （一九二一年 一月一日）	山东教育界应有的觉悟——陈汝美
	山东教育的将来——崔万秋
	山东的学生——赵振寰
	山东的师范教育和乡村教育——王瑞俊
第一卷　第三期 山东教育号（二） （一九二一年 一月十五日）	山东教育的现状——李祚周
	风俗习惯与乡村教育——李法田
	济南女校的概况——邓恩铭
	励新学会章程

资料来源：常连霆主编，中共山东省委党史研究室，山东省中共党史学会编. 山东党史资料文库（第1卷）[M]. 济南：山东人民出版社，2015.

为了有组织有系统地学习和研究马克思主义，王尽美、邓恩铭等在省城贡院墙根街山东教育会成立济南马克思学说研究会。该会在传播马克思主义、培养党的骨干力量方面发挥了重要作用。另外，以读书会、剧团、文学研究会、现代问题研究会等社团组织为依托，传播马克思主义，发展党的组织成为常态。"'读书会'已被外界视为红色组织了，甚至在国民党统治者眼里，'读书会'与共产党是等同语了。"[1] 新中国第一代外交家、东阿县第一个党支部创立者姚仲明，就是在山东省立第一乡村师范学校参加读书会，接受进步思想，走上革命道路的。中共济南乡师地下党支部书记、中共山东省委秘书长景晓村也是在剧团演出接受进步同学影响参加革命的："乡师不少班级都有'读书会''联合订报小组''篮球队'等组织，每逢新年还组织剧团演出有进步思想内容的话剧，不仅学生参加，有的教师也参加。我自己就是在1934年参加剧团演出时，开始接受进步同学影响的。"[2] 在"九一八""一二·九"运动后，这些进步社团扩大发展为"救国会""中华民族抗日先锋队"等组织，许多同学奔赴延安，为抗日战争做出了重大贡献。

---

① 张凯军. 坚强的战斗堡垒：中共济南乡师支部 [M]. 济南：中共济南市委党史资料征集研究委员会，1989：111.

② 张凯军. 坚强的战斗堡垒：中共济南乡师支部 [M]. 济南：中共济南市委党史资料征集研究委员会，1989：110-111.

2. 打造马克思主义母传播场域的中坚——"一师"地下党组织

"济南一师"马克思主义大众化的母传播场域的中坚力量是"一师"地下党支部。王尽美、邓恩铭赴上海出席中国共产党第一次全国代表大会回鲁后，因领导革命工作的需要，王尽美引起校方注意被视为"危险分子"并被开除学籍。1922 年夏，经王尽美介绍，庄龙甲同学加入中国共产党，同年建立省立一师第一个地下党支部并任书记。在地下党的领导下，省立一师于 1924 年成立"书报介绍社"，组织青年学生阅读进步书刊，传播马克思主义，发展一师党组织。刘照巽、杨一辰、马守愚、邓广振、田慕韩、李广田等一大批同学纷纷加入党团，地下党员田慕韩在中共山东省委的指导下，于 1925 年冬至 1927 年春先后组织动员百余名师范学生秘密南下武汉，参加广州起义，90% 以上的同学为革命壮烈献身。

"一师"革命运动的蓬勃发展引发了山东军阀张宗昌的军事镇压，王祝晨校长被免职，取而代之的是封建顽固的李鉴绅。在"一师"，进步与腐朽、民主与专制的斗争激烈地展开。在中共地下党员邓广镇、邓广铭等率领下，"一师"爆发"驱李学潮"，坚决要求替换专制腐朽的李鉴绅，反映了学生不甘受军阀统治、反对专制、要求民主的斗争精神。"济南惨案""九一八"事变后，省立一师在地下党的领导下成立抗日救国会，并联络其他学校学生成立了"济南学生抗日救国联合会"，由"一师"杨厚德①联络平、津、宁等地学生采取罢课游行等一致行动，声讨日军暴行和南京政府的卖国行径。12 月初，省立一师学生在地下党员兼进步教师陶钝的组织下，成立"抗日救国南下请愿团"，赴南京向国民政府请愿，但这一爱国举动遭到南京反动军警和韩复榘"捕共队"的镇压和捕杀，省立一师地下党支部遭到严重破坏。在白色恐怖下，中共济南工委书记林浩协助重建"一师"地下党组织，安波（原名刘清禄，革命文艺事业的领导者之一，新中国成立后任中央音乐学院首任院长）担任地下党书记。党组织依托"读书会"这一合法形式掩护"救国会"活动，后"救国会"扩大为"中华民族解放先锋队"（"民先"）、"济南学生界抗敌后援会"等组织。

---

① 杨厚德，又名杨格非，曾任傅作义秘书，新中国成立后任第六、七届全国政协委员。

表 3-4　济南省立一师党员名录（节选）

姓名	籍贯	学习工作经历
王尽美	诸城	1918 年以第一名成绩考入山东省立第一师范学校，山东共产党的创始人之一，中共一大代表
庄龙甲	潍县	1921 年考入山东省立第一师范，省立一师党支部、潍县党组织的创立者，第一任潍县委书记，在潍县毓华小学、文华中学、文美中学发展党员
延伯真	广饶	1916 年考入山东省立第一师范，1923 年经由王尽美等介绍加入共产党。1924 年利用返回原籍机会，介绍张玉山、王云生等入党，建立寿广地区第一个党支部
张玉山	寿光	1916 年考入山东省立第一师范，回籍在广饶、寿光两县发展党团组织
张福林	博兴	1928 年考入山东省立第一师范，接受进步思想，并加入共产党，指导并帮助中共博兴县委的成立
朱道南	枣庄	1924 年考入山东省立第一师范，后由田慕韩介绍加入中国共产党。从广州起义中死里逃生，回籍任教，创办"南华书店"，销售进步书刊
马克先	陕西	1922 年加入共产党，任教于省立一师和正谊中学，传播革命理论
马霄鹏	鱼台	1923 年考入东南大学（今南京大学），接受进步思想，1927 年加入中国共产党。1931 年回山东任教于省立一师，在教育界开展革命工作
马馥塘	齐河	1920 年考入省立一中，加入济南康米尼斯特学会。1925 年考入省立一师，后建立周村第一个党支部，在高密、诸城、泰安等地发展党组织
杨一辰	金乡	1920 年考入山东省立一师，毕业后考入北京大学。1927 年加入共产党，并任济南教师支部书记。后在沈阳、哈尔滨等地从事革命工作
王凤岐	陵县	1925 年考入省立第一师范学校，阅读马列书籍，同年加入共青团，1926 年加入共产党。建立刘辛庄党支部，成为中国共产党在德县最早的活动支部
王幼平	桓台	1925 年考入山东省立第一师范学校，在进步团体——"书报介绍社"中接受进步思想，1931 年秘密加入中国共产党，并参加宁都起义、长征等革命活动，新中国成立后任新中国第一批外交大使
王希坚	诸城	父亲王翔千是山东党组织的创建者和早期领导人之一，1934 年考入山东省立济南师范，1937 年加入中国共产党

姓名	籍贯	学习工作经历
李广田	邹平	与何其芳、卞之琳并称"田园三诗人"。1923 年考入省立一师，阅读大量进步书刊，走上革命道路。在南下四川、云南过程中运用马克思主义讲授文艺理论，培养革命后备人才
王若杰	邹平	1933 年考入济南育英中学，接受革命思想，次年加入中国共产党，1936 年考入山东省立济南师范，任支部书记。参加抗日、解放战争
王树成	诸城	曾用名王绍云、王肖亭，就读于山东省立第一师范，1937 年加入中国共产党
安波	牟平	原名刘清禄，1934 年考入省立一师，1935 年加入中国共产党后任一师地下党支部书记，在学生中发展"读书会""救国会"等组织，开展救亡运动
刘汉	文登	原名刘慕蕃，1931 年考入文登初级中学，1933 年考入山东省立第一师范学校，在安波领导的地下党组织下开展抗日救亡运动，1928 年加入共产党
李宗鲁	禹城	原名李鸿儒，1917 年考入山东省立一师，回籍任教，1924 年经孙兆彭介绍加入中国共产党。与张巨涛、延伯真等建立禹城、平原第一个县级党支部
李微东	枣庄	1925 年考入省立一师，1935 年由郭子化介绍加入中国共产党，回籍发展枣庄"民先"组织，新中国成立后筹建宁夏大学
刘之言	郯城	1922 年考入省立一师，后加入共产党。1932 年在苍山暴动中牺牲
孙衷文	牟平	20 世纪 30 年代中后期考入济南师范学校，结识中共地下党支部书记安波，由其介绍加入共产党，参加抗日救国运动
孙善师	临沂	1924 年考入省立一师，1926 年加入共产党。1927 年与刘之言分别回家乡临沂、郯城从事革命活动，分别在临沂、郯城等地小学任教，发展党员
张翼	诸城	1935 年考入山东省立济南师范学校，接受革命思想，1937 年参加抗日游击队，1938 年加入中国共产党
王彬	陵县	1937 年就读于山东省立济南师范学校，1938 年进入延安抗日军政大学，同年加入中国共产党
丁毅	济南	1935 年考入济南师范学校，1936 年加入中国共产党，1942 年进入延安与何敬之完成大型歌剧《白毛女》，被誉为"我国新歌剧光荣的先驱和翘楚"
马继孔	泰安	1933 年毕业于省立一师，加入中华民族解放先锋队，1938 年入党

续表

姓名	籍贯	学习工作经历
李芸生	莱阳	原名李龙光，考入山东省立第一师范，因向往革命加入莱阳民先组织，1937年加入共产党，发展胶东地区党的工作
范明枢	泰安	1903年考入山东师范学堂，后在省立一师、省立二师、省立第一乡师等校任教，思想进步，精研马列，1945年以79岁高龄加入中国共产党
陶钝	诸城	1931年任教于省立一师，经徐子佩介绍加入中国共产党，在青岛、济南宣讲马克思主义理论

资料来源：张春常，李秋毅. 济南师范学校百年史［M］. 济南：齐鲁书社，2002.

作为乡村师范学校的山东省立第一乡村师范自1929年11月成立党支部，至1937年全面抗战爆发支部随校南迁而渐解体，发展党员一百六十余名。在抗日战争和解放战争的磨炼中，不少乡师学生担任党政军重要职务。据不完全统计，全国解放后，从乡师走出来担任省、部、军级以上职务的二十人（包括一名中共中央委员，一名中共中央候补委员，一名中顾委委员，一名中纪委委员，六名全国政协委员），担任厅、局、司、地、师级职务的干部六十二人，县、团、处级干部三十一人，合计共一百一十三人。济南省立第一乡师仅存八年间，培养学生六百余人，其中共产党员和党政领导干部所占比例之大，令人惊叹。另外，在白色恐怖的统治下，特别是在1933年山东党组织遭到严重破坏、山东省委在两年时间内都未能建立起来并与上级党组织失掉联系的严峻形势下，济南乡师党支部进行了艰苦卓绝的独立斗争，始终屹立不倒，被誉为"白色恐怖下的一颗红星"和"白区里的一所红色党校"。

第三节　山东马克思主义大众化的子传播场域

山东马克思主义大众化的传播场域大大小小，如燎原之星火，不计其数，点燃了山东革命的熊熊烈火。譬如，被誉为鲁西南"红色桥头堡"的兖州（滋阳）第四乡村师范学校，被称为"红二师"的曲阜山东省立第二师范学校，走出了胶东地区最早的共产党员——郭寿生的烟台海军学校，《共产党宣言》陈望道首译本广饶藏本的发现地山东广饶县刘集村党支部，烽火岁月中的"红色摇篮"——省立惠民第六乡村师范学校，冯玉祥的两次隐居之地——泰山，还有一部分因不满国民党政府政策右转而同情支持共产党的老同盟会会员创办的带有革命色彩的地方学校①，以及数以百计的县立师范讲习所②。在 1928 年和 1930 年南京国民政府第一、二次全国教育会议上将师范教育作为一个共同的重要议题，不仅恢复独立设置的全国性师范教育体系，而且计划到 1935 年在全国建立乡村师范学校 1500 所，以县一级为主，由各级政府提供经费支持。"在 1920 年代末政府教育重组中，师范学校恢复了其独立地位，并在 1930 年代初获得了较快发展。"③ 一般来说，根据区域社会发展水平和经济、政治、文化的集聚辐射能力，地方师范学校分为省立师范学校、乡村师范学校、简易师范学校、县立师范学校，以及短期的师范讲习所。现代地方师范教育的拓展"对社会阶层的构成、政治生态的变化、社会思潮都有相当的影响"④。丛小平将地方师范学校作为考察 1930 年代共产党兴起的一个相当重要却时常被忽视的因素，指出地方乡村师范学校成为"共产党吸收地方干部，训练地方革命领袖的温床"，"逃亡共产党人的再生之地"，"滋生激进思想的温床和社会活动的中心"⑤。1920 年代后期共产党经历国共分裂、围剿以及长征等重大挫折之后，红区力量损失十之八九。以如此微弱的力量，中国共产党何以能在抗日风与火的浪潮中东山再起？谁是共产党在农村地区的组织者和动员者？谁扮演了共产党与农民

---

① 譬如，山东老同盟会会员王鸿一，名朝俊，字黉一（后改为鸿一），1875 年出生于山东省濮州河东沈口里刘楼（今菏泽市鄄城县刘楼）的一个农民家庭。1900 年，满怀报国之志考入山东高等学堂，后被选送去日本留学。在日本先后入东京早稻田大学和宏文学院，回国后一面暗中从事反清革命活动，一面投身教育事业，先后创办了菏泽公立第一小学堂和第二小学堂，并出任第一小学校长，曹州师范学校校长，又创办了曹州普通中学（今菏泽一中前身）、曹州南华公学、桑园女校（桑氏女塾）、黄庵工艺局、自新学堂和曹州公立普通中学等，培育了大批革命人才，成为鲁西南新式教育的奠基人。在王鸿一的倡导和推动下，至 1908 年菏泽城乡已办小学 70 多处，促使菏泽现代教育出现了生气蓬勃的新局面，他被誉为"百年前唤醒菏泽第一人"。
② 这一时期，与山东正规师范学校一样，山东县立师范讲习所培养的学员中，许多人后来也都走上了革命道路，有的成为我党的重要领导干部。其中，1917 年入平度师范讲习所就读，20 世纪 20 年代后期曾先后任中共福建省委书记、山东省委书记的刘谦初烈士就是其中的典型代表。
③ 丛小平. 师范学校与中国的现代化：民族国家的形成与社会转型：1897—1937 [M]. 北京：商务印书馆，2014：201.
④ 丛小平. 师范学校与中国的现代化：民族国家的形成与社会转型：1897—1937 [M]. 北京：商务印书馆，2014：248.
⑤ 丛小平. 师范学校与中国的现代化：民族国家的形成与社会转型：1897—1937 [M]. 北京：商务印书馆，2014：250, 270, 274.

之间桥梁的角色？刘昶指出，正是这些藏身于农村学校的教师，成为中国共产党乡村革命"播撒火种的人"。乡村教师是中国共产党农村革命的桥梁和先锋，他们将共产主义这一舶来品的意识形态转变为当地农民能够理解的语言和道理，利用共产党的组织纪律整合"一盘散沙"的农民力量。没有他们，中国的共产主义运动就可能只限于孤岛般的城市，而不会成为动员数百万中国农民最终颠覆中国的农村革命。①

　　本书将山东马克思主义大众化的子传播场域聚焦于山东地方师范学校。在山东地方师范学校沿革史中，包括正规师范学校、女子师范学校、乡村师范学校、简易师范学校以及短期师范讲习所等。山东师范教育发展可以划分为以下三个阶段：其一，早在民国之前，山东师范教育体系就已经初现雏形，除山东师范学堂、曲阜官立四氏完全师范学堂、东昌简易师范学堂、青州官立师范学堂等省重点师范学校外，清政府规定每州（县）必须设立一所初级师范学堂，并且还要办一所师范讲习所。故山东十府、三个直隶州及百余县各自设立一所简易师范学堂和一所县立师范讲习所，如潍县初级师范学堂、寿光初级师范学堂、兖州师范讲习所、曲阜县立师范讲习所等等。其二，1914年，随着国体变更和教育变革，山东全省划分四大师范区，共设六处师范学校，以及数量非但没有减少、反而增加的师范讲习所。根据1915年（民国四年）全国师范院校名录，山东是年仅师范讲习所就有66所，教职员179人，在校生2272人，毕业生10731人。② 其三，1928年南京国民政府取代北洋军阀政府后，山东省教育厅厅长由何思源担任，他不仅是一个有强烈国家正义感和平民意识的知识分子，而且留学欧美，深谙教育规律，为政清正开明。在任期间，他调整了山东省师范教育布局，将省立第二女子师范学校（位于菏泽）改为省立第五师范，弥补鲁西南正规师范教育的空白；更重要的是，他力倡"求生教育""民众教育"理念，在办好正规师范的同时，大力规划兴办乡村师范教育，先后创办八所乡村师范学校（参见表3-5）。这八所省立乡村师范学校无一例外地成为山东共产党革命活动的"红色堡垒"和培养革命青年的摇篮。除此之外，省教育厅还积极鼓励各县自筹经费，创办县立乡村学校，并给予每班500~1000元的补助款项。全面抗战爆发前，全省共有17所县立简易乡村师范学校。总而言之，无论是正规师范学校、乡村师范学校，还是县立简易乡村师范学校和县立师范讲习所，

---

① 刘昶. 革命的普罗米修斯：民国时期的乡村教师 [J]. 中国乡村研究，2008（1）：44.
② 徐兴文，孟献忠主编. 师范春秋 [M]. 济南：齐鲁书社，2002：24.

都是红色革命的重要场域。在民族危亡的生死关头，这些地方师范学校纷纷建立共产党地下组织，开展革命活动，打造一个又一个山东马克思主义大众化的子传播场域。

表3-5　山东省立乡村师范基本情况一览表

学校名称	校址	创办时间	首任校长	招生届数、人数	毕业人数
省立第一乡村师范学校（1934年改称省立济南简易师范）	济南	1928年8月	鞠思敏	9 680	400
省立第二乡村师范学校（1934年改称省立莱阳简易师范）	莱阳	1930年10月	董凤宸	7 560	280
省立第三乡村师范学校（1934年改称省立临沂简易师范）	临沂	1930年9月	曹兰珍	8 640	300
省立第四乡村师范学校（1934年改称省立滋阳简易师范）	滋阳	1930年12月	赵德柔	9 716	390
省立第五乡村师范学校（1934年改称省立平原简易师范）	平原	1931年6月	王冠宸	7 560	320
省立第六乡村师范学校（1934年改称省立惠民简易师范）	惠民	1931年6月	常子中	7 500	200
省立第七乡村师范学校（1934年改称省立文登简易师范）	文登	1932年8月	于云亭	6 480	160
省立第八乡村师范学校（1934年改称省立寿张简易师范）	寿张	1932年8月	王冠英	6 480	160

资料来源：徐兴文，孟献忠主编. 师范春秋［M］. 济南：齐鲁书社，2002.

一、山东马克思主义大众化子传播场域的分析

布尔迪厄的场域理论认为，处于场域的行动者必须负载一定的资本，为占据一定的位置或维持或增加资本总量而与其他行动者争斗。"场域是行动者争夺

有价值的支配性资源的空间场所,这是场域的最本质的特征。"① 从布尔迪厄场域理论的资本视角来看,山东马克思主义大众化的子传播场域,从实质上说就是国共两党在社会资本、经济资本、文化资本等方面的斗争与博弈。基于山东革命历史的基本史实可见,国共两党在这三种资本的较量中,斗争的胜负是显而易见的。正如丛小平所分析的:受新文化运动和五四运动影响的进步知识分子和地方精英,由于不满国民党政府1927年后突然右转,成为共产党的同情者和支持者。例如,济南乡村师范校长鞠思敏,山东省立第二师范校长范明枢,山东省立第一师范校长兼教务长王祝晨,文登乡师校长于云亭,山东省立第三师范校长孙东阁,等等。"这些同情共产党的校长、教务长都是地方名人,他们利用自己的权力和影响,聘用共产党员和左翼知识分子,在教师和学生遇到地方政府骚扰或逮捕时,想方设法地保护、营救他们。"② 1927年南京国民政府的政策右转,以及之后的"不抵抗主义"、专制独裁,使其失去了文化资本,进而失去了社会资本和经济资本,而文化资本在两大党派的斗争博弈中起着决定性作用。

（一）社会资本

社会资本,亦称"社会关系资本",它由"社会义务（联系）"③ 组成,"以社会声誉、头衔为符号,以社会规制为制度化形式"④。社会资本承载于行动者之上,以其数量和结构融合场域中的惯习、习性等因素,在场域中发挥着维持、巩固或翻转、颠覆的作用。在山东马克思主义大众化的子传播场域中,存在着大量的社会资本类型,例如,山东地方精英、致力于近代民主革命的国民党左派和老同盟会会员、部分国民政府官员、山东地方军阀、以冯玉祥为代表的爱国将领等等。在国共两党的政治博弈中,他们所拥有的社会资本或显性或隐性地为马克思主义在山东的传播和共产党在山东的生根壮大发挥了正向推进作用。

一是以山东地方精英为主体的致力于近代山东民主革命运动的老同盟会会

---

① 张意. 文化与符号权力:布尔迪厄的文化社会学导论 [M]. 北京:中国社会科学出版社,2005:73.

② 丛小平. 师范学校与中国的现代化:民族国家的形成与社会转型:1897—1937 [M]. 北京:商务印书馆,2014:272-273.

③ 皮埃尔·布尔迪厄. 文化资本与社会炼金术:布尔迪厄访谈录 [M]. 包亚明,译. 上海:上海人民出版社,1997:192.

④ 张意. 文化与符号权力:布尔迪厄的文化社会学导论 [M]. 北京:中国社会科学出版社,2005:129.

员。以山东地方精英为主体的同盟会会员群体是山东近代民主革命场域中政治舞台上的第一支革命力量，他们大多出身师范，出于挽救民族危亡的初心东渡日本，接受革命思想的熏陶，加入同盟会，回国致力于民主革命事业。值得一提的是，由于国民党在中国民主革命中的先锋角色，曾吸引大批包括山东同盟会会员的革命青年加入，但在南京国民政府政策右转之后，早期山东同盟会会员中的大多数成员并未追随国民党右派的脚步走向反动，而是在政治势力的波诡云谲中，基于儒家传统文化的价值正义，周旋捭阖，始终不忘初心，顺应时势，造福民众，挽救国家。例如，民国山东四大教育家之一——范明枢，1864年出生于山东泰安县一个贫苦农民家庭。1906 年留学日本，他目睹日本的侵略野心，深深激发他身在异国的爱国之情。归国后，他满腔热情倾注于教育事业。在五四运动中，他用自己的头颅撞向军警的刺刀，为省立一师、省立一中、女师等学校学生的游行队伍开路。1920 年，他被派往曲阜山东省立第二师范学校担任校长。在校期间，他亲自制定"真、善、美"的校训，以《礼记·礼运》篇"天下为公"和孟子"善养浩然之气"的大丈夫精神自励并鼓舞学生。他还十分重视图书馆工作，将图书视为学生的精神食粮，千方百计购进进步书刊，并创办黎明书社，介绍、出售进步书籍。《向导》《新青年》《东方杂志》《小说月报》以及鲁迅等人的著作在二师学生中广泛流传，学生思想活跃，革命气氛浓厚，省立二师因此被誉为"红二师"。1929 年，范明枢应山东省立第一乡村师范学校校长兼老友鞠思敏邀请，担任该校图书馆主任一职，他又将红色基因传播至济南乡师。他不仅帮助购置进步书刊，而且还通过乡师的进步教员和学生了解到更多之前没有接触过的革命书刊。当他从潘复生、张闳凡等党员看到一些马列主义书籍和党的宣传品时，异常兴奋和激动，并嘱托他们："以后有了这样的书刊，千万不要忘了给我看！"① 在"九一八"事变后的"双十节"庆祝大会上，范明枢发表了感人的爱国演讲。据同事陈昭追忆："范先生一登台，皮瓜小帽一摘，严肃地向大家恭恭敬敬鞠了个躬，霎时会场静荡荡的渺无声息了。我记得他那时眉毛扣得紧紧的，眼睛扫射着每个座位，喊出了祖国严重危机，说：'辛亥革命二十年，中华民国的招牌还是空的！……我虽老，不能眼睁睁地看着亡国，我们不能做亡国奴隶！'"② 范老的愤慨之情溢于言表，感人至深。

---

① 张凯军. 坚强的战斗堡垒：中共济南乡师支部 [M]. 济南：中共济南市委党史资料征集研究委员会，1989：264.
② 陈昭. 范明枢二三事 [N]. 延安·解放日报，1945-11-22 (4).

抗战胜利前夕，时年八十一岁高龄的范明枢加入中国共产党，被誉为与法国科学家郎之万加入法共、美国作家德莱塞加入美共相媲美的中外大事，交相辉映。

二是以冯玉祥等为代表的爱国将领。以冯玉祥为代表的爱国将领也是山东马克思主义大众化场域传播的一支重要的社会资本。在风云变幻的军政斗争中，冯玉祥曾两次隐居泰山，并与范明枢交往甚深。出于对日本帝国主义野蛮侵略和蒋汪政权黑暗统治、卖国政策的共同憎恶，冯玉祥逐渐与共产党持一共同立场，加之隐居泰山期间相对远离战场硝烟和政坛喧嚣的平静生活，使其有更多的闲暇思考作为一名旧军阀曾经走过的路，思索民族的过去、现在和未来，在思想境界上更进一步。经过思索，冯玉祥认识到革命理论对于革命行动的极端重要性，他经常对左右部下说：我们必须有主义、有理论、有组织、有实践，才能有所成就，才能为大众谋幸福。① 为弥补自己行伍出身所学甚少、所知甚浅的不足，冯玉祥决心学习革命理论，"今后我要切实地充实起来，健全起来，把握着正确的革命理论，取向反动分子、妥协分子、机会主义者及一切劳苦大众的敌人，作剧烈的斗争，以争取大多数人们，特别是劳苦同胞的幸福、自由与平等，使得被压迫的与被奴役的人们获得完全、彻底的解放。这是我今日的目的，也是我此生唯一的任务"②。在李达、陈豹隐等的指导下，冯玉祥广泛阅读了哲学、历史、经济和外语等著作，包括《资本论》《反杜林论》在内的马克思主义经典著作，在此旁听的还有成为新中国卫生部部长的冯夫人李德全，冯玉祥的高级将领、文职幕僚等。通过学习，冯玉祥开阔了视野，思想产生了新的飞跃。为纪念在泰山听课和读书所获，冯玉祥亲自在泰山普照寺立碑明志："若不信辩证唯物论则我民族不能复兴。"③ 周恩来同志高度赞誉冯玉祥将军"从旧军人转变为坚定的民主主义战士"④。冯玉祥还和自己的私人教师范明枢在泰山前麓创办了十五所武训小学，教育学生自爱自立、精忠报国，使方圆几十华里近两千穷苦子弟得到读书学习的机会。这不仅是冯玉祥在泰山寻求救国拯民真理，实现思想飞跃的标志，也是马克思主义理论家给予冯玉祥深刻影响的明证，充分显示了马克思主义理论的生命力和感染力，堪称山东马克思主义传播史上的佳话。

三是利用国民党政府官员和山东地方军阀。共产党员在长期的工作实践中，

---

① 郭绪印，陈兴唐. 爱国将军冯玉祥［M］. 郑州：河南人民出版社，1987：275.
② 郭绪印，陈兴唐. 爱国将军冯玉祥［M］. 郑州：河南人民出版社，1987：276.
③ 李新生，韩尚义. 记冯玉祥在泰山读书［N］. 人民日报，1982-10-05（5）.
④ 山东风物志［M］. 济南：山东美术出版社，1984：134.

为了工作需要，经常以部分国民政府官员、山东地方军阀等上层人物为掩护，或隐性或显性地为山东马克思主义大众化的子传播场域争取社会资本。位于山东莱阳的省立二乡师是我党战斗在国民党反动统治下的一面迎风飘扬的红旗。莱阳乡师进步教师云集，为首者是教务主任王衷一①。王衷一因在北大教书开展革命宣传而被怀疑为共产党，于是借莱阳乡师董凤宸校长赴北平聘请教师之际，来到乡师任教务主任。他借所授农村经济一课改教马克思主义政治经济学，结合中国农村现状，谈列宁领导俄国人民进行十月革命和中央苏区反"围剿"斗争的胜利的事迹，国共两党的区别，中国的前途和出路，青年的任务以及他在苏联的见闻等，引导学生走革命道路。因为他的课程有声有色，深得学生好评，他被誉为"共产主义教师"。在莱阳乡师，王衷一利用国民会议特派宣传员的身份，结识了山东地区的不少上层人物，并始终与他们保持着私人交往，故意模糊敌人的视线，使一些地方反动派搞不清他的身份，不敢轻易冒犯他。王衷一巧妙地利用上层关系的社会资本，注意斗争策略，使莱阳乡师成为胶东地区马克思主义大众化的重要子传播场域之一。除此之外，中共中央和顺直省委利用"胶东王"刘珍年与蒋介石、韩复榘的矛盾关系，安插共产党重要干部刘锡九、曾希圣、彭雪枫等驻刘珍年部开展兵运工作，并成立芝罘军官学校共产党支部和政治队共产党支部。利用刘珍年独霸胶东的情势，创办《胶东日报》，开办平民夜校，教唱《打倒列强》等革命歌曲，讲授什么是帝国主义、社会发展史的马列主义课程，公开宣传共产党的革命主张。

社会资本灵活多样地存在于山东马克思主义大众化的众多子传播场域之中，或显性或隐性地被中国共产党巧妙地争取或利用，既反映了共产党高度灵活的智慧和强大的组织协调能力，也显示了马克思主义理论的感染力和生命力，更从历史的微观细部回答了"四个选择"中"为什么选择马克思主义""为什么选择共产党"的宏大历史问题。

（二）文化资本

文化资本，是表示文化及文化产物所发挥作用的功能性概念。正如葛兰西对欧洲社会变革中文化资本的先锋作用所研究的那样："每一部伏尔泰的新喜剧，每一本新的小册子，都像星星之火一样沿着国家与国家之间、地区与地区之间伸展开去的路线蔓延着，并且在任何地方和任何时候都找到了同样的支持者和同样的反对者。拿破仑军队的刺刀，发现它们的道路已经被18世纪上半叶

---

① 王衷一，现名王哲，新中国成立后曾任山东省副省长。

从巴黎涌出的书籍和小册子的无形大军所扫清；这支大军为必然到来的复兴时期准备了人员和制度。"① 从意识形态的视角看文化资本及其功用，可以发现：每一次社会转型和政治变革，往往都需要以文化领域意识形态的变革为先导。在山东马克思主义大众化的子传播场域中，共产党员在回应"中国向何处去"的时代课题和"中国人向何处去"的个人价值的追问中，高举"抗日"与"民主"的伟大旗帜，构建了"新民主主义文化"的理论体系，掌握了文化资本，进而掌握了意识形态的领导权。

"抗日"与"民主"是中国共产党争夺文化资本的两面旗帜，在"九一八"事变后民族危亡的危急关头，以蒋介石为首的南京国民政府采取"不抵抗"政策，对日妥协，镇压抗日爱国力量；与之相反的是，共产党在瓦窑堡会议上确立了停止内战、一致对外的方针主张，得到了全国人民的拥护。"抗战文化"和"民主文化"渗透于山东马克思主义大众化的子传播场域中，展现了文化资本的强大吸引力和战斗力。以"抗日文化"和"民主文化"为主旨的文化资本在山东马克思主义大众化的子传播场域中表现为多种形式，比如壁报、剧社、课堂等都渗透着"抗日"与"民主"的火花，点燃全民族的抗日热情。在抗日浪潮风起云涌的济南第一乡村师范学校，在学生会的领导下，乡师党支部根据上级指示和安排，组织壁报编辑委员会，壁报内容包括评论、通讯、漫画、新闻、图表、文艺作品等，以促进抗日救亡为目的，生动活泼，深受学生欢迎，甚至激起了"托派"学生的羡慕并与之争夺班级壁报文化的领导权。② 1935 年年底，为响应北京"一二·九"抗日救亡运动，济南乡师党支部推出丁莱夫作为学生会负责人，到各校串联罢课，游行示威。这一行动令韩复榘惶惶不安，派出手枪旅荷枪实弹、气势汹汹地分赴各校，监视和镇压学生的爱国运动。党支部和学生会认真研究对策，决定以送茶水、拉家常的方式，向军队做抗日救国的工作，以博取同情。这样一来，许多士兵和军官深受感动，表示不反对学生抗日救国，他们也愿意抗日救国，只是奉了上级命令，只要学生不出去，别的事情就不管。③ 除此之外，课堂文化也是宣传抗日救亡的重要阵地，据省立一中学生孙跃冬忆述：1936 年 10 月，中国文化界的"高尔基"——鲁迅先生去世后，韩

---

① 安东尼奥·葛兰西. 葛兰西文选 [M]. 李鹏程，译. 北京：人民出版社，2008：6.

② 张凯军. 坚强的战斗堡垒：中共济南乡师支部 [M]. 济南：中共济南市委党史资料征集研究委员会，1989：114-115.

③ 张凯军. 坚强的战斗堡垒：中共济南乡师支部 [M]. 济南：中共济南市委党史资料征集研究委员会，1989：113.

复榘治下的济南没有任何回应，"真是无声的山东和无声的济南！鲁迅的名字是不准谈的！"① 但出乎意料的是，济南一中周一上午纪念周会上，既不是校长也不是主任，而是李广田老师介绍了著名作家鲁迅的生平，鲁迅先生"痛打落水狗"的不妥协的反帝反封建精神，至今铭刻于心。②

"文化是使现代社会权力运作合法化、正当化的渊薮。"③ 中国共产党以壁报文化、剧社文化、课堂文化等灵活多样的形式渗透抗日民主的文化蕴涵，为自己争取最核心的文化资本。同时，中国共产党也在主动回应民族危亡的时代课题中建构了自己的文化理论体系，进而争取到了意识形态的领导权。

（三）经济资本

在山东马克思主义大众化的子传播场域中，国共两党在文化、社会资本领域的博弈与斗争胜负分明的情势下，经济资本作为一种金钱或经费为主要形式的存在，具有明显的依附性和辅助性。也就是说，经济资本对文化资本和社会资本的所有者具有依附性和辅助性。从一定程度上说，在山东马克思主义大众化的子传播场域中，经济资本会依附于文化资本或社会资本的行动者，而为他们所利用。

以山东师范学校为主体的山东马克思主义大众化的子传播场域，其经济资本多来源于清政府、北洋政府或国民政府的教育经费或教育补贴。由于山东尊师重教的文教传统，师范教育一直领全国风气之先，无论是国家经费，还是地方公款，都给予令人可喜的支持。尽管在北洋军阀统治之下，军费开支浩繁，山东教育经费曾一再锐减，但在一代山东教育家的努力下，山东师范教育经费幸甚增多。据统计，由于对初等教育的一贯重视和教育经费的充足，1912 年至1922 年的十年间，山东初等教育无论是建校数目还是学生数量都大幅度增加，学校达 23252 所，在校小学生 777771 人，居全国第二。④ 1928 年夏至 1937 年全面抗战爆发前，山东处于国民党统治之下，其中韩复榘主持山东政务达八年之久。在教育方面，何思源一直出任山东省教育厅厅长。他出身于山东曹州府地

① 济南一中校友总会编. 济南一中百年华诞校友征文选编 ［M］. 济南：济南一中校友总会，2003：171.
② 济南一中校友总会编. 济南一中百年华诞校友征文选编 ［M］. 济南：济南一中校友总会，2003：171.
③ 张意. 文化与符号权力：布尔迪厄的文化社会学导论 ［M］. 北京：中国社会科学出版社，2005：10.
④ 徐兴文，孟献忠主编. 师范春秋 ［M］. 济南：齐鲁书社，2002：42.

败落的大家巨室，血液里涌动着一股豪侠义气和爱国骨气，加之深受王鸿一、葛象一、丛禾生、蔡元培等恩师扶助，得以到北京大学、美国哥伦比亚大学、德国柏林大学和法国巴黎大学求学深造，亲身参与五四运动在海外争夺山东主权的斗争。可以说，何思源是一位具有强烈民族正义感和平民意识的知识分子，思想开明清正，深谙教育规律。他上任后，为增加教育经费投入，将其列为专款专项，并在地方田租里增加了教育附加税，保证了教育经费的来源。①

二、山东马克思主义大众化子传播场域的建构

在山东马克思主义大众化不计其数的子传播场域中，马克思主义大众化子传播场域的构建因时因地制宜，虽无定法，但无一例外的是，在马克思主义大众化的成效上都得其要旨。正如毛泽东针对全国时局所描述的：中国到处都布满了干柴，很快就会燃成烈火。② 这些遍布山东各地的马克思主义大众化的子传播场域，就是散落于齐鲁大地上的"革命星火"，它们在抗日风潮的推动下，将革命的烈火迅速燃遍全国。

（一）创新山东马克思主义大众化子场域的传播媒介

"传播媒介是人们用来传递信息符号的中介物，是一种物质实体。"③ 人类传播活动中常用的媒介有三种：第一，人际媒介，如以人的动作、语言、表情、社会关系等为媒介进行的传播活动；第二，组织媒介，即以组织及其内部活动为媒介进行的传播；第三，大众媒介，大众传播媒介是一种面向公众的开放性传播媒介，如图书、报纸、杂志、广播、电视等。在山东马克思主义大众化的子传播场域中，三种传播媒介并存，共同致力于马克思主义在山东的传播。

一是人际传播媒介。在中国传统乡土社会中，以血缘、业缘、学缘、地缘等为核心内容的人际关系是马克思主义大众化的主要传播媒介。血缘关系，指直系和旁系血缘构成的宗族关系，也泛指姻亲关系。血缘关系在革命宣传和武装斗争中具有信任度高、持久性强、带动范围广等多方面优势，以家族关系、姻亲关系为纽带走上革命道路的不乏其人。上海大学鲁籍学子、马克思主义在沂水最早传播者、沂水县党组织创建人之一李清漪在沪接受革命思想陶铸，回

① 王文升. 何思源和他的时代：纪念何思源先生诞辰110周年 [M]. 北京：中国文史出版社，2006：239.
② 毛泽东选集（第一卷）[M]. 北京：人民出版社，1991：102.
③ 胡正荣. 传播学总论 [M]. 北京：北京广播学院出版社，1997：230.

乡播撒革命火种。在他的影响和带动下，不仅四弟李清潍走上革命道路，还直接或间接带动临近村庄李鸿宝、王敬斋、邵德孚等几十人加入共产党。如李清潍在《先兄泮溪》中所言，"我继其遗志，得睹胜利之盛况，受其影响甚深"①。借助于兄弟间的亲密关系，李清漪对李清潍革命志向的确立和坚守，影响甚深。在山东马克思主义大众化的历史进程中，这不是个例，出身于山东蒙阴县有名的"燕翼堂"大地主家族的刘晓浦在上海大学接受马列主义、树立共产主义理想之后，还带动子侄一辈26人参加革命，其中有6人为革命献出了宝贵的生命，甚至家族长工用人都参加革命，官至高级干部的不乏其人。血缘关系除了狭义上的含义外，还包括更广泛的姻亲关系，具体来说就是革命夫妻。在山东革命历史进程中，不乏因爱情结缘的革命伴侣，如刘谦初与张文秋夫妇、李宇超和刘叔琴夫妇、李蔚川与蔡秀荣夫妇等，他们的爱情因革命考验而坚贞不渝，革命事业也因爱情滋润而无惧万难。除了血缘关系，因学缘、地缘、业缘而加入革命队伍，也是山东马克思主义大众化子传播场域中宏大的历史图景。学生群体是山东马克思主义大众化的先锋，学校则是青年学生接受马克思主义学说的直接场域来源。因此，学校场域中的师生关系、同窗关系、同乡关系等，毫无疑问成为山东马克思主义大众化的主要传播媒介。

二是组织传播媒介。组织传播是指某个组织依托组织系统的力量所进行的有领导、有秩序、有目的的信息传播活动。② 组织传播媒介是山东马克思主义大众化场域传播的重要依托，从各级党组织，到各种进步书店、读书会、讲演会、辩论会、图书馆、书报介绍社、时事讨论会、反帝大同盟、同乡会、学生剧团、歌咏队、篮球队、联合订报小组、抗日救国会、民先等组织，都是马克思主义大众化子传播场域的组织传播媒介。读书会组织学生阅读进步书刊，介绍革命思想，提高政治觉悟，揭露国民党的反动面目，扩大党的政治影响力。读书会利用合法的组织形式，实质上是共产党宣传革命理论和进步思想的阵地，是团结学生的桥梁，是争取进步教师的纽带和发展党员的重要渠道。在国民党统治者眼中，读书会就是红色组织，是共产党的"等同语"。时事讨论会由来已久，在"一二·九"运动后更加频繁而正规，一般周日或周六晚上举办一次，由党支部成员主持，聘请政治上进步、在学生中有较高声望的教师任辅导员，讨论

---

① 沂水县党史征集办公室编辑. 兄弟英烈：李清漪、李清潍资料选辑［M］. 临沂：沂水县党史征集办公室，1989：10.
② 李文. 陕甘宁边区新闻事业［M］. 北京：人民出版社，2017：552.

的话题与当时的政治形势紧密结合，如"苏联为什么坚持和平外交？""日本广田三原则的图谋是什么？""'攘外必先安内'的实质是什么？""西安事变的和平解决对抗日民族统一战线的发展有何作用？""鲁迅先生的战斗思想及如何学习他的著作？"等等。组织媒介以灵活多样的形式、学以致用的学风，启发学生政治觉悟，传播革命进步思想，是山东马克思主义大众化的重要平台。

三是大众传播媒介。大众传播媒介，简称大众传媒，是指"在大众传播活动中担任主要角色的报刊、广播、电视、网络等媒介"[①]。大众传播媒介所接触的公众常常是数以千万计，具有巨大的影响力，因而呈现出公开性、广泛性的特点。在革命战争时期的印刷传媒时代，马克思主义学说的大众传播媒介主要以进步书籍和报刊为载体，当时能接触到的红色书刊大致可分为以下几类：其一，马列主义经典著作，如《社会科学大纲》《苏俄考察记》《八一宣言》等；其二，中共中央文件，如中共中央北方局刊物《火线》上刊载的中共中央文件、刘少奇等关于反对"左"倾冒险主义的文件等；其三，进步刊物，如陶行知主办的《读书生活》，邹韬奋主编的《大众生活》《永生》，杜重远主办的《新生周刊》，鲁迅等创办的《语丝》，等等；其四，左翼文学作品，如鲁迅的《呐喊》《彷徨》，茅盾的《子夜》等进步书籍。除了全国性的红色书刊以外，以山东师范学校为主体的子传播场域大都创办自己的红色刊物。1932 年 1 月，济南乡师党支部组织寒假留校学生创办了名为《前冲》（后改为《柔锋》）的刊物，号召学生积极投入抗日救亡的爱国运动（参见表 3-6）。1935 年暑假，济南乡师学生丁莱夫等通过李竹如（时任《新亚日报》编辑）创办了《新亚日报》副刊——《农园》，1934 年聊城省立第三师范学校学生何元鑫、崔立柱等创办《蔷薇》文艺月刊，发表进步、爱国的文艺作品。

表 3-6　《柔锋》目录节选

目录名称	编者
山东省立第一乡村师范学校寒假同学读书会成立宣言	
东省事变后我们应有的觉悟和努力	大沟[②]
我们应有的认识	切齿

---

① 刘裕. 传媒与道德：大众传媒对青少年道德影响研究［M］. 北京：人民出版社，2014：16.

② 大沟是刘开漙（潘复生）的笔名。

续表

目录名称	编者
九一八事变发生后被压迫阶级的任务	得放
可怜的佃农	禁搏
革命的理论与实际	得放
中国经济分析	大沟
谈谈妇女解放问题	遥应女士
青年的婚姻问题	金三
过年与过关	铁尺

资料来源：张凯军. 坚强的战斗堡垒：中共济南乡师支部［M］. 济南：中共济南市委党史资料征集研究委员会，1989.

（二）打造山东马克思主义大众化子场域的传播主体

聚焦以山东师范学校为主体的山东马克思主义大众化的子传播场域，传播主体可分为两类：一是进步教师，二是学生党员。二者是互动提升、密不可分的两个群体：一方面，进步教师通过所授学科灌输革命理论和斗争精神，启发学生的政治觉悟，引导学生的革命行动；另一方面，进步学生，尤其是党员学生以其炽热的爱国行为感染并提升了其他学生和进步教师的精神境界，也在一定程度上影响了他们的人生抉择。

其一，藏身于地方师范学校的进步教师是山东马克思主义大众化子场域的传播主体之一。进步教师是马克思主义子传播场域的行动者之一，但他们不是一般的行动者，而是拥有各种不同的资本类型、在不同层级的场域间传播革命思想的"意见领袖"。比如，鲁西北革命熔炉——聊城省立第三师范学校是民国时期山东"四大师范学校"之一，这里进步教师云集，如校长孙东阁、校刊主编张廷焕、国文教师陈光祖①、历史教师龚书筹②等，他们的政治思想进步，掩护党员，支持学生运动。1922年至1928年省立三师的教职员中，百分之七十以上来自北京高师、山东高师、河北保定高师等"红色革命场域"，深受革命思想

---

① 陈光祖，聊城省立第三师范学校语文教员，江苏阜宁县人，清华大学中文系。政治思想进步，经济上支援过共产党。他在开辟苏北根据地时，曾派他的弟弟协同共产党进行统战工作和政权建设工作。上海解放后，任上海中学校长和教育学院院长、华东师大副校长。
② 龚书筹，聊城省立第三师范学校地下党员，课堂上经常讲授唯物辩证法。

熏陶的进步教师在其授教的各个学校中，又将革命的种子播撒至山东及其他地区。聊城是鲁西北的政治、军事和文教中心，设立在此的省立第三师范学校，又是鲁西北的最高学府，"鲁西北的文化教育界，基本上是山东省立第三（聊城）师范学校毕业的学生所掌握"①，从省立三师这一革命场域中成长起来的知识青年，将革命的星星之火燃遍整个鲁西北大地。又如，莱阳省立第二乡村师范学校不仅培养了一大批名扬于齐鲁大地的革命人才，更因进步教师荟集而熠熠生辉。教务主任王衷一在教授课程中联系中国农村经济现状，灌输马克思主义政治经济学内容，被称为"共产主义教师"；语文教师何其芳、王冶秋选取鲁迅的文章做教材，介绍鲁迅的生平和战斗生活，激励学生为保卫中华民族而奋斗；音乐教师瞿亚先，在教唱《国际歌》《大路歌》《毕业歌》《义勇军进行曲》《马赛曲》等革命歌曲中，陶冶了学生的情操，激发了学生的革命斗志；生物教师张亚衡，以生物知识传授革命道理，被亲切地称为"无产阶级张老师"；戴百行、董羲亭讲授的哲学、公民课都是马克思主义基本课程，阐述马克思主义的经典理论；在张焕庭的外语课上，学生直接阅读英文版《莫斯科日报》，并听取老师对报纸上有关教育、心理、政治、社会等问题的论著和报道。莱阳乡师子传播场域红色教师云集，革命氛围浓厚，成为我党在胶东地区的革命摇篮。

其二，党员学生以炽热的爱国行动感染了其他学生和进步教师，启发了他们的思想觉悟，一定程度上影响了他们的人生抉择和际遇。比如，莱阳省立第二乡村师范学校进步教师何其芳在乡师任教期间，积极支持学生的抗日救亡运动，直至全面抗战爆发、学校被迫南迁相继解散才返回故乡四川。全面抗战爆发第二年，何其芳老师随即奔赴"革命圣地"——延安，并在党中央创办的鲁迅艺术学院任教，课余致力于文学创作。曾受教于何其芳老师的莱阳乡师学生于武在回忆中写道："莱阳乡师学生救国会"不但在胶东大地上撒下了抗日的火种，而且打破了偏安一隅的狭隘幻想，成为莱阳广大爱国师生思想发展中的一个新的里程碑。如果自己没有"爱国有罪"的切身体验，便不会激发"摆脱一切，到延安去找共产党"的强烈愿望。何其芳老师"也绝不会'带着感谢记起山东半岛上的师范学生'。他曾意味深长地说：'莱阳乡师的学生，那样关心着政治，有几个因为到邻县去做救亡宣传而被逮捕。和他们在一起，我们感情粗

---

① 中共聊城地委党史资料征集研究委员会编. 聊城师范学校资料选编［M］. 中共聊城地委党史办公室，山东省聊城师范学校，1991：83.

了起来，也就是强壮了起来。'"①。可见，正是这一段授教于莱阳乡师的人生经历，尤其是乡师党员学生胸怀大义、无畏牺牲的爱国行为，使何其芳纤弱的爱国情感在抗日烈火的淬炼中变得更加强壮、更加粗犷，也为其最终毅然选择从"天府之国"奔赴"革命圣地"——延安、为革命文艺事业拓荒凿空埋下了情感伏笔，更为其一生革命风范和学术成就铸造了文化基因。在其影响下的其他爱国师生，在目睹学生救国会发动的抗日救亡运动惨遭破坏之后，进一步认清了国民党的消极抗日、积极反共的真面目，从而意识到"只有中国共产党才能救中国"的真理。在"七七事变"后，他们纷纷奔赴延安和中共领导下的各个抗日战场，在中国共产党的领导下，在充满希望、团结向上、丰盈充实的精神家园中，从事抗日救亡运动。又如，在济南省立第一乡村师范学校任图书馆主任的范明枢，在管理图书馆、帮助学生购书的过程中，接触大量进步、革命的书刊，并就遇到的新鲜知识主动向党员或进步学生请教。"先生支持学生的进步、革命活动，学生又反过来影响了先生思想的发展与提高。"② 范明枢通过学生逐渐接触马克思主义，最终以八十一岁高龄光荣入党。进步的党员师生群体不仅以革命的理论和斗争的行动感染熏陶追求进步的个体，更以真理的力量辩驳反动荒谬的言论。聊城省立第三师范学校进步学生周乐亭、盛北光、宋秋谭等，不仅订阅《新生》周刊，学习邹韬奋、杜重远、章乃器关于抗日救亡和组织抗日民族统一战线的文章，还以此反驳反动教员梁漱溟"中国没有阶级"的谬论，"甚至把《新生》等报刊给他看，争取他从思想上理解和支持我党的主张"③。可以说，山东马克思主义大众化的子传播场域历史场景丰富，革命故事感人。山东党团组织，犹如"离离原上草"，葳蕤不灭，浴火重生。

---

① 中共莱阳市委党史资料征集研究委员会编. 莱阳乡师（内部发行）[M]. 烟台：山东省出版总社烟台分社，1999：114—115.
② 张凯军. 坚强的战斗堡垒：中共济南乡师支部 [M]. 济南：中共济南市委党史资料征集研究委员会，1989：264.
③ 中共聊城地委党史资料征集研究委员会编. 聊城师范学校资料选编（内部资料）[M]. 中共聊城地委党史办公室，山东省聊城师范学校，1991：98.

第四章

山东马克思主义大众化的组织传播

　　"山东马克思主义大众化的场域传播"从外部场域到内部场域、从母场域到子场域,从宏观层面为深入剖析山东马克思主义大众化"如何化"这一问题打开了新的视界,由外而内地解答了山东马克思主义大众化的场域传播"是什么""如何化""化的效果如何"等一系列问题链条,以山东为个案,初步回应了中国历史进程中"四个选择"问题的关键归因。然而,要深入回答山东马克思主义大众化"如何化"这一问题,仅仅停留于宏观层面的场域传播还是远远不够的。本书引入"组织传播"这一概念,从中观层面尝试对"山东马克思主义大众化的组织传播是什么?""马克思主义在山东党团组织及外围群众组织中如何实现'化大众'?""山东马克思主义大众化的组织传播'化的效果如何'?"等一系列问题链做出回答,以期更深入地剖析山东马克思主义大众化的内在组织逻辑,更好地再现山东马克思主义大众化"如何化"的历史图景。

　　在山东马克思主义大众化的研究中,为什么要引入"组织传播"呢?组织传播,就是"组织通过结构与关系的象征性互动,实现组织既定目标的总和"①。胡宁河认为,"传播是组织的生命线"②。信息在组织系统中有效传播,就能推动组织关系朝着组织战略控制的方向发展,反之,组织传播失效则会导致组织溃败。在组织传播中,组织意识形态对于组织生命的重要性不言而喻。均"以俄为师"、在列宁主义建党原则指导下成立的中国共产党和改组之后的国

---

① 胡宁河.组织传播学:结构与关系的象征性互动 [M].北京:北京大学出版社,2010:16.

① 胡宁河.组织传播学:结构与关系的象征性互动 [M].北京:北京大学出版社,2010:16.

② 胡宁河.组织传播学:结构与关系的象征性互动 [M].北京:北京大学出版社,2010:9.

民党，被学界称为"一根藤结上的两个瓜"①，却走上了截然不同的道路。在北伐时期，拥有百万党员的国民党的"党力"就已然远远不及数万党员的共产党，原因何在？王奇生认为，国民党"仅袭用俄共组织的形式，而未得其内蕴精髓，组织技巧与意识形态相脱离，当是其主要症结所在"②。俄共组织模式与其共产主义的意识形态是不可分割的，而孙中山对共产主义的意识形态一度采取拒斥态度，他曾亲自对马林说："顾革命之主义，各国不同，甲能行者，乙或扞格而不通，故共产之在苏俄行之，而在中国则断乎不能。"③ 国民党企图以"三民主义"为体，习"俄共组织技术"为用，只学到半套表面功夫，却将共产主义的组织意识形态抛却脑后，结果造成思想和组织上的一片混乱。"组织通过意识形态建设，借助制度化和符码化等手段塑造组织成员对组织和自我角色定位的想象与理解。组织意识形态整合对于维护组织团结至关重要。"④ 由此可见，组织意识形态对于整合组织能量、化归组织力量的重要作用不可估量。

　　山东马克思主义大众化的最大实践，就是山东党团组织的发展壮大。⑤ 山东党团组织的发展轨迹不是一帆风顺、一蹴而就的，而是经历了曲折蜕变、浴火重生的递升演进。换言之，山东马克思主义大众化有其内在的组织逻辑。而在山东党团组织发展壮大的内在组织逻辑进路之中，最为关键的决定性归因就是组织意识形态。"组织意识形态在组织的制度系统中具有至关重要的作用，作为具体制度的价值导向与评价机制，它将价值理念与实践相结合，像水一样渗透到组织生活的每一个角落。"⑥ 马克思主义就是这样一种组织意识形态。在马克思主义所引领的中央组织意图的渗透下，山东党团组织从充满宗族人情色彩的数人组成的自由松散的小社会团体到以马克思主义为革命信仰的政党组织，再从"研究性小团体"到"群众性大政党"，又在"什么是党的群众化？""如何实现党的群众化"这一理论和实践的双重性问题的认识上克服了机会主义路线，成了真正的群众性大党。在这一过程中，马克思主义组织意识形态的整合和提

① 王奇生. 党员、党权与党争：1924 年—1949 年中国国民党的组织形态［M］. 修订本. 北京：华文出版社，2010：3.
② 王奇生. 党员、党权与党争：1924 年—1949 年中国国民党的组织形态［M］. 修订本. 北京：华文出版社，2010：93.
③ 孙中山著，尚明轩主编. 孙中山全集（第八卷）［M］. 北京：人民出版社，2015：473.
④ 吴海琳. 组织变迁中的意识形态整合研究［M］. 长春：吉林人民出版社，2011：4.
⑤ 闫化川. 马克思主义是怎样生根中国的：马克思主义在山东早期传播研究［M］. 北京：方志出版社，2017：262.
⑥ 吴海琳. 组织变迁中的意识形态整合研究［M］. 长春：吉林人民出版社，2011：145.

升作用功不可没。那么，山东党团组织发展壮大的内在组织逻辑是什么？作为山东党团组织意识形态的马克思主义在山东马克思主义大众化的历史进程中发挥了怎样的作用？在山东党团组织和群众外围组织发展壮大的实践运作层面，马克思主义的意识形态与山东党团组织是如何互动博弈的？回答好这些问题，将为我们从中观组织层面透视山东马克思主义大众化"如何化"提供一个新的致思路径。

第一节 山东马克思主义大众化的组织逻辑之一：
从宗族人情到革命信仰

中国共产党党团组织在山东大地上生根、发芽、成长、壮大，是马克思主义在山东早期传播及大众化的最大实践成果。山东马克思主义大众化的历史进程不是一帆风顺、一蹴而就的，而是经历了一个曲折蜕变、浴火重生的发展过程。换言之，山东马克思主义大众化有其内在的组织演进逻辑。其中，最为关键的决定性归因恰恰就在于其中的组织意识形态。那么，山东马克思主义大众化的内在组织逻辑进路是什么？本书认为，山东马克思主义大众化的内在组织逻辑是一个递升演进、步步提升的客观过程。其中，奠基性的第一步是从宗族人情到革命信仰。

一、组织雏形：以宗族人情为底色

正如马克思在《路易·波拿巴的雾月十八日》中所言，人们创造历史是在从过去的先辈继承下来的、既定的条件下进行。① 马克思主义在中国的早期传播及大众化，正是在旧的封建社会的土壤中孕育起来的。在山东，亦是如此。近代中国社会在西力冲击下，不仅国家的政治体制和意识形态发生了急剧变革，地方社会的权力结构和精英阶层也经历了重组代谢。② 在这一新旧交替、极速变动的转折时期，具有一定文化知识的、以地方精英为主体的绅士阶层，借助率先接触西方先进科技文化的优势，就读新式学堂，游学国外名校，成为时代的

---

① 中共中央马克思恩格斯列宁斯大林著作编译局．马克思恩格斯文集（第二卷）［M］．北京：人民出版社，2009：470．
② 尤育号．近代士绅研究的回顾与展望［J］．史学理论研究，2011（4）：105．

启蒙者，其中不乏同旧阶层利益相决裂而走上民主革命道路者。基于山东地方建党之初的基本史实，不可否认的是，山东地方党团组织的雏形就是从旧的封建社会中脱胎分化而来的绅士阶层群体之中筹备孕育而成。这一群体在筹备山东地方党团组织雏形的过程中，不可避免地将地方社会中带有的浓烈的人情色彩和宗族特色的组织基因，复制到山东党团组织雏形的组织逻辑中去，使山东马克思主义大众化的初期呈现出以人情宗族为底色的组织形态。

（一）中国传统农业文明的组织底色

中国是一个拥有两千多年农业文明的传统大国，农耕经济为主导的生产方式支撑并制约着农业社会的整个政治生活、精神生活和社会生活。上至国家之主，下至乡土黎民，都被笼罩在一种囊括政治、经济、文化、社会等领域的超稳定结构之中。中国传统社会的这种独特社会结构塑造了其独有的社会组织逻辑，主要表现在以下两个方面：

1. 以血亲关系为纽带的乡土社会

乡，是农民世代居住的场所；土，则是农民生活的根基。传统中国在农耕经济基础之上形成的乡土社会，围绕"乡"和"土"编织布局一切社会关系。

以"土"为中心，血缘关系是传统乡村宗族的主要社会关系纽带。农业社会以农耕经济为主要物质生产活动的组织形式，"男耕女织，耕织结合"，家庭成为农村经济主要生产活动持久稳定的基本生产单位。在此基础上，加之儒家伦理道德的教化和归顺功能，以父兄子弟为主要成员的家庭内部父系血缘关系世代聚居拓展而成的家族，成为经济共同体、文化共同体、伦理共同体，甚至是谋取功名利禄、实现仕途人生的政治共同体。一是在经济共同体的意义上，共同的经济利益是农民对所属家族血缘共同体形成高度认同的基础。同一家族内通过宗祠、族田、族规等制度，"守望相助""同族相恤"，在一定程度上缓解了贫困，抵御了天灾人祸，也为族员广泛享受社会生活提供了组织保障。[①] 尤其值得一提的是，属于地方公产的育婴堂、恤嫠局、粥厂、义仓、社仓等，是一个家族公共的经济事业。在中国古代社会保障普遍缺位的情势下，地方公产在抚幼恤弱、奖掖后进等方面发挥着恰到好处的作用。二是从文化、伦理共同体的角度来说，家族是兴学设馆、修撰方志的主要组织单位。在科举制度的驱动下，尊师重教、创兴学堂自然成为家族事业的重要组成部分之一，不少名门

---

① 李立. 乡村聚落：形态、类型与演变：以江南地位为例 [M]. 南京：东南大学出版社，2007：37.

望族借由登科及第延续家族荣耀，家族的义学、公学、私塾等教育也是熏陶提升族员道德文化素养的依托载体。除此之外，渗透着家族伦理的家宗族规，亦是规范家族成员老幼尊卑、上下有别的伦理标准。三是从政治共同体的意义上来说，应举为官、学优则仕一直是家族兴旺发达的重要路径之一。在中国古代社会，政治资本与经济资本、文化资本的转化递升及其独特魅力，是世家大族一直孜孜以求的无上荣耀，科举仕宦、官员辈出的集聚效应也经常出现于政治舞台之上。总而言之，以血缘关系为纽带的乡土家族成为中国传统社会涵盖物质生产、伦理道德和政治追求的一种普遍性的组织生态。

　　以"乡"为中心，由血缘关系派生出的地缘关系也是传统乡村的重要社会关系纽带。传统农耕经济滋生了以血缘关系为纽带的家族社会，也形成了以地缘关系为纽带的邻里关系。农业耕作的定居要求和小农经济的自给自足，必然导致村落的高度封闭性。这种封闭性表现为村落和外界的联系与沟通较少，没有经济、文化、人际甚至婚姻方面的交往。因此，村落就是农民的全部世界，建立在地缘基础之上的邻里关系就成为除血缘外最重要的社会关系。① 地缘关系起源于乡土社会农业经济以土地为依托的基本生产方式，土地在地理位置上的紧密联结，以及在此基础之上孕育的自给自足小农经济的封闭性和独立性，塑造了乡村社会除血缘关系以外的另一种重要的社会关系。地缘关系主要有两种表现形式，一是邻里关系，二是同乡关系。在信息流通和知识传播尚不发达的社会中，具备地缘关系的个体或群体，因地理位置的邻近和心理距离的缩短，很容易成为信息接收的首要地或优势区，建立相对密切的人际关系，形成"近水楼台"的优势效应。综上，地缘关系是建基在乡土社会农耕经济生产方式之上的除血缘关系之外的另一种广泛存在的组织生态。

　　2. 以地方绅士为媒介的官民体系

　　地方绅士，又称"乡绅"，是中国封建社会的一个特殊阶层，主要由科举及第未仕或落第的士子、当地有文化的中小地主、退休回乡或赋闲居乡的中小官吏以及宗族元老等有影响力的群体组成。这一阶层介于"官"与"民"之间，"近似于官而异于官，近似于民又在民之上"②，是封建统治者与下层农民之间上传下达的桥梁。

---

① 李立 . 乡村聚落：形态、类型与演变：以江南地位为例［M］. 南京：东南大学出版社，2007：37.

② 阳信生 . 乡镇体制改革与现代乡村社会重建研究［M］. 北京：光明日报出版社，2014：177.

其一，地方绅士是国家施治之依托，农民日常之仰赖。在中国传统社会，农民对乡土情谊的认同要远远超过对国家意志的认同。农民在家族或村落中，对血缘或地缘性的区域共同体的认同远高于区域外的国家系统。在行为方面，日常生活中规范普通农民言谈举止的并不是国家权力法则，而是维系邻里情感关系的礼俗。① 这一方面是源于乡土社会所自有的血缘关系和地缘关系的组织生态（如前所述），另一方面是因为在基层社会的控制力量中，地方绅士取代国家政权及其所属官僚成为地方事务的直接操办者和地方活动的直接领导者，因而也成为地方民情的最灵敏的知悉者。因此，有名望、无官职的地方绅士成为政府施政的主力军。② 在地方慈善事业、社会救助、宗族教育、疏浚河道、建桥修庙、筹办商会等公共事务上，中央政府通常要仰赖地方绅士具体施治执行。地方绅士在具体操持地方各项事务的同时，也成为地方实务的把持者和操控者，甚至成为基层社会的控制力量。绅士作为基层社会的控制力量，其活动涉及面广、层次广。③

其二，地方绅士亦是阶级分化之先导，时移世易之先锋。在传统中国社会政治变易、朝代更替的演进历程中，地方绅士早就练就了审时度势、顺应世变的一贯作风，彰显出与时俱进的远见卓识与政治操守。绅士阶层作为官民中介的角色，在具体的社会活动中，他们表现出双重性格和复杂姿态，士绅的社会角色确实是独特的。要维持封建社会的有序结构和基层社会的平衡，就非绅士莫属了。④ 在封建统治尚且稳固的时期，国家通过税收征收、科举取士、儒家文化等手段渗透和操控乡村社会，地方绅士服从和服务于国家意志；然而，当科举制度被废弃、传统文化式微的时代来临之时，国家政权与地方绅士之间的利益规约和文化权威不复存在，地方绅士对国家制度依赖性和纽带也不复存在了。旧时代宣告结束，新社会即将到来，此时的地方绅士成为最先走向分化的阶层。凭借自身所积累的文化资本和经济资本，他们最先接触新的科学文化，思想最先受到时代进步的刺激和启发，"他们已经是属于时代的儿子了。他们追求的是

---

① 李立. 乡村聚落：形态、类型与演变：以江南地位为例 [M]. 南京：东南大学出版社，2007：37.

② 王先明. 近代绅士：一个封建阶层的历史命运 [M]. 天津：天津人民出版社，1997：56.

③ 王先明. 近代绅士：一个封建阶层的历史命运 [M]. 天津：天津人民出版社，1997：55-56.

④ 王先明. 近代绅士：一个封建阶层的历史命运 [M]. 天津：天津人民出版社，1997：59.

争当这一时代的主人，而不是甘为封建时代的臣仆"①。头脑中不再充斥着封建观念而是有了国家观念和公民权利、有了社会文明和国家富强的地方绅士开始走向新的蜕变和重生。

（二）山东党团组织雏形的关系纽带

山东地方党团组织的孕育、初创、成长、受挫、潜伏、壮大，是一个充满各种历史语境的不同过程的集合体。仅在"孕育"一段，就经历了大浪淘沙式的跌宕起伏。闫化川认为，这一时期，地方政党通常是基于地缘或血缘关系形成的小团体，这种团体的凝聚力甚至在一定程度上超越了基于革命信仰结合起来的革命团体。换言之，在中国乡土社会，革命团体的纪律约束力无法与延续数千年的友谊和亲情相抗衡。② 以家族血缘和乡土地缘为组织逻辑的共产党组织雏形，是历史更替演进的必然产物，是旧的社会形态中积极的、仍然适合新的历史条件的必然发挥作用的产物，也是一个无法绕开的必经历史阶段。尽管这一组织形态终究会被替代，但它在漫长的党的组织历史发展进程中的作用是不可替代的，也是无法磨灭的。

1. 以"仕宦家族"为核心成员

山东历史悠久，人才辈出，以儒学起家的仕宦家族层出不穷，长盛不衰。清末民初，齐鲁大地上依然活跃着诸如"日照丁氏""诸城王氏""曲阜孔氏""蒙阴刘氏（燕翼堂）"等世家大族。在社会剧变、风气开化的催动下，这些世家子弟以地方精英的身份，顺时应变，相机而动，胸怀大局，勇立潮头，成为山东地方共产党组织的前驱和先行者。

山东地方党组织在孕育时期，其组织雏形是由地方精英基于家族血缘和乡土地缘关系而编织造就的。掌握地方经济资本、文化资本和政治资本的地方精英，实际上在马克思主义早期传播中起到了"意见领袖"的作用。马克思主义在山东传播路径最初局限于地方知识分子群体，通过地方精英搭建了马克思主义与知识分子之间的桥梁。地方精英不仅具有国家与地方政府的中介职能，而且真正掌控着许多地方资源。他们不仅是政坛的风云人物，而且是商界的工业

---

① 王先明．近代绅士：一个封建阶层的历史命运［M］．天津：天津人民出版社，1997：330.
② 闫化川，李丹莹．地方精英的文化弄潮与政治博弈：早期马克思主义在山东传播系列研究之一［J］．上海党史与党建，2015（3）：22.

巨擘，更是备受尊重的名流和士绅，他们有多重社会角色。① 多种社会资本和多重社会角色集于一身的特质，为其从事马克思主义传播提供了便利和优势。如齐鲁通讯社（后改为齐鲁书社）、励新学会、济南马克思学说研究会等组织，其核心成员都少不了王乐平、王翔千、王象午、王志坚、王尽美、邓恩铭、王复元、王用章、王辩等人。其中，诸城"相州王氏"家族占据了半壁江山。除了王复元、王用章出身于工人，邓恩铭出自贫苦知识分子之外，其余皆为"相州王氏"家族的族亲或同乡。王翔千与王乐平是叔侄关系，与王辩是父女关系，王尽美与之是同乡关系，王象午、王志坚皆为"相州王氏"的族员。又如临沂蒙阴垛庄燕翼堂刘氏家族的刘晓浦、刘一梦叔侄二人加入中国共产党，后在其影响下，家族二十余人参加革命，并带动同乡或邻乡王敬斋、鞠百实、邵德孚、张希周、王富春等不计其数的人加入共产党。在广大的中国乡村地区，人情文化是主导型文化，中国农民对宗族亲情和家庭纽带的认可要远高于对国家政治的认可。在中国特色的熟人社会，人情几乎无处不在。地方精英借助人情关系，为马克思主义在地方的传播搭建了桥梁和平台，推动中共地方组织或团体的建立，并自我调整着人情政治中的组织关系与亲情角色。② 依托家族血缘关系和同乡地缘关系，马克思主义在需要它的理论滋养的一切土地上生根发芽，茁壮成长。"事实上，大多数中国共产党人参加革命是受其家人的影响，而早年对革命的理解也绝大部分等同于对家人的理解与信任。"③ 由此可见，以宗族人情为底色的血缘关系和地缘关系是山东共产党雏形的基本组织逻辑。

　　2. 乡土组织逻辑的黯然退场

　　以血缘和地缘为组织逻辑的山东共产党组织雏形，在党的草创初期固然能够发挥类如"吸附剂"和"黏合剂"的吸引力和内聚力的作用。然而，这一组织逻辑带有强烈的个人色彩和掺杂情感好恶的情绪化因素，具有极大的不确定性、散漫性和随意性，是一种极其质朴的组织形态。这种质朴与山东党组织发展的初级阶段是吻合的，但却与革命事业现实所需不甚相称。

　　山东党组织初创雏形阶段，大量存在带有个人色彩的自由化、情绪化、随

---

① 闫化川，李丹莹. 地方精英的角色互动与信仰诉求：早期马克思主义在山东传播系列研究之二［J］. 上海党史与党建，2015（4）：22.

② 闫化川，李丹莹. 地方精英的组织关系与亲情纠结：早期马克思主义在山东的区域性传播问题研究之三［J］. 上海党史与党建，2015（5）：21.

③ 张宏卿. 乡土社会与国家建构：以新中国成立初期原中央苏区的土改为中心的考察［M］. 北京：中国社会科学出版社，2016：26.

意化的组织现象。王乐平是诸城"相州王氏"声名显赫的核心成员，也是山东马克思主义传播的先驱和济南共产主义小组的牵线搭桥者。基于与山东国民党元老丁惟汾的师徒关系，王乐平在早期山东革命时期具有很大的影响力和号召力。他虽居国民党一派，但对马克思主义有好感，对山东共产党组织亦持积极友好态度，并于 1921 年 10 月同王象午、王复元、王尽美、邓恩铭等共赴伊尔库茨克参加远东共产国际第一次代表大会。正是此行对俄国革命现状的耳闻目睹，使在国共两党之间徘徊不定的王乐平熄灭了对马克思主义的信仰，并在失望之余倒向了国民党的怀抱，不久后因改组主张而遭蒋介石暗杀身亡。

继邓恩铭因对上级领导张国焘不满而离济赴青、王尽美病逝等事件之后，山东党组织中的"相州王氏"势力大为削弱。其间，中央组织意图也曾借机渗入。中共中央派马克先、吴容沧到济南协助山东省委工作，1922 年 9 月至 11月，马克先暂代中共济南地方支部书记两个月即被免职，由吴容沧①接任。"吴容沧性如烈火称南方蛮子。"② 据史载，他因个人作风问题，大肆挥霍党的活动经费，并为满足私欲，铤而走险。③ 结果被捕入狱，致使山东党组织遭到重大打击，"在济南的同志，几乎逃亡殆尽！"④。由此可见，在地方宗族元老势力式微的情势下，中共中央为加强对山东党的领导，虽有意渗透中央组织意图，但也暂告失败。

"吴案"之后，尹宽被任命为山东地委书记，但很快即被调往上海。他匆匆调离的原因是与王翔千之女王辩的私奔。王辩对自由恋爱的追求激起了父亲王翔千的震怒和沮丧，他气愤地回了相州老家，与党组织失去联系，以脱党为终。他的亲叔叔王象午此后趋向消极，并在 1926 年也被开除出党，与此多少会有关联。"这一'花絮'的喧嚣背后，还隐含了更重要的政治信息：以诸城王氏为班底的山东党组织的基本解体，标志着中央与地方政治博弈的激烈冲突阶段的暂

① 吴容沧，别名慧铭、渭莹、魏铭，浙江杭州人。1920 年 3 月在北京大学发起成立马克思学说研究会，11 月加入北京社会主义青年团，1921 年 7 月在北京转为党员。1922 年 12月，任中共济南支部代理书记。

② 罗章龙. 记北方劳动组合书记部［J］. 社会科学战线，1980（3）：18.

③ 中共山东省委党史资料征集研究委员会编. 山东党史资料（1982 年第 3 期，总第 5 期）［M］. 济南：中共山东省委党史资料征集研究委员会，1982：193.

④ 中共中央文献研究室，中央档案馆编. 建党以来重要文献选编（1921—1949）（第二册）［M］. 北京：中央文献出版社，2011：54.

告结束。"①

　　以诸城"相州王氏"家族为核心成员的土生土长的山东地方党组织，在山东党的草创时期依托家族血缘、同乡地缘的情感和个人色彩而聚拢了一大批青年才俊。但"这一时期的'党组织'，更像是一个自由松散的社会团体，甚至是地方精英自发结合、毫无组织纪律可言的民间小社团。一旦这些骨干各自散去，便会失去赖以支撑的基石，很容易就会造成'组织断层'"②。随着王乐平"改组理论"的破产，王翔千、王象午的脱党，王尽美的逝世，"原本支撑山东党组织的'王氏家族'成员，相继黯然退场。……'中共山东党'基本结束了'王氏家族'时期。从此，在中共中央领导下，山东党组织作为一级地方机构，浴火重生"③。

二、组织演进：从宗族人情到革命信仰

　　"一切发展中的事物都是不完善的。"④ 一切不完善的事物也只有在历史进程中才渐渐臻于完善。而历史进程的起点，同样也是思想进程的起点。在马克思主义大众化的历史进程中，理论进程与实践进程是互动前行的。在山东地方党组织遭遇"家族式微"的组织困境下，不禁引人反思：就全国范围看，彼时山东地方党组织的组织困境是个案，还是具有普遍性？其根源何在？山东地方党组织该向何处去？要回答这些问题，必须回归特定的历史语境，探寻其组织变迁的内在理路。

（一）中央层面组织意识形态的萌发

　　将问题置于特定的历史语境中进行考察，才能不仅"知其然"，而且"知其所以然"。那么，在中国共产党成立的前前后后，中央层面对组织视域下的马克思主义大众化的认知水准和实践水平是怎样的呢？

---

① 闫化川，李丹莹. 地方精英的断代谢幕与薪火相传：早期马克思主义在山东的区域性传播问题研究之四 [J]. 上海党史与党建，2015（6）：16.
② 闫化川，李丹莹. 地方精英的断代谢幕与薪火相传：早期马克思主义在山东的区域性传播问题研究之四 [J]. 上海党史与党建，2015（6）：15.
③ 闫化川，李丹莹. 地方精英的断代谢幕与薪火相传：早期马克思主义在山东的区域性传播问题研究之四 [J]. 上海党史与党建，2015（6）：17-18.
④ 中共中央马克思恩格斯列宁斯大林著作编译局. 马克思恩格斯全集（第一卷）[M]. 北京：人民出版社，1995：164.

1. 确立以"主义"为政党的组织支撑

为适应革命事业所需，建立一个能够全面彻底贯彻中央组织意图的组织体系势在必行。那么，如何建立一套严密强固的组织体系？这是中央层面一直以来萦绕于心的话题。在中国共产党成立前夕，李大钊在《团体的训练与革新的事业》中表达了对建立一个严密而强固组织的迫切期望：中国有人讲各种社会主义，最近也有很多人讲共产主义，但还没有形成严密而精确的组织。中国没有一个团体能真正显示人民的力量。如果 C 派的朋友们能够建立一个强大而精确的组织，并注意促进其成员的培训，那么中国的彻底改革就可以被托付。① 那么，从理论到实践，严密的组织体系从何而来？

从组织形式上来说，政党意识的觉醒是建立严密强固组织的第一步。"成立无产阶级政党，不仅是早期马克思主义思想运动发展的必然结果，也是推动马克思主义思想运动深入发展的需要。"② 而在中国传统文化中，"党"是一个贬义词。《论语·卫灵公》曰："君子矜而不争，群而不党。"③ 意为"君子庄矜而不争执，合群而不闹宗派"④。《论语·为政》则曰："君子周而不比，小人比而不周。"⑤ "周而不比"就是"群而不党"，普遍团结人而不搞宗派，不拉拢小团体，不结党营私。然而，早期中国共产党人打破了儒家传统观念的桎梏，超越了传统儒家思想中对"党"的定义，萌发了近代政党意识。不仅认识到近代政党对传统中国社会中"党"的超越与演进之处，还论证了"政党设立之必要"和"如何组织强固有力的政党"的问题。对于近代"政党"意涵对儒家传统理念中"党"的定义之超越，李大钊论述说："党非必祸国者也。且不惟非祸国者，用之得当，相为政竞，国且赖以昌焉。"⑥ 谭平山不仅赞成近代政党设立之必要，而且指出如何组织政党的问题："政党尤为达到政治目的的工具之工具。"⑦ 而组织政党，"当以一定的主义做结合中心"⑧。蔡和森更是从巴黎写长信给毛泽东，提出必须"组织与俄一致的（原理方法都一致）共产党"，"党员

① 李大钊文集（下）［M］. 北京：人民出版社，1984：444.
② 吴向伟. 李大钊与早期马克思主义思想运动［J］. 党政研究，2017（4）：96.
③ 孔丘. 论语［M］. 杨伯峻，杨逢彬，注译. 长沙：岳麓书社，2000：150.
④ 孔丘. 论语［M］. 杨伯峻，杨逢彬，注译. 长沙：岳麓书社，2000：150.
⑤ 孔丘. 论语［M］. 杨伯峻，杨逢彬，注译. 长沙：岳麓书社，2000：12.
⑥ 中国李大钊研究会编注. 李大钊全集：全 5 册（第一卷）［M］. 北京：人民出版社，2013：1.
⑦ 《谭平山文集》编辑组. 谭平山文集［M］. 北京：人民出版社，1986：103.
⑧ 《谭平山文集》编辑组. 谭平山文集［M］. 北京：人民出版社，1986：104.

加入的条件，布派主张极严格"。"党的组织为极集权的组织，党的纪律为铁的纪律。""公布一种有力的出版物，然后明目张胆正式成立一个中国共产党。"①中国共产党人对"什么是现代意义上的政党""为什么要组织政党"以及"如何组织政党"等一系列问题集群的探讨与争鸣，促进了中国现代政党意识的觉醒，也为中国共产党的成立奠定了思想理论基础。

从组织精神上来说，政党意识形态的确立是建立严密强固组织的第二步。从组织精神上来说，如何组织一个严密的政党。答案是要以马克思主义作为政党的革命信仰和意识形态。事实上，以马克思主义作为政党的意识形态，也是一个历史选择的过程。从五四时期的社团组织以"道德良心"为组织支撑，到近代政党以"权利势力"为分合纽带，再到现代政党以"主义宗旨"为组织精神，最终以马克思主义作为组织意识形态，这是历史的选择，人民的选择，也是中国共产党人探索真理、披沙拣金的选择。近代中国，各种主义学说如泥沙俱下，鱼龙混杂。该选择何种主义？这是困扰早期中国共产党人的一个紧要问题。比如，谭平山虽指出今后组织政党要以主义为中心，但并未明确何种主义。1920年8月13日，旅法勤工俭学的蔡和森在给毛泽东的信中说，社会主义确实为改造世界的对症之方，即通过阶级战争实现无产阶级专政。②蔡和森在政党意识形态领域的理论和实践探索中的成果，得到了包括毛泽东在内的中国共产党人的极力认可，政党组织实践也依此建立起来。

2. 加强以"主义"为中心的政党教育

如果说确立"马克思主义"为政党意识形态是建立精密强固政党组织的首要步骤的话，那么，在党团组织和群众组织中灌输和加强"马克思主义"意识形态教育则是建立严密党组织的关键步骤。中国共产党意识到：要实现以"马克思主义"为组织意识形态的支撑，就要依赖于在党团组织和群众团体中灌输"马克思主义"意识形态的教育来实现。

其一，建立中国共产党独立的意识形态领导宣传机构。中国共产党在筹备成立伊始，就已经着手建立自己独立的意识形态领导机构，并有意识地建立自己独立的意识形态思想和宣传体系。1921年，《中国共产党的第一个决议》（俄文稿）对中央宣传工作指示称：一切中央和地方的出版物，都要在党员的领导

---

① 蔡和森. 蔡和森文集：全2册（上）[M]. 北京：人民出版社，2013：73-75.
② 蔡和森. 蔡和森文集：全2册（上）[M]. 北京：人民出版社，2013：56.

下出版。① 中国共产党在意识形态领导和组织宣传方面的独立性一以贯之，即使是在第一次国共合作时期也不曾动摇。共产党员无论是个人还是组织，都始终保持政治、思想和组织上的独立性。"我们加入国民党，但仍旧保存我们的组织"，并须"渐渐扩大我们的组织"②。正如王奇生所言：国共合作后，中共不仅保持了意识形态宣传方面的独立性，而且形成了自己独特的优势，形成了像《向导》《新青年》和《中国青年》等专门致力于意识形态理论宣传的期刊。③

其二，加强中国共产党党团组织的意识形态灌输教育。马克思主义意识形态必须通过组织灌输到每一个个体的头脑之中，才能发挥整合力量、规训成员的作用。因此，中国共产党在其领导下的党团组织和群众团体中不遗余力地灌输自己的意识形态。以工人组织为例，中央指示，党在工会中要灌输阶级斗争精神。④ 灌输的方式可以依靠"工人学校"的组织形式，因为工人学校是走向组织工会的一个阶段，所以必须在所有工业部门中建立。学校的基本方针是提高工人的觉悟，使他们感到有必要组成工会。⑤ 灌输的内容包括"工人运动史、组织工厂工人的方法、卡尔·马克思的经济学说、各国工人运动的当前形势"⑥等。在党的各级支部，中国社会主义青年团，以及农民、乡村教师群体等组织中的意识形态灌输工作，中央都——做出有针对性的指导。

（二）山东地方组织意识形态的渗透

随着"相州王氏"家族成员相继退出山东党的组织机构，山东地方党团的组织逻辑也发生了新的质变。在这场中央与地方的博弈中，中央的组织权威逐步树立，地方精英渐次谢幕，以马克思主义为核心的中央组织政治意图，在山东地方党组织中一步步渗透开来并成功实现。在中共中央的领导下，山东地方各级党团支部和群众组织开始有领导、有规划、有系统地开展意识形态教育，

---

① 中国社会科学院现代史研究室，中国革命博物馆党史研究室选编．"一大"前后：中国共产党第一次全国代表大会资料选编［M］．北京：人民出版社，1980：13.
② 中共中央党校党史教研室选编．中共党史参考资料（一）党的创立时期［M］．北京：人民出版社，1979：422.
③ 王奇生．党员、党权与党争：1924年—1949年中国国民党的组织形态［M］．修订本．北京：华文出版社，2010：71.
④ 中国社会科学院现代史研究室，中国革命博物馆党史研究室选编．"一大"前后：中国共产党第一次全国代表大会资料选编［M］．北京：人民出版社，1980：12.
⑤ 中国社会科学院现代史研究室，中国革命博物馆党史研究室选编．"一大"前后：中国共产党第一次全国代表大会资料选编［M］．北京：人民出版社，1980：13.
⑥ 中国社会科学院现代史研究室，中国革命博物馆党史研究室选编．"一大"前后：中国共产党第一次全国代表大会资料选编［M］．北京：人民出版社，1980：13-14.

灌输马克思主义理论，山东地方组织的革命信仰开始萌芽。此后，山东党组织真正成为纪律严明的地方组织，在挫折中发展，从失败中学习，将山东抗日根据地建设成全国唯一完整的省级政权。①

　　早期山东共产党人将马克思主义理论融入山东省情、组织实情、个人境况，不遗余力，因时因地，在各种党的组织机构和群团组织中传播无产阶级革命理论，增进群众政治觉悟。被王尽美称为"山东劳动界中之先觉者"的王复元，在《成年补习班和工学主义》一文中，运用深入浅出、通俗易懂的语言，传播马克思主义工人运动理论，启发工人政治觉悟。由于其结合独特的个人境遇，因而更具生动性和说服力。他以自己的幼年失学源于社会制度的不公平，引入无产阶级被压迫、被支配的悲惨境遇和"富者愈富，贫者愈贫"②的阶级悬殊，进而运用马克思主义剩余价值理论分析工人境况，即"我们的劳动力，早已没有自主权，早已像商品一般卖给资本家了"③，为劳动者以"罢工"的斗争方式实现自身解放指明方向。

　　王尽美和王翔千主办的中国劳动组合书记部山东支部的机关刊物——《山东劳动周刊》发刊宣言中则运用一连串"疑问句"的句式——"劳动者怎样才能觉悟？""光明的路在哪里？""怎样才算人的生活？"引发读者深思，启发读者思考，设身处地为山东劳动者谋划未来。

　　不仅如此，山东共产党人抓住"五一劳动节""马克思诞辰周年纪念日""巴黎公社周年纪念日"等一切无产阶级革命运动中的纪念性事件，结合山东省情、地方实情，在关键的时间节点上，贯通某一共产主义运动历程中重大历史事件的历史由来、现实状况和未来展望，为当下山东革命运动的发展明晰路径，谋划前景，引领方向。济南工人界在纪念"五一"劳动节中，将其由来、现实与行动做出明确指导："五一"劳动节是为纪念一八八四年美国芝加哥举行的国际国民联合会做出的八小时工作制决议而创立的，随后在万国社会党大会上决议将五月一日定为有阶级觉悟的工人阶级示威运动的日子，也就是世界劳动者的胜利纪念日。但这个节日是悲惨的，只有运用严谨和尊重的态度，举行轰轰烈烈的示威运动才能体现它的意义和价值。那么，如何纪念五一节呢？要以俄国十月革命为榜样，打倒军阀和国际帝国主义，解放被压迫的人民，实现无产

　　①　闫化川：马克思主义是在怎样生根中国的：马克思主义在山东早期传播研究［M］.北京：方志出版社，2017：220.
　　②　王全.成年补习班和工学主义［J］.励新，1921-04-15.
　　③　王全.成年补习班和工学主义［J］.励新，1921-04-15.

阶级的自由生活。① 济南马克思学说研究会借助对马克思诞辰 105 周年的纪念，宣传"无产阶级的解放，是要无产阶级自己努力的""打倒国际帝国主义"② 等口号，传播无产阶级革命斗争的精神、路径和方向，为山东无产阶级革命斗争指明了前进之路。

山东共产党人以党团各级组织支部为重要平台，以严格的组织纪律，灌输党的意识形态，训练党团员的政治素养。1925 年，团青岛地委在其工作报告中对党团员的政治读物及时政素养都一一做出规定：全体同志每人要订一份《中国青年》和《向导》，工友同志则读《平民之友》。③ 全体同志必须读日报及本团的机关报。地委派人参加支部会议，任意指定某一位同志都要报告一周内国内外重要的时事。地委将确定一个专题，指定《中国青年》《向导》的一些文章作为参考，让党员同志做一简短文章，以检验同志读报纸的成绩。同志们在一周内阅读的书籍、报纸、活动和问题，填写一份自修表，在支部会议上交支部书记。问题由支部书记回答，重要问题由地委宣传部回答……所有同志都必须参加共产主义研究会的组织工作。④ 同样地，团济南地委对其同志的政治读物及学习讲义都严格规定："决议组织马氏主义研究会，每周一次，由大学尹君报告布哈林所著之《康民尼斯特之初步》一书，每次发油印讲义。"⑤ 这一时期，山东党团成员除了阅读上述书籍之外，还有《新社会观》《独秀讲演录》《青年平民读本》《保护青工》《农运理论报告》《告工人书》《农民协会章程与组织》等等。

不仅如此，他们还对组织中马克思主义意识形态灌输的方法做出详细指导。对于青年农工运动，我们应该唤醒他们的阶级意识，让他们知道自己有非常重大的社会责任，而现在却处在最底层。要打破这种不平等制度，必须团结起来，从他们和资本家的生活中描写出社会的不公，引起他们对于现生活的不满，领

---

① 济南工界纪念劳动节［N］．民国日报，1923-05-05.
② 济南之马克思纪念会［N］．民国日报，1923-05-09.
③ 中共山东省委党史研究室编．山东党的革命历史文献选编（第一卷）［M］．济南：山东人民出版社，2015：75.
④ 中共山东省委党史研究室编．山东党的革命历史文献选编（第一卷）［M］．济南：山东人民出版社，2015：77.
⑤ 中共山东省委党史研究室编．山东党的革命历史文献选编（第一卷）［M］．济南：山东人民出版社，2015：91.

导他们进行经济斗争。① 对于学生运动，要引起他们对学校的不满，向他们介绍刊物，然后进一步与他们讨论解决社会问题，引导他们走向革命战线。②

综上所述，马克思主义在山东的早期传播及大众化，使山东党团组织发生了质的跃升。其中之一便是使山东党团组织逻辑从宗族人情递升为革命信仰。山东马克思主义早期传播阶段，地方精英群体的历史贡献是不可磨灭的，但也难免被历史潮流所裹挟而最终谢幕。③ 而地方精英群体的退场和宗族人情组织逻辑的谢幕，为中央组织力量的介入和组织意图的渗入提供了空间和机遇。"中央贯彻其组织意图的过程，实为地方党组织权力消减和中央权威树立提升的过程。在此消彼长的态势之下，马克思主义在山东的传播过渡到了组织传播阶段。"④

第二节　山东马克思主义大众化的组织逻辑之二：从研究团体到群众政党

正如马克思所言："只要进一步发挥我们唯物主义论点，并且把它应用于现时代，一个强大的、一切时代中最强大的革命远景就会立即展现在我们面前。"⑤ 马克思主义超越以往哲学之处就在于它不仅能够解释世界，更能够改变世界。马克思主义意识形态的灌输与渗透，使山东地方党组织发生了第一次演进，山东地方党团的组织逻辑从宗族人情递升为革命信仰。至此，中央组织意图开始在山东地方得以贯彻执行，山东地方党组织也进入了一个新的发展阶段。在这一阶段中，山东马克思主义大众化的组织逻辑发生了第二次跃升，即从研究小团体到群众大政党的演进。

---

① 中共山东省委党史研究室编. 山东党的革命历史文献选编（第一卷）[M]. 济南：山东人民出版社，2015：78.
② 中共山东省委党史研究室编. 山东党的革命历史文献选编（第一卷）[M]. 济南：山东人民出版社，2015：79.
③ 闫化川，李丹莹. 地方精英的断代谢幕与薪火相传：早期马克思主义在山东的区域性传播问题研究之四 [J]. 上海党史与党建，2015（6）：17.
④ 闫化川，李丹莹. 地方精英的断代谢幕与薪火相传：早期马克思主义在山东的区域性传播问题研究之四 [J]. 上海党史与党建，2015（6）：17.
⑤ 中共中央马克思恩格斯列宁斯大林著作编译局. 马克思恩格斯文集（第二卷）[M]. 北京：人民出版社，2009：597-598.

一、组织初态：以研究团体为肇始

马克思主义被确立为党的意识形态，并在党团组织和群众团体中开始被灌输和传播，但这一过程并不是一蹴而就的。一方面是因为建党之初中国共产党人的马克思主义理论教育尚处于极度匮乏的状态，对于"真正马克思主义"的认知并不清晰明确。马克思主义理论教育的匮乏和理论素养的不足，导致对"补课"的迫切需要，在中国共产党此后的发展进程中屡屡暴露出来。另一方面，在近代中国的社会主义思潮中，不同的思潮对中国社会问题的解决及出路各执一词，让人莫衷一是。什么是真正的社会主义理论？中国需要什么样的社会主义理论？这一问题链条需要一个理论争鸣和探索的缓冲期。为适应求索真理和探讨理论的需要，这一时期中国共产党呈现出以研究团体为主要形式的组织形态。

（一）求索真理：什么是真正的马克思主义？

中国共产党是一个善于自我反思、勇于自我完善的政党。正如刘少奇在《清算党内的孟什维主义思想》中所总结的对中国共产党成立以来二十二年的历史经验，我们党二十二年来的斗争经验是非常丰富和多方面的，但最重要的经验是对"什么是真正的马克思主义者——什么是真正的布尔什维克"[①] 这个问题的明晰认知。在中国共产党的历史进程中，是存在"何者是真正的马克思主义与真正的马克思主义者？""何者又是假的马克思主义与假的马克思主义者？"[②] 的问题的，而这一问题的根源就在于"我们在过去很长的时期内，关于科学的马列主义的思想上的准备是很不够的"[③]，党的初创时期更是毋庸赘言。

1. 主义杂糅的共产党组织初态

一方面，真正的革命党，离不开革命的理论。所以，一个革命党不仅要有好的组织和政策，而且要有革命理论来统一思想，才能把革命引向正确道路。[④] 就全国范围而言，从中央到地方党的组织虽渐萌发，但对于采用何种"主义"作为组织意识形态，仍模糊不定，悬而未决。1921年7月，广州作为全国最早建立党的组织的六个地区之一，在其报告中阐述了其组织意识形态尚为无政府

① 刘少奇选集（上卷）[M]. 北京：人民出版社，1981：292.
② 刘少奇选集（上卷）[M]. 北京：人民出版社，1981：292.
③ 刘少奇选集（上卷）[M]. 北京：人民出版社，1981：293.
④ 蔡和森. 蔡和森文集：全2册（下）[M]. 北京：人民出版社，2013：807.

主义的滞后状况："尽管组织了共产党，但是与其称作共产党，不如称作无政府主义的共产党。党执行委员会的九个委员当中，七个是无政府主义者，……由于观点不一致，谭平山、谭植棠和我拒绝加入这个小组。"① 面对纷繁杂糅的各种"主义"，人们常常无所适从，不知如何抉择。1921 年 1 月，毛泽东《在新民学会长沙会员大会上的发言》中列举了世界上解决社会问题的五条途径——社会政策、社会民主主义、激烈的共产主义（列宁主义）、温和的共产主义（罗素主义）和无政府主义。这五种方法中，社会民主主义是资产阶级通过议会立法保护有产阶级利益的工具。无政府主义否定一切权力，温和共产主义提倡绝对自由，恐怕永远不会实现②。只有激烈共产主义，也就是所谓的工农主义，才能指望用阶级专政的方法，所以采用它是最合适的。③

　　另一方面，即使以"马克思主义"为旗号、自诩以"马克思主义"为信仰的早期马克思主义者，所信仰的是不是"真正的马克思主义"，也是一个尚待商榷的问题。例如，早期马克思主义研究者李汉俊虽以马克思主义为工具，反对旧礼教、旧制度、旧思想，攻击旧文化，弘扬新文化，但"对无产阶级专政和阶级争斗的观点是怀疑的"④。李汉俊认为，"我们应办学校，看书籍，宣传学生，而不应作组织工作"⑤，甚至在他看来组织劳动组合书记部和工人俱乐部"都是多事了"⑥。首先，李汉俊反对政治宣传。"他主张先组织学生，反对团体的组织，他以为我们的势力很小，是不应该就作政治宣传的，这些政治工作让其他党去作好了。"⑦ 其次，李汉俊反对中央集权。组织方面从根本上反对中央集权，"他们以为，我们第一，只作些文章去宣传学生，何必要中央集权呢？第二，他们是由旧观点出发，以为中央集权可流于个人专制，可以使一、二野心家利用作恶的。因此他们对列宁在俄国的行动也是很怀疑的"⑧。最后，李汉俊

---

① 中共中央文献研究室，中央档案馆编．建党以来重要文献选编（1921—1949）（第一册）［M］．北京：中央文献出版社，2011：16.

② 中共中央文献研究室，中央档案馆编．建党以来重要文献选编（1921—1949）（第一册）［M］．北京：中央文献出版社，2011：512.

③ 中共中央文献研究室，中央档案馆编．建党以来重要文献选编（1921—1949）（第一册）［M］．北京：中央文献出版社，2011：512.

④ 蔡和森．蔡和森文集：全2册（下）［M］．北京：人民出版社，2013：811.

⑤ 蔡和森．蔡和森文集：全2册（下）［M］．北京：人民出版社，2013：811.

⑥ 蔡和森．蔡和森文集：全2册（下）［M］．北京：人民出版社，2013：811.

⑦ 蔡和森．蔡和森文集：全2册（下）［M］．北京：人民出版社，2013：811-812.

⑧ 蔡和森．蔡和森文集：全2册（下）［M］．北京：人民出版社，2013：812.

反对铁的纪律。"以为这就是专政。"① 而早期马克思主义研究者戴季陶则反对阶级争斗，主张阶级合作。②

再者，在共产党早期组织的成员中，知识分子占绝大多数。这一组织形态在一定程度上使党的活动局限于理论层面，而与工人阶级的实践运动相去甚远。1921 年 7 月，在北京共产主义小组的报告中，就有关于知识阶层与工人阶级在观念上疏离的相关阐述："他们把无产阶级看作很无知的、贫穷而又软弱的阶级。"③ 在与北京共产主义小组相关联的另一组织——马克思主义研究会的八十余名成员中，全部为知识分子阶层，他们中有百分之二十是法律专业的学生，百分之二十是高中等院校的学生，其余的是各种政治和编辑团体的成员。这些团体没有工人，因此，很难与他们建立联系。④

2. 思想论辩中推进认知清晰化

思想越辩越清，真理越辩越明。到底什么是真正的马克思主义？对真正马克思主义的认知，往往不只是从理论灌输开始的，更是在思想的辩论中一步步明晰起来的，马克思主义与无政府主义的辩论尤甚。共产党组织创立之初，很大一部分党员是从无政府主义群体中争取过来的。"我党开始形成时，去哪里找许多真正马克思主义者呢？真正能够站在无产阶级利益上的人呢？且马克思主义输入中国以前，无政府主义派在中国已有相当的宣传（在广东及各地都有组织且发行了许多小册子），并且在知识阶级中已有相当的影响了。"⑤ 因此，在马克思主义与无政府主义者的接触、合作，甚至是交锋中，最终做出了符合历史潮流的抉择。"我们开始工作时，在上海、广东、北京不与无政府主义者合作是不行的，……开会时他们总是暗自先开个会讨论问题，不是从共产主义 ABC 开始，而是从无政府主义与共产主义的区别讨论起，阶级争斗对不对，集权制对不对？无产阶级专政应不应该？故党内此时即无一致的思想，且简直闹得不成样子。"⑥

就少数服从多数的组织原则和无产阶级专政的组织体制，陈独秀曾与无政

---

① 蔡和森. 蔡和森文集：全 2 册（下）[M]. 北京：人民出版社，2013：812.
② 蔡和森. 蔡和森文集：全 2 册（下）[M]. 北京：人民出版社，2013：813.
③ 中共中央文献研究室，中央档案馆编. 建党以来重要文献选编（1921—1949）（第一册）[M]. 北京：中央文献出版社，2011：9.
④ 中共中央文献研究室，中央档案馆编. 建党以来重要文献选编（1921—1949）（第一册）[M]. 北京：中央文献出版社，2011：17.
⑤ 蔡和森. 蔡和森文集：全 2 册（下）[M]. 北京：人民出版社，2013：809.
⑥ 蔡和森. 蔡和森文集：全 2 册（下）[M]. 北京：人民出版社，2013：812.

府主义的代表区声白、黄凌霜有过思想的交锋。一是关于无政府主义的"绝对自由"与真正马克思主义的"少数服从多数"的辩论。区声白主张绝对自由，反对任何纪律束缚。他说，对于截然不同的两种意见，各行其是。赞成者既不能强迫反对者这样做，反对者也不能阻碍赞成者的实施。① 陈独秀反驳曰，无论是就一个群体而言，还是就整个社会而言，这种事无大小，都要人人同意，不同意者便从组织中退出的办法，没有现实可能性。② 陈独秀批判无政府主义逃避世界的消极态度，指出唯一使命是改革社会制度，不会有绝对的自由，无政府主义也不会实现。③ 二是与黄凌霜商榷关于是否有必要实行无产阶级专政的问题。陈独秀说，在中国，你是精研笃信无政府主义的第一人，现在竟然幡然醒悟，真算得上是社会改造的一大幸运。我很高兴读到你的来信，并且极其钦佩你坦白自己思想变迁的决心和勇气。本来克鲁巴特金就没有主张马上废除国家这个制度，这个道理列宁在《国家与革命》里说得很清楚、很彻底，所以很多法国无政府主义者读完这本书后加入了共产党。④ 共产党现在要争取的是，怎样使我们从强制习惯做工，转变为人人各尽所能做事；怎样通力合作，使生产事业集中为社会化，怎样使生产力大幅度提高、产品丰富充裕，使人人能各取所需。要实现这些理想，就必须经过无产阶级专政。⑤ 陈独秀坚持：无产阶级强大的组织能力和战斗力是无产阶级专政的必要条件，以强大的政党为先锋队又是无产阶级组织力和战斗力的必要前提。因此，要实现无产阶级革命和专政，就必须摆脱仇视领袖和领导者的心态。⑥

　　正是在明辨"要不要无产阶级专政""阶级争斗有无必要""要不要实行铁的纪律""政治宣传有无必要"等一系列论争中，"什么是真正的马克思主义"才渐渐从各种"假的马克思主义"中剥离出来，浮出水面。

---

① 中共中央文献研究室，中央档案馆编．建党以来重要文献选编（1921—1949）（第一册）［M］．北京：中央文献出版社，2011：25.
② 中共中央文献研究室，中央档案馆编．建党以来重要文献选编（1921—1949）（第一册）［M］．北京：中央文献出版社，2011：26.
③ 中共中央文献研究室，中央档案馆编．建党以来重要文献选编（1921—1949）（第一册）［M］．北京：中央文献出版社，2011：26.
④ 中共中央文献研究室，中央档案馆编．建党以来重要文献选编（1921—1949）（第一册）［M］．北京：中央文献出版社，2011：116.
⑤ 中共中央文献研究室，中央档案馆编．建党以来重要文献选编（1921—1949）（第一册）［M］．北京：中央文献出版社，2011：116.
⑥ 中共中央文献研究室，中央档案馆编．建党以来重要文献选编（1921—1949）（第一册）［M］．北京：中央文献出版社，2011：116-117.

（二）理论探讨：新思潮集萃以改造山东

自王乐平在济南创办齐鲁通讯（书）社"有了所谓新旧之争"①，新思潮的闸门就此打开，沉闷闭塞的山东青年从之前的"老实读书"，到"对于从前一切的制度、学说、风俗等都发生了不满意，都从根本上怀疑起来，……痛痛快快地给他一个解决"②，即有了改造社会之觉悟。那么，如何改造社会？组织团体，研究学理，成为符合时代潮流的必要选择之一。

从内容上来说，就"如何改造山东"，有科学改造、教育改造、妇女解放、家庭改造、共产主义、无政府主义、苏俄革命理论等各种主义学说，呈现出鲜明的杂糅性。其一，教育改造是身处师范的知识分子所直面的社会改造方法，王尽美批评了山东师范教育和乡村教育的腐败和黑暗，指出：师范教育不仅要使学生获得应用性知识，而且要有应付环境的能力和创新教育的精神。因为毕业后，他们应该走到万恶社会上，开展移风易俗的事业③，而乡村教育则是改造社会的武器④。但是，山东的师范教育和农村教育，从办学者、师资、学生三方面来说，不得不说是黑暗腐败的。掌握教育办学权力的"不是有教育经验的教育者，是横行乡曲的绅士"⑤。教师因"过于劳苦""环境寂寞""薪金太薄"等原因"都跑到城市里谋个位置，死不肯到乡村去办学校，谋平民知识的提高"⑥。学生家长因贫困和对新式学校的不信任，民国自勒令办学九年来，"乡村学校的扩张，依然不及私塾的普遍"⑦。邓恩铭则从教风和学风的视角批判了济南女校的落后愚昧。"一般教职员，俨然以老师的身份自居，于是抱着那神圣

---

① 常连霆主编，中共山东省委党史研究室，山东省中共党史学会编．山东党史资料文库（第1卷）［M］．济南：山东人民出版社，2015：404.

② 中共山东省委党史研究室编．山东党的革命历史文献选编（第一卷）［M］．济南：山东人民出版社，2015：9.

③ 中共山东省委党史研究室编．山东党的革命历史文献选编（第一卷）［M］．济南：山东人民出版社，2015：5.

④ 中共山东省委党史研究室编．山东党的革命历史文献选编（第一卷）［M］．济南：山东人民出版社，2015：11.

⑤ 中共山东省委党史研究室编．山东党的革命历史文献选编（第一卷）［M］．济南：山东人民出版社，2015：12.

⑥ 中共山东省委党史研究室编．山东党的革命历史文献选编（第一卷）［M］．济南：山东人民出版社，2015：13.

⑦ 中共山东省委党史研究室编．山东党的革命历史文献选编（第一卷）［M］．济南：山东人民出版社，2015：15.

不可侵犯的妄念"①，令学生又气又怕。"用专制的手段对待学生，……一举一动，非经学校允许不可"②。济南女校对学生持禁锢主义，"只要女生低头窗下，终日在故纸堆里讨生活……外边的新思潮，无论怎样澎湃，她们塞耳不闻，就是有几位学生，想去尝试尝试，就遭师长的谴责，家长知道，就说她是大逆不道，同学背地里就冷讽热嘲，甚至于有当面骂她们的"③。面对如此落后封闭的社会风气，邓恩铭呼吁女校学生自己起来推动男女平等、妇女解放的事业。其二，与侧重于某一领域的改造（如科学改造、教育改造、家庭改造等）不同的是，以苏俄革命理论为代表的马克思主义社会根本改造的理论也开始传播开来。李慰农在《中国需要共产主义》一文中灌输阶级斗争的思想，并初步探讨了共产主义如何在中国实现的问题，即"打倒国际帝国主义国家中国的势力"和"打倒军阀"④，实际上提出了反帝反封建的思想。马克思主义的剩余价值、劳工神圣思想也随之传播。《中国劳动组合书记部山东支部宣言》中将工人比作"机器的附属物"⑤，如牛马一般做工劳工，只得到极少工钱，呼吁一个产业下的劳动者，不分地域、男女、老幼，组织成一个产业组合⑥，而山东支部就是山东劳动团体的总机关。总之，与全国新思潮发展转向相一致，在组织意识形态领域，山东地方党团组织和群团组织初创时期，围绕"改造山东"这一主题，同样呈现出从主义杂糅、思潮集萃到以马克思主义为主导的趋向。

从组织上来说，就"如何改造山东"，依托杂志和学术团体进行学理研究，探索真理，形成了这一时期党的组织以研究团体为底色的组织初态。比如，励新学会的宗旨是研究理论，弘扬文化，济南康米尼斯特学会专门以收集共产主

---

① 中共山东省委党史研究室编. 山东党的革命历史文献选编（第一卷）［M］. 济南：山东人民出版社，2015：22.
② 中共山东省委党史研究室编. 山东党的革命历史文献选编（第一卷）［M］. 济南：山东人民出版社，2015：23.
③ 中共山东省委党史研究室编. 山东党的革命历史文献选编（第一卷）［M］. 济南：山东人民出版社，2015：24.
④ 中共山东省委党史研究室编. 山东党的革命历史文献选编（第一卷）［M］. 济南：山东人民出版社，2015：36.
⑤ 中共山东省委党史研究室编. 山东党的革命历史文献选编（第一卷）［M］. 济南：山东人民出版社，2015：28.
⑥ 中共山东省委党史研究室编. 山东党的革命历史文献选编（第一卷）［M］. 济南：山东人民出版社，2015：28.

义理论书籍，研究共产主义为宗旨①。在此基础上，以济南共产主义小组为肇始的山东党团支部从小到大，一步步成立起来。这一时期，党的思想基础已经摆脱了各种主义的干扰而以马克思主义为意识形态。但是，在党的组织实践中真正贯彻马克思主义的意识形态却是一个漫长而曲折的历程。1922 年，在济南地方团组织建设的通告中，明确指出："本团是一个无产阶级革命性质的团体，不是资产阶级或小资产阶级研究学术性质的团体。"② 然而，组织目标的确立并不意味着组织实践运作的实态。1923 年 4 月，吴慧铭在给施存统的信中汇报了关于济南地方团的组织训练和组织纪律的实况：山东学生均有"埋头几案"的通病，大多数连报纸都不愿翻阅，更是无心于共产主义书籍。因而呈现出一片死气沉沉、萎靡不振的状况。③ 在团支部会议中，组织纪律自由涣散，出勤率连一半都不到，未到会者既未告假，也无正式答复，令人惊叹痛急！④ "团员李允侗、陈诚一、张元成、郑鸿钧、阴鸣珂（均系学生）因藐视团务，迭次不到会，遂照章开除。"⑤ 可见，在山东党团组织初创之时，组织意识形态和组织纪律约束都处于一种蒙昧状态。不仅济南地方团组织如此，青州、青岛等地方团组织亦存在类似问题。1924 年《尹宽关于巡视青州团的工作情况致伯海⑥信》中写道："此地同学都是勤朴热烈的青年，并很肯虚心接受团体的训练，只是他们所处的地方少活动的对象，又无组织的经验，所以他们的组织幼稚极了。他们每聚会一次，不知应该说些什么，结果不过大家闲谈一回而已。"⑦ 团青岛地委"过去的组织，太散漫了，直接可以说没有组织"⑧。值得一提的是，从组织运作的实态来看，这种组织意识形态和组织纪律的蒙昧状态不是短时段的个别状

① 中共山东省委党史研究室编．山东党的革命历史文献选编（第一卷）［M］．济南：山东人民出版社，2015：26.
② 山东革命历史文件汇集（甲种本第一集：一九二二年——一九二五年）［M］．中央档案馆，山东档案馆，1994：4.
③ 山东革命历史文件汇集（甲种本第一集：一九二二年——一九二五年）［M］．中央档案馆，山东档案馆，1994：12.
④ 山东革命历史文件汇集（甲种本第一集：一九二二年——一九二五年）［M］．中央档案馆，山东档案馆，1994：13.
⑤ 山东革命历史文件汇集（甲种本第一集：一九二二年——一九二五年）［M］．中央档案馆，山东档案馆，1994：13-14.
⑥ 伯海，团中央组织部的隐语代号。
⑦ 山东革命历史文件汇集（甲种本第一集：一九二二年——一九二五年）［M］．中央档案馆，山东档案馆，1994：201.
⑧ 山东省档案馆，山东社会科学院历史研究所合编．山东革命历史档案资料汇编（第一辑）［M］．济南：山东人民出版社，1981：66.

态，而是山东地方党团组织长期存在的组织常态。1927 年《山东省委关于组织问题的报告提纲》中再次重述了上述问题的存在："训练工作：没有注意斗争中的训练，支部教育也不够。……秘密工作：始终未注意。……纪律问题：很少执行纪律，对前潍县县书记的错误，支部讨论还不至开除，要处罚他，他自己不接受，并声明不愿做工作。后提出开除，但支部不同意，省委并未说服。此外，对支部同志让步的现象很多。"① 综上，从山东地方党团组织的运作实态可见，虽然山东地方党组织毫无疑问是以马克思主义为思想基础，但其对马克思主义意识形态和组织原则的认识及贯彻尚存在一定的距离和差距。

二、组织跃升：从研究团体到群众政党

真正的革命党离不开革命的理论，但党的理论不是从天上掉下来的，不是短时期内就可以形成的，② 党的理论亦需在长期的革命斗争中才能形成。在党对其理论基础的认知尚不明晰的情势下，接踵而至的是革命形势的一日千里，迫切呼唤党的领导。在理论与实践的双重拷问下，中国共产党在革命斗争的实践中成长。

（一）中央组织意识形态的纠偏

中国共产党立党之初即自我定位为"与无产阶级一起推翻资本家的政权，直到社会的阶级区分消除为止"③ 的政党，然而，中国共产党的政治实践却与这一政治目标存在一定的错位和偏差。作为一个以知识分子起步的政党，与无产阶级存在观念和行为上的天然疏离。"知识分子认为自己非常重要，而无产阶级则微不足道。"④ 这种觉悟的浅薄和阶层的疏离给无产阶级革命运动带来了极大的障碍。中国共产党对此有着清醒的自我认知，为此，在第二次全国代表大会《关于共产党的组织章程决议案》中，中央层面进行了组织意识形态的纠偏，明确指出：共产党不是知识分子组成的马克思主义理论研究会，也不是共产党人离开工农群众的乌托邦革命团体，而是无产阶级最革命的先驱者组织的为自

---

① 山东省档案馆，山东社会科学院历史研究所合编. 山东革命历史档案资料汇编（第一辑）［M］. 济南：山东人民出版社，1981：223.

② 蔡和森. 蔡和森文集：全 2 册（下）［M］. 北京：人民出版社，2013：807.

③ 中共中央文献研究室，中央档案馆编. 建党以来重要文献选编（1921—1949）（第一册）［M］. 北京：中央文献出版社，2011：1.

④ 中共中央文献研究室，中央档案馆编. 建党以来重要文献选编（1921—1949）（第一册）［M］. 北京：中央文献出版社，2011：9.

己的利益而斗争的无产阶级政党。这种政治角色的定位要求共产党员不是要到图书馆去，而是要到群众中去；不是要到研究会中去，而是要到工人、农民中去；不是要埋头搞研究，而是要抬头干革命。总而言之，"要说我们中国共产党成功一个党，不是学会，成功一个能够实行无产阶级革命大的群众党，不是少数人空想的革命团体，我们的组织与训练必须是很严密的、集权的、有纪律的，我们的活动必须是不离开群众的"①。自此，马克思主义大众化进入第二阶段的递升演进，即从研究性小团体到群众性大政党的蜕变。

1. 真的革命，只是个"胃的问题"！

能否从研究性的小团体前进至群众性的大政党，成为关系到中国共产党生存发展的一大问题。党的第四次全国代表大会通过《关于组织问题决议案》，指出：组织问题是关系党的生存发展的决定性问题，组织问题不能解决，那么，党决不能从宣传性的小团体前进到广泛性的群众党。② 那么，如何实现这一转变呢？或者说，如何将马克思主义意识形态灌输至广大工农群众的头脑中去呢？

中国共产党人意识到，要将党的组织从研究型团体拓展至群众型政党。如何动员群众参加革命运动呢？就要抓住群众的胃！真的革命，只是"胃的问题"。③ 中国共产党人不是空谈主义政党，而是时时刻刻为无产阶级利益而努力工作的政党。④ 为无产阶级群众利益工作，不是一句空谈。围绕这一问题，中国共产党人从理论到实践都进行了一系列探索，在这一过程中党逐渐认识到，中国的民众并非没有感到革命的必要，也不是不能干革命，而是没有了解到革命对于他们幸福生活的保证性意义。因此，党所应从事工作便是使民众得到这个了解，使他们相信只有革命，才能给予他们所期望的幸福生活。一言以蔽之，革命就是要切中民众的真正需要。⑤ 那么，民众真正需要的东西是什么呢？"人

---

① 中共中央文献研究室，中央档案馆编. 建党以来重要文献选编（1921—1949）（第一册）[M]. 北京：中央文献出版社，2011：163.

② 中共中央文献研究室，中央档案馆编. 建党以来重要文献选编（1921—1949）（第二册）[M]. 北京：中央文献出版社，2011：258.

③ 中共中央文献研究室，中央档案馆编. 建党以来重要文献选编（1921—1949）（第二册）[M]. 北京：中央文献出版社，2011：83.

④ 中共中央文献研究室，中央档案馆编. 建党以来重要文献选编（1921—1949）（第一册）[M]. 北京：中央文献出版社，2011：139.

⑤ 中共中央文献研究室，中央档案馆编. 建党以来重要文献选编（1921—1949）（第二册）[M]. 北京：中央文献出版社，2011：82-83.

民所需要的，只是'和平与面包'。"① 这就需要我们"切实地钻入民众间去，研究他们的实际痛苦是些什么？他们所希望的何在？什么东西才是他们所以感觉着必需革命的？"②。这表明，中国共产党人已经切实认识到人民对于美好生活的向往追求就是无产阶级的正当利益，为无产阶级的利益而奋斗就要满足人民对于美好生活的向往和追求。唯有如此，才能真正地深入群众，与群众打成一片。至此，在中央组织意识形态的纠偏下，中国共产党人"一反从前那种不问那为革命之中心的人民如何茫然，如何匆需，而只唱自己的二簧的态度。我们现在应该去顺着民众唱那为他们所能领会的小调了！"③。

2. 中央党团机制的建立

如果说"抓住群众的胃"是实现从研究团体到群众政党转变的第一步的话，那么，如何将群众组织起来以集中灌输和贯彻党的意识形态就是第二步。在这一方面，中国共产党进行了组织体制的创新——创立党团机制。党团机制成为中国共产党将其意识形态楔入一切群众外围组织，甚至是国民党党团组织的一把"楔子"。马思宇认为："党团"是党从研究团体向群众政党转型的重要机制，中国共产党和青年团即可以派人秘密渗透到群众组织，而不引起人们的注意，无形中扩大党的影响，以有形化无形；"党团"通过组织宣传、外联等方式渗透、整合、控制群众团体，掀起群众运动的浪潮，化无形为有形。④

"党团"初义，即中国共产党和社会主义青年团组织之合称。党团机制开始受到重视起源于国共第一次合作期间，为保持共产党意识形态领导和宣传的独立性而设。后来范围拓展至各种群众外围组织，党团成为"中共在一切党外组织与群众中进行组织活动的秘密机关"⑤，共产党也因"在国民党内组织党团，占据了国民党的重要地位"⑥ 而遭到责难和排斥。然而，这不但没能阻止中共党团机制的发展，相反，它刺激了其加强党团机制规范性和标准化的行动。

---

① 中共中央文献研究室，中央档案馆编.建党以来重要文献选编（1921—1949）（第二册）[M].北京：中央文献出版社，2011：83.
② 中共中央文献研究室，中央档案馆编.建党以来重要文献选编（1921—1949）（第二册）[M].北京：中央文献出版社，2011：83.
③ 中共中央文献研究室，中央档案馆编.建党以来重要文献选编（1921—1949）（第二册）[M].北京：中央文献出版社，2011：83.
④ 马思宇.无形与有形：中共早期"党团"研究[J].中共党史研究，2017（2）：32.
⑤ 马思宇.无形与有形：中共早期"党团"研究[J].中共党史研究，2017（2）：33.
⑥ 中共中央文献研究室，中央档案馆编.建党以来重要文献选编（1921—1949）（第二册）[M].北京：中央文献出版社，2011：99.

1924 年，《中共中央、青年团中央关于国民党工作的合作办法》中明确指出：
"各地 C. P. 和 S. Y. 在民校工作之同志应合组党团，党团工作由 C. P. 地委或区
委依据 C. P. 中央通告指导之。"①

1925 年，中共中央在议决案中指示：以党团作为控制国民党活动的重要媒
介②，并在 10 月议决案中进一步扩大党团机制的渗透范围，将其扩展至工会、
农会以及智识阶层团体里③。"每工会成立，党须尽力活动，组织党团及支部，
加以严密组织与训练，使工会行动在党的领导之下。"④ 党团机制的常态化和规
范化，成为贯通中国共产党的意识形态至各类群众及党外组织的一条通道。

党团机制是渗透中国共产党意识形态的一把"楔子"，通过党团机制，共产
党可以控制意识形态的领导权和话语权，形成独立的意识形态领导体制。"群众
组织是中共动员群众的媒介，而'党团'则是中共引导和控制群众组织的媒
介。"⑤ 党团机制的诞生，回答了中国共产党通过何种机制渗透党的意识形态，
乃至控制各种党外及群众组织的问题，也在一定程度上回答了中国共产党何以
从小到大，由弱变强的问题。

（二）山东党团组织逻辑的转换

在马克思主义扎根山东的过程中，一个比较权威的说法是一个"从城市到
农村，先学生、后工人、再农民"⑥ 的发展过程。1927 年 12 月，中共山东省委
在向中央的总报告中写道：我们党已经六年了。六年来，从几个学生的小团体
到一个一千五百余人的党。虽然这个数字比不上湖南、广州、上海那么大，但
较之其他各省，在发展上还是相当可观的。⑦ 至 1927 年，山东党组织从最初的
几个学生的研究小团体，发展为在全省二十五个县市有党的支部或小组活动，
在高密、寿光、东昌、泰安等地成立县委，在青岛、济南成立市委，在青州、

---

① 中共中央文献研究室，中央档案馆编．建党以来重要文献选编（1921—1949）（第二
册）［M］．北京：中央文献出版社，2011：142.
② 中共中央文献研究室，中央档案馆编．建党以来重要文献选编（1921—1949）（第二
册）［M］．北京：中央文献出版社，2011：260.
③ 中共中央文献研究室，中央档案馆编．建党以来重要文献选编（1921—1949）（第二
册）［M］．北京：中央文献出版社，2011：524.
④ 中共中央文献研究室，中央档案馆编．建党以来重要文献选编（1921—1949）（第一
册）［M］．北京：中央文献出版社，2011：532.
⑤ 马思宇．无形与有形：中共早期"党团"研究［J］．中共党史研究，2017（2）：38.
⑥ 余世诚，刘明义．中共山东地方组织创建史［M］．东营：石油大学出版社，1996：153.
⑦ 中共山东省委党史研究室编．山东党的革命历史文献选编（第一卷）［M］．济南：山东
人民出版社，2015：217-218.

潍县、张店、鲁北等四个地区建立地委，并在此基础上建有省委的一千五百余名党员的党组织。由此观之，山东党团组织逻辑实现了从研究团体到群众政党的转换。不过，与中央组织意识形态呈现出显性纠偏趋势不同的是，山东党团组织从以知识分子为主体的研究团体到以工农群众为主体的群众政党，这一过渡或转换多呈现为一种自然自觉的隐性状态，而非在外力作用下的显性状态。

从山东党团成员的社会构成①来看，山东党团组织经历了以知识分子为主体到以工农阶级为主体的过渡。以 1923 年 10 月济南地方团员社会构成一览表（参见表 4-1）和 1923 年 11 月青岛地方团员社会构成一览表（参见表 4-2）为例，可以发现：在济南地方团员中，学生占 48%，工人占 43%，无农民成分；在青岛地方团组织中，学生群体占比高达 67%，其余全部为公司职员，无任何工农成分。这一数据结果表明，在山东地方党团组织成立初期，知识分子占据主体地位，工农成分尚不占据优势地位。

表 4-1　济南地方团员社会构成一览表（1923 年 10 月）

职业类别	团员成员	数量
学生	贾乃甫、宋辅圣、陈警彼、黄印寿、李卓午、马馥塘、尹裕祚、邱源汶、王象午、王意坚、王瑞俊	11
工人	王用章、郝永泰、王复元、李宗海、方鸿俊、高峰、沈清泉、盖增元、王廷遴、张蕙先	10
商人	蒋敦鲁、张葆臣	2
合计		23

注：1. 王复元先前是工人，现在是胶济路张店车站的书记。

2. 王象午先前是学生，现在是胶澳督办公署工程科的科员。

3. 蒋敦鲁先前是商人，现在亦在胶济路做事。

资料来源：山东革命历史文件汇集（甲种本第一集：一九二二年—一九二五年）[M]．中央档案馆，山东档案馆，1994：33-35.

---

① 从理论上讲，判断党员社会构成的基本标准是所谓"成分"和"出身"，前者系党员本人的经济地位，后者则指党员家庭的经济地位。而从中国共产党的组织工作文件中的实际状况来看，中国共产党党团干部的记载大多只有党员本人而无家庭出身的记载。故这里的"社会构成"仅就党员个人出身情况做一统计。详参：李里峰．革命政党与乡村社会：抗战时期中国共产党的组织形态研究 [M]．南京：江苏人民出版社，2011：52.

表 4-2 青岛地方团员社会构成一览表（1923 年 11 月）

职业类别	团员成员	数量	占比
职员	王少文、王象午、孙秀峰、邓又铭	4	33%
学生	许兴业、李松舟、李莘之、姜秩东、郝骏夫、傅健生、李树伯、张肃甫	8	67%
总计		12	100%

资料来源：山东革命历史文件汇集（甲种本第一集：一九二二年——一九二五年）[M]．中央档案馆，山东档案馆，1994：54-55．

随着山东地方党团组织的进一步发展，工农运动进一步深入推进，根据各地接近工人运动和农民群体的实际情况，党团成员中的社会构成也开始发生隐性的变化。通过对比青岛地方团员社会构成一览表（1923 年 11 月）（参见表 4-2）和青岛地方团员社会构成一览表（1925 年 1 月）（参见表 4-3），可以很明显地发现，两年来，青岛地方团员的社会构成中，工人成分从一无所有增加到15 人，占青岛地方团员总数的 45%，与以学生、教员为主体的知识分子群体一样，占据青岛团组织的"半壁江山"，呈现出迅猛增长的趋势。与此同时，据济南地方团支部一览表（1926 年 5 月）（参见表 4-4）和济南地方团社会构成一览表（1926 年 5 月）（参见表 4-5），与 1923 年 10 月相比，经过近三年的发展，济南地方团组织在农村支部为零的基础上，增加了 4 个农村支部，工农成分的支部占比高达 52%，农民团员也发展至 17 个，工农成分的团员高达 57.1%。

表 4-3 青岛地方团员社会构成一览表（1925 年 1 月）

职业类别	团员成员	数量	占比
工人	王宝云、付友松、杨永济、刘书堂、王克芳、毕彩玲、于维公、王相阶、傅书堂、尹振邦、王翔舞、刘寅宾、王学泗、张裕弟、赵鲁玉	15	45%
学生/教员	林礼周、傅若杞、张承运、张德鉴、梁德元、卜韶庭、孙秀峰、邓佑民、王平一、贺启元、延白真、王官赏、陈宴德、钟玉千、闫成德	15	45%
其他	吕竹村、丁祝华、王醒华	3	9%

职业类别	团员成员	数量	占比
总计		33	99%

资料来源：山东革命历史文件汇集（甲种本第一集：一九二二年——一九二五年）[M]．中央档案馆，山东档案馆，1994：318-320.

表 4-4　济南地方团支部一览表（1926 年 5 月）

支部类别	数目	所在地	占比
农村	4	高苑、寿光、广饶、冠县	19%
工厂	7	鲁丰、张店、淄川、石谷、大槐、胶站、坊子	33%
学校	9	正谊、北苑、农专、一中、一师、育英、女师、女中、女职	43%
其他（特支）	1	青州	5%
总计	21		100%

资料来源：山东革命历史文件汇集（甲种本第二集：一九二二年——一九二五年）[M]．中央档案馆，山东档案馆，1995：168.

表 4-5　济南地方团员社会构成一览表（1926 年 5 月）

职业类别	数量	所占百分比
工人	79	47.0%
农民	17	10.1%
学生	51	30.4%
兵士	1	0.6%
教员	3	1.8%
其他	17	10.1%
总计	168	100.0%

资料来源：山东革命历史文件汇集（甲种本第二集：一九二二年——一九二五年）[M]．中央档案馆，山东档案馆，1995：168.

在以农民党团成员和农村支部为主要发展对象的寿光地方团员的社会构成中，以农民为主要成分的团员数量发展至 7 位，农民团员占比高达 41%（参见表 4-6）。

表4-6　寿光地方团员社会构成一览表（1924年9月）

职业类别	团员成员	数量	占比
小学教员	王云生、张良儒、王湘宾、陈焕然、延春熙、延安庆、隋曰寿、隋庆祥、隋鸿烈	9	53%
农民	张于山、张方儒、褚宝斋、杨兰英、丁培基、延安吉、隋以文	7	41%
商人	王其圣	1	6%
总计		17	100%

资料来源：山东革命历史文件汇集（甲种本第一集：一九二二年——一九二五年）[M].中央档案馆，山东档案馆，1994：165-166.

更重要的是，工农成分为主的党团成员迅猛增长的趋势一直未有减弱的趋势。到1927年11月，中共山东省委书记邓恩铭在给中央的报告中指出，山东党团成员有一千五百余人，其中大部分分布在胶济路上，少数在鲁北、东昌、鲁南；农民占百分之五十，工人占百分之三十，其余为小学教员和学生。党员的文化程度，除了知识分子和少数铁路工人外，大多数的工农是文盲。[1] 可见，这一时期山东党团成员中工农成分已经占比高至百分之八十以上。因此，虽以一种自觉隐性的方式，但毫无疑问，山东地方党团组织亦是经历了从研究小团体到群众大政党的转变。

第三节　山东马克思主义大众化的组织逻辑之三："何为"和"如何实现"党的群众化？

在从"研究团体"到"群众政党"的这一组织逻辑支配下，"党的组织像暴发户一样发展"[2]。蔡和森以1925年为界，以党员数量前后对比的方式凸显党的组织疯长般的态势，他说，"一九二五年以前是不满五百人的知识分子小团

---

[1]　山东革命历史文件汇集（甲种本第二集：一九二二年——一九二五年）[M].中央档案馆，山东档案馆，1995：320.
[2]　中共中央文献研究室，中央档案馆编.建党以来重要文献选编（1921—1949）（第四册）[M].北京：中央文献出版社，2011：520.

体，一九二五年以后，却发展至五万人以上的大党"①。不仅如此，党的政治影响之增长速度比党的数量之增长速度还要大，还要广。在党的领导下，"二百八十余万工人与九百余万农民已经组织起来"②。可以说，中国共产党毫无疑问成为全国工农群众的领袖，成为群众的党了。然而，始料不及的是，1927年国民党反动派相继发动"四一二"和"七一五"反革命政变，大肆屠杀共产党人，其中部分党员因白色恐怖的压力而逃亡、反叛、怠工、消极，党员数量呈现出直线断崖式的锐减，"从五万余党员减至万余党员"③，山东地方党团员也一度从一千五百余人缩减至二百四十一人。面对残酷的革命现实，固然有反动势力强大的因素，但中国共产党人不得不深刻地反思其内在根源，以免重蹈覆辙。这样一来，何为真正的"党的群众化"？"党的群众化"是否仅仅意味着党员数量的增加？如何实现真正的"党的群众化"？这一系列问题链条迫切需要中国共产党人从革命理论和实践的思索碰撞中做出回答。

一、组织误区：何为真正的"党的群众化"？

何为真正的"党的群众化"？这是一个多维视角下蕴含多元内涵的政治概念。而要回答何为真正的"党的群众化"，不妨走到它的反面，首先回答什么不是真正的"党的群众化"。在中国共产党的组织发展历程中，有一种普遍的情况是先呈现出"非群众化"的乱象，才有了"党的群众化"的规范要求。而党组织中的"非群众化"组织乱象，源于组织体系内部无产阶级组织意识形态的缺失、混乱，抑或是无产阶级意识形态与非无产阶级意识形态的斗争、博弈。"组织意识形态位于组织制度系统中的理念层次，它是深藏于具体制度规则背后的隐性价值判断与目标定位。作为制度理念的意识形态是特定规章制度得以产生的观念先导，是特定制度赖以产生和存在的意义支撑。"④ 因此，党团组织系统中无产阶级意识形态的有无与强弱，直接关系到党团组织系统的存亡，以及严密或涣散。

① 中共中央文献研究室，中央档案馆编．建党以来重要文献选编（1921—1949）（第四册）［M］．北京：中央文献出版社，2011：520.
② 中共中央文献研究室，中央档案馆编．建党以来重要文献选编（1921—1949）（第四册）［M］．北京：中央文献出版社，2011：176.
③ 中共中央文献研究室，中央档案馆编．建党以来重要文献选编（1921—1949）（第四册）［M］．北京：中央文献出版社，2011：641.
④ 吴海琳．组织变迁中的意识形态整合研究［M］．长春：吉林人民出版社，2011：144.

（一）"党的群众化"的普遍组织误区

就全国范围而言，对于何为真正的"党的群众化"经历了一个从"非群众化"到"群众化"的认识转变。正是由于党的"非群众化"的组织误区所带来的革命事业的重创，促使中国共产党人反思真正的"党的群众化"的内在含义与实践路径。我们从这一时期党的"非群众化"的组织乱象入手，以逆向思维的方式认知"何为真正的'党的群众化'"的内涵旨趣。

一是党团组织内部，尤其是指导机关内工农成分的缺失。1927年9月革命刚刚遭受反革命政变冲击之初，蔡和森即反思：工农党员群众的意见和讨论从未在党内发挥作用①，甚至出现"党的下层群众的行动是革命的，党的指导干部却是机会主义的"②之窘相。为什么会出现这种情况呢？这是由于在早期革命高潮中，小资产阶级知识分子作为最主要、最激进的角色构成党的干部基底，但他们仅仅受着最初革命高潮的冲动，并没有经过马列主义理论的锻炼，不了解国际无产阶级运动的经验，站在工人阶级斗争外面。他们不但没有把自己改造成彻底的无产阶级革命家，而且在政治上不坚定、不彻底、不坚决、不善于组织的习惯，以及其他非无产阶级、小资产阶级革命者所带有的习性、成见、幻想，带到中国共产党中来。③这样一个以小资产阶级知识分子为主体的集团，在平时日常工作中还只是表现为自由散漫的工作作风，一旦遭遇白色恐怖，"整个的党即完全瓦解：逃亡的逃亡，消极的消极，怠工的怠工，反叛的反叛"④。因而，根本无法胜任成为领导群众战斗核心的重任。

二是非无产阶级意识形态在组织工作机制中的渗透，尤其是对民主集中制的侵蚀尤为严重。党的指导机关的"非群众化"，产生了一系列恶果。首先，民主集中制只有集中，没有民主，阻碍了组织意识形态上传下达的畅通渠道。⑤指导机关的"非群众化"不准群众自发地根据当地斗争的条件制定适宜的斗争政

① 中共中央文献研究室，中央档案馆编.建党以来重要文献选编（1921—1949）（第四册）[M].北京：中央文献出版社，2011：520.
② 中共中央文献研究室，中央档案馆编.建党以来重要文献选编（1921—1949）（第四册）[M].北京：中央文献出版社，2011：636.
③ 中共中央文献研究室，中央档案馆编.建党以来重要文献选编（1921—1949）（第四册）[M].北京：中央文献出版社，2011：635-636.
④ 中共中央文献研究室，中央档案馆编.建党以来重要文献选编（1921—1949）（第四册）[M].北京：中央文献出版社，2011：723.
⑤ 中共中央文献研究室，中央档案馆编.建党以来重要文献选编（1921—1949）（第四册）[M].北京：中央文献出版社，2011：520.

策，而将其变成只会听从号令的机械执行者。在这一僵化机械的组织体系中，上下级机关的信息沟通和组织管理处于非群众化状态，下级党部及群众的意见无法反馈到上级机关中来，上级机关对下级党部及群众的意见或批评采取高压压制策略，阻断了上级机关与下级群众之间的正常关联，群众脱离了党，党的指导机关也抛弃了群众。[①] 这就形成了组织上的机会主义错误，导致组织生态上"渐渐养成一种轻视工人同志能力和不相信群众的习惯"[②]，随着这一趋势愈演愈烈，"从上至下的指导机关，无形中逐渐小资产阶级化或民族资产阶级化"[③]。其次，小资产阶级工作风气在党的工作中的渗透，突出表现在"如闹个人问题、经济问题及以私人感情关系为出发观察一切工作……常因这种问题演成党内纠纷"[④]。以小资产阶级的意气之争为代表的非无产阶级意识，常常带来工作机制的情绪化和随意化，严重影响了党的政策的贯彻力度和实施效度，以及党的组织的严密性与强固性。最后，党内无产阶级意识形态的教育呈现出或者匮乏，或者清谈的危险倾向。具体表现为党内政治教育匮乏，党员理论水平不高，即使在有党内教育的个别支部，也存在严重的"清谈"危险。[⑤]

（二）山东"党的群众化"的组织误区

在蒋汪反革命政变的冲击之下，从中央层面到地方层面，从全国范围到具体地域，都笼罩在一片机会主义的风气之中，山东亦不例外。1927年12月，山东省委报告中指出："山东党的基础完全建筑在小资产阶级之上，以保守的群众完成山东共产党的组织，是山东党不能活动之真因。"[⑥] 山东地方党组织保守作风所带来的"不动主义"和"等待主义"等非无产阶级意识弥漫在党的组织气氛中，革命形势陷于低沉和死寂的状态。

一方面，在"党的群众化"之路上，山东地方党组织陷入了与中央层面大

① 中共中央文献研究室，中央档案馆编．建党以来重要文献选编（1921—1949）（第四册）[M]．北京：中央文献出版社，2011：521.
② 中共中央文献研究室，中央档案馆编．建党以来重要文献选编（1921—1949）（第四册）[M]．北京：中央文献出版社，2011：521.
③ 中共中央文献研究室，中央档案馆编．建党以来重要文献选编（1921—1949）（第四册）[M]．北京：中央文献出版社，2011：521.
④ 中共中央文献研究室，中央档案馆编．建党以来重要文献选编（1921—1949）（第六册）[M]．北京：中央文献出版社，2011：10.
⑤ 中共中央文献研究室，中央档案馆编．建党以来重要文献选编（1921—1949）（第七册）[M]．北京：中央文献出版社，2011：179.
⑥ 中共山东省委党史研究室编．山东党的革命历史文献选编（第一卷）[M]．济南：山东人民出版社，2015：217-218.

致一致的组织误区。其一，山东共产党是建立在自耕农、工匠和知识分子基础之上的小资产阶级政党。工人同志不是下层的苦力工人，而是上层的贵族工人。……农民党员中有百分之九十为自耕农，他们大多是保守的，不肯行动。①党的无产阶级基础不强固，进而导致无产阶级意识不坚决，"使山东党更温和妥协到不堪言状，形成一个不能奋斗的畏首畏尾的党"②。在这样的组织基础之上，不仅党的日常工作充斥着虚浮敷衍的工作作风，更重要的是，在遭遇革命考验的关键时刻，多暴露出后退、妥协，甚至投降、叛敌的恶果。在山东党的上层领导机关，"上层负责同志，只会说几句空话，很少实际领导斗争，并且对工作去敷衍的态度，如事变以后，便乘机偷懒，不能迅速恢复。这样，便渐渐离开群众，使群众走上被敌人软化的路上去，即自己的同志也趋于怀疑、失望、消极！"③ 在党所领导的群众组织中，"党的机会主义政策，稳健的态度，在党内党外群众中都留下很深的印象，党的历史长的地方的群众，远不如没有党的地方的群众英勇"④。其二，"脱离群众化"倾向在党的实际工作中普遍蔓延。这一工作作风普遍存在于党的各类各项工作之中，比如党的对内教育训练，不是积极去了解党的新政策，把握转瞬即逝的革命时机，而是按部就班地开展脱离革命实际需要的学院式的研究。这一作风导致"各地党部可说毫未了解新政策之真谛，虽在口头上是反对机会主义的，而行动上仍然是机会主义的"⑤。又如，农民暴动不是利用暴动宣传土地革命，解决土地问题，建立党的组织基础，而是沦为军事投机的流弊。"胶东恐怕已经有这种倾向（根据其报告，仅说'枪确有五百支，……军事人才多多益善'等语，而绝对没有说到怎样煽动、宣传、扩大……）。"⑥ 为此，山东省委指示："建立党的基础及提高农协之威信——在

---

① 山东革命历史文件汇集（甲种本第二集：一九二二年——一九二五年）[M]. 中央档案馆，山东档案馆，1995：396.
② 山东革命历史文件汇集（甲种本第二集：一九二二年——一九二五年）[M]. 中央档案馆，山东档案馆，1995：332.
③ 山东革命历史文件汇集（甲种本第二集：一九二二年——一九二五年）[M]. 中央档案馆，山东档案馆，1995：333.
④ 山东革命历史文件汇集（甲种本第二集：一九二二年——一九二五年）[M]. 中央档案馆，山东档案馆，1995：333.
⑤ 山东革命历史文件汇集（甲种本第二集：一九二二年——一九二五年）[M]. 中央档案馆，山东档案馆，1995：328.
⑥ 山东革命历史文件汇集（甲种本第二集：一九二二年——一九二五年）[M]. 中央档案馆，山东档案馆，1995：280.

暴动中创造武装势力，当然是要紧，但同时须注意建立党的基础。"①

另一方面，在"党的群众化"之路上，山东地方党组织也滋生出带有地方特色的组织误区。具体表现在：其一，山东党的省委机关不健全，导致山东党的各项工作缺乏有力指导。"过去省委机关极不健全，……党即缺少宣传、工委等部负责专人，农委、军委或妇委等部亦未成立，即组织部亦经过三四次的更换，使一切的工作无人负专责指导或不能继续执行工作。自一九二七年五月以后，省委即无正式的机关，对各地工作更是绝少指导。所以过去工作之糟，原因于没有健全的机关负起指导的责任者甚大。"② 其二，山东党的工作方法尚处于非无产阶级意识充斥的原始状态，对本省省情隔膜万分。"过去山东的指导机关，只依据中央对时局的分析而解释中国的政治变化，很少注意中国北方经济政治与国际关系之特殊性质，而加以彻底分析与了解，并采用适当的策略与主张散布到群众中去。对山东本省的政治经济情形，亦是隔膜万分，因此失去很多经济的或政治的活动机会。"③ "党在过去没有注意调查统计工作，全省经济、政治、军事等固隔膜万分，即党内一切同志，支部数目，收费，会议情形，我们的群众组织状况，党员的成分等，也是不其知道。"④

"党的群众化"是否仅仅意味着党员数量的增加？从中国共产党在 1927 年前后党员数量从五万余锐减至一万左右的断崖式下跌可以看出，毫无疑问，答案是否定的。"党员的多寡，是衡量一个政党组织实力的重要指标之一，但政党组织实力的充分发挥，还有赖于其内部组织结构的严密性、协调性与实际运作的有效性。"⑤ 因此，"党的群众化"更重要的是将无产阶级意识形态通过制度化的建构与规训嵌入组织，并将其作为党的各项组织制度的核心价值理念加以确立与贯彻执行。

---

① 山东革命历史文件汇集（甲种本第二集：一九二二年——一九二五年）［M］．中央档案馆，山东档案馆，1995：281.
② 山东革命历史文件汇集（甲种本第二集：一九二二年——一九二五年）［M］．中央档案馆，山东档案馆，1995：334.
③ 山东革命历史文件汇集（甲种本第二集：一九二二年——一九二五年）［M］．中央档案馆，山东档案馆，1995：333.
④ 山东革命历史文件汇集（甲种本第二集：一九二二年——一九二五年）［M］．中央档案馆，山东档案馆，1995：336.
⑤ 王奇生．党员、党权与党争：1924 年—1949 年中国国民党的组织形态［M］．修订本．北京：华文出版社，2010：42-43.

二、组织成熟：如何实现"党的群众化"？

"党的群众化"的核心要素是什么？罗峰从意识形态作为政党嵌入社会民众的中介和手段的视角指出，"意识形态作为观念层面的东西，要发挥出权威性影响力和进行有效的社会整合，其发挥作用的机理在于它要通过一定的中介和手段将这种价值层面的东西渗入社会与个体的心理结构中去，通常这个中介有两种：一是制度，二是利益"①。以此分析，"党的群众化"能否真正实现，也就是说"党的群众化"的核心要素也取决于制度和利益。

一是利益，尤其是物质利益实现的广泛化和普遍化是实现真正的"党的群众化"的根本因素。现实的物质动因是刺激群众尝试以革命范式解决个人和社会问题的选择之一的最大动力因素。马克思和恩格斯在《神圣家族》中所言，如果说 1789 年革命"不合时宜"，那是因为从本质上讲，它仍然停留在那样一种群众生活条件的范围内，而那种群众仅仅是少数人，不是全体居民，是有限的群众②。如果说 1789 年革命"不合时宜"，那是因为许多与资产阶级利益不同的群众认为，在革命的原则不反映他们的实际利益，不体现他们的革命原则，而只包含一种"思想"，即只包含一种激起一时热情和表面风潮的对象罢了③。革命只有满足最广大人民群众最广泛的需要和利益，才能激发民众经由生存伦理而进入政治意识形态和政治组织目标的认同与服从。

二是制度，尤其是为保障制度实现的组织纪律的规范化和严格化是实现真正的"党的群众化"的重要因素。制度在约束和限制人的行为、实现组织目标方面发挥着双重效能：一方面通过内在于制度理念的意识形态发挥内聚力作用，另一方面依靠外在的纪律规制发挥约束力作用。"一定的制度理念是一定的制度得以产生的观念先导，是某种制度赖以产生和存在的价值理念。"④ 制度的建构是一个从疏漏逐渐臻于完备的历史过程，与之相伴的亦是意识形态体系的渐臻完善。就真正的"党的群众化"而言，无论是意识形态领域，还是组织纪律方

① 罗峰. 嵌入、整合与政党权威的重塑：对中国执政党、国家和社会关系的考察 [M].
上海：上海人民出版社，2009：85.
② 中共中央马克思恩格斯列宁斯大林著作编译局. 马克思恩格斯文集（第一卷）[M]. 北
京：人民出版社，2009：287.
③ 中共中央马克思恩格斯列宁斯大林著作编译局. 马克思恩格斯文集（第一卷）[M]. 北
京：人民出版社，2009：287.
④ 辛鸣. 制度论：关于制度哲学的理论建构 [M]. 北京：人民出版社，2005：91.

面，对什么是真正的"党的群众化"以及如何实现"党的群众化"的认识都是一个从误区到逐渐明晰、从疏漏臻于完备的历史过程。

在这里必须提及的是，虽然确立了以"利益"和"制度"为实现"党的群众化"的核心要素，但从实际的革命实况来看，真正地实现这两大核心要素必然是一个漫长曲折、渐臻至善的过程。

（一）利益："党的群众化"的核心抓手

在山东党的群众化的过程中，利益逻辑经历了从"小资产阶级化"到"无产阶级化"的转变与重塑。1927年12月，中共山东省委在总报告中指出，要使山东党成为真正的无产阶级政党，就必须坚决摧毁现有党的基础，建立新的党的基础。这一新的基础必须坚决向以下路径贯彻下去：一、农民：雇农，佃农，贫农。二、工人：工资十元以下的工人，小工，苦力，学徒。三、兵士。四、城乡中所谓青皮、流氓、地痞、无赖。只有这四类人，为了生存，才能毫无顾忌地与敌人（军阀、官僚、地主、士绅等）作斗争。[①] 我们的党只有建基在这四类人上面，才能成为无产阶级政党，无产阶级政党才能肩负起历史使命。[②] 一个无产阶级政党，首要一步就是以无产阶级为组织根基，为无产阶级谋取利益。为此，山东党纠正了过去以"政治斗争"为主要形式的误区，开始着眼于无产阶级各阶层的生存状况的调查，并在领导无产阶级的经济斗争中，摸索马克思主义大众化的实践路径。

其一，在利益逻辑的维度下，山东党的"无产阶级化"实现了从政治斗争到经济斗争的转变。也就是说，山东党开始着眼于工农改良待遇、提高工资、抗租减租、抗捐抗税等经济领域的斗争，为无产阶级谋求直接可见的经济利益。"山东过去所有的工人斗争大半是政治斗争，而少有经济斗争，因此使工人感觉不到斗争的需要，而且视加入工会参加斗争为畏途。"[③] 政治斗争的长远性和"延迟满足"的特性，与无产阶级，尤其是农民阶级参加革命的短视性和"即时满足"的特性存在一定的冲突，为无产阶级参加革命运动设置了一定的障碍和隔阂。如张宏卿所言，"历史地看，革命是作为人民物质困境的解决方案而出现

---

① 中共山东省委党史研究室编. 山东党的革命历史文献选编（第一卷）[M]. 济南：山东人民出版社，2015：225.

② 中共山东省委党史研究室编. 山东党的革命历史文献选编（第一卷）[M]. 济南：山东人民出版社，2015：225-226.

③ 中共山东省委党史研究室编. 山东党的革命历史文献选编（第一卷）[M]. 济南：山东人民出版社，2015：230.

并得到人民的拥护的"①。革命动员的首要原则是物质利益原则。在这一方针的指导下，山东党开始从工人、农民、士兵、失业工人、妇女等无产阶级各阶层的日常生活需要出发，加强经济斗争的领导。1928 年 5 月，山东省委政治通告中指示各地以经济斗争为导引成立赤色工会组织。在工人方面：要站在他们要求发欠薪、反对裁人、增加工资等要求下，用"职工要达到上述要求，只有依靠自己的组织力量，只有经过奋斗的道路"的斗争口号，号召他们组织工会。②对于已经成立工会组织的，山东省委指示：摸清工人的切身利益，以工会的名义向厂主提出，发动斗争，把这个工会变成真正为工人谋利益，得到工人支持和拥护的组织。③ 对于山东各地条件尚不成熟的农民暴动，山东省委从农民日常生活斗争的视角指示："我们必须是只要客观上可能，即便在主观上力量不足，也要勇敢地领着群众斗争起来。"④ 不仅包括农民暴动，也可以是强借粮食、抗债抗租等一切日常生活斗争。当然，必须看到，这一时期"党的群众化"借助于经济斗争的形式，为工农阶级谋取日常生活领域中一切可以争取的物质利益，但是，他们的目标并不止于这一点。在经济斗争的基础上，建立党的支部作为革命活动的根基，尽管从实践上来说并未一一实现，但却是共产党人积极谋取的政治目标。

其二，在利益逻辑的维度下，山东党的"无产阶级化"实现了将经济斗争与政治斗争相结合的成熟认知。也就是说，山东党不仅仅止步于经济利益的争夺，还将土地革命、夺取政权等无产阶级意识形态灌输于"党的群众化"的过程之中，谋取无产阶级的政治利益。1930 年 10 月，《中共中央关于目前工作给山东省委的指示信》不仅指出山东党的经济斗争存在的问题，即山东党的工作之所以发展不快，主要是因为一切工作不实际，不能深入群众，不能了解群众生活的迫切需要，不能提出一个同党的政治中心口号相联系的经济斗争纲领，不能发动、组织、扩大群众斗争，不能抓住群众的日常斗争，不能把群众的日

① 张宏卿. 乡土社会与国家建构：以新中国成立初期原中央苏区的土改为中心的考察 [M]. 北京：中国社会科学出版社，2016：14.
② 中共山东省委党史研究室编. 山东党的革命历史文献选编（第一卷）[M]. 济南：山东人民出版社，2015：283.
③ 中共山东省委党史研究室编. 山东党的革命历史文献选编（第一卷）[M]. 济南：山东人民出版社，2015：314.
④ 中共山东省委党史研究室编. 山东党的革命历史文献选编（第一卷）[M]. 济南：山东人民出版社，2015：238.

常斗争扩大为重大斗争。① 更高屋建瓴地指出了政治斗争与经济斗争相互依存、不可分割的关系：每一场经济斗争都包含着浓厚的政治成分，甚至很快就成为一场政治斗争。我们要理解经济和政治要求，不能机械地分割对立起来。提出的经济要求必须与党的政治中心口号紧密联系起来，才能取得政治胜利。提出政治纲领，必须紧密联系人民群众生活的迫切需要，哪怕是极微小的事件。这样才能动员更广大的群众，而不至于脱离群众。②

（二）组织："党的群众化"的根本保障

在山东"党的群众化"过程中，组织逻辑经历了从"机会主义化"到"无产阶级化"的清理与改组。其中，无产阶级意识形态在党的组织中的嵌入是实现组织层面"党的群众化"的决定性因素。张宏卿认为，在中国近代国家建构的过程中，信仰重塑与组织重建是相辅相成、互为因果的关系。信仰的重建要依靠组织的力量，通过组织的顶层设计和骨干分子的榜样示范，为全体国民共同信仰的形成打下坚实的基础。同时，组织的重建也赖于信仰的力量。信仰或意识形态，作为一个学术化、中性化的概念，在革命和国家建设中发挥着极其重要的作用。信仰作为意识形态的重要组成部分，在本质上具有实践性。③ 同理，党在意识形态层面的"无产阶级化"需要借助组织层面的"无产阶级化"来实现，而党的组织层面的"无产阶级化"也必须以无产阶级意识形态为主导才能真正落到实处，二者互相依存，共同促进。

这里所说的"实践的"，是指意识形态在组织层面的嵌入，具言之，即无产阶级意识形态作为山东党团组织的主流意识形态，在组织制度建构中的具体化和实体化。"每一制度的具体安排都要受一定的制度理念的支配。在很大意义上，制度不过是一定价值理念的实体化和具体化，是结构化、程序化了的价值观。"④ 那么，组织层面的"无产阶级化"，或者说无产阶级意识形态在组织层面的嵌入有无必要呢？答案是肯定的。"组织意识形态如果不嵌入具体的规章制度就很容易沦为口号宣传，而起不到对组织成员行为的实质性约束作用。作为

① 中共山东省委党史研究室编．山东党的革命历史文献选编（第二卷）［M］．济南：山东人民出版社，2015：160.

② 中共山东省委党史研究室编．山东党的革命历史文献选编（第二卷）［M］．济南：山东人民出版社，2015：161-162.

③ 张宏卿．乡土社会与国家建构：以新中国成立初期原中央苏区的土改为中心的考察［M］．北京：中国社会科学出版社，2016

④ 辛鸣．制度论：关于制度哲学的理论建构［M］．北京：人民出版社，2005：91.

组织意识形态的价值理念只有与各项正式、具体的制度相结合才能真正参与组织日常的生产与生活实践，并在这种结合中被慢慢地认知、认同与内化。"① 因此，在山东党组织的机会主义之风普遍盛行的情势下，只有将无产阶级意识形态嵌入山东党团组织的组织重构和组织建设之中，才能内化为党团成员个体的政治信仰和组织纪律，实现马克思主义大众化的最终旨归。

其一，加强支部建设。支部是党的基层组织，是党有效控制党员、开展党的工作、贯彻执行上级决议的组织平台，它在党的组织机构中的重要地位是无可替代的。1928 年山东省委制定《入党须知》，生动形象地描绘了党支部的重要地位，"支部是群众中的核心，是群众中的发动机，是群众中的先锋队，是群众中的敢死队，是群众中的卫兵，是训练同志的学校，是分配同志工作的工厂，是发展党部的机关，是同志的俱乐部，是同志的会议所，是党的耳目手足，是敌人营垒中的营垒，是敌人营垒中的地雷，是敌人营垒中的侦探"②。支部之重要性体现在它是将党的意识形态信仰与严密的组织体系凝聚为一的组织实体。李里峰认为，党组织对党员意识形态的灌输分别从内外两个层面，在内部，就是通过教育训练；在外部，则是通过组织制度。③ 党的支部就是实现内外管控的功能组织。因此，在山东"党的群众化"过程中，十分注重加强支部建设。1936 年胶东特委书记理琪在给各级党的同志的信中对山东党的支部存在的问题及解决策略做出了详细指导，他认为，过去山东党组织存在以下几个方面的缺点：（1）党员行为浪漫，包括自由行动、不接受批评、不正确的批评、泄露党的情形、把持党务，以及嫖、赌、毒与恋爱戏院等；（2）滥收党员，比如投机主义者、流氓主义者、挂名的布尔什维克等；（3）忽略了秘密工作的技术；（4）党员活动能力低弱，不知如何开展工作；（5）党的活动脱离群众；（6）游击运动脱离党的领导和群众；等等。为此，理琪指示各级党支部：一要严密党的组织，建立秘密工作的技术，慎重吸收党员，严格党的纪律；二要加紧提高党员文化政治水准，通过识字教育、支部理论学习等方式提高每个党员的政治文化水平，了解党的理论，理解党的政策；三要在群众团体中组织各种斗争运

---

① 吴海琳. 组织变迁中的意识形态整合研究 ［M］. 长春：吉林人民出版社，2011：145.

② 山东革命历史文件汇集（甲种本第三集：一九二八年三月——一九二八年年底）［M］. 中央档案馆，山东档案馆，1995：235.

③ 李里峰. 革命政党与乡村社会：抗战时期中国共产党的组织形态研究 ［M］. 南京：江苏人民出版社，2011：190.

动，开展两条战线的斗争；等等。①

　　其二，实施巡视制度。党内巡视制度萌芽于党的初创时期，形成于土地革命时期。② 它的功能主要在于帮助下级党部开展工作、传递党内上下级信息以及监督并指导党内工作。随着大革命失败以来党的建设暴露出来越来越多的组织漏洞，巡视制度作为一种弥补机制的重要性日益凸显。建党初期以来，巡视制度作为上级组织指导和检查下级工作的一种重要途径被反复强调。巡视制度的优势在于不仅有助于把主要依靠文件（指示和报告）的指导转变为具体工作的"活领导"，而且避免了委派制度容易造成的以非常规权力代替常规权力的弊端。③ 1927 年 10 月 28 日《中共中央关于山东工作给山东省委的信》将巡视制度重新提上议程："各级党部应采取巡视的办法，派人到下级党部去实地考察指导该地工作。下级党部亦可定期派人到上级党部讨论工作并参加上级党部会议旁听。"④ 自此，以巡视制度解决山东党的组织问题越来越成为一种普遍的工作方法。1929 年 1 月，在中共山东省委的组织调查报告中对 1928 年 12 月的巡视情况做一统计，如表 4-7 所示：

表 4-7　一九二八年十二月份巡视次数及各地来省次数一览表⑤

分类 地域	巡视次数	来省次数	派人去	分类 地域	巡视次数	来省次数	派人去
青岛		1		周村			
高密			1	章邱		1	
潍县	1		1	沂水			
淄博张	1	1		泰安	1		
广饶	1	1	1	鲁西			
寿光	1			鲁北	1		

---

① 山东革命历史文件汇集（甲种本第七集：一九三三年——一九三六年）［M］. 中央档案馆，山东档案馆，1995：428-454.

② 何益忠. 我党巡视制度的形成与发展［N］. 北京日报，2015-06-15.

③ 李里峰. 革命政党与乡村社会：抗战时期中国共产党的组织形态研究［M］. 南京：江苏人民出版社，2011：142.

④ 中共中央文献研究室，中央档案馆编. 建党以来重要文献选编（1921—1949）（第四册）［M］. 北京：中央文献出版社，2011：591.

⑤ 山东革命历史文件汇集（甲种本第四集：一九二九年一月——一九三○年六月）［M］. 中央档案馆，山东档案馆，1995：28-41.

地域＼分类	巡视次数	来省次数	派人去	地域＼分类	巡视次数	来省次数	派人去
烟台				胶济路	1		
昌邑	2	2	1	津浦路	1		

资料来源：山东革命历史文件汇集（甲种本第四集：一九二九年一月——一九三〇年六月）［M］.中央档案馆，山东档案馆，1995：28-41.

从表4-7可见，全省十六个地域内，除烟台、周村、鲁西、沂水未接受省委巡视之外，其余十二个地区都接受巡视或来省汇报，甚至有的地区与省委联系达五次之多（如昌邑）。由此可以判断，借助于巡视制度，各地区与省委的联系大大加强，党内上通下达机制更加完善，地方党的组织建设以及中央组织意图的贯彻有了明显成效。

另外，1929年1月，中共山东省委对各地的指导工作（参见表4-8）显示，两个月来省委和各地关于工作报告和指示的来往信件，数目如下：

表4-8　山东省委和各地关于工作报告和指示的来往信件一览表（1929年1月）

地区	来信	去信	地区	来信	去信
青岛	7	5	泰安	2	1
高密	2	1	沂水	3	1
诸城	6	2	高唐	3	2
潍县	4	1	平原	2	1
烟台	4	2	禹城	2	1
张店	2	1	博平	2	1
广饶	4	3	昌邑	3	
淄川	6	3			
章邱	5	3			

资料来源：山东革命历史文件汇集（甲种本第四集：一九二九年一月——一九三〇年六月）［M］.中央档案馆，山东档案馆，1995：53-54.

从表4-8可见，山东省委对各地的联系和指导日益加强，其中，巡视制度就是其中的重要制度依托之一。"内有各地来信多而省委去信少的原因，即有一些事件系当面召集该地负责人讨论解决的，也有派巡视员去解决的。"①

综上所述，从中观组织层面回应山东马克思主义大众化"如何化"的问题，可以清晰地发现：马克思主义意识形态在山东党的组织层面的嵌入对山东党团组织实现三个逻辑递升具有至关重要的作用。正是在马克思主义为主导的无产阶级意识形态的引领下，山东马克思主义大众化层层深入，步步提升。山东党的组织从小到大，由弱到强。至1937年全面抗战前，山东党员数量达两千余人，为山东抗日根据地成为抗日战争时期中国共产党及其领导的军队坚持华北抗战的四大根据地之一奠定了坚实的基础。

---

① 山东革命历史文件汇集（甲种本第四集：一九二九年一月——一九三〇年六月）[M]. 中央档案馆，山东档案馆，1995：53-54.

第五章

山东马克思主义大众化的话语传播

"山东马克思主义大众化的组织传播"，对以马克思主义为组织意识形态的山东党团组织发展的三大组织逻辑——"从宗族人情到革命信仰""从研究团体到群众政党""'何为'和'如何实现'党的群众化?"做了深入阐述，从中观层面为回应山东马克思主义大众化"是什么""如何化"和"化的效果如何"提供了新的视角。以山东为个案，初步回应了"山东党团组织发展壮大的内在逻辑是什么""作为山东党团组织意识形态的马克思主义在马克思主义大众化的历史进程中发挥了怎样的作用""在山东党团组织发展壮大的实践运作层面，马克思主义意识形态与山东党团组织是如何互动博弈的"等一系列问题链条。然而，要完整深入地回答山东马克思主义大众化"如何化"这一问题，还必须由宏观场域层面，经中观组织层面，达至微观话语层面，回答"山东马克思主义大众化的话语传播是什么?""山东马克思主义大众化话语传播'如何化'?""山东马克思主义大众化话语传播'化的效果如何'?"等问题群，以期更深入地从微观话语层面再现山东马克思主义大众化话语传播的生动图景。

"话语"这一概念最早是从西方语言学中引进而来，与之对应的英文是discourse，意思是叙述、演讲、谈话和论述等，通常被翻译为"话语"。① 在界定"话语"这一概念之前，先要辨析"话语"与"语言"的关系问题。马克思在《1844 年经济学哲学手稿》中将语言定义为思想的外在表现形式："思维本身的要素，思想的生命表现的要素，即语言，是感性的自然界。"② 1845 年，马克思与恩格斯在《德意志意识形态》中进一步阐释了思维与语言的内外关联：

---

① 张宽. 话语［J］. 读书，1995（5）.
② 中共中央马克思恩格斯列宁斯大林著作编译局. 马克思恩格斯文集（第一卷）［M］. 北京：人民出版社，2009：194.

"语言是思想的直接现实。"① 语言在描述实体、表达思想、沟通联系等功能性行为中，从零碎化、浅层次的表述上升为系统化、体系化的符号系统，即为话语体系。② 毫无疑问，话语是由语言构成的，但是，话语并不等同于语言，话语是在语言的基础上建立起来的一个系统，"该系统建构了我们认识现实的方式"③。那么，以"话语"的概念术语和理论框架来审视和考察基本的传播关系和传播问题，就产生了"话语传播"这一概念。

在山东马克思主义大众化的研究中，为什么要引入"话语传播"呢？一是语言及其话语是马克思主义大众化的直接媒介。毛泽东从话语视角批判了"非大众化"的现象，他说，"有些天天喊大众化的人，连三句老百姓的话都讲不来，可见他就没有下过决心跟老百姓学，实在他的意思仍是小众化"④。习近平也非常重视语言和话语在加强党群关系中的重要性。早在浙江担任省委书记期间，他就曾深刻地认识到：不会说话只是表象，本质是脱离群众。"有少数干部不会同群众说话，在群众面前处于失语状态。其实，语言的背后是感情、是思想、是知识、是素质。不会说话是表象，本质还是严重疏离群众，或是目中无人，对群众缺乏感情；或是身无才干，做工作缺乏底蕴；或是手脚不净、形象不好，在人前缺乏正气。"⑤ 因此，语言及话语是一个十分丰富的概念，它内蕴政治立场、情感倾向、价值取向以及权力逻辑等多重内涵，是马克思主义大众化的直接媒介。二是语言及话语是意识形态的第一载体。"话语是意识形态的承载体。"⑥ 正如马克思所言，语言和意识，话语和意识形态原本就是一对"你中有我，我中有你"，联系紧密，"形影不离"的概念孪生体。"语言是一种实践的、既为别人存在并仅仅因此也为我自己存在的现实的意识。语言……是由于和他人交往的迫切需要才产生的。"⑦ 无论是语言、话语，还是意识、意识形态，其最初生成都直接与物质生产、现实交往交织在一起，并反映这种客观存

---

① 马克思. 1844 年经济学哲学手稿 [M]. 北京：人民出版社，2000：90.
② 梁庆婷. 新媒体语境下思想政治教育话语体系建构研究 [M]. 徐州：中国矿业大学出版社，2017：29.
③ 萨拉·米尔斯. 导读福柯 [M]. 潘伟伟，译. 重庆：重庆大学出版社，2017：55.
④ 毛泽东选集（第三卷）[M]. 北京：人民出版社，1991：841.
⑤ 习近平. 之江新语 [M]. 杭州：浙江人民出版社，2007：146.
⑥ 胡银银. 改革开放以来我国意识形态话语权问题研究 [D]. 天津：南开大学，2014：29.
⑦ 中共中央马克思恩格斯列宁斯大林著作编译局. 马克思恩格斯文集（第一卷）[M]. 北京：人民出版社，2009：533.

在。在阶级社会中，话语服从和服务于统治阶级意识形态领导权的争夺和巩固。葛兰西曾提出"文化领导权"的著名论断：一个政权在夺取政治社会权力之前，只有率先夺取市民社会的文化领导权才能持久稳固。而要取得市民社会的文化领导权，就必须率先夺取意识形态的话语领导权。话语是福柯理论体系中的一个重要概念术语，他认为话语即权力。权力影响和制约某种话语的建构，话语也是权力实施和运作的载体。因此，在山东马克思主义大众化的历史进程中，从话语的视角，我们有必要思考这几个问题：山东马克思主义大众化话语传播的内容是什么？山东马克思主义大众化话语传播的形式是什么？在山东马克思主义大众化的历史进程中，孕育了什么样的话语体系雏形？回答好这些问题，将为我们从微观话语层面透视山东马克思主义大众化"如何化"提供一个新的认识框架。

第一节　话语内容：从反帝话语到革命话语的嬗递与交织

"说什么"是山东马克思主义大众化话语传播第一个需要解决的问题，即话语内容的问题。从话语内容来看，山东马克思主义大众化话语传播经历了一个从反帝话语到革命话语的嬗递与交织的历史过程。那么，在山东马克思主义大众化的话语传播中，反帝话语的生成逻辑是什么？从反帝话语到革命话语经历了怎样的嬗递与交织？回答好这些问题，将为我们透视山东马克思主义大众化话语传播"说什么"的问题提供新的认知路径。

一、反帝话语的生成逻辑

正如毛泽东对中国文化革命特点所概括的：在中国文化思想战线上，五四运动是一个重要的分水岭。[①] 同样，在山东马克思主义大众化的话语传播中，反帝话语在"五四"前后也实现了质的升华。原因何在？这是因为"在'五四'以后，中国产生了完全崭新的文化生力军，这就是中国共产党人所领导的共产主义的文化思想，即共产主义的宇宙观和社会革命论"[②]。在中国共产党意识形

---

① 毛泽东选集（第二卷）［M］. 北京：人民出版社，1991：696.
② 毛泽东选集（第二卷）［M］. 北京：人民出版社，1991：697.

态的重塑和整合下，"反帝话语"从民众由"山东问题"自发产生的"反侵略""反强权"话语，递升至马克思主义话语体系中的"反帝话语"。反帝话语体系虽是在近代山东被压迫被侵略的史实的基础上生成的，但它一旦形成就具有了相对独立性，对山东民族解放运动的发展发挥了重要的推动作用。

（一）反帝话语是在近代山东反侵略、反强权的民众话语的基础上生成的

巴黎和会对山东问题的处置，打破了中国人对帝国主义的幻想，由爱国主义自然生发的反侵略、反强权民众话语成为时代的呼声。

从话语主体上来说，从上层士绅至下层平民，从妇孺至老者，从海外华工、旅京旅沪劳动者到省内民众等，激于朴素的爱国义愤，都发出"反侵略""反强权""还我青岛""力争主权"等强烈的话语呼声。1919 年 4 月 25 日《申报》载：山东绅民因青岛和铁路问题发起请愿大会，李子善、刘汝巽、秦炳咸（一中学生）、侯丹峰（工界泥水匠）等数十人相继发表演说，"沉痛激昂，声泪俱下"①。台下观众"无不汗流浃背，愤慨之情，现于眉间"②，就是妇人孺子，"亦皆泣不能抑"③。其间，第一中学学生秦炳咸登台演说时，"泪簌簌下，几不成声"④。最触目惊心的是，某校某一学生愤不欲生之际，"啮指血书，上书'力争主权'四字"，"当时会场十万余人，见此血书，无不陨涕"⑤。1919 年 5 月 20 日，山东民众在济南南门外大校场集会，集合民众十余万，群情激昂，痛陈国难。年仅十余岁的泥瓦匠"跃登演台，激昂慷慨，大声疾呼。大意陈述劳动阶级，受日人侮辱情形；并谓青岛未亡，已受此种痛苦，倘确定为日本所有，痛苦必甚；且必不止劳动者，受此侮辱云云。台下听者发指眦裂，号哭之声，远闻数里"⑥。类似于这样的民众请愿大会数不胜数，民意如潮。

① 刘明逵，唐玉良主编．中国近代工人阶级和工人运动（第 3 册）：五四运动前后的工人运动［M］．北京：中共中央党校出版社，2002：91.
② 刘明逵，唐玉良主编．中国近代工人阶级和工人运动（第 3 册）：五四运动前后的工人运动［M］．北京：中共中央党校出版社，2002：91.
③ 常连霆主编，中共山东省委党史研究室，山东省中共党史学会编．山东党史资料文库（第 1 卷）［M］．济南：山东人民出版社，2015：391.
④ 常连霆主编，中共山东省委党史研究室，山东省中共党史学会编．山东党史资料文库（第 1 卷）［M］．济南：山东人民出版社，2015：391.
⑤ 常连霆主编，中共山东省委党史研究室，山东省中共党史学会编．山东党史资料文库（第 1 卷）［M］．济南：山东人民出版社，2015：391.
⑥ 常连霆主编，中共山东省委党史研究室，山东省中共党史学会编．山东党史资料文库（第 1 卷）［M］．济南：山东人民出版社，2015：393.

　　山东问题不仅牵动着省内民众的爱国义愤，更牵动着海外山东华工的心。他们虽身在海外，但"反强权、争主权"的话语一点也不微弱。1919 年 5 月 16 日《申报》载"一战"山东华工驳斥强权、争夺主权的话语呼声："当欧战方酣之时，运输乏人，军事有碍进行，前敌殊受影响，屡屡要求我国，为顾全友邦计，许其招雇华工。我劳动界之欢欣勇赴，置身于万里之外，日处于战阵之间，历经艰辛，宁粉身碎骨而不辞其苦者，原冀我国后日得跻国际平等之林故耳。夫岂有他求哉。"①"一战"协约国之所以"能得最后之胜利者，劳动小民实有间接摧敌之功，不得谓我国参战并无一矢之费也。即日本当时亦有夺回青岛即还中国之宣言。有正当之根据，复有充分之理由，执此以争，质诸万国，谁曰不宜。当此千钧一发，转瞬即逝，伏乞大总统俯察哀鸣，代山东三千万人民请命，即为我四万万同胞幸福"②。

　　1919 年 8 月《青岛潮》载旅京山东劳动者"争主权"的话语呼声："旅京山东劳动者，闻说日本占据青岛，扛不交还，颇极忧愤。"③ 另外，王尽美还将这一话语内容编入《长江歌》的调子，用通俗易懂、广为流传的歌谣形式在各校的集会上和各村的大集上向群众讲演和传唱："其一：看看看，滔天大祸，飞来到身边。日本强盗似狼贪，硬立民政官，此耻不能甘！山东又要似朝鲜，嗟我祖国，攘我主权，破我好河山。其二：听听听，山东父老，同胞愤怒声。送我代表赴北京，质问大总统！反对卖国二十一条，保护我山东。堂堂中华，炎黄裔胄，主权最神圣。"④

　　从话语内容上来说，因时局变动，由"山东问题"引发的"反侵略、反强权"话语吸收诸如"抵制日货""反基督教"等新的话语，内涵逐渐丰富。

　　日本是"山东问题"的罪魁祸首，加之一战期间日本乘机攫取青岛、胶州湾以及胶济铁路沿线矿产，山东人对此深有体会。因此，"反侵略强权"话语聚焦于反对日本，"查禁日货""抵制日货"成为社会各界顺理成章的话语内容之一。以学界为先导，商界为主力的抵制日货轰轰烈烈地开展起来，他们依托

---

① 常连霆主编，中共山东省委党史研究室，山东省中共党史学会编．山东党史资料文库（第 1 卷）［M］．济南：山东人民出版社，2015：396．
② 常连霆主编，中共山东省委党史研究室，山东省中共党史学会编．山东党史资料文库（第 1 卷）［M］．济南：山东人民出版社，2015：396-397．
③ 常连霆主编，中共山东省委党史研究室，山东省中共党史学会编．山东党史资料文库（第 1 卷）［M］．济南：山东人民出版社，2015：393．
④ 中共山东党史资料征集研究委员会编．山东党史资料（一九八三年 第二期 总第九期）［M］．济南：中共山东党史资料征集研究委员会，1983：5．

"爱国十人团""救国十人团"① 等组织，齐心协力不买日货，不卖给日本人粮食物资，提倡国货，节约救国，并组织宣传鼓动，调查监督，将抵制日货、提倡国货落于实处。为扩大抵制活动的范围，益都十中学生会组织了十三个分队分赴邹平、桓台、长山、淄川、博山、临淄、博兴、寿光、潍县、临朐、昌邑、广饶、昌乐等十三县宣传查抵日货。山东省立一中学生张景文受学生会派遣返回家乡宣传抵制日货，开展抗日爱国活动。据他回忆：当我们讲到日本人是如何侵略中国的，如何剥削和欺侮中国时，听讲的劳动人民和商人们感动得痛哭失声，发誓为学生后盾，坚决不买日货，不坐日本占领的胶济路火车，让火车空跑数月之久。② 《山东省志·农民团体志》载：济南市北园杨家庄、刘家井、霞侣市等村的青年农民，组成了"爱国十人团"日夜轮班巡查，禁止中国商人与日本商人通商，协同学生在铁路沿线阻绝日军收购粮食。③ 山东"抵制日货"运动依托"十人团"不唯限于学生，还深入社会各界；不唯限于城市，还深入农村，甚至"十人团""乡农外交后援会"等组织发展为后来的组织工会和进行 1922 年大罢工打下了组织基础。④

反侵略反强权话语除了吸收"抵制日货"话语内容之外，"反基督教"也是其内容延展的重要内涵之一。《济南非基督教大同盟宣言》中一针见血地指出，"基督教就是引导帝国主义者侵略的先锋！'传教'和'侵略'永远是一致的！"⑤ 每有教案发生，就割地赔款。帝国主义者势力所在地也是基督教最发达的地方。基督教是帝国主义豢养的佣仆，它在中国建立了许多从事文化侵略的宣传机构。它帮助统治阶级压迫被统治阶级，要求劳动者服从自己的命运，不反抗现实生活，以保护资本家的剥夺。因此，反基督教，就是反文化侵略，谋被压迫阶级思想的解放。⑥

---

① "十人团"是由十人组成的一个团体，但"十人团"不一定就是十人一组，有多也有少，主要根据各单位的具体情况，统称"爱（救）国十人团"。

② 胡汶本，田克深. 五四运动在山东资料选辑［M］. 济南：山东人民出版社，1980：225.

③ 山东省地方史志编纂委员会. 山东省志·农民团体志［M］. 济南：山东人民出版社，1996：66-67.

④ 刘明逵，唐玉良. 中国近代工人阶级和工人运动（第3册）：五四运动前后的工人运动［M］. 北京：中共中央党校出版社，2002：102.

⑤ 山东革命历史文件汇集（甲种本第一集：一九二二年——一九二五年）［M］. 中央档案馆，山东档案馆，1994：566.

⑥ 山东革命历史文件汇集（甲种本第一集：一九二二年——一九二五年）［M］. 中央档案馆，山东档案馆，1994：567.

在近代山东"反侵略、争平等、反强权、争主权"话语的基础上，孕育了反帝话语的雏形。可以说，"五四运动对帝国主义强权的认识，是走向反帝，并转向具有世界革命意义的人类解放运动的阶梯"①。然而，"反侵略、争主权"话语并不完全等同于"反帝话语"。在反帝话语背后，是一整套关于资本主义发展历史和发展趋势的成熟的理论体系，这一理论体系以列宁《帝国主义论》的问世为诞生标志。此后，世界被压迫民族和被侵略国家追求民族解放和政治解放的道路由自在自发阶段步入了自觉自为阶段，与之相应，反侵略话语也递升演进到了反帝话语。

（二）"反帝话语"是追求民族独立和民族解放的马克思主义话语体系的重要内涵

反帝话语是在近代反侵略、反强权话语的基础上生成的，但并不是说，一有了反侵略、反强权话语，就有了反帝话语。反帝话语的生成必须回溯至"帝国主义"概念和帝国主义理论体系的形成。在这里，必须提及对反帝话语生成具有决定性作用的两个关键因素：一是列宁对帝国主义理论体系和话语体系的构建，尤以其《帝国主义论》为标志。在列宁的改造下，反帝话语的政治经济内涵得到更新，成为殖民地和半殖民地国家在共产国际领导下对国际帝国主义的系统性斗争纲领。② 二是中国共产党对反帝话语的建构、阐释和运用。正如毛泽东所言，中国共产党提出了推翻帝国主义的口号和中国资产阶级民主革命的彻底纲领。③ 吸收了马克思主义民族理论和列宁的殖民地理论的中国共产党，结合中国半殖民地半封建社会的国情，"对帝国主义的认识更为清晰明确，并形成了完整的反帝理论"④。建立在马克思主义民族独立和民族解放理论体系之上的反帝话语，不仅为中华民族的独立和解放提供了世界视野，而且为思索中华民族的独立和解放提供了道路选择。

列宁对"帝国主义概念内涵"的界定和"帝国主义理论体系"的建构，是建立在第一次世界大战前后世界资本主义经济政治总特点的基础之上的，这一

---

① 李育民．"五四"与近代反帝理论的产生：从排外到反帝的历史转折［J］．人文杂志，2019（7）：6.
② 马思宇．五卅运动前后中国共产党对反帝话语的宣传及其影响［J］．马克思主义理论学科研究（双月刊），2019（2）：135.
③ 毛泽东选集（第二卷）［M］．北京：人民出版社，1991：673.
④ 李育民．"五四"与近代反帝理论的产生：从排外到反帝的历史转折［J］．人文杂志，2019（7）：6.

概念界定和理论建构的过程，是在对各种背离马克思主义理论之下的非无产阶级话语的批判中建立起来的。1917 年列宁的名著《帝国主义是资本主义的最高阶段》发表，第一次鲜明地提出了"帝国主义是社会主义革命的前夜"① 的观点，指出"帝国主义最深厚的经济基础就是垄断。这种垄断源于资本主义，必然产生停滞和衰败的趋势"②。结合资本主义经济上的垄断趋势，列宁批判了考茨基"把帝国主义的政治同它的经济割裂开了……经济上的垄断是可以同政治上的非垄断、非暴力、非掠夺的行动方式相容"③ 的非马克思主义的机会主义话语，将资本主义经济上的垄断趋势和政治上的暴力掠夺、殖民扩张政策相结合，建立了一整套全新的"帝国主义"理论话语体系，为世界范围内无产阶级革命运动指明了方向。

列宁的这套反帝话语经 1922 年莫斯科远东各国共产党及民族革命团体第一次代表大会传至中国，为中国革命指明了反帝任务。在此后召开的中共二大会议上，共产党代表第一次接触"帝国主义"新概念，并将"帝国主义"概念及其话语体系纳入中国革命形势的分析，指出"世界经济秩序已为帝国主义的战争（一九一四—一九一八）破坏了，……中国早已是世界帝国主义者们争夺之场了"④。在此基础上，中共二大提出了"打倒军阀"和"推翻国际帝国主义的压迫"⑤ 的民主革命任务。值得一提的是，"帝国主义"作为一个新名词，其在中国传播及认同的过程并不顺利。不仅出现对其误读、误解的现象，更存在大量错误的帝国主义话语。因此，中国共产党的反帝话语的建构及传播也是在对西方殖民话语、自由主义者的"不反帝"话语以及国家主义派的错误的"反帝"话语的批判中建立起来的。⑥ 在批判各种非马克思主义反帝话语的实践中建构起来的反帝话语，中国共产党回答了"为什么说中国存在帝国主义侵略?"

---

① 中共中央马克思恩格斯列宁斯大林著作编译局.列宁选集（第二卷）［M］.北京：人民出版社，2012：575.
② 中共中央马克思恩格斯列宁斯大林著作编译局.列宁选集（第二卷）［M］.北京：人民出版社，2012：660.
③ 中共中央马克思恩格斯列宁斯大林著作编译局.列宁选集（第二卷）［M］.北京：人民出版社，2012：654.
④ 中央档案馆.中共中央文件选集（第一册）［M］.北京：中共中央党校出版社，1982：61.
⑤ 中央档案馆.中共中央文件选集（第一册）［M］.北京：中共中央党校出版社，1982：62.
⑥ 刘建萍.中国共产党早期反帝话语：特征、影响与启示［J］.理论学刊，2015（6）：33-37.

"如何反抗帝国主义侵略？"等一系列问题。借此，中国以马克思主义唯物史观为理论基础，"通过重新解释近代历史，确立起反帝正义性、合法性评价体系"①。

帝国主义话语的引入，对中国人，尤其是中国共产党来说是一次脱胎换骨的话语革新。正应了马克思在《关于费尔巴哈的提纲》中那句话，以往哲学家都致力于如何解释世界，而关键问题在于如何改造世界。如果说"反侵略、反强权"话语开始使人意识到"反侵略"的话，那么"反帝"话语的引入就进一步使人认识到"为什么要反侵略"以及"如何反侵略"的问题。换言之，只有在"反帝"话语被引入的时候，中国革命才进入真正自觉的阶段。② 葛静波认为，帝国主义话语的引入，不仅使中国人接触到外来的新知识，而且为中国人提供了一种认知世界的新视角，即中国人不仅认识到中国在世界体系中处于被压迫被侵略的殖民地国家的惨状，而且对美、俄、英、德等帝国主义国家的侵略斗争也有所了解。更重要的是，"帝国主义"概念的引入"启发了中国人开始思考自身所面临的局势及未来的道路选择"③。

二、反帝话语与革命话语的交织

反帝话语在生成过程中，建立了与革命话语不可分割的关联。它将中国革命纳入世界无产阶级社会主义革命体系之中，开启了中国新民主主义革命的新时代，并开始探索构建新民主主义革命的话语体系。毛泽东对此问题的表述最为清晰，他说，"自一九一四年第一次帝国主义世界大战爆发和一九一七年十月革命在地球六分之一的土地上建立社会主义国家，中国资产阶级民主革命发生了变化。此前，中国的资产阶级民主革命是旧世界资产阶级民主革命的一部分。此后，中国的资产阶级民主革命改变为新的资产阶级民主革命的范畴。就革命战线而言，它属于世界无产阶级社会主义革命的一部分"。④ 从此，山东革命作为全国革命潮流中的一分子，其马克思主义大众化的话语传播开始步入反帝话语和革命话语交织杂糅的历史阶段。

---

① 刘建萍．中国共产党早期反帝话语：特征、影响与启示［J］．理论学刊，2015（6）：34.

② 李时岳．二十世纪初年中国知识界的帝国主义观和民族主义观［J］．吉林大学社会科学学报，1962（2）：26.

③ 葛静波．"帝国主义"在清末中国：译介、认识与话语［J］．西南大学学报（社会科学版），2019（2）：174-175.

④ 毛泽东选集（第二卷）［M］．北京：人民出版社，1991：667.

（一）革命话语蜂拥而入

革命话语是山东马克思主义大众化话语传播的核心内容。早期革命话语的楔入主要借助进步刊物的传阅和学习，如1926年团济南地委在向团中央索要进步书刊的信中提及："（一）《共产主义ABC》，此地很少，急需得很，望为寄下五十本来。（二）《共产主义与共产党》请求寄给一百本。"①在团济南地委创办的工人补习学校中，针对工人识字与否，分别阅看不同的书刊。"识字者我们则教他们看一点通俗的关于工人的报纸——如《平民之友》《青年工人》《苦力》《工人周刊》……未识字者，我们则教他们识几个字，读《千字课》《平民读本》。"②又如，青岛地委"同志每二十人看中青、《向导》、平友、《中国工人》。中青非同志看者寥寥。《中国工人》二三份，平友约能销三十余份，看者多为工友"③。邓恩铭创办的青岛书店除了代售市面流通的进步书刊之外，还有当时被誉为中国早期革命人才"红色摇篮"的上海大学经济学、社会学讲义。他在致邓中夏的信中明确提及："上大经济与社会学讲义印出否？请别忘了各寄一份来！"④窥一斑而知全豹，早期山东共产党人在进步书刊中革命话语的濡染下，围绕"何为革命""为何革命""如何革命""革命后的前景如何"等一系列问题链条，启发民众觉悟，建构话语体系。正如《新山东》创刊宣言中所说，要把"腐败的""黑暗的""万恶的"旧山东改造成"平民专政的""自由平等的"新山东，"不得不用革命的功夫去改造新社会"⑤。

首先，何为革命？一般而言，马克思主义话语体系中的革命就是无产者通过阶级斗争，以武装暴力夺取政权，建立工农兵苏维埃政权。就山东地区而言，革命还增添了鲜明的地域性特色，如反冯反蒋反国民党及土豪劣绅，反抗军阀斗争，农民抗租抗税、抢粮抢坡斗争，农民暴动，工人运动，兵士运动，以及杀土豪劣绅的斗争，游击战争，等等。值得一提的是，山东马克思主义革命话

---

① 山东革命历史文件汇集（乙种本：一九二四年——一九三三年）[M]．中央档案馆，山东档案馆，1996：22.

② 山东革命历史文件汇集（甲种本第一集：一九二二年——一九二五年）[M]．中央档案馆，山东档案馆，1994：303.

③ 山东革命历史文件汇集（甲种本第一集：一九二二年——一九二五年）[M]．中央档案馆，山东档案馆，1994：292.

④ 山东革命历史文件汇集（甲种本第一集：一九二二年——一九二五年）[M]．中央档案馆，山东档案馆，1994：81.

⑤ 常连霆主编，中共山东省委党史研究室，山东省中共党史学会编．山东党史资料文库（第1卷）[M]．济南：山东人民出版社，2015：439-440.

语也是在与其他话语争锋的过程中建构起来的。1923年，济南马克思学说研究会主席吴慧铭在纪念大会上指出，"社会主义派别甚多，如基尔特社会主义，宣传而不重实行，而立于协助之地位；安那其社会主义，只知暗杀暴动，而无建设方法；乌托邦社会主义，尤属资产阶级之幻想，永无实现之希望。所以，欲改造社会，为人类谋幸福，非马克思主义莫属。"① 以阶级斗争为主线，启发民众阶级觉悟，是山东马克思主义大众化革命话语传播的主调。王尽美为启发农民、工人、店员、兵士的阶级意识，分别针对各阶层写了题为《革命天才明》的五首诗歌。他还考虑到，在工农大多数人不识字的情况下，光靠文字进行宣传是不够的。因此，他借用《苏武牧羊》的曲谱，把这些歌谣填上，文盲也可以唱出来，从而扩大了宣传效果。此外，为了向工农群众灌输阶级斗争思想，提高工农群众的革命意识，《山东劳动周刊》还以诗歌的形式宣传工人的悲惨生活："无情最是东流水，日夜滔滔去不停。半是劳动血与泪，几人从此看分明。"②

其次，为何革命？革命就是要推翻压迫，实现经济和政治的解放。除了阶级压迫，还有民族压迫。山东早期共产党人运用剩余价值理论和阶级斗争理论深入浅出、通俗易懂地进行革命叙事，启发阶级觉悟。1922年《中国劳动组合书记部山东支部宣言》指出：资本主义的生产制度，一天天把工人聚集到车间里，使他们附属于机器，像牛马一样工作，把工人卖给资本家和剥削者，他们得到极少的工钱。一般来说，成年工人和童工，辛苦挣来的工资大多无法维持自己的生活。他们不仅牺牲了健康，而且在剥削制度下失去了受教育的机会，还挨饿受冻。此外，儿童从年幼时即成为本国或外国资本家的新式奴隶。③ 经过通俗化、日常化的革命叙事，民众对自身处境和未来出路一目了然，自然而然地容易达成"全世界无产阶级联合起来啊！"④ 的共识。

再次，如何革命？至于"如何革命"，这一时期的话语内容集中在建立政党、暴力夺权等方面。1925年，团青岛地委在工作汇报中就青年农工运动中如何宣传革命话语做出指示：我们在青年工人中的宣传方法是首先唤醒他们的阶

① 济南之马克思纪念会 [N]. 民国日报，1923-05-09.
② 济南师范学校编. 王尽美遗著与研究文集 [M]. 北京：中共党史出版社，2009：81.
③ 中共山东省委党史研究室编. 山东党的革命历史文献选编（第一卷）[M]. 济南：山东人民出版社，2015：28.
④ 中共山东省委党史研究室编. 山东党的革命历史文献选编（第一卷）[M]. 济南：山东人民出版社，2015：29.

级意识，让他们知道自己在社会上肩负的责任是非常重要的，但现在他们处于最底层。要打破这种不平等的制度，就必须团结起来，领导他们进行经济斗争。① 那么，如何领导社会各阶层进行政治、经济斗争？中共山东地委指示：共产党是工人阶级的政党，代表工人阶级利益而奋斗。它是由工人中最革命、最有觉悟的分子组成的。每一个中国工人都应该知道，代表他们利益的党是中国共产党，他们都要一致拥护中国共产党，在中国共产党的指挥下努力工作。工人要实现最终的真正解放，只有在激烈的阶级斗争和夺取政权后实行工人阶级专政。②

最后，革命后的前景如何？为激发民众的革命自觉意识，山东共产党人以泰西、俄国革命的光明前景进行宣传和鼓动。山东劳动界的先觉者王复元以泰西各国劳动者罢工和俄国苏维埃政权的建立，启发山东民众的革命行动，呼吁山东民众起来罢工反抗资本家的压迫。另外，山东共产党人不仅以国际共产主义运动中的成功事件激发民众的革命意识，而且注重从失败的事件中总结革命的经验和教训。1926 年，中共山东省委和团济南地委在《纪念巴黎公社纪念日宣传给各支部的信》中吸取了巴黎公社失败的教训，认为"工人阶级只有好的工会组织，仍然是难以达到解放之目的，工人阶级还应有指挥他们的一个强有力的政党。各国工人阶级的政党就是各国的共产党，……他是代表工人阶级利益而奋斗的一部分"③，还指出只有进行武装暴动和阶级斗争，建立工农专政政权，才能得到工人的最后解放。

（二）反帝话语交织环绕

如前所述，反帝话语在其形成过程中，建立了与革命话语密不可分的关系。同样地，革命话语在其实践的过程中，反帝话语也是最为响亮的声音之一。这样，就呈现出革命话语与反帝话语"你中有我，我中有你"、交织杂糅、紧密相连的复杂面相。日本在巴黎和会"山东问题"上咄咄逼人的态度和攻势，早已成为山东革命反帝话语的矛头所指，加之在"济南惨案"中昭然若揭的侵略野心和惨绝人寰的残暴手段，反日话语成为全国爱国人士的普遍心声。另外，鉴

---

① 中共山东省委党史研究室编．山东党的革命历史文献选编（第一卷）［M］．济南：山东人民出版社，2015：78.

② 中共山东省委党史研究室编．山东党的革命历史文献选编（第一卷）［M］．济南：山东人民出版社，2015：128.

③ 中共山东省委党史研究室编．山东党的革命历史文献选编（第一卷）［M］．济南：山东人民出版社，2015：128.

于蒋介石为首的国民党政府自"济南惨案"后政策遽然右转，反蒋反国民党话语也成为山东反帝话语的重要内容。

"济南惨案"是山东反帝话语与反蒋反国民党话语杂糅交织的缘起性事件。自"济南惨案"后，"蒋介石是帝国主义的新工具"① 作为一种话语开始得到广泛认可。1928年6月，中共山东省委在目前政局和工作情况的报告中指出，民众中对所谓革命军最失望的要数济南附近的民众。济南民众希望革命军同他们最痛恨的日本人作战。北伐的革命军到济南之初，也渴望蒋军离开商埠时贯彻其反帝思想，一般人都说：蒋介石要从胶济路拦截他们。但后来，这些将士和市民都失望了！济南的老百姓接着说：他妈的，惹出乱子来他跑啦！一些士兵痛哭流涕地说：蒋总司令是什么意思，我们几千弟兄都死了！蒋介石从这次被日本帝国主义的大炮打飞了以后，他的嘴脸不仅为济南民众所知，也为他的兵士所知。② 针对"济南惨案"，中国共产党指出：济南的这一事件，显然是日本帝国主义的一个计划，但日本为什么在这个时候实现了武力占领中国的计划？归根结底，是因为国民党的反革命。③ 并进一步分析指出，中国豪绅资产阶级及其政党国民党背叛了中国的民族革命，他们残酷地屠杀了中国最革命、最彻底的反帝工农阶级，他们杀害并拘留了最革命的反帝领袖——共产党及其他革命者，国民党中央会议命令停止民众运动，即压迫全体民众集会、结社、言论、出版的自由要求，即禁止全体人民的反帝运动。④ 因此，我们必须推翻压迫人民运动的国民党及其政府。中国广大人民的要求与国民党所代表的阶级利益背道而驰，也是国民党不愿意完全反对日本帝国主义运动的原因。有国民党，就没有积极的、真正的群众抗日运动；有群众抗日运动，就没有国民党和国民党政府，……我们必须不畏一切地奋起，反对日本帝国主义的侵略，同时铲除群众运动的障碍物——国民党及其政府。⑤ 事实上，通过对济南"五三惨案"的叙

---

① 常连霆主编；中共山东省委党史研究室，山东省中共党史学会编. 山东党史资料文库（第3卷）[M]. 济南：山东人民出版社，2015：126.

② 中共山东省委党史研究室编. 山东党的革命历史文献选编（第一卷）[M]. 济南：山东人民出版社，2015：323.

③ 常连霆主编，中共山东省委党史研究室，山东省中共党史学会编. 山东党史资料文库（第3卷）[M]. 济南：山东人民出版社，2015：122-123.

④ 常连霆主编，中共山东省委党史研究室，山东省中共党史学会编. 山东党史资料文库（第3卷）[M]. 济南：山东人民出版社，2015：123.

⑤ 常连霆主编，中共山东省委党史研究室，山东省中共党史学会编. 山东党史资料文库（第3卷）[M]. 济南：山东人民出版社，2015：125.

事话语，中国共产党由反帝话语转移到反蒋反国民党话语，表面上是话语权的争夺，从实质上而言，即开始了与国民党争夺中国革命运动领导权的漫长历程。1928 年 5 月，党团山东省委在为"济南惨案"一事告民众书中重申了这一层话语含义：在日军全部撤出山东并归还被占领的主权之前，我们应该发誓反对日本帝国主义。但是，伟大的反帝运动不能依靠戴着反帝面具的国民党和蒋介石。只有工农兵和全体劳动人民的团结，才能达到这个目的。[①]

　　结合全国革命斗争形势的新情况、新动态，反帝话语与反国民党话语交织杂糅成山东革命话语衍变的主旋律。一方面，结合国际共产主义运动和全国反帝运动中的典型事件及周年纪念活动，如红色五月中"五一"国际工人劳动节、"五三"济南惨案、"五四"反帝爱国运动、"五五"马克思诞辰纪念日、"五七""五九"国耻纪念日以及"五卅"反帝爱国运动纪念日等，进行反帝和反国民党话语的传播。纪念活动是贯通历史—现实—未来的重要节点，是实现记忆再现与话语重构的重要载体。1932 年，中共山东省委、济南市委在纪念"五三"惨案四周年的宣言中指出，今天是"济南大屠杀"四周年纪念日，这是一个充满血腥的纪念日，我们深刻地认识到被压迫民族的悲剧和被压迫阶级的命运，也很深刻地认识到国际帝国主义先驱、日本帝国主义及其走狗（地主资产阶级及国民党）不可饶恕的罪恶![②] 从回顾"济南惨案"的历史缘由，转向聚焦帝国主义侵略的现实，分析指出，"济南惨案"虽已经四年，但是国际帝国主义对中国的侵略丝毫没有放松，反而日益加深，比以前更加猛烈！地主资产阶级的国民党政权，不敢违背国际帝国主义的宗旨。反帝运动风起云涌，他们却坚持所谓的"不抵抗"。一边用暴力镇压各地民众的反帝运动，一边却又无耻地喊出"支持国际联盟的决议""忍辱负重，长期抵抗"等口号安抚和欺骗民众。[③] 最后，在历史与现实的交汇点上，建构重塑未来的话语内容，也就是：今天纪念"济南惨案"，我们要立即团结起来，在中国共产党的领导下，对国际帝国主义，特别是日本帝国主义，进行一场民族革命战争！赶走所有帝国主义势

---

① 常连霆主编，中共山东省委党史研究室，山东省中共党史学会编．山东党史资料文库（第 3 卷）［M］．济南：山东人民出版社，2015：119.

② 山东革命历史文件汇集（甲种本第六集：一九三一年三月——一九三二年年底）［M］．中央档案馆，山东档案馆，1995：288.

③ 山东革命历史文件汇集（甲种本第六集：一九三一年三月——一九三二年年底）［M］．中央档案馆，山东档案馆，1995：289.

力！打败出卖国家利益的国民党！①

　　另一方面，结合全国反帝革命斗争的新形势、新态势，进行反帝反国民党话语的传播。1931 年 9 月 30 日，中共山东省委针对日本帝国主义侵占东北三省、占领淞沪、攻陷华北五省等严峻形势，在分析原因和研究对策中，增添反帝话语新的内容。在对革命形势的分析中，山东省委指出，日本帝国主义者在华北遭受了美国的巨大打击，加之日本经济危机的加剧，二战的临近，苏联社会主义建设的日益巩固，自然想方设法培植军阀以对抗美所御用的南京政府。日本为了实现满蒙政策，不得不占领东三省。② 而南京国民政府，只为特殊阶级的利益、只为美帝国主义扶植而反日，不为中国人民的立场来反日。只要日本不侵犯他们的地位，他们就会尽可能地与日本妥协。③ 在其一贯对帝国主义投降的妥协政策下，国民党不仅将整个东三省、上海和许多重要城市都交给帝国主义作为进攻苏联、进攻中国苏维埃与红军的基地，而且"现在的热河又快送给日本帝国主义了"④。因此，"民族革命战争一定要有无产阶级做领导，将反帝的民族革命与反国民党的土地革命很好地配合起来，这样才有彻底的胜利"⑤。

　　综上所述，山东马克思主义大众化话语传播解决的第一个问题就是"说什么"的问题，也就是话语内容的生产过程。正如福柯（Foucault）所言，"话语的制造是受到一定程序的选择、控制、组织的"⑥，可以说，山东马克思主义大众化话语议题的选择、话语主题的确定以及话语素材的选取，都是在一定的意识形态控制体系之下做出的。因而，山东马克思主义大众化的话语内容也是马克思主义意识形态话语体系与山东革命运动实践互动运作的产物。山东马克思主义大众化话语传播经历了一个复杂的过程，它从反侵略反强权话语到反帝话语，再到革命话语与反帝话语的杂糅交织，反映了理论话语体系与革命斗争实

---

① 山东革命历史文件汇集（甲种本第六集：一九三一年三月——一九三二年年底）[M]. 中央档案馆，山东档案馆，1995：290.

② 山东革命历史文件汇集（甲种本第六集：一九三一年三月——一九三二年年底）[M]. 中央档案馆，山东档案馆，1995：210-211.

③ 山东革命历史文件汇集（甲种本第六集：一九三一年三月——一九三二年年底）[M]. 中央档案馆，山东档案馆，1995：213.

④ 山东革命历史文件汇集（甲种本第六集：一九三一年三月——一九三二年年底）[M]. 中央档案馆，山东档案馆，1995：213.

⑤ 山东革命历史文件汇集（甲种本第七集：一九三三年——一九三六年）[M]. 中央档案馆，山东档案馆，1995：5.

⑥ 福柯. 福柯说权力与话语 [M]. 陈怡含，编译. 武汉：华中科技大学，2017：33.

践互动提升的关系。"话语不仅是表现世界的实践，而且是在意义方面说明世界、组成世界、建构世界。"① 山东马克思主义大众化话语传播中话语内容的产生逻辑，也从一个侧面反映出国共两党对中国革命话语权，同样也是中国革命领导权的交锋与竞争。

第二节　话语形式：以多元话语为载体的意识形态话语的灌输

范晓认为，话语包括两个互相依存的部分：一是话语内容，即说话人表达思想的内容；二是话语形式，即说话人表达思想的形式。② 依此，山东马克思主义大众化话语传播第二个需要解决的问题就是"怎么说"的问题，即话语形式的问题。从话语形式来看，这一时期山东马克思主义大众化话语传播表现为以生活话语负载政治话语，以叙事话语观照理论话语，以情感话语融合阶级话语。那么，山东马克思主义大众化话语传播形式的具体表现是什么呢？以上三种话语形式对山东马克思主义大众化话语传播"如何化"起到了怎样的作用？回答好这些问题，将为我们透视山东马克思主义大众化话语传播"怎么说"的问题提供新的认知图景。

一、生活话语负载政治话语

所谓"生活话语"，亦称"日常生活话语"，即关于人们日常生活中衣食住行、饮食男女、婚丧嫁娶、风俗习性等日常生活领域的话语形态，而政治话语则是旨在服务于特定的政治权力和政治目的，包含强烈的意识形态内容的话语形态。③ 以生活话语负载政治话语，是山东马克思主义大众化话语传播的形式之一。

（一）生活话语聚焦民间疾苦

马克思主义大众化话语传播以生活话语负载政治话语，是因为生活话语聚

---

① 杨凤城. 关于党史研究的规范和话语、视野和方法问题 [J]. 教学与研究，2001（5）：13.
② 范晓. 语言、言语和话语 [J]. 汉语学习，1994（4）：3.
③ 施惠玲，杜欣. 政治传播内容中政治信息与政治话语的区分及其意义 [J]. 南京社会科学，2016（3）：115.

焦切身利益，关注民间疾苦。一个从苏区出去的德国牧师在论述中国共产党巧妙的宣传策略时这样写道："我不是马克思主义者，但我知道，马克思主义博大精深，文化水平低下的中国工农，怎么能和他们谈这个？然而，中国共产党的宣传真的很精彩！他不向农民讲马克思的真理，只讲农民的生活：要耕种多少土地？能打多少粮食？向地主缴多少地租？还剩下多少粮食？够不够生活？等等。告诉他们如何有足够的粮食吃，如何保护他们的生活不被剥夺。"① 可见，中国共产党宣传的巧妙之处就在于以生活话语聚焦民众的切身利益，进而以生活话语负载政治话语，赢得民众的政治认同。

调查民众，研究民众是掌握民众生活话语的首要一步。恽代英在关于如何开展农民运动时指出，农民不知道如何向往革命，是宣传材料和方法不当的缘故。② 具体地说，表现为不愿意为农民解决实际问题，也不愿意给农民实际帮助，他们不顾农民的兴趣和知识，说一些空泛无聊的理论，不了解农民的真实痛苦和要求，说话搔不着痒处，不能激发他们。因此，恽代英再三强调：下乡，千万不要说革命、抗战，甚至一切新奇可怕的名词。和农民交朋友！团结农民！教育农民！最重要的是研究农民！③ 在《暑假农民运动成绩表》中，他还将农民问题及各种苦痛来源列为重要的调研内容，并将其分列为十六个子问题：农民对于自己的生活感到痛苦还是快乐？是否觉得每样东西都很昂贵？希望他们的产品价格上涨吗？是否感觉税捐繁重，还是仅地主有此感觉？是否感到佃租苛重而对地主憎恨反感？是否感到高利贷的痛苦？是否感到无法教育自己和孩子的痛苦？能否感受到官绅的压迫？等等④。

在中央宣传策略的指导下，山东工农运动亦十分重视围绕农民的生活话语开展调查研究。1932 年，被誉为"红色堡垒"的济南乡师党支部利用学生寒假回乡之际开展革命宣传，尤其指出：不论从事什么事业，都必须从调查开始。比如，农民的生活、政治组织、经济状况、农民的痛苦、苦痛的来源、眼前的需要、农民的敌人、豪绅的势力，都必须逐一调查清楚，才能开展工作。所以，

---

① 《谢觉哉传》编写组．谢觉哉传［M］．北京：人民出版社，1984：162.

② 中共中央文献研究室，中央档案馆编．建党以来重要文献选编（1921—1949）（第二册）［M］．北京：中央文献出版社，2011：90.

③ 中共中央文献研究室，中央档案馆编．建党以来重要文献选编（1921—1949）（第二册）［M］．北京：中央文献出版社，2011：91.

④ 中共中央文献研究室，中央档案馆编．建党以来重要文献选编（1921—1949）（第二册）［M］．北京：中央文献出版社，2011：92.

调查工作是深入群众的第一步。① 调查研究的目的在于挖掘民众需求，掌握民众话语。中共山东省委指示，在职工运动中，指示工人刊物："一、发行要灵敏；二、印刷要清晰；三、文字要简单有趣；四、稿子要尽可能由工人来投。为了引起他们投稿的兴趣，可以采用报酬的方法。"② 在农民运动中，"宣传要通俗化、实际化，最好拿本地实际问题做宣传鼓动的资料。这样实际问题，用歌谣体材（裁）写出，传唱各处"③。以工农群众为话语主体、以地方现实为话语材料的生活话语，具有贴近现实、贴近生活、贴近群众的话语特征，更容易被群众理解和接受。

（二）生活话语讲"大众话"

马克思主义大众化的话语传播以生活话语负载政治话语，源于生活话语讲"大众话"。毛泽东把讲"大众话"作为实现马克思主义大众化的首要一步，并批评那些"连三句老百姓的话都讲不来的人"实际上仍是"小众化"④，恽代英更是把"学习农民言语之心得（农民土语请用国语解释）"⑤ 列为暑期农民运动成绩表的考核目录之一。语言是一个语言符号和价值观念的统一体⑥，它不只是生物学意义上的"谁说话"等问题，更重要的是它体现出的是说话者的身份立场和其背后代表的利益体系。因此，在马克思主义大众化的话语传播中，中国共产党非常注重讲"大众话"，将学习群众语言作为党的重要宣传策略之一。

语言是连接话语受众与政治任务的第一媒介，因此，通过话语体系转换实现"大众话"是以生活话语负载政治话语的必经一步。这里的"大众话"，一般是指群众日常生活所用的土语、俗语、流行语等通俗用语。那么，如何讲好"大众话"呢？一是要区分细化话语受众的类型，根据不同的受众使用不同的话

① 常连霆主编，中共山东省委党史研究室，山东省中共党史学会编．山东党史资料文库（第 1 卷）［M］．济南：山东人民出版社，2015：739.
② 山东革命历史文件汇集（甲种本第三集：一九二八年三月——一九二八年年底）［M］．中央档案馆，山东档案馆，1995：234.
③ 常连霆主编，中共山东省委党史研究室，山东省中共党史学会编．山东党史资料文库（第 3 卷）［M］．济南：山东人民出版社，2015：476.
④ 毛泽东选集（第三卷）［M］．北京：人民出版社，1991：841.
⑤ 中共中央文献研究室，中央档案馆编．建党以来重要文献选编（1921—1949）（第二册）［M］．北京：中央文献出版社，2011：92.
⑥ 陈锡喜．马克思主义：意识形态与话语体系［M］．上海：华东师范大学出版社，2011：35.

语。根据工、农、兵、民等不同社会群体文化水平和思想准备程度运用不同的语言。① 甚至仅仅区分工、农、兵、学、商等还是不够的，还要针对每一类话语对象的需要、兴趣、情绪和要求进一步了解。"要知道被宣传人的生活，从他的生活中找到你说话的材料，找那些可以证明你所说理由的例子，而且利用他生活中常要听见的土话或其他流行的术语说明你的意思。"② 比如，济南乡师党支部利用寒假回乡之际开展农民运动时，强调对农民语言尤其是对山东农村土语方言的运用："第一步必须照准你的对象多普遍的宣传。例如帝国主义的末路，世界的将来，中国乡村破产的原因，军阀官僚买办阶级的剥削民众压迫民众，各地反帝运动。自然宣传的方式，讲演标语壁报都好，但是你必须注意农民的知识程度，尤其避免用洋名词。譬如'我们'这是最普通最普通的名词，但是农民乍听，他就认为你和他说的不一样，因此发生反感，说你'抛腔调'，你无论有什么好理论他也不爱听了，所以你要用'我们'的时候就不妨用'咱'，其他如'帝国主义'改用'外国洋人'，'军阀'改用'领兵的头目'等都是这样。就是用洋名词，也要加以解释。"③ 二是在地方报刊话语的运用上要分众化和地域化。学会运用或转换本地土话或浅白的普通话，作为宣传话语。④ 工人刊物要反映工人话语，妇女刊物运用妇女话语，"多描写妇女的切身痛苦和实际要求，务使每个妇女看到都感觉为她自己说话"⑤。

以生活话语负载政治话语，是山东马克思主义大众化话语传播的形式之一。生活话语在内容上聚焦民众疾苦，在形式上运用民间土语，既言之有物，又通俗易懂，具有天然的亲和力、感染力及影响力，在无意识中将其负载的政治话语渗入广大民众的脑海和心田。

---

① 中共中央文献研究室，中央档案馆编．建党以来重要文献选编（1921—1949）（第十册）［M］．北京：中央文献出版社，2011：405.

② 中共中央文献研究室，中央档案馆编．建党以来重要文献选编（1921—1949）（第二册）［M］．北京：中央文献出版社，2011：411.

③ 常连霆主编，中共山东省委党史研究室，山东省中共党史学会编．山东党史资料文库（第1卷）［M］．济南：山东人民出版社，2015：739.

④ 中共中央文献研究室，中央档案馆编．建党以来重要文献选编（1921—1949）（第八册）［M］．北京：中央文献出版社，2011：292.

⑤ 中共中央文献研究室，中央档案馆编．建党以来重要文献选编（1921—1949）（第三册）［M］．北京：中央文献出版社，2011：320-321.

二、叙事话语观照理论话语

叙事话语，解决的是如何讲故事的问题，它着眼于"故事的呈现方式，……凡是涉及故事的讲述方法和表现手法都可被称为'叙事话语'"①。而这里的理论话语，特指马克思主义理论的话语形态，集中表现为唯物史观、剩余价值理论、阶级斗争理论、共产主义理论，等等。体现一定阶级思想观念的意识形态体系，在叙事中将其所承载的价值观念传播开来。② 在山东马克思主义大众化话语传播中，呈现出大量丰富多样的叙事话语面相，如启发性叙事话语、第一人称叙事话语、隐性叙事话语等，它们共同借由叙事这一话语形式，在一定程度上观照马克思主义理论的话语形态。因此，可以说，以叙事话语观照理论话语，是山东马克思主义大众化话语传播的形式之一。

（一）叙事方法话语：设问启发式

叙事，即"讲故事"③，它作为一种话语形式，同样也是一种意识形态的实践方式。"意识形态渗透到文化创造的各个领域，叙事作为人类话语实践的形式与意识形态有着千丝万缕的联系。"④ 社会意识形态环境不仅规制着叙事的生产与消费，而且意识形态的斗争也往往以叙事文本为重要场所之一。马克思主义意识形态不仅可以解释宇宙、历史和社会生活中的许多问题，还可以对现实的政治和经济制度做出独特的分析,⑤ 因而广泛渗透于叙事话语之中。其中，就叙事方法而言，以"设问—启发式"的叙事方法在自问自答中层层递进，步步深入，观照马克思主义意识形态的理论话语。以《一封给铁路工人的信》为例，以一隅而观山东马克思主义大众化话语传播之全局。

---

① 吴洪斌，姜智彬. 网络视频类节目的叙事话语分析：以《中国有嘻哈》为例［J］. 2017（12）：89.
② 袁芳. 思想政治教育话语创新论的马克思主义审视［M］. 北京：中央编译出版社，2018：64-65.
③ 陈然兴. 叙事与意识形态［M］. 北京：人民出版社，2013：1.
④ 陈然兴. 叙事与意识形态［M］. 北京：人民出版社，2013：3.
⑤ 唐小兵编. 再解读：大众文艺与意识形态［M］. 增订版. 北京：北京大学出版社，2007：36.

《一封给铁路工人的信》的话语主体为铁路工人的普通一员，与话语受众的同一性具有拉近心理距离的话语效果。话语传播以"什么是铁路工人？""列位知道我们自己的力量吗？""替人家出力谋利，自己的地位是怎样的？""咱们是否生来命苦？"等一系列问题链条，用工人的语言讲话，为工人的生计言说，在一问一答中设问式、启发式地灌输理论话语，可谓山东马克思主义大众化话语传播中以叙事话语观照理论话语的一例典型，从中也可以窥一斑而知全豹，观山东马克思主义大众化话语传播的全貌。

（二）叙事人称话语：第一人称

从叙事人称话语看，第一人称的叙事话语是山东马克思主义大众化中的一种普遍性话语现象，通常以"咱们""我们"等语词出现在山东共产党党团组织的宣传话语之中。"第一人称单数'我'是一种单一、具体、信度较高的人称指代形式。"① "要缩短与听众、读者的心理距离，最有效地传达话语信息，莫过于搭建'你'和'我'直接对话的话语框架，一步步引导话语客体的理解与认可。以'我'为主语可以祛魅政治迷雾，减轻话语客体的认知任务。以'你'为话语目标可以提醒话语客体的参政、议政义务，生成友好畅通的沟通渠道。"② 因此，可以说，以第一人称建构叙事人称的"话语共同体"，有助于缩短话语主体与话语受众之间的距离，建立话语主体与话语受众之间的信任和认同关系。

以第一人称为叙事人称话语，是山东马克思主义大众化话语传播中广为运用的话语形态。济南津浦机厂工人读书会宣言以"我们"代指意向的话语受众——被剥削、被压迫阶级，以"他""他们"指代以资本家、封建军阀为代表的剥削压迫阶级，用第一人称建立共产党或党的外围组织——读书会与津浦机厂工人阶级之间的"话语共同体"，以增强信任，增进认同。

以第一人称为话语叙事在山东党团组织的宣传策略中广为运用，以"我们""咱们"为第一人称叙事话语的使用，容易使话语受众立刻产生一种身份认同感，进而在此基础上产生认知和情感的"共鸣"，叙事者的话语传输范式与听众的话语接受范式高度契合，合二为一，这就为话语受众的感性认同和行为跟进打下基础。"在第一人称中，叙事者与被叙事者是同一个人，'我'在讲'我'

---

① 叶惠珍. 葛兰西文化领导权及其话语路径研究［M］. 北京：社会科学文献出版社，2016：226.
② 叶惠珍. 葛兰西文化领导权及其话语路径研究［M］. 北京：社会科学文献出版社，2016：11.

自己的故事，因此就形成了一种非常特殊的关系。由于叙事者与被叙述者的同一性，第一人称能够很容易地将观众引入故事中人物的内心世界，让观众直接触摸人物的内心，拉近了观众与人物之间的距离，有利于观众与人物的认同。同时，由于叙事者与被叙事者是同一个人，前者可以将自己的价值判断巧妙地植入后者，观众在认同故事中的人物的同时，也就接受了叙事者的价值立场。第一人称利用这种同一性，使得意识形态的植入更加隐晦，效果也更为明显。"①

（三）叙事隐性话语：隐喻

从叙事隐性话语来看，山东马克思主义大众化话语传播中还广为存在的一种话语现象就是隐喻的存在及其使用。隐喻必须涉及两个事物，一个是隐喻物，即喻体，一个是被隐喻物，即本体。隐喻就是"它使我们在'那个'里面看到了'这个'，或者在'这个'里面看到了'那个'"②。隐喻以喻体喻指本体，以隐性话语映射显性话语，是马克思主义大众化话语传播史上的重要一页。隐喻是具有意识形态性的，突出表现为"隐喻映射模式的建立总是要受到意识形态的引导和制约"③。在山东马克思主义大众化的话语传播中，以隐喻为典型代表的隐性话语是在帝国主义和封建反动军阀统治下传播进步思想的变通之举，反映了山东共产党人坚韧不拔的政治意志和高度灵活的政治智慧。

在山东马克思主义大众化的话语传播中，隐喻的发展和运用不是停留于零碎化、杂乱化的初始状态，而是已经达到了拥有固定通约的喻体代称代号和本体—喻体对照表（参见表5-1）的成熟程度。隐喻多以学校话语喻指党团组织话语，如1923年4月21日，吴慧铭在致施存统的信中，就济南地方团改组及工作情形写道："三十五、三十六、三十七页讲义均悉。"④ 这里，学校话语中的"讲义"，实质上喻指通告。1923年1月11日，王象午在致施存统关于济南地方团组织改选情况的信中说，"济南地方校务长王福元因着个人生活问题，赴青岛去了"⑤。"地方校务长"，喻指地方委员会书记。"我们的刊物向先生每期现在

① 殷昭玖. 电视剧认同机制研究：基于精神分析与意识形态主体理论的考量［M］. 北京：中国广播影视出版社，2016：123-124.
② BURKE K. A Grammar of Motive［M］. Berkeley：University of California Press，1969：509.
③ 林宝珠. 隐喻的意识形态力［M］. 厦门：厦门大学出版社，2012：3.
④ 山东革命历史文件汇集（甲种本第一集：一九二二年——一九二五年）［M］. 中央档案馆，山东档案馆，1994：12.
⑤ 山东革命历史文件汇集（甲种本第一集：一九二二年——一九二五年）［M］. 中央档案馆，山东档案馆，1994：8.

济青间可卖二百余，正在推销，《中国青年》亦看，这是济青同志很努力的一点。"① "向先生"，即中共中央机关报——《向导》周刊。

在山东马克思主义大众化话语传播的隐性叙事话语中，还以天气变化、生意往来等喻指政治形势和党团发展状况。1925年8月15日，团济南地委代书记丁君羊在关于济南地委工作环境向中央的信中，以天气炎热喻指政治环境恶劣，白色恐怖严重，以避暑喻指躲避恶劣的政治环境。"此地的天气异常炎热，我们的大学部无可奈何中停止了各方面的工作，因此中学部连带着也不能进行。班会，有的还能开，有的简直是开不成了！我（君）现在还住在此地，不过我也是最怕热的一个，但我还不到万分住不下去的时候，我还不去避暑，因为我现在除代办本校校务外，还兼办民校校务。"② 1925年5月31日，团青岛地委在向中央汇报青岛地区政治环境恶化时，以空气不好隐晦地喻指政治形势急转直下。"中容兄：青地通信，因现已搬家，该处现收不到，请另交尹兄之住址收。我和他们都病得厉害，有的住青岛医院，有的往济南医院去住，怕的是病近数日不能好。青岛空气不好，每天不是下雾，就是下雨或刮风，住民偶不小心就易染病。"③ 1925年12月9日，《侯正肃关于烟台团组织情况致郑容信》中还以商业上的生意往来暗中汇报烟台党组织的发展概况。信中以"郑容先生"喻指"团中央"，以私人书信的口吻问候祷祝，以商业进展暗喻党团组织的发展近况。④ 在国民党对革命书刊实行查禁和封销的高压政治环境下，以隐语为代表的隐性话语助力于山东党团组织的发展壮大，显示了中国共产党人百折不挠的坚强毅力和灵活权宜的政治智慧。

---

① 山东革命历史文件汇集（甲种本第一集：一九二二年——一九二五年）［M］. 中央档案馆，山东档案馆，1994：63.
② 山东革命历史文件汇集（甲种本第一集：一九二二年——一九二五年）［M］. 中央档案馆，山东档案馆，1994：466-467.
③ 山东革命历史文件汇集（甲种本第一集：一九二二年——一九二五年）［M］. 中央档案馆，山东档案馆，1994：417.
④ 山东革命历史文件汇集（甲种本第一集：一九二二年——一九二五年）［M］. 中央档案馆，山东档案馆，1994：560-561.

表 5-1　山东地方党团组织代称代号及隐语对照表

类别	本体	喻体
组织代称代号及隐语	中央	中英、仲英、钟英、钟阳、钟雍、中校、总校、钟兄、宗兄、中兄
	中共中央	C 中校、C 中央、P 中央
	团中央	爱中、爱钟、爱兄中委、S 中校、仲苇爱兄、郑容、曾延、洪顺
	共产党及共产党组织	C.P.、C 校、P 校、西校、西委、西比、惜委、大学
	社会主义青年团及团组织	S.Y.、爱斯怀、爱校、S 校、少校、中学、爱委
	共青团及团组织	C.Y.、Y 校、中学
	团中央组织部	伯海、渤海
	团中央宣传部	仲兰
	团中央学生部	季英
	团中央农工部	叔伟
	中国国民党	民、民党、民派、民校、民字号、三义学校、KMT、K.
	团济南地委	济难、济弟、济地、济爱、济分校、鲁弟、鲁爱弟、鲁地委、齐兰、季弟、赵凤亭
	团青岛地委	岛委、秦涛、清涛、青弟、清校
	团青州支部（特支）	昌化、青爱弟、青芝、情芝、青支小学、青支分校、青州分校
	中共山东地委、省委	山委、珊蔚、P 地、山棣、林蔚、沈伟、鲁委、琛谓、陈石甫
	中共全国代表大会	学年大考
	地方党、团大会	初级月考
	支部大会	班会
	支部	班
	地方团组织	分校

续表

类别	本体	喻体
职务代称代号及隐语	中央书记	总教务长
	地方委员会书记	初级教务长
	支部书记	班长
	地方委员会委员	教员
	地方委员会候补委员	助教
	组织部委员	庶务主任
	宣传部委员	训育主任
	学生部委员	学生自治会主任
	农工部委员	工科主任
	妇女部委员	女生指导部主任
其他代称代号及隐语	全国代表大会代表	大考生
	开会	上课
	党、团同志	同学
	团员	学生、生徒
	特别团员	特别生
	新团员	新生、新校友
	加入党、团	入校
	团纪	校规
	退团	停学、休学、退学
	留团察看	记大过
	开除团籍	斥退
	报告	试卷、报稿
	通告	讲义
	上级指示事项	试题
	团员证	校证
	党刊团刊	校刊
	中青（中国青年）	中学读本
	党费团费	学费

续表

类别	本体	喻体
	党、团活动经费	学款、家用费
	工人刊物	工科读本
其他代称	农运刊物	农科读本
代号及隐语	躲避	避暑
	被捕入狱	得病、住院、入院
	政治环境恶劣	天气炎热、天气不好

参考资料：常连霆主编，中共山东省委党史研究室，山东省中共党史学会编．山东党史资料文库（第1卷）［M］．济南：山东人民出版社，2015：819-820.

隐喻作为山东马克思主义大众化中的叙事隐性话语，主要集中于山东党团成员上下级之间请示汇报或同级交流的文件话语中，具有明显的事务性和功用性。尽管其所涉话语受众相对而言比较狭窄，但仍是山东马克思主义大众化话语传播中不可或缺的重要一环，而且对隐喻的认可、接受和使用，就意味着对"隐喻背后的意识形态和社会权力分配体系"① 的接纳和认同，也显示了共产党人百折不挠的坚强意志和灵活幽默的变通智慧。

三、情感话语融合阶级话语

情感是人与客观世界相接触的过程中，对客观世界是否满足主体需要所产生的体验和感受。情感话语，即表达某种情感的话语形态。而阶级话语，一般是指用马克思主义的阶级分析理论和阶级斗争理论分析革命实践问题的话语形态。但是，在这里必须提及的是，毛泽东从情感的角度界定了马克思主义大众化的概念。他说，什么是大众化？大众化就是我们的文艺工作者和工农兵群众的思想感情打成一片。② 那么，思想感情如何与工农兵大众打成一片呢？毛泽东分享了自己从学生时代的小资产阶级感情转变为参加革命后的无产阶级感情的经历，也就是产生了无产阶级的感情，感情的出发点、立脚点和归宿都基于无产阶级的利益和情感需要。从这个意义上去界定阶级话语，则是指站在无产阶

---

① 林宝珠．隐喻的意识形态力［M］．厦门：厦门大学出版社，2012：96.
② 中共中央文献研究室，中央档案馆编．建党以来重要文献选编（1921—1949）（第十九册）［M］．北京：中央文献出版社，2011：289.

级立场上、代表无产阶级利益、阐明无产阶级观点的话语形式。以情感话语融合阶级话语，是山东马克思主义大众化话语传播的形式之一。

（一）建立情感话语共同体

人的行动动力不外乎情感与理性，但原始动力来自情感或欲望。"理性是服从于情感的。"① "马克思主义大众化，首先要化大众的情感。"② 裴宜理研究发现，"中国共产党之所以能战胜国民党，其中一个关键因素就是其情感工作（Emotion Work）的有效实施"③。她说，在中国，是带着朴实的农民气息的毛泽东感动了他的同胞们，人们先是流泪泄愤，然后采取革命行动。④ 勒庞（Le Bon）从群体心理学的视角也指出，"只有情感的因素以及神秘主义的因素才能给人的行动以动力，才能影响大众"⑤。因此，在马克思主义大众化的话语传播中，情感话语对于建构话语主体与话语受众的心理认同和价值归属至关重要。

在山东马克思主义大众化的话语传播中，非常注重动之以情，建构有温度的情感话语生态。列宁说过，没有"人的情感"，就永远不会有对于真理的追求。⑥ 在儒家文化价值正义熏陶下的山东民众，对五四运动以来"山东问题"的国耻家恨有着共同的义愤，加之处于帝国主义侵略的前锋，民族、阶级矛盾异常尖锐，山东的时局犹如一堆亟待革命烈火的干柴。在这种形势下，情感话语经常显现于报头街巷、讲演会场之中，激起人们对不正义境况的体会和认同，并在此基础上引导民众革命的动机，教给他们改变恶劣境况的举措。譬如，在山东青岛问题的国民请愿大会上，演说者"沉痛激昂，声泪俱下"⑦，台下听者"无不汗流浃背，愤慨之情现于眉间"⑧。济南津浦铁路机务处工匠段长寿等十七人在给铁路工人的信中，首句即以第一人称的情感话语导入，"我们十七个工

---

① 休谟. 休谟说情感与认知［M］. 冯小旦，编译. 武汉：华中科技大学出版社，2018：2.
② 李春会. 传播视域下的马克思主义大众化［M］. 北京：人民出版社，2013：36.
③ 乔同舟. 被政治化的情感：政治传播中的情感话语［J］. 理论与现代化，2016（6）：85.
④ 裴宜理，李寇南，何翔译. 重访中国革命：以情感的模式［J］. 中国学术，2001（4）：98.
⑤ 古斯塔夫·勒庞. 革命心理学［M］. 佟德志，刘训练，译. 广州：广州人民出版社，2012：34.
⑥ 列宁. 列宁全集（第二十五卷）［M］. 北京：人民出版社，2017：117.
⑦ 常连霆主编，中共山东省委党史研究室，山东省中共党史学会编. 山东党史资料文库（第1卷）［M］. 济南：山东人民出版社，2015：391.
⑧ 常连霆主编，中共山东省委党史研究室，山东省中共党史学会编. 山东党史资料文库（第1卷）［M］. 济南：山东人民出版社，2015：391.

人素来是在铁路上赚饭吃的，和众兄弟是一样的境遇。今天……和诸位说几句最诚恳最亲热从心坎儿出来的话"①，借此建立与京奉、京汉、津浦、沪宁等各线铁路工人的情感话语共同体。《山东理发业联合总会成立宣言》以强烈的情感话语风格在设问启发式话语方法中，灌输阶级话语，引导工人走向联合。"我们理发业工人，在社会上从来是被人家贱视的，不特被人家贱视，并且还要受官厅意外的剥削。难道我们就不是人吗？为什么受社会上这样不平等的待遇呢？咳！这就是我们没有团体的缘故呀！"②

马克思主义大众化传播"仅仅凭借于理性并不能完成从事实到价值的转换，要越过事实与价值之间的鸿沟必须经过情感这个桥梁"③。正如习近平所言，语言的背后有情感，在群众面前失语，实质上就意味着对群众缺乏感情。刘少奇也指出，缺乏情感、没有温度的话语实质上是"一种官僚绅士的态度，对工人的态度和说话，多骄傲不和悦"④，是脱离群众的危险表现。情感话语以同情和共情建立话语共同体，"同情还能通过引起人与人之间的共鸣来形成某种程度的认同感，从而使之成为革命的重要动力源"⑤。

（二）转换阶级话语立足点

马克思主义大众化话语传播中的情感话语不是纯粹语言学意义上的情感话语，而是有阶级立场的情感话语。换句话说，情感话语必须置于一定的政治场景中，其本质内涵才能得到正确的解释。因为"情感一旦和政治立场建立关联，就预设了'我们'和'他们'的二元对立，多元化的个人情感表达被格式化进非此即彼的'二分法'立场之中。……情感政治的表面是情感话语表达，背后则是意识形态运作"⑥。

情感话语的阶级立场或许不是一开始就明确的，但可以通过转换立足点而确立无产阶级立场下的情感话语。毛泽东以自己的切身经历为例，讲述了从小

---

① 常连霆主编，中共山东省委党史研究室，山东省中共党史学会编．山东党史资料文库（第1卷）[M]．济南：山东人民出版社，2015：435．

② 常连霆主编，中共山东省委党史研究室，山东省中共党史学会编．山东党史资料文库（第1卷）[M]．济南：山东人民出版社，2015：474．

③ 兰久富．社会转型时期的价值观念 [M]．北京：北京师范大学出版社，1999：315．

④ 中共中央文献研究室，中央档案馆编．建党以来重要文献选编（1921—1949）（第一册）[M]．北京：中央文献出版社，2011：293．

⑤ 黄璇．情感与现代政治：卢梭政治哲学研究 [M]．北京：商务印书馆，2016：247．

⑥ 乔同舟．被政治化的情感：政治传播中的情感话语 [J]．理论与现代化，2016（6）：87—88．

资产阶级的情感话语立场转变为无产阶级的情感话语立场的自我改造过程。① 情感话语所内蕴的阶级立场的转变，是马克思主义大众化话语传播的一切前提基础。"没有这个变化，没有这个改造，什么事情都是做不好的，都是格格不入的。"② 因为如果不能确立无产阶级的阶级立场，"就和工人农民的观点不同，立场不同，感情不同，就会同工人农民格格不入，工人农民也不会把心里的话向他们讲"③。只有确立无产阶级的情感话语立场，才能在革命实践中建立与工农大众关于爱国主义、社会主义、共产主义世界观和价值观的"共同语言"，才能建立与工农大众的情感"话语共同体"。

在山东马克思主义大众化的话语传播中，情感话语始终站在工农大众的立场，以工农群众的安危冷暖为情感话语的风向标和晴雨表。1924 年 11 月 1 日，《中国工人》以山东博山黑山煤矿工人超负荷的工作重压、简陋破败的住宿环境、被超额剥削的工资水平、毫无保障的福利待遇、危险丧命的工作环境等悲惨的生存境况痛斥资本家的残暴罪恶，其中不乏"工人何等痛苦！""血肉横飞而死"④ 等情感话语。在叙说工人悲惨境遇，痛斥资本家剥削残暴的同时，号召工人伙计团结起来，推翻一切压迫阶级，共谋阶级解放。

"意识形态（即价值观）的传播则不一定在于它的正确和对它的理解，而是在于通过满足利益诉求、提供精神寄托、产生价值共鸣、形成情感认同等满足人的（精神）需要而得到传播。"⑤ 山东马克思主义大众化话语传播中的情感话语，立足于无产阶级的冷暖得失，建立与之同频共振的情感话语共同体，为革命运动注入了源源不断的情感动力和行动支持。

---

① 中共中央文献研究室，中央档案馆编．建党以来重要文献选编（1921—1949）（第十九册）[M]．北京：中央文献出版社，2011：209．
② 中共中央文献研究室，中央档案馆编．建党以来重要文献选编（1921—1949）（第十九册）[M]．北京：中央文献出版社，2011：209．
③ 中共中央文献研究室．毛泽东文集（第七卷）[M]．北京：人民出版社，1999：273．
④ 常连霆主编，中共山东省委党史研究室，山东省中共党史学会编．山东党史资料文库（第 1 卷）[M]．济南：山东人民出版社，2015：511．
⑤ 朱兆忠．意识形态的传播和接受问题研究：兼论中国马克思主义的传播与接受 [J]．上海行政学院学报，2007（4）：13．

第三节　话语体系：孕育新民主主义革命话语
体系的雏形

通过对山东马克思主义大众化话语传播"话语内容"和"话语形式"的研究，在一定程度上回答了山东马克思主义大众化话语传播"说什么"和"怎么说"的问题。然而，要回答山东马克思主义大众化话语传播"说的效果如何"这一问题，借此以长时段的视角回应"新民主主义革命话语体系生成的内在理路是什么"的问题，还必须站在话语体系的高度，从区域史的视角对这一时期山东马克思主义大众化话语传播的历史方位做出一定的界定。

一、概念范畴的引入

理论话语体系的生成有其内在的逻辑理路，"话语体系是话语主体运用特定的概念范畴、判断推理等，按照一定的逻辑规则和思维方法，表达和传递某一观点理论或者情感价值的语言体系"①。其中，核心概念和范畴"如同理论网络上的纽结一样"②，是理论话语体系形成的首要基础。概念是人的思维对事物的共同本质特点的抽象性、概括性的认知，而范畴则是"指某一学科的最高概念或最基本的概念，它是人的思维对客观事物的本质属性、相互关系和活动状况的概括反映和抽象表现"③。概念和范畴同为认识工具，但其所概括事物的本质属性的程度和普遍联系的范围有所差别。范畴反映的是事物最本质和最普遍的联系，而概念反映了客观事物一般的、本质的特征。但无论是概念，还是范畴，都是话语体系的符号标志，也是话语内容的重要载体。马克思主义理论的核心概念范畴很多，比如，阶级、无产阶级、资产阶级、阶级斗争、资本、生产力、生产关系、经济基础、上层建筑、剩余价值、革命、社会主义和共产主义、实践、劳动、人等，每一个概念或范畴的背后都承载着特定的意识形态和价值体系，它们不仅解释旧的社会现实，而且建构新的社会现实。在山东马克思主

---

① 周栋. 中国特色社会主义话语体系 [D]. 北京：中共中央党校，2018：45.

② 陈锡喜. 马克思主义：意识形态与话语体系 [M]. 上海：华东师范大学出版社，2011：63.

③ 邱柏生，董雅华. 论范畴在思想政治教育学中的作用 [J]. 教学与研究，2012（5）：85.

大众化的话语传播中，马克思主义核心概念范畴的引入，不仅解释着旧山东黑暗落后的社会现实及其根源所在，而且建构着新山东革命改造的理想图景和未来蓝图。

其一，以唯物史观、阶级以及阶级斗争、实践等为代表的马克思主义哲学核心概念范畴的引入，重新改写了历史的言说方式，揭示了历史发展的原初动力，为个人解放、社会改造和民族解放、国家独立提供了关键锁钥。1925 年 5 月，《济南妇女学术协进会宣言》从社会制度根本改造的视角为妇女解放寻找正确的出路，宣言指出：我们认为，妇女运动的目标不是反对男子，而是推翻现有的压迫妇女的社会制度。只有被压迫阶级为解放自己而斗争，实现解放的唯一途径就是打破此两层压迫，建设适合她们需要的制度。① 而社会制度的根本改造又依赖于民族解放和政治解放。"现在民族问题不解决，我们女子没单独免去压迫之可能，所以我们的宗旨第二方面，就是引领一般女界同胞在民族解放的政治运动中，努力求女子的解放。"② 唯物史观核心概念的引入，引导大众以经济基础分析女权运动，为妇女解放找到根本症结。"教育平等，是我们应当首先力争的。……女子之所以不独立，除了知识上的关系以外，更是经济上的关系。"③ 那么，如何实现经济基础和社会制度的根本改造呢？要实现社会的根本改造，就要运用阶级斗争的改造工具。阶级、阶级斗争这一概念范畴被广泛运用于工人阶级与资本家阶级之间、农民阶级与地主阶级之间、封建军阀与兵士阶级之间等社会阶级间的矛盾对立，启发民众阶级意识，动员群众革命运动。

其二，以劳动剩余价值为代表的马克思主义政治经济学核心概念范畴的引入，为无产阶级从异化的劳动关系中获得个人解放提供了理论支撑。王尽美在《矿业工会淄博部开发起会志盛》中将劳动剩余价值理论在淄博矿工中通俗易懂地传播开来：俗话说，越是工场所在地，越是工人屠宰场。如今，数以万计的煤矿工人长期处在资本家的剥削之下。谈起他们的生活真的很黑暗。有的伏在机器下面，有的被埋在炭灰堆里，每天一滴汗一滴血地做十几点钟的工，稍有不慎，还要搭上性命，而工钱也只有两三毛钱。不仅劳碌一生得不到任何好处，

---

① 常连霆主编，中共山东省委党史研究室，山东省中共党史学会编. 山东党史资料文库（第 2 卷）［M］. 济南：山东人民出版社，2015：299.

② 常连霆主编，中共山东省委党史研究室，山东省中共党史学会编. 山东党史资料文库（第 2 卷）［M］. 济南：山东人民出版社，2015：299.

③ 山东女权同盟会成立［N］. 申报，1922-12-26.

而且还要挨饿受冻，多不公平啊！① 在此基础上，引导工友认识到劳动神圣，唯有团结起来，组织工会，领导罢工运动，才能为工人阶级谋取利益。在劳动剩余价值理论的引导下，青岛胶济铁路四方机厂工人，济南津浦路大槐树机厂工人，油厂、纱厂、电气、理发、码头等厂工人纷纷为要求增加工资、平等地位、休息时间等条件而罢工。

其三，以社会主义和共产主义为代表的科学社会主义核心概念范畴的引入，揭示了中国革命的道路选择和革命策略问题。时任青岛四方支部书记的李慰农在《中国需要共产主义》中论述了"中国为什么需要共产主义""中国如何实现共产主义"等问题。中国为什么需要共产主义呢？李慰农认为，因为资本制度的结果在世界上已经造成了两大鸿沟，终结了人类的进化，全世界最广大的无产阶级，在他们的压迫下，呼号着想要自解放而不能实现。马克思已清楚地告诉我们，资本制度之下的生产方式是与经济发展相适应的，它的谬处在于分配权限不操控在生产者自身手中，而是操控在少数支配阶级——有产阶级——的手中。我们应该破坏一个，建设一个，避免这一谬点，放弃这条错路。那时，我们正朝着共产主义社会进发就是了。中国革命也只有共产主义这一条正确轨道啊！因为它是不违背社会进化且合乎中国人民需要的。② 在中国遭受国际帝国主义和国内军阀割据势力的双重压迫下，打倒国际帝国主义和军阀势力是中国革命的先决问题。共产主义革命能够解决反帝反军阀的历史任务吗？李慰农指出，在共产主义革命之先，还需要扶助民主革命，因为民主革命是政治上相对进步的革命，它可以号召全国人民，共同推翻军阀，共同谋求独立。③ 在民主革命实现之后，为避免重蹈法国 1789 年革命的前辙，无产阶级要做好实现共产主义革命的充分准备。而共产主义革命的实现，"一方面要夺取政权，一方面是不离弃群众的"④。李慰农以共产主义核心概念为中心，论证了中国实行共产主义革命的必要性、可能性和革命策略等问题，为山东革命运动指明了前进的方向。

话语指向行为和行动，话语中的核心概念范畴对于主体的行为行动具有建

---

① 王尽美. 矿业工会淄博部开发起会志盛 [J]. 山东劳动周刊，1922-07-09.

② 中共山东省委党史研究室编. 山东党的革命历史文献选编（第一卷）[M]. 济南：山东人民出版社，2015：35-36.

③ 中共山东省委党史研究室编. 山东党的革命历史文献选编（第一卷）[M]. 济南：山东人民出版社，2015：37.

④ 中共山东省委党史研究室编. 山东党的革命历史文献选编（第一卷）[M]. 济南：山东人民出版社，2015：39.

构、重塑、引导、推动等作用，"一个话语同时就是社会行动"①。马克思主义理论核心概念范畴引入山东，以全新的概念范式解释旧山东的黑暗腐朽，建构新山东的蓝图规划，为孕育新民主主义革命话语体系的雏形打造"理论纽结"。

二、理论体系的初现

如果说，核心概念或范畴的引入是话语体系孕育形成的第一步的话，那么，在核心概念或重要范畴的基础上，运用理论化、系统化的知识体系，对时代问题进行深入分析，提炼概括为逻辑性、体系化、彻底性的理论体系，则是话语体系孕育形成的第二步。在山东马克思主义大众化的话语传播中，不乏运用唯物史观分析社会形态演进以及无产阶级政党——共产党的阶级立场、革命任务、组织原则、纪律规定等理论体系雏形初现。

（一）马克思主义社会形态理论雏形

马克思主义的社会形态理论基于唯物史观的分析维度，阐明了社会形态的运动轨迹及其根本动力，尤其是对资本主义社会形态的全面分析，论证了资产主义社会的历史暂时性和社会主义、共产主义社会形态的历史必然性，为无产阶级革命运动指明了道路和方向。在中共山东临时地委书记张昆弟的领导下，山东临时地委、济南地委编印了《新社会观提纲》《共产主义》等材料，初步阐述马克思主义社会形态理论的雏形，团济南地委在内部教育与训练中以《新社会观提纲》为学习材料之一，"指导各支部依照印发之《新社会观提纲》系统地研究该书，在工人支部中间研究共产主义小册子"②。在团济南地委的内部教育中，进步刊物的学习研究是一个重要方面。在团济南地委的学习刊物中，《中国青年》共三期，每期九十份，《新社会观提纲》六十份，《青年平民读本》共二百二十份，《独秀讲演录》二十份，《保护青工》一百份，《告工人书》一百份，总计七百七十份。③ 其中，《新社会观提纲》占比近十分之一。除此之外，团济南地委还组织张店、石谷、鲁丰纱厂等党团支部举办训练班，系统学习《新社会观提纲》《共产主义》等材料，培训了一批工运骨干。

那么，《新社会观提纲》是如何阐述马克思主义社会形态理论的呢？《新社

① 胡春阳. 传播的话语分析理论［D］. 上海：复旦大学，2005：23.
② 常连霆主编，中共山东省委党史研究室. 中共山东编年史（第1卷）［M］. 济南：山东人民出版社，2015：374.
③ 中共山东省委党史研究室编. 山东党的革命历史文献选编（第一卷）［M］. 济南：山东人民出版社，2015：118.

会观提纲》阐述了资本主义之前的社会形态，资本主义之定义、发展、优劣以及为共产主义社会生产预备基础。资本主义之前的原始社会形态"受自然的限制""为生存竞争""生产工具之粗糙""生产力很低"①。资本主义社会由"占据社会上的生产机关——土地、矿山、工厂，借此以剥削工人，取得不劳而获的利润"② 的人和"受资本之压迫剥削，没有生产工具，没有私产，靠卖劳动力为生者"③ 组成。资本主义生产的最初资本积累源于剥夺亚非弱小民族和农民、手工业者。资本主义生产的优点在于"资本的集中的生产——商品经济的发生""技术之进步与发明""交通便利及发展"④ 等，劣点在于"无产阶级被剥削与压榨""农民之破产与无产阶级队伍之加大""生产之无组织性；生产过剩之发生"⑤ 等。资本主义由自由竞争阶段发展至资本联合阶段，以"托拉斯、新狄嘉"⑥ 为组织形式，利用生产垄断、市场垄断等方式，左右全国政治。通过资本联合，资本主义的竞争也由国内竞争拓展至国际竞争，全世界无产阶级也趋于大联合的趋势。

　　《新社会观提纲》主要阐述了资本主义社会形态的根本矛盾及其向共产主义社会过渡的必然趋势。在资本主义社会，两个利益不同的阶级——"占据社会的公有之生产机关，在自手里有巨大的财富的资产阶级"和"无私有财产及生产工具的一无所有的无产阶级"⑦ ——矛盾越来越尖锐，斗争也越来越激烈。因而，资本主义社会的发展趋势只能被社会主义社会和共产主义社会所替代。综上，《新社会观提纲》初步阐述了马克思主义社会形态理论的雏形，为山东无产阶级革命运动指明了前进方向。

---

① 常连霆主编，中共山东省委党史研究室，山东省中共党史学会编．山东党史资料文库（第2卷）［M］．济南：山东人民出版社，2015：349.
② 常连霆主编，中共山东省委党史研究室，山东省中共党史学会编．山东党史资料文库（第2卷）［M］．济南：山东人民出版社，2015：349.
③ 常连霆主编，中共山东省委党史研究室，山东省中共党史学会编．山东党史资料文库（第2卷）［M］．济南：山东人民出版社，2015：349.
④ 常连霆主编，中共山东省委党史研究室，山东省中共党史学会编．山东党史资料文库（第2卷）［M］．济南：山东人民出版社，2015：349.
⑤ 常连霆主编，中共山东省委党史研究室，山东省中共党史学会编．山东党史资料文库（第2卷）［M］．济南：山东人民出版社，2015：349.
⑥ 常连霆主编，中共山东省委党史研究室，山东省中共党史学会编．山东党史资料文库（第2卷）［M］．济南：山东人民出版社，2015：349.
⑦ 常连霆主编，中共山东省委党史研究室，山东省中共党史学会编．山东党史资料文库（第2卷）［M］．济南：山东人民出版社，2015：350.

（二）无产阶级政党理论雏形

无产阶级政党理论是关于无产阶级政党——中国共产党的性质、目标、成分、组织、纪律等系统化、理论化的认识。山东马克思主义大众化的话语传播中，初步形成了关于无产阶级政党的理论雏形，对山东地方党组织的发展壮大发挥了重要的理论引领作用。

一是明确无产阶级政党——共产党的性质。中共山东省委在《入校①须知》中明确指出：共产党是由无产阶级中最有阶级觉悟的先进分子组成的集团；是代表无产阶级利益，领导无产阶级斗争的党；是推翻国际帝国主义和豪绅资产阶级的统治，完成工农革命，建设共产主义社会的政党。②《新社会观提纲》中也明确了共产党作为无产阶级政党，是无产阶级中的"先锋队""无产阶级斗争之指导者""为无产阶级利益而奋斗的"③政党。二是确立共产党的奋斗目标。共产党的目的在于"无产阶级夺取政权推翻资的统治""消灭一切阶级""建立共产主义的社会"④。三是确立共产党的构成成分。"共产党员，是以产业工人中有政治觉悟的先进分子为主要成分，城市苦力、手工业者及贫农无产阶级的觉悟分子为次要成分，以外小资产阶级能够牺牲自己的利益献身无产阶级，坚决地参加无产阶级革命者，亦占成分中之一小部分。"⑤四是明确共产党的工作任务，即"宣传与组织无产阶级""引导无产阶级作经济的政治的阶级斗争""率领无产阶级夺取政权，建立无产阶级的国家""没收一切资本的大的生产机关为公有""为实现共产主义社会而努力"⑥。五是确立共产党的组织纪律。将民主集权制确立为党的组织原则，要求"各个党员同志对某一问题在党部未决定前可自由发表意见，但一经大会或党部决定，则须绝（对）服从，坚决执

---

① 入校，是加入中国共产党党团组织的隐语。
② 常连霆主编，中共山东省委党史研究室，山东省中共党史学会编．山东党史资料文库（第3卷）［M］．济南：山东人民出版社，2015：219.
③ 常连霆主编，中共山东省委党史研究室，山东省中共党史学会编．山东党史资料文库（第2卷）［M］．济南：山东人民出版社，2015：350.
④ 常连霆主编，中共山东省委党史研究室，山东省中共党史学会编．山东党史资料文库（第2卷）［M］．济南：山东人民出版社，2015：350.
⑤ 常连霆主编，中共山东省委党史研究室，山东省中共党史学会编．山东党史资料文库（第3卷）［M］．济南：山东人民出版社，2015：219.
⑥ 常连霆主编，中共山东省委党史研究室，山东省中共党史学会编．山东党史资料文库（第2卷）［M］．济南：山东人民出版社，2015：350.

行"①，并且提出在各种民众组织或反动团体机关中，设立由共产党党员或共青团团员组成的"党团"组织，以实现党的主张，贯彻党的意志。"党团只能实行党的决议。"② 关于党的组织纪律方面，明确强调，"共产党蕴藏在资产阶级统治的营垒中，在完成无产阶级革命这个任务之下，须经长期的刻苦奋斗，因此党的组织必须万分严密。党要组织严密，必须严格执行纪律，任何同志不得违犯"③。为落实党的组织纪律，明确规定支部会议和各种会议的出席请假制度、交纳党费制度、服从党的决议与命令制度、严守党的秘密制度，等等。

山东地方共产党关于社会形态演进和无产阶级政党的理论，虽然在一定程度上显露出对马克思主义社会形态理论和党的建设理论的照搬痕迹和游离于山东地方革命形势迫切需要的粗糙状态，也未能真正回答山东革命"从何而来，向何处去"的理论问题，更是距离新民主主义革命理论体系仍有很大一段距离和差距。但是，不可否认的是，这些蕴含马克思主义社会形态理论和无产阶级政党理论的质朴阐述，为新民主主义革命理论体系的形成打造地基，孕育雏形。

三、话语体系的孕育

话语体系的形成有其内在逻辑理路，除了核心概念或关键范畴的灌输引入、理论体系的孕育初现，还必须"借助于权力支持而强化、拓展和增殖，理论作为一种软实力，权力作为一种硬实力，软硬结合"④，只有这样，"由点到线，由线到面，立体的理论框架建构起来，成熟的话语体系形成"⑤。从话语体系的视角来看，相较于新民主主义革命话语体系的形成，在本书所论及的时间范围内，山东马克思主义大众化的话语传播尚处于孕育雏形的阶段。

一是山东马克思主义大众化的话语体系虽引入马克思主义核心概念和理论体系，但尚未能够回答山东革命"从何而来，向何处去"的问题。话语体系是建立在思想理论体系之上的，思想理论体系是话语体系的内核。"话语体系是思

---

① 常连霆主编，中共山东省委党史研究室，山东省中共党史学会编．山东党史资料文库（第3卷）［M］．济南：山东人民出版社，2015：220.

② 常连霆主编，中共山东省委党史研究室，山东省中共党史学会编．山东党史资料文库（第3卷）［M］．济南：山东人民出版社，2015：220.

③ 常连霆主编，中共山东省委党史研究室，山东省中共党史学会编．山东党史资料文库（第3卷）［M］．济南：山东人民出版社，2015：220.

④ 陈曙光．中国话语的生成逻辑及演化趋势［J］．马克思主义研究，2016（10）：96.

⑤ 马晓琳，宋进．《共产党宣言》对《新民主主义论》的文本关照考析：基于生成逻辑的视角［J］．湖北社会科学，2018（3）：8.

想理论体系的外在表现形式，是受思想理论体系的制约的。"① 就山东马克思主义大众化的话语传播而言，山东地方共产党虽然引入核心概念或重要范畴进行分析，也从马克思主义的社会形态理论和无产阶级政党理论对山东革命道路做出初步引领。但是，不可否认的是，对于山东革命"从何而来，向何处去"的问题，山东地方共产党既没有在思想理论体系上形成一个相对成熟的认识，也没有在话语体系上做出一个初步的回答。譬如，对于什么是山东革命、怎样开展山东革命、山东革命的性质和动力是什么、山东革命的前途是什么等问题，这一时期山东地方共产党组织尚未能做出相对独立且成熟的回答，因而仍旧处于在摸索中前进的自在自发状态。可以说，这一时期山东地方共产党对于山东革命"从何而来，向何处去"的认识呈现出感性化、碎片化、表层化等特征，尚处于感性认识阶段。进一步而言，山东地方共产党对革命形势的认知停留于革命发展现状的感性具化认识，而缺乏整体视角的趋势观瞻。比如，山东地方党组织停留于对济南、青岛、潍县（今潍坊）、淄张（今淄博、张店）、青州、鲁北、高密、东昌（今聊城）、曹州（今菏泽）等地农运、工运、军运、学运发展状况的一一梳理与汇总，抑或是对产业、组织、宣教、暴动等发展状况的具体汇报与介绍，而未从一定的理论高度，尤其是还未能从马克思主义的理论高度和方法分析上对山东革命的目标、任务、趋势、动力、道路等视角做出全局性的观瞻与理论层面的引领，因而相较于新民主主义革命话语体系，仍处于孕育之阶段。

二是山东马克思主义大众化的话语体系虽开始争夺文化领导权，尚缺乏国家统治权力的硬实力支撑。文化领导权、话语体系和政治领导权三者之间是互相缠绕、相辅相成的辩证统一关系。首先，文化领导权是一个政党取得政治领导权的前提。文化领导权是指一个政党以文化、精神、道德等方面的引领作用获得民众对其政治理念、价值体系的认同，进而获得对民众的非暴力控制，文化领导权是政治领导权的基础。著名的葛兰西文化霸权理论认为，无产阶级革命的首要一步就在于率先夺取文化领导权和意识形态领导权，进而逐步夺取政治领导权。并且，在取得政治领导权后，无产阶级政党仍然需要继续巩固其在文化意识形态领域的统治地位和引领作用。其次，独立成熟的话语体系是争夺文化领导权，进而夺取政治领导权的基础。话语体系从建构的那一刻起，就承载着争夺话语权的重任。话语体系是争夺话语权的前提和基础。"要增强话语

---

① 杨鲜兰. 构建当代中国话语体系的难点和对策［J］. 马克思主义研究，2015（2）：60.

权，必须以一定的话语和话语体系为依托；而话语权建设又进一步促进'话语'
和'话语体系'的形成和完善。"① 而话语体系能否赢得话语权的核心要素在于
其本身的成熟度和立足点，即话语体系自身的说服力和价值观，进一步说，即
话语体系能否说服民众认可并认同它的观念所代表的价值取向。因而，只有独
立且成熟、符合话语逻辑、具有话语解释力的话语体系才具有有效性和影响力，
才能真正赢得话语权。最后，话语体系依赖于政治权力体系的支撑。"话语体系
是一种影响力，源于国家硬实力与软实力的支撑。"② 成熟的话语体系有助于夺
取文化领导权，进而取得政治领导权，而一个政党一旦夺取政治领导权之后，
又会必然借助于政治权力巩固统治阶级的话语体系。依托政治权力的话语体系
随着传播范围的进一步拓展，逐渐确立更大范围内的主导权。在山东马克思主
义大众化的话语传播中，山东地方共产党围绕时局和政局开展的一场场激烈的
政治和思想的交锋，从实质上而言，就是在与国民党争夺文化领导权。在山东
马克思主义大众化的话语传播中，一个普遍的现象就是，山东地方共产党在反
帝话语中公开提出反蒋反国民党的话语。1927 年，中共山东省委在报告中将反
日反国民党话语并列提出：山东是日本帝国主义的势力范围，大多数工业工人
（纱厂和铁路）都在日本资本家的宰割之下，党要抓住发动反帝特别是反日本帝
国主义运动的机会，揭露新老军阀卖国、投降帝国主义的罪恶，揭露国民党与
日本帝国主义勾结的黑幕。③ 山东共产党不仅进行反国民党的话语传播，而且以
国民党与民众利益背道而驰、中国共产党才是群众利益的真正领导者的话语内
容建构共产党独立的话语体系。但是必须看到的是，这一时期山东地方共产党
虽有意与国民党争夺话语体系的主导权，但由于共产党的话语体系还未能够真
正回答山东革命的含义、性质、动力、前途等一系列问题，加之缺乏国家统治
权力这一硬实力的支撑，因此，相对于新民主主义革命话语体系的形成，这一
时期山东马克思主义大众化的话语体系仍处于孕育之中。

综上所述，在山东马克思主义大众化的话语传播中，话语内容经历了从反
帝话语到革命话语的嬗递与交织，话语形式以生活话语负载政治话语、以叙事

① 袁芳.思想政治教育话语创新论的马克思主义审视 [M].北京：中央编译出版社，
2018：24.
② 辛桂香.当代中国社会主流意识形态建设与发展趋势研究 [M].北京：九州出版社，
2018：7.
③ 中共山东省委党史研究室编.山东党的革命历史文献选编（第一卷）[M].济南：山东
人民出版社，2015：235.

话语观照理论话语、以情感话语融合阶级话语。无论是从马克思主义核心概念范畴的引入，还是从社会形态理论、无产阶级政党理论的灌输，都为新民主主义革命话语体系的形成打造地基，孕育雏形。但是，由于山东马克思主义大众化的话语体系尚未能够回答山东革命"从何而来，向何处去"的重大问题，加之缺乏统治权力的支撑，所以，相对于新民主主义革命话语体系，仍处于孕育雏形阶段。

第六章

山东马克思主义大众化的评价与启示

　　研究山东马克思主义大众化"为何化""如何化"，归根结底都是为了探究山东马克思主义大众化"化的效果如何"。换言之，如果要客观、公正、理性地评价山东马克思主义大众化"化的效果如何"，那么，山东马克思主义大众化"为何化""如何化"是必不可少的。在山东马克思主义早期传播及大众化砥砺峥嵘的历史征程中，创造出一系列具有开创性意义的历史成就：在中国共产党建立党的早期组织的国内六个地区之中，山东济南即为其一，济南共产主义小组的发起人王尽美、邓恩铭也是中共一大的代表；在山东广饶刘集村党支部发现了盖有"葆臣"印章的《共产党宣言》陈望道首版中译本①，带动了仅百户人家的小村庄一百九十二人参军参干，全县建立起八个党支部，发展七十余名共产党员，五百多名农协会员，团结六千余名农民群众，点燃了广饶乃至鲁北革命的烈火；在济南省立第一乡村师范学校存续八年期间培养的六百余名学生中，发展一百六十余名党员，党员比例近三分之一。其中担任党的省、部、军级干部的有二十人，担任党的厅、局、师级干部的有六十二人，担任党的县、处、团级干部的有三十一人，共计一百一十三人，共产党员中党政领导干部所占比例高达百分之七十以上，其中不乏中共中央委员、中纪委委员、中顾委委员等高级领导干部。另外，在马克思主义理论魅力的吸引下和中国共产党政治权威的感召下，以鞠思敏、范明枢等山东四大教育家为代表的山东地方精英和

---

　　① 据史料载，《共产党宣言》陈望道中文首译本全国仅存十一本，广饶藏本是其中之一。《共产党宣言》广饶藏本由时任济南女子职业学校教员的刘雨辉在济南马克思学说研究会学习活动时，从济南共青团早期成员、负责党团宣传发行工作的张葆臣手中获得，并值 1926 年春节协同刘俊才、延伯真等同乡把这本《共产党宣言》连同其他马列书籍一起带回并赠送给刘集村党支部。从此，《共产党宣言》中文首译本在刘集村落地生根，革命的烈火从刘集村燃遍广饶全县，乃至鲁北大地。

老同盟会会员、以冯玉祥为典型的爱国将领，以及山东各地方师范学校、师范讲习所的师生，甚至包括以何思源为代表的国民政府官员和以刘珍年为代表的山东地方军阀，在风云变幻的政治斗争中，基于骨子里所流淌的儒家文化价值正义所携的行为习惯，借助自己所掌控的各种资本力量，审时度势，纵横捭阖，周旋于波诡云谲的政治势力之下，最终选择了马克思主义，选择了中国共产党，成为中国共产党的同情者或同路人……山东马克思主义大众化生动丰实的历史图景，从历时态的视角看，经历了思想发蒙、组织初创和潜伏壮大三个阶段；从共时态的视角看，经过场域传播、组织传播和话语传播三重维度实现了纵深发展。"一切事物都可以一分为二……一分为二这是最普遍的宇宙规律，也是最普遍的方法。"① 要回答山东马克思主义大众化"化的效果如何"，客观辩证的理性审视是必不可少的。

第一节 山东马克思主义大众化的历史评价

全面客观的历史评价，离不开一分为二的历史评价方法。列宁在《谈谈辩证法问题》一文中指出，"统一物之分为两个部分以及对它的矛盾着的部分的认识，是辩证法的实质"②。马克思主义在山东的地域性传播是马克思主义在中国传播史的重要组成部分，以辩证全面的视角将马克思主义在山东传播的历史进程置于全国马克思主义传播史的视域下鸟瞰，可以发现，山东马克思主义大众化是一个领袖群体的成就显著与局限突出并行、儒家思想的文化冲突与价值契合并存、理论创新的摸索探求与薄弱滞后并立等多元特质相伴相生的复杂历史过程。对于山东马克思主义大众化的历史评价，也必须全面分析、辩证审视。

一、领袖群体的成就显著与局限突出并行

一般而言，领袖群体是指在特定的时代，担负起特定的历史使命，对历史发展发挥显著的推动作用的领导集体。本书所涉领袖群体，特指中国共产党的领袖群体，即在无产阶级解放事业中，以无产阶级政党形式组织和领导中华民族和中国人民，为实现民族独立、国家富强和人民解放，担当表率者、引领者

---

① 艾思奇. 艾思奇全书（第八卷）［M］. 北京：人民出版社，2006：688.
② 列宁. 列宁全集（第五十五卷）［M］. 北京：人民出版社，2017：305.

和先锋者的领导群体。领袖群体是马克思主义本土化、时代化、大众化的引领主体，因为这一群体直接关乎"'谁来化'这一逻辑起点"①。人是社会活动的主体，具备远见力、领导力和行动力的领袖群体既是理论探索、理论创新、理论应用、理论阐释的主体，也是实践调查、实践规划、实践践履、实践反思的主体。因此，领袖群体理论素养的高低、实践经验的多少，以及二者结合的深浅等，都直接影响马克思主义中国化、时代化、大众化的实现效果。尤其是在马克思主义早期传播时期，普罗大众在意识形态领域犹如一张白纸。在这种情势下，作为马克思主义中国化、时代化和大众化的主体维度，如何勾勒意识形态的蓝图远景，将马克思主义理论的涓涓细流灌输进普通大众的头脑和心田，领袖群体的作用尤为突出。

那么，如何理性认知并客观评价山东共产党的领袖群体在马克思主义大众化进程中的作用？要回答这一问题，必须认识到：社会发展及其人类活动都是以一定的社会阶段或历史时期的物质资料生产水平为前提的。因而，要把历史人物放到彼时所处时代的历史语境中去，对于历史人物的评价，应置于他们所处的时代与所处的社会历史条件下去分析。我们决不能用当下的时代条件、发展水平、知识水平来衡量和要求我们的前辈，不能苛求我们的前辈干出只有后辈人才能干出的事业。② 就中央层面而言，我们党的领袖群体经历了一个从不稳定到逐步稳定，从不成熟到逐渐成熟的过程。邓小平曾说，我们的党在遵义会议以前，没有形成过一个稳定成熟的党中央领导集体。③ 因此，就山东地方而言，在本书所述时间范围内，对党的地方领袖群体在马克思主义大众化的历史评价也必须建立在这一基础性认识之上，并在与同一时期其他地域马克思主义大众化的横向比较中，给予客观全面的评价。

（一）山东共产党的领袖群体在发展基层组织、创造革命环境、归化外围力量等方面成就显著

山东马克思主义大众化的显著成就与山东党的领袖群体直接相关，山东共产党的领袖群体也有其独特的特质，直接影响了山东马克思主义大众化的进展与深度。通过横向比较同一时期其他地域马克思主义大众化的历史图景，因着山东党的领袖群体的独特因素，山东马克思主义大众化在基层组织的发展、革

---

① 吴俊芳. 西北藏区马克思主义大众化研究［D］. 兰州：兰州理工大学，2019：35.

② 中共中央文献研究室. 十八大以来重要文献选编（上）［M］. 北京：中央文献出版社，2014：693.

③ 邓小平. 邓小平文选（第三卷）［M］. 北京：人民出版社，1993：298.

命环境的创造、外围力量的归化等具体实务方面发挥了引领作用。

其一，山东党的领袖群体在引领基层组织发展上，起点很高，势头很猛，扎根很深。1921年年初，与国内京、沪、鄂、粤、湘等地党的早期小组成立同步，济南共产主义小组在陈独秀约函的契机中和维经斯基赴济的指导下，由王尽美、邓恩铭等创立，在组织层面为山东马克思主义大众化奠定了很高的逻辑起点。在马克思学说研究会、励新学会等学术团体和省立一师、省立一中、正谊中学等红色基地的重叠熏陶下，加之省会经济、文化、交通、教育各方面的优势条件，济南成为山东马克思主义早期传播的重镇。它不仅是全国革命洪流北上南下的交汇中心，而且在不同程度上对鲁北、鲁西、鲁南、鲁东等地马克思主义传播产生辐射和集聚作用。在山东党的领袖群体的领导下，以党团小组为依托，不遗余力地发展党团成员，壮大党的组织。从此，山东党团支部和基层组织或显或隐地遍布山东各地，党的细胞开始在齐鲁大地上密集繁衍。可以说，《共产党宣言》陈望道中文首译本广饶藏本的传播轨迹就是马克思主义从领袖群体到普罗民众、从知识分子到工农商兵、从中心城市到偏远乡村的传播线路的生动写照。

其二，山东党的领袖群体在引领革命环境创造上，既有文化思想的软环境，又有地理场所的硬环境。也就是说，山东党的领袖群体既在软环境方面，引领无产阶级革命思想的传播；又在硬环境方面，利用各种场所设施开展革命。山东马克思主义大众化进程中一个普遍现象是：马克思主义传播既有学术团体、研究学会、进步书店等公开方式，又有伪装书刊、隐语代号、身份掩护等秘密形式。在山东党的领袖群体的引领下，马克思主义者在学校、乡村、工厂、军队等各种公开场所中，以公开身份为掩护，或显或隐地开展马克思主义大众化传播。如前所述，山东马克思主义大众化的传播场域虽大小不一，但不可胜数，大至培养学生一千八百余人[①]的山东省立一师，小至山东最早的农村党支部兼著名的将军村——广饶刘集村，只要是共产党人所及之处，就有革命火种的广为播撒。

其三，山东党的领袖群体在引领外围力量归化上，对象广泛，特色鲜明，成就突出。马克思主义大众化是一个以理论魅力、政党权威和政治实践吸引和感召人们对其形成契合与认同，并在自我认知的基础上进行政治选择和政治归

---

① 山东省立第一师范学校在1914年至1937年培养学生1807人，详参济南师范校史编写组.济南师范校史（1902—1982）[M].济南：山东师范大学，1982.

属的过程。山东马克思主义大众化也是一个以马克思主义真理的力量和共产党的政治感召力不断吸引和赢得民众的过程。如前文所述，在儒家文化价值正义长期熏陶下的山东地方精英，进步人士和中间民主力量，近代山东民主革命的先行者——山东同盟会会员，从教或从政于山东的知识分子、爱国将领，甚至包括一定范围内的山东地方军阀、国民党政府官员等，在意识形态杂糅和政治派别林立的复杂情势下，反复推求比较，选择了马克思主义和中国共产党，在不同阶段、不同程度成为党的事业的同路人或同情者，显示了党的领袖群体对外围力量的归化和影响。

（二）山东共产党的领袖群体在理论素养、队伍结构、国际视野等方面局限突出

山东党的领袖群体在引领基层组织发展、革命环境创造和外围力量归化等方面取得了显著的成就。不仅在全省范围内建立起五十余县级政权机构，为抗战时期山东成为全国敌后抗日根据地中唯一以省级行政区域为主体的根据地并因此被毛泽东誉为我党"完整的、最重要的战略基地"① 奠定了坚实的基础；而且为解放战争中占全国兵力三分之一的数百万山东籍官兵参军参战、千万山东籍民工奋勇支前、数万山东籍党政领导干部北上南下，建立了广泛的民众基础。与此同时，我们应该看到：山东党的领袖群体在领导推动山东马克思主义大众化的进程中，在理论素养、队伍结构和国际视野等方面，也存在突出的局限性。

一是山东党的领袖群体的马克思主义理论素养相对薄弱。张静如曾指出，早期马克思主义者为马克思主义理论传播做出了重要贡献，但不可否认，他们的理论水平不高。② 相较于北京、上海、湖南等地早期马克思主义者翻译、出版、传播国外的马克思主义经典著作和苏俄革命理论著作，探讨"阶级斗争+无产阶级专政"的俄国革命范式，系统探求建党理论、路线、方针及组织原则，山东早期党组织在领袖群体的引领下，学习上述地区翻译的著作、发表的文章、创办的刊物，并结合山东的政治形势和实际需要来传播马克思主义。但相较于京、沪、湘等地区，山东马克思主义早期传播仍处于次一级传播的地位。山东党的领袖群体马克思主义理论功底相对薄弱，理论素养尤为不足。这是因为早期党的领导群体对马克思主义理论虽有涉及，但明显研究不足。如王尽美、邓

---

① 中央文献研究室第一编研部编．话说毛泽东［M］．北京：中央文献研究室，2000：489.
② 张静如，王峰．中国共产党早期组织群体特征考察［J］．史学月刊，2011（7）：10.

恩铭等人虽有运用马克思主义理论分析山东政局、教育状况，但对马克思主义基本理论的研究几乎没有涉及，运用马克思主义对中国革命道路、建党理论等问题的基本探讨尤为匮乏。

二是山东党的领袖群体的队伍结构不够成熟、健全和稳定。党的领导集体队伍结构的稳定、成熟与健全，是一个政党走向成熟的标志。就全国而言，在建党之初理论准备不足而又被迫应对十万火急的革命战争的严峻形势下，难以建立一个稳定成熟的领导集体实属客观环境使然。邓小平曾说，中国共产党在遵义会议以前都没能建立起一个稳定成熟的领导集体。就山东地方而言，从建党之初党的领导群体因主体成员——王尽美、邓恩铭的英年早逝而呈现出"断层"，到"诸城王氏"集团因家族与政治纠纷而意气"退出"，再到白色恐怖极端统治之下省级领导机关因屡遭破坏造成长达两年的"消失"，党的领导集体的队伍结构也经历了不够成熟、不够健全、不够稳定的阶段。

三是山东党的领袖群体的国际视野尤为缺乏。中国共产党的许多领袖都曾留学国外，学成归国，参加革命。出国留学，沐浴欧风美雨，畅饮民主甘露，在耳濡目染中受世界潮流和先进思想的影响，能够从国际视野比较、分析、研判和诊治各种问题，在内与外的比较中切身感受现存制度的弊端，唤起民众的革命意识。在近代中国迷茫困顿迫切寻找出路的历史关头，这一经历有助于对中国社会问题做出有理论高度的研判和有国际视野的诊断。从教育背景来看，相较于北京、上海、武汉等地区党的早期领导集体，山东党的领袖群体普遍缺乏海外留学经历。在中国共产党的早期创始人中，山东早期党组织仅有王尽美与邓恩铭，二人均无出国留学经历，且教育经历限于济南一隅，眼界不够开阔，理论水准和国际视野都有欠缺。

二、儒家思想的文化冲突与价值契合并存

文化发展存在一个普遍的规律，即任何一种先进文化要被一个国家的人民所普遍接受，首要面临的问题就是要处理好与这个国家传统文化的关系，在两者的碰撞与融合中实现外来文化的本土化和大众化。山东是儒家传统思想文化的起源地，马克思主义在山东的传播无论是实践层面还是文化层面都内含着与儒家思想的碰撞与融合。换言之，就儒家传统文化思想对马克思主义在山东的早期传播的影响而言，既因其相互间的文化冲突而对山东马克思主义大众化产生不利因素，又因两者理念的契合为马克思主义在山东的传播提供一定的接引。

（一）从冲突的视角来看，儒家传统文化自身的一些消极因素对于马克思主义在山东传播存在不利影响

儒家文化作为中国传统农耕社会的文化形态，与西方工业文明的产物——马克思主义，分属于两种不同社会性质的文化产物。基于不同社会形态之上形成的意识形态理论体系，其所意指的概念范畴、理论逻辑、价值理念往往不可避免地存在冲突与碰撞。具体说来，一是相较于全国其他地区，山东儒家专制伦理道德对于妇女的控制束缚尤为严重，未能充分发掘女性主体在山东马克思主义大众化进程中的重要作用。儒家伦理道德倡导"三从四德""男尊女卑""父为子纲""夫为妻纲"等教化理念，强迫妇女服从于父权和夫权的专制权威，在思想和行动方面形成严格的尊卑观念，给妇女套上了一层又一层的枷锁。这种男尊女卑的观念进一步衍化为女性相夫教子、贤妻良母的教化范式，将女性活动局限于家族内部琐碎事务，参与社会活动尤其是政治活动的意愿被压抑。邓恩铭着重描述了济南女学生在社会活动，尤其是政治运动中"失踪""失语""失声"等窘迫境况：中国男女学生的社会活动，大概是从五四运动以后才有的，其他地方的女学生大多是同男生一起发动的，而济南女生则不是，任何事情都不敢和男生采取一致行动。她们处于处处落于人后的被动地位，即使组织了一个女界联合会，不久也无形消灭了。①就整体而言，在儒家保守封闭的文化氛围下，山东地区的妇女不仅怯于参与政治运动，而且埋头于故纸堆之中，对外来新潮思想充耳不闻，极大地抑制了马克思主义新思潮在山东的传播。

二是儒家以宗族或家族为纽带的价值观念和组织原则，在山东地方党团组织初创时期曾经发挥过不可替代的聚合功能，但随着党的组织逻辑的递升演进，以血亲情感支撑为核心的家族关系所携的感性化、自由化色彩成为山东地方党组织发展壮大的一个阻碍因素。家国同构是中国社会的重要特征，"'家国同构'即家庭、家族与国家在组织结构方面的共同性，这是古代中国国家权力的基本模式，也是解决中国传统专制主义中央集权权力来源的答案"②。儒家思想中"修身、齐家、治国、平天下"就是家天下的政治文化，家族、家庭等政治主体是国家政治生活中的重要组织单位。在山东，孕育于儒家家族文化的地方世家大族是近代民主政治活动的先行者。他们依托亲情、血缘等纽带建构政治活动

---

① 中共山东省委党史研究室编 . 山东党的革命历史文献选编（第一卷）［M］. 济南：山东人民出版社，2015：24.

② 张洪林 . 中国传统法律文化［M］. 广州：华南理工大学出版社，2018：39.

圈，以家族政治的组织逻辑为基因孕育政治团体的组织雏形，为山东地方党的组织初创发挥了必不可少的聚合作用。譬如，山东共产党就是以诸城"王氏家族"成员为基础建立起来的。然而，随着革命形势进一步发展的需要，党团组织逻辑的跃升演进，以情感、血亲为依托的组织逻辑不可避免地存在人情化、感性化、散漫化的色彩，这种色彩与革命事业发展需要的组织性、纪律性、制度性等不甚相符，在一定程度上成为党的组织逻辑进一步演进递升的障碍。换言之，儒家文化浸润下的浓厚家族色彩既为山东党的组织初创发挥了凝聚作用，又成为党组织进一步发展跃升的阻碍因素。

三是儒家传统思想中保守封闭的文化风气，阻碍了山东对包括马克思主义在内的新思潮的容受。由于儒家学说是维护封建君主制度的意识形态，从本质上看，儒家文化是保守的。"因而，儒家的理论是不准改革，不准造反，更不准犯上作乱。儒家不利于革命变革，但有利于社会稳定。这就是变革时绝不会提倡儒家，……而取得政权后可能会提倡尊孔的原因。"① 儒家文化中的保守主义，不仅是一种守旧复古的文化倾向，更是囊括个体、社会乃至政治价值取向在内一系列整体社会机制。王尽美以山东近代教育改造为例，分析山东教育改造之难时指出，就在于"一因风气闭塞"②。"教师若稍加改良，想施以新制度，便引起一班乡先生的笑骂。"③ 乡村教育多由"稍念几年'之乎者也'的冬烘先生"④ 来主持，他们多视洋学堂为仇敌，满口忠孝仁义。乡风之闭塞保守，不仅限于实施教育的主体，接受教育的客体同样如此。"一般农民仍目为洋学堂，叫教师是教头，即希望和他们说个乡谈，他们也误会是传教给他，作个很保留的样子去躲开。"⑤ 在山东，儒家保守封闭的文化风气和价值取向，排斥了对新鲜思潮和先进思想的吸收、学习和研究。

---

① 陈先达. 文化自信中的传统与当代［M］. 北京：北京师范大学出版社，2017：67-68.
② 中共山东省委党史研究室编. 山东党的革命历史文献选编（第一卷）［M］. 济南：山东人民出版社，2015：1.
③ 中共山东省委党史研究室编. 山东党的革命历史文献选编（第一卷）［M］. 济南：山东人民出版社，2015：2.
④ 中共山东省委党史研究室编. 山东党的革命历史文献选编（第一卷）［M］. 济南：山东人民出版社，2015：14.
⑤ 中共山东省委党史研究室编. 山东党的革命历史文献选编（第一卷）［M］. 济南：山东人民出版社，2015：14.

（二）从契合的视角来看，儒家传统文化自身的某些价值理念对于马克思主义在山东的传播提供认同接引和价值导引

具体而言，一是儒家文化在物质观、辩证法、认识论、历史观等方面与马克思主义的相通性，为马克思主义在山东的传播提供了认同基础。儒家文化中的唯物主义、"民本"思想、大同理想、崇实思想，与马克思主义理论中的唯物史观、无产阶级解放思想、共产主义理想、实践哲学等存在很多契合点，为马克思主义理论在山东大地上落地生根提供了认同接引。从世界观的视域来看，传统儒家文化与马克思主义是通约的。儒家传统文化中朴素的唯物主义思想与马克思主义唯物史观有着高度的契合。在理想社会的规划上，儒家大同思想所设想的"天下为公"，"是谓大同"，与消灭一切私有制的共产主义理想社会具有天然的会通性。在个人解放和价值旨归上，儒家的民本思想与马克思主义关于"人的自由全面发展"的旨归，存在高度的相通性。另外，从实践哲学的视域下来看，儒家知行哲学中的知行合一思想，与马克思主义认识论、实践哲学也具有高度的一致性。更为重要的是，马克思主义理论体系的引入克服了儒家传统思想体系中的某些价值误区和理论缺陷，以其真理的力量为个体解放提供了实践路径。

二是儒家传统文化的主体修养和人生哲学也为山东马克思主义大众化提供了价值导引。儒家传统文化以"天人合一"的世界观为基础，通过主体自我修养达到与他人、社会、自然、天道和谐相处的最高境界。为此，形成了一套"修身—齐家—治国—平天下"的自我道德修养体系。主体通过"格物致知""反省内求""知行合资"的方式，自我认知，自我修养，自我端正，不断完善自身，从而达到"与天地合德"的最高道德境界。儒家思想中对主体道德修养的重视，是与其赋予道德主体的历史使命紧密相关的。"重人的主体地位和历史使命，树立崇高的人生理想、信念，并为之自强不息、奋斗终身，是中国儒家的传统。"[1] 儒家传统文化中诸如"富贵不能淫，贫贱不能移，威武不能屈""天行健，君子以自强不息""杀身成仁""舍生取义""先天下之忧而忧，后天下之乐而乐"等道德修为的格言警句，就是为了实现儒者"为天地立心，为生民立命，为往圣继绝学，为万事开太平"的历史使命。儒者个体也将儒家文化中的修为格言作为立身处世、安家立业的座右铭，成为流淌于血液、铭刻于骨

① 王瑞璞. 研究刘少奇党建思想 加强新时期党的建设：中共中央党校、中共铁道部党校纪念刘少奇党建思想学术研讨会论文 [M]. 北京：中共中央党校出版社，1999：176.

髓的精神基因。因此，在儒家文化道德修为中长期浸润的儒者德行高尚，冠世风范，为世人所敬仰。

山东民国四大教育家之一鞠思敏，正是以董仲舒的"正其义不谋其利，明其道不计其功"为格言创办了济南私立正谊中学，表达他正谊明道、匡扶正义的办学初心。正谊中学也不负所望，培养出了诸如国学大师季羡林、新中国外交部副部长王幼平、历史学家孙思白等优秀人才。山东民国时期教育家、曲阜省立第二师范学校校长范明枢也常常以孟子的"富贵不能淫，贫贱不能移，威武不能屈"的儒家格言自励和励人，省立二师也因革命气氛浓厚成为山东青年学生的向往之地。儒家文化中的这种主体修养思想，为浸润于其中的山东个体的精神世界注入了价值正义，使其在近代山东革命的每一个"十字路口"，总能基于儒家文化的价值正义做出合乎天道民心的正义抉择，从而为山东马克思主义大众化提供价值导引。

三、理论创新的摸索探求与薄弱滞后并立

一种理论从一个国度来到另一个国度，必然面临着与当下、当地对话，生成新的视域融合的问题。因此，时代演进与地域殊异就是理论创新的生长空间，马克思主义理论亦不例外。诞生于西方工业文明土壤中的马克思主义理论，被引入中国后，无论是所处时代，还是地域文化，都与中国传统农业文明产生不可避免的碰撞与冲突。运用马克思主义理论回应、思索和解决处于不同时代、不同地域的中国问题，就是马克思主义理论创新的生长点。面对时殊世易的中国文化、中国国情和中国实际，共产党人将马克思主义与中国文化、中国实际的两个"深相结合"，根据不断发展变化的现实需要，明确了党在各个历史时期的奋斗目标和人民事业的前进方向。马克思主义理论也在探索和解决时代所提出的新课题中，在马克思主义时代化、本土化和大众化的历史进程中，实现自身的理论创新。马克思主义的理论创新，以时间和空间为线索生长展开。在时间上，与时俱进，回应并解决不同历史阶段所面临的时代课题。在空间上，因地制宜，回应并解决不同地域的实际问题。在马克思主义时代化、本土化的基础上，推进马克思主义大众化。因此，时代化、本土化、大众化是马克思主义理论创新的生长点。围绕以上理论创新的三大生长点，山东地方共产党人进行了初步的理论探索与创新尝试。从理论创新的视域来看，山东马克思主义大众化是一个兼具摸索探求与薄弱滞后双重特质的复杂历史进程。也就是说，山东马克思主义大众化既有理论创新的摸索尝试，也存在理论创新的薄弱滞后等问题。

（一）山东共产党人在马克思主义时代化、本土化和大众化的进程中初步思考山东革命"怎样前进""向何处前进"的问题，进行了理论创新的摸索探求

首先，以马克思主义时代化为生长点，山东地方共产党人初步分析国情局势，着力解决山东革命的理论和策略问题，为山东革命指引前进的方向。从时间维度上来看，山东党团发展和革命运动始终建基于对山东革命斗争瞬息万变形势特点的把握之上。这一时期，以时代化为生长点的马克思主义理论创新是一个从自发自在逐渐向自觉自为演进的递升过程，具言之，无论是时局意识的自我觉醒，还是时局分析的实时把握，山东共产党人都经历了一个从不完善到逐渐完善，从笼统化到精准化的演变过程。在对山东时局相继处于郑士琦、张宗昌等北洋军阀的势力影响下，未来的政局会越来越黑暗、越来越危险①的宏观把握下，进一步对张宗昌治下的山东政局着重分析：由于山东是日本帝国主义侵略和掠夺的中心，张宗昌不得不更加仰其鼻息。为了保障他的侵略和掠夺的安全，日本人还不惜在财政、军械、军事等方面给予张宗昌接济。② 济南惨案及"四一二""七一五"政变后，南京政府成为亲美帝国主义的新军阀，蒋介石也沦为美帝国主义的忠实新工具。③ 南京政权是在不侵害美帝国主义和特殊阶层利益的前提下，而不是保证中国民众利益的立场上有限度地反日。抗战前夕，山东面临着日本帝国主义的侵略与国民党的背叛与投降，以及在帝国主义和国民党压迫下的民族工业的分裂和农村经济的破产④的新时局等。对山东革命形势与时俱进的精准把握，为马克思主义时代化的理论探索提供生长空间。

其次，以马克思主义本土化为生长点，山东地方共产党人以济南、青岛、胶东等地党的组织及工农学运为着力点，总结分析其成就及问题，指引山东革命运动的发展。从空间维度上来看，马克思主义在指导各国革命运动时，只有将其与各地具体实际相结合，才能用于指导并解决各地革命运动中的具体问题。因而，山东马克思主义大众化必须结合各地政治经济状况，制定切合不同地区

---

① 中共山东省委党史研究室编．山东党的革命历史文献选编（第一卷）［M］．济南：山东人民出版社，2015：81.

② 中共山东省委党史研究室编．山东党的革命历史文献选编（第一卷）［M］．济南：山东人民出版社，2015：207.

③ 中共山东省委党史研究室编．山东党的革命历史文献选编（第二卷）［M］．济南：山东人民出版社，2015：352.

④ 中共山东省委党史研究室编．山东党的革命历史文献选编（第二卷）［M］．济南：山东人民出版社，2015：643.

实际需要的革命策略。1932 年，山东省委对津浦铁路山东段的工作安排就是基于津浦路罢工在全国范围内的政治意义、津浦路工人罢工斗争的特点与缺陷、斗争胜利的原因和所犯错误，以及当下津浦路的形势的分析基础之上，做出了关于津浦路工人罢工斗争的策略、宣传鼓动、发动动员等一系列问题的指导。① 这一时期，山东马克思主义本土化的实践侧重于各地政治经济状况分析基础之上对党的组织、宣传教育、工农学运状况的总结汇报，因而不可避免地存在同质化和碎片化倾向，也缺乏一定的理论高度。但不可否认的是，以本土化为生长点的理论探索为山东马克思主义理论创新提供了丰富的感性材料。

最后，以马克思主义大众化为生长点，山东地方共产党人在党团组织、宣传教育、工农学运、武装暴动等生动的革命实践中，总结经验，升华认知，为山东革命运动的发展引领方向。尽管目前学界普遍将马克思主义大众化界定为将马克思主义理论以简单质朴的语言表达清楚，用喜闻乐见的话语叙说明白。但是，也有学者尝试从场域、情感、话语等多重维度对马克思主义大众化进行创新性研究和诠释，山东马克思主义大众化波澜壮阔的生动实践亦需要从场域、话语、情感、组织等理论视角进行创新性的阐释与建构。譬如，话语传播理论视域下山东地方方言土语的引入，组织传播理论视域下山东党团组织中马克思主义意识形态的灌输，等等。

（二）山东共产党人在马克思主义理论创新的摸索探求中，对于山东革命"怎样前进""向何处前进"等问题做出了一定的探索，但不可否认，也存在理论创新的薄弱滞后问题

一方面，由于对山东革命问题意识的薄弱，地方党的工作多侧重于微观层面碎片化、具体化、同质化的总结汇报，而缺乏宏观层面对山东革命"向何处前进""如何前进"的探索思考。什么是问题？问题，简言之，即"以必要的知识为前提而体现出来的关于某个对象无知的自觉意识状态"②。而问题意识，则是"建立在研究者提出问题的理论背景基础上或者能动地选择一种理论观照一个社会问题"③。问题意识的形成，基于人们的研究和实践活动，运用专业理论知识和经验，逐步形成的关于认识问题和解决问题的意向和能力。"问题是时

① 中共山东省委党史研究室编 . 山东党的革命历史文献选编（第二卷）［M］. 济南：山东人民出版社，2015：387-393.

② 陈新汉 . 问题的哲学意蕴［J］. 上海大学学报（社会科学版），2005（6）：5.

③ 仇立平 . 社会研究和问题意识［J］. 江苏行政学院学报，2010（1）：74.

代的声音，每个时代总有属于自己的问题。人类的社会文明得以进步，就根源于问题意识。"① 问题意识是一切创新活动的逻辑起点，而问题意识的薄弱抑或匮乏是创新意识不强的根源。

纵观山东马克思主义大众化的历史进程，无论是党团组织的营筑、理论宣教的开展，还是工农学运的斗争、武装暴动的发动，在一定程度上都呈现出一种微观层面的碎片化、具体化、同质化的总结汇报倾向，如济南、青岛、鲁北、胶东、胶济铁路、津浦铁路等某一时期或阶段党团支部和党团员数目的消长、内部教育和对外宣传的得失概况、工农学运和武装暴动的斗争成败等，只述不评，抑或述多评少，缺乏宏观层面对山东革命"向何处前进""如何前进"的理论观照。

另一方面，山东革命问题意识的薄弱与马克思主义理论意识的匮乏紧密相关，山东地方党在思想基础上的理论准备不足，理论意识滞后，不利于马克思主义理论创新意识的萌发。"'问题意识'的形成依赖于研究者的知识结构，尤其是理论知识结构。没有理论，就不可能有科学的、理性的怀疑。因此，'问题意识'又是和'理论意识'密切关联的，即在一定的理论概念下思考和分析特殊的社会现象。"② 党的理论意识和问题意识的不足，使其对山东革命中的具体实践和具体问题，尚来不及运用马克思主义的普遍原理进行深入系统的分析，更缺乏对山东革命"向何处前进""如何前进"等问题的整体统一的理解，成为马克思主义理论创新的一大阻碍因素。党的理论意识的匮乏不仅凸显于山东党之中，更是整个党组织普遍存在的不足。党的理论意识的匮乏、理论素养的欠缺以及理论水平的缺陷，不仅存在于党的初创时期，更是党在一个相当长的历史时期内尚未完全克服的问题，这直接阻碍了马克思主义理论创新意识的萌发。

第二节　山东马克思主义大众化的当代启示

历史如一条长链，环环相扣，连绵不绝，不间断地与当下的现实交汇。抚

---

① 中共中央党校组织编写. 以习近平同志为核心的党中央治国理政新理念新思想新战略 [M]. 北京：人民出版社，2017：225.

② 仇立平. 社会研究和问题意识 [J]. 江苏行政学院学报，2010（1）：75.

今追昔，充分发挥历史的借鉴功能，以资借鉴于当代，是本书顺理成章的落脚点。

一、马克思主义大众化研究视角的再创新

在十九大报告中，习近平总书记从紧抓意识形态领导权的视角强调，推进马克思主义大众化，以加强理论武装。① 在二十大报告中，习近平总书记再次强调，意识形态工作是为国家立心，为民族立魂的工作。要牢牢掌握党对意识形态工作领导权。② 在主持政治局集体学习时，他又与时俱进地从马克思主义的时代意义和现实意义出发，要求立足中国，放眼世界，推动马克思主义大众化。③ 在云南腾冲艾思奇纪念馆考察期间，习近平总书记更是鲜明地指出，要向艾思奇那样，不照本宣科，不寻章摘句，在本土化、大众化、通俗化中传播好马克思主义。可以说，马克思主义大众化是习近平总书记一以贯之的关注焦点。马克思主义大众化的内涵极其丰富，它不仅是一个重大的理论命题，更是一个在时代中不断开拓深化的实践课题。当下，随着移动互联网尤其是5G、大数据、物联网、人工智能技术的到来，意识形态的传播模式发生了从理论形式到感性形式的转向，舆论格局、媒体环境、话语表达、传播方式都发生了深刻变革，马克思主义大众化传播，既迎来了全新的机遇，也面临着更大的挑战。在新形势下，要推进马克思主义大众化传播，需要从新的视角出发，做好马克思主义大众化理论研究和宣传实践的再创新。

（一）马克思主义大众化理论研究视角的再创新

"马克思主义大众化"这一概念虽然首次提出于党的十七大报告之中，但是，马克思主义大众化的生动实践由来已久。可以说，它的生动实践远比概念范畴丰富得多，深刻得多。目前学界相关研究取得了较为丰富的成果，马克思主义大众化研究的新解读和新视角层出不穷，尤其是随着中国革命史上马克思主义大众化生动史实的渐次挖掘，以及当代新媒介环境下马克思主义大众化创新实践的不断涌现，关于马克思主义大众化在理论层面的某些新界定、新解读和新研究，仍需不断挖掘，不断创新。只有在理论层面对概念范畴、理论体系

① 中国共产党第十九次全国代表大会文件汇编［M］．北京：人民出版社，2017：33.
② 习近平．高举中国特色社会主义伟大旗帜　为全面建设社会主义现代化国家而团结奋斗——在中国共产党第二十次全国代表大会上的报告［M］．北京：人民出版社，2022：43.
③ 习近平．习近平谈治国理政（第二卷）［M］．北京：外文出版社，2017：65.

进行深入研究和创新建构，才能将实践层面的运作实况阐释清楚，才能为马克思主义大众化传播的宣传实践提供理论上的引领作用。

本书在研究山东马克思主义大众化波澜壮阔的生动史实的过程中发现，要真实全面地展现这一鲜活的历史场景，需要突破原有的认知框架，借助新的理论视角，建构一种新的认知框架，才能真正回答山东马克思主义早期传播的诸问题，并最大限度地再现山东马克思主义大众化的生动图景。譬如，从布尔迪厄社会学场域理论的研究视角发现，山东马克思主义大众化是在国共两党政治、文化、社会等方面的斗争和博弈中行进，而文化领导权在场域较量中占据核心地位，在意识形态领导权的争夺中具有决定性作用，这也在一定程度上印证了葛兰西的文化霸权理论。又如，从组织传播的理论视角看，组织意识形态是组织发展演变的生命线，马克思主义作为一种组织意识形态，在山东党团组织发展演进进程中的灌输渗透，使之从宗族人情色彩浓厚的地方精英团体演进为革命信仰为主的地方政党组织，再从理论研究的小团体跃升为革命斗争的大政党，又在"什么是""如何实现"真正的党的群众化的认识上实现了从表层到成熟的认知，山东地方党团组织的这一系列演进跃升，离不开马克思主义意识形态的嵌入和渗透。可以说，从不同的理论研究视角看，马克思主义大众化呈现出不同的样态。

目前学界对马克思主义大众化理论研究已经取得了大量成果，但从其能否诠释马克思主义大众化的生动实践来看，相关研究的阐释力和说服力还存在很多不足之处，导致马克思主义大众化在实践运作层面的生动图景尚待于从概念理论层面进行创新性研究，才能真实、全面、深刻地呈现。因此，从理论方法维度寻求马克思主义大众化理论研究的创新突破，势在必行。马克思主义大众化理论研究一是要着眼于中国革命史上马克思主义大众化鲜活史实的渐次挖掘，尤其是在地域史研究热潮的推动下，马克思主义在全国各地传播脉络的渐次清晰，在彼时的历史语境中提炼出具有普适意义或借鉴意义的规律方法，非常有必要。二是要着眼于当代新媒介环境下马克思主义大众化创新实践的不断涌现，尤其是当下自媒体语境下，马克思主义大众化的传播语境、传播受众、传播媒介、传播话语等都发生深刻变革的情势下，探索出基于新媒介特质、顺应新时代需要的途径策略，势在必行。

（二）马克思主义大众化宣传实践视角的再创新

马克思主义大众化理论研究的创新和宣传实践的创新是相辅相成、相得益彰的关系，前者为后者提供宽广的理论视野和科学的理论思维，后者为前者提供广阔的研究空间和不竭的源泉动力。习近平总书记在十九大报告中，从"意识形态"和"传播手段"的视角指出：一是意识形态工作的领导权要牢牢把握；二是传播手段的建设和创新要高度重视。① 随着网络新媒体技术的深入发展，"媒介就是讯息""网络就是意识形态的主战场"的观念日益深入人心，全程、全员、全效、全息传播成为全媒体时代的传播特质。习近平总书记指示，要从顶层设计到实施落地，从传播平台到新型媒体，着力打造主流意识形态的传播版图。因此，马克思主义大众化的宣传实践必须与时俱进，紧跟前沿，这不仅是掌握意识形态领导权的题中之义，也是争夺中国话语权的必然之举。

在当前媒介格局、话语表达、舆论生态、受众特质、传播模式等发生深刻变革的新情势下，意识形态的传播途径发生了"感性传播对理性传播地位的替代"②，依托"互联网+"的视觉文化转向促使主流意识形态传播向碎片化、可视化、生活化、故事化等趋势转变，传播模式由以往的理论形式转向感性形式，整体化转向碎片化，纸质化转向图像化、视频化，观摩式转向沉浸式，等等。从传播模式上讲，视觉文化使裂变式的网状传播和圈子式传播成为主流，改变了以往的线性传播模式，网状化和裂变式传播模式增强了主体的存在感和参与感，满足了大众信息沟通的即时性和交互性，普通大众的话语权得以释放和表达。主流意识形态借助于网络传播的发散裂变模式，充斥并占据人们生活的时空，以文字无法抗衡的传播广度和传播效度向社会生活中的每一个层面和每一个角落传播开来。

基于全媒体时代带来的传播模式和叙事方式的新型特点，创新马克思主义大众化的宣传实践，不仅应该顺应传播模式转变的潮流，而且更应追寻并立于潮头之上，引领潮流发展。这就要在马克思主义大众化理论创新研究的引领下，运用新的理论视角和理论框架，主动适应新媒介图像化、碎片化、沉浸式的特点，善用现代传媒渠道，借助于微博、微信、客户端、短视频等社交平台，契合受众的接受心理和认知习惯，在整合全媒体资源、构建大传播格局的宏大规划中，引领价值判断，左右舆论导向，占据道义高地，为主流意识形态话语权的争夺提供新的路径。

二、中华优秀传统文化"双创"的再思考

习近平总书记在山东考察时指出，文化兴盛是民族国家强盛的精神支撑，

---

① 中国共产党第十九次全国代表大会文件汇编［M］.北京：人民出版社，2017：33-34.

② 刘少杰.当代中国意识形态变迁［M］.北京：中央编译出版社，2012：33.

中华民族伟大复兴也需要以中华文化的繁荣发展为前提条件，要做好对中华优秀传统文化的创造性转化和创新性发展。习近平总书记在党的二十大报告中指出，"坚持和发展马克思主义，必须同中华优秀传统文化相结合"①。只有植根于中华优秀传统文化的魂脉，马克思主义真理之树才会枝繁叶茂。浸润齐鲁大地的儒家优秀传统文化，滋养了山东人民的敦厚品格，见证了山东发展的步步奇迹。本书基于对1908—1937年山东马克思主义大众化的实践图景的描绘和建构，尤其是对"儒家文化为马克思主义大众化提供何种精神滋养，如何滋养"等一系列问题链条的追索，可为当下马克思主义大众化如何充分挖掘儒家文化的现代价值提供新的思考。

（一）儒家优秀传统文化为个体塑造价值观念、建构价值体系提供价值遵循

习近平总书记在2014年省部级领导干部研讨班上发表重要的"2·17"讲话，将国家治理现代化转型与培育社会核心价值体系、优秀传统文化转化相结合，指出：培育和传播社会主义核心价值观和核心价值体系，是推动国家治理体系和治理能力现代化转型的必要条件。要实现这一转型，就必须建构一套具有中国特色、民族特性、时代特征的价值观和价值体系。② 要完成这一任务，一个民族的优秀传统文化具有独树一帜的独特标志，承担着不可替代的核心角色。作为一套囊括修身治家、为学处世、治世理政等各方面的理论体系，儒家文化以"修齐治平"的人生境界，从个人到家庭，从国家到天下，为世代知识分子树立了孜孜不倦、终生奋斗的修为典范，"内圣外王"也成为儒者内修道德品性、外求经世济民的逻辑理路。以儒家思想为核心的中华优秀传统文化内蕴的思想理念和道德规范，是中华民族的精神命脉，为儒者个体实现人生理想提供了价值规范。

儒家文化围绕义利关系、群己关系等进行的价值讨论和价值选择，塑造了儒家独特的道德理想人格。儒家文化以"天人合一"为至高境界，将天道寓于人道之中，以人道弘扬天道，形成了仁、义、礼、智、信的价值取向，确立了处理人与自然、人与社会、人与自身修为等关系的价值准则。如张岱年所言，

---

① 习近平. 高举中国特色社会主义伟大旗帜，为全面建设社会主义现代化国家而团结奋斗：在中国共产党第二十次全国代表大会上的报告 ［M］. 北京：人民出版社，2022：18.

② 中共中央党校编. 以习近平同志为核心的党中央治国理政新理念新思想新战略 ［M］. 北京：人民出版社，2017：73.

儒家核心价值哲学的讨论围绕群己关系、义利关系的价值评价和价值取舍，形成了儒家文化"重群抑己""先义后利"的价值取向，也在一定程度上影响了儒者个体的行为选择。① 一方面，儒家思想对群己关系中群体价值的重视，是利群价值取向形成的理论渊源。儒家思想坚持群体本位的价值取向，强调以群体利益为重。在群己关系中的价值原则，如"仁""义""礼""信"等都是为了群体中个人间关系的和谐和群体凝聚力的增强，最终维护群体利益。《论语·宪问》中修己"以敬""以安人""以安百姓"，把儒家"内圣外王"的三个层次由浅入深地推展开来，把个人价值的实现与社会安定、国家进步联系成互相影响的共同体。另一方面，儒家文化对义利关系中"先义后利"的价值选择，为义利关系上的价值判断和行为选择提供价值导向。"义"是超越"利"的，体现人作为人的尊严和崇高价值的，最根本、最长远、最大的利益。在儒家文化的价值选择中，"无利不生，莫贵于义"②。汉代思想家董仲舒的"正其谊而不谋其利，明其道而不计其功"，正是儒家义利观的真实写照。

儒家文化从修身做人、治家处世，到治世理政、平治天下，为儒者们塑造道德理想型人格，实现大同理想社会，树立了一套"重群抑己""先义后利"的价值规范和"修齐治平""内圣外王"的修为典范，为个体塑造价值观念、建构价值体系提供价值遵循。

（二）儒家优秀传统文化为民族提升文化自信、增强身份归属提供脉络归因

文化是一个国家和民族的灵魂，优秀传统文化是中华民族的根与魂，是中国人民的精气神。习近平总书记曾多次在重要场合强调"文化自信"，指出文化自信是一种更为基础、更为广泛、更为深厚的力量，高度的文化自信是民族复兴的必要前提。③ 那么，文化自信源自何处呢？来源于中华优秀传统文化。习近平总书记指示："要讲清楚中华优秀传统文化的历史渊源、发展脉络、基本走向，讲清楚中华文化的独特创造、价值理念、鲜明特色，增强文化自信和价值观自信。"④

---

① 张岱年. 张岱年全集（第 7 卷）[M]. 石家庄：河北人民出版社，1996：262.
② 张国钧. 先义与后利：中国人的义利观 [M]. 昆明：云南人民出版社，1999：19.
③ 中共中央宣传部编. 习近平新时代中国特色社会主义思想学习纲要 [M]. 北京：学习出版社，人民出版社，2019：138.
④ 中共中央党校编. 以习近平同志为核心的党中央治国理政新理念新思想新战略 [M]. 北京：人民出版社，2017：8.

历史上，儒家文化道德伦理的浸润为个体在价值取向、心理习性、行为操守等方面做出合天道、顺民心的政治选择提供文化土壤。近代以来开眼看世界并积极学习西方的仁人志士、马克思主义先驱、共产党的创始人、爱国民主人士的前辈等，骨子里恰恰是在儒家文化浸润下积极入世的、舍生取义的、主张维新变革的、关切国事民瘼的、向往大同世界的儒家情结最深的人，他们的思维方式、为人处世、为学从政、理想抱负，乃至"铁肩担道义""杀身成仁""舍生取义"的献身精神，很大程度上是受儒家文化滋润下的行为选择。在儒家文化熏陶下的"先天下之忧而忧""博施济众"的人格理想和人格修养，也正是共产主义事业所必需的精神气节。君子"居天下之广居，立天下之正位，行天下之大道"，就要承担起"为天地立心，为生民立命，为往圣继绝学，为万事开太平"的历史使命，这离不开"自强不息""厚德载物"的奋斗，离不开"苦其心志，劳其筋骨"的磨炼，更离不开"富贵不能淫，贫贱不能移，威武不能屈"的自律。因此，儒家思想对个体的历史使命和社会责任的重视和培育，也为无产阶级革命事业提供了主体修养的宝贵经验。

在当下，实现"两个一百年"奋斗目标和中华民族伟大复兴等重大时代课题，仍需从优秀传统文化中汲取精神营养。文化的使命是文以载道，文以化人。儒家文化以个体修为为中心，外拓至家庭教化、国家治理，形成了"个人—家庭—国家"三位一体的教化体系，将其所承载的世界观、价值观、人生观，熔铸到人们的血脉中成为最基本的文化基因，对塑造个体的精神世界、引领个体的行为选择有深远的影响，为当下实现中华民族伟大复兴的伟大梦想、国家治理体系的现代化转型、增强民族凝聚力和强化国家认同提供不竭的动力源泉。在纪念孔子诞辰 2565 周年大会上，习近平总书记指出，中国共产党人是传统文化的忠实继承者和坚定弘扬者，"从孔夫子到孙中山，我们都注意汲取其中积极的养分"①。作为一个承续，立足当下的时代使命，必须基于中华优秀传统文化的精神血脉。

---

① 习近平 . 在纪念孔子诞辰 2565 周年国际学术研讨会暨国际儒学联合会第五届会员大会开幕会上的讲话 [N]. 人民日报，2014-09-25（1）.

（三）儒家优秀传统文化为国家提高文化软实力、争夺国际话语权提供深厚根基

随着经济全球化趋势的日趋深入和广泛，不同国家和民族的文化在相互交往中碰撞、交融、互鉴。在此背景下，个别西方国家以文化渗透为手段，隐藏其浓厚的意识形态和价值体系，进行文化输出，推行文化霸权，对输入国的文化安全造成了极大威胁。为此，习近平总书记曾意味深长地警示我们："博大精深的中华优秀传统文化是我们在世界文化激荡中站稳脚跟的根基。"① 充分挖掘和传承优秀传统文化的时代精华和现实价值，为国家提高文化软实力、争夺国际话语权提供丰厚滋养。

西方文化输入本质上是在资本逻辑推动下意识形态和价值体系的渗入。世界历史步入近代以来，西方资本主义文化伴随着殖民扩张的步伐向世界各地传播开来，以强势文化地位不断销蚀着其他国家的文化自主性，消弭着人类文化的生态多样性。尤其是"后冷战时代"以来，西方文化输出从早期的"自发性"转变为越来越明显的"主动议程设置"的特征，从亨廷顿（Huntington）的"文明冲突论"，到西方国家的"颜色革命"，我们从中可以管窥到西方文化霸权的顶层设计和霸权逻辑，以及文化和意识形态领域失控的灾难性后果。文化竞争，实质上是话语权的争夺。在西方文化输出的背后，是一整套特定的价值体系和话语体系。在这套体系之下，西方国家不仅寻求自身的定位坐标，也潜移默化地向外渗透。

如何警惕和防范西方文化霸权？中华优秀传统文化是我们最深厚的文化软实力，它之所以能够历久弥新，正在于其具有海纳百川的气度和博采众长的基因。从先秦诸子的百家争鸣，到盛唐文化的兼收并蓄，中华文化正是在相互碰撞、激荡、交流、融合之中，造就了蓬勃的生命力，展现了强大的包容性和适应力。当下，中华优秀传统文化也只有在回应重大现实问题中实现自身的创造性转化和创新性发展，才能抵御外来文化霸权的侵袭，激活深层次的文化优质基因，成为中华民族绵延不息、浴火重生的精神支撑。

三、马克思主义的理论创新问题的再审视

理论创新是马克思主义生命力的源泉，也是马克思主义理论的本质。正如

---

① 王学俭.十八大以来党的治国理政思想研究［M］.北京：人民出版社，2017：218.

习近平总书记所言，时代是思想之母，实践是理论之源，① 马克思主义理论创新的源泉来自广大人民群众丰富而生动的实践活动。"每一时代的理论思维，都是一种历史的产物。"② 从当下中国不断发展变化的实际出发，与时俱进地准确把握时代特点，解决时代课题，是马克思主义理论创新的一般范式。本书以山东马克思主义大众化为参照，在总结其历史经验，借鉴其历史教训的基础上，从问题意识、理论意识、创新意识三大环节，对马克思主义的理论创新问题进行再思考，以期对当下中国马克思主义的理论创新提供可资借鉴的经验与启示。

（一）问题意识——马克思主义理论创新的出发点

人们认识世界和改造世界的过程，本质上是一个发现问题并解决问题的过程。问题是时代的呼声，是社会的症结，是革命、建设、改革进程中亟须解决的矛盾。以问题为中心，坚持问题导向，增强问题意识，是马克思主义理论创新的出发点。

问题意识是思维活动和理论创新的前提。在理论创新的思维活动中，问题意识往往扮演着十分重要的角色，甚至问题的提出比问题的解决更为重要。习近平曾指出，"我们中国共产党人干革命、搞建设、抓改革，从来都是为了解决中国的现实问题"③。

那么，什么是马克思主义理论创新的"问题意识"呢？毛泽东曾经说过，"问题就是事物的矛盾"④。问题是人类在改造自然生产实践和社会关系实践活动中尚未解决的矛盾。矛盾的普遍性和客观性，意味着问题存在的必然性和永恒性。矛盾有主次之分，问题也有轻重、缓急、具象之别。问题不等于问题意识，问题意识是基于某种理论体系观照之下对某一实践问题或理论问题的自觉意识。就马克思主义理论创新的问题意识而言，则是在马克思主义理论框架之下，对中国革命、建设、改革、复兴进程中的全局性、根本性的理论和实践问题，进行理论观照、理论探索、理论引领的自觉意识。在这里，需要说明的是，如前所述，针对山东马克思主义大众化进程中存在问题的同质化、碎片化、具

---

① 习近平. 在庆祝中国共产党成立 95 周年大会上的讲话 [M]. 北京：人民出版社，2016：9.
② 中共中央马克思恩格斯列宁斯大林著作编译局. 马克思恩格斯文集（第九卷）[M]. 北京：人民出版社，2009：436.
③ 中共中央党校组织编写. 以习近平同志为核心的党中央治国理政新理念新思想新战略 [M]. 北京：人民出版社，2017：227.
④ 毛泽东选集（第三卷）[M]. 北京：人民出版社，1991：839.

体化的运作实况进行反思，可以得出，并非对所有问题的自觉意识和理论观照都可以称得上是马克思主义理论创新的"问题意识"，恰恰相反，只有在马克思主义理论框架下，对中国革命、建设、改革、复兴等进程中，全局性、根本性问题的自觉反思和理论思考，才可以称得上是马克思主义理论创新的"问题意识"。这就是说，马克思主义理论创新的问题意识，要聚焦全局性、根本性的主要矛盾和关键问题，有整体性思维和全局性观念，跳出碎片化、同质化、具体化的问题泥潭，对一个引领方向、把握全局的执政党而言，面对前进道路上的种种问题和矛盾，只有紧紧抓住主要矛盾和关键问题，才能纲举目张，执本末从。

（二）理论意识——马克思主义理论创新的支撑点

如果说问题意识是马克思主义理论创新出发点的话，那么，理论意识就是马克思主义理论创新的支撑点。问题意识与理论意识是相辅相成、密不可分的。问题意识是理论意识的鲜活源泉，而理论意识则是问题意识的关键支撑。马克思主义理论创新离不开理论意识的支撑。恩格斯曾说，理论思维是一个民族站立于科学高峰的充分条件。① 理论意识是认识活动中高级阶段的认识成果，与理论意识相对的是经验意识。经验意识是以感性、直观的方式获得的关于对象世界零碎的、表层的、杂乱的初级观念，而理论意识则是指人们在科学知识体系之上，经由经验意识阶段上升至对对象世界全面的、本质的、系统的高级认知。"人类只有通过理论意识才能更深刻、更有效地掌握客观世界和指导自己的实践活动。"② 理论意识是对经验意识由表及里、由浅入深、掇菁撷华、取精去糟的加工改造过程，通过理论思维，能够透过表象认知事物的本质，通过局部把握事态的全貌，拨开杂乱建构对象的体系。

创新精神的第一个特质就是具有理论意识性。③ 马克思主义理论创新也必须以理论意识为支撑。马克思曾说，不仅理论要趋向现实，现实也应力图趋向思想。马克思主义是一套运用特定的概念范畴、科学的知识体系和辩证的思维方法，对资本主义社会制度的发展趋势及形态演进科学剖析和理性预测，为无产阶级寻求自身解放指明前进方向的系统理论体系。当下国情世势与马克思主义

---

① 中共中央马克思恩格斯列宁斯大林著作编译局. 马克思恩格斯全集（第二十卷）［M］. 北京：人民出版社，1971：384.

② 肖前，李秀林，汪永祥. 辩证唯物主义原理［M］. 修订本. 北京：人民出版社，1991：144.

③ 彭健伯. 创新哲学论［M］. 北京：人民出版社，2006：133.

诞生之初虽有殊异，但马克思主义理论的阐释力和战斗力并未因此而被削弱或消解。恰恰相反，运用马克思主义理论阐释中国当前社会问题，仍然具有深刻的洞察力和高远的预见力。可以说，马克思主义的基本理论是马克思主义理论创新的核心支撑。在此值得一提的是，有学者认为，理论意识具有三种表现形式："系统的知识体系、独特的思维方式和特定的价值取向"①。由此，马克思主义理论意识的内涵不仅包括马克思主义的理论知识，还应包括辩证唯物主义的思维方法和以无产阶级为中心的价值取向。从理论意识的视角来看，马克思主义理论工作者在进行理论创新时，应着眼于知识、方法和价值的三维向度，自觉提升马克思主义理论素养，增强马克思主义理论自觉，坚定马克思主义理论自信，推动马克思主义理论创新。

（三）创新意识——马克思主义理论创新的落脚点

在马克思主义理论创新的逻辑演进链条上，如果说问题意识是马克思主义理论创新的逻辑起点，理论意识是马克思主义理论创新的逻辑展开，那么，创新意识就是马克思主义理论创新的逻辑归宿。问题意识、理论意识与创新意识是一脉相承、紧密关联的。问题意识是理论意识的生动来源，理论意识是问题意识的内核支撑。无论是问题意识，还是理论意识，最终都落脚于马克思主义创新意识的生成。创新意识是一切创新活动的灵魂，并贯穿于一切创新活动的始终。

那么，什么是马克思主义理论创新的"创新意识"呢？"创新就意味着对原有理论某种程度的突破、超越甚至否定。"② 创新意识是创新主体根据社会需求或个人需要，创造或改进新的事物、观念或理论等的自觉意识。在创新意识中，核心内容是主体的创造精神，包括质疑精神、批判能力、开放思维、把握灵感、独立思考、冒险精神、创造热情，等等。创新意识是马克思主义与生俱来的理论品格，马克思主义理论本身就是一个动态的、开放的、发展的理论体系，马克思主义理论正是在批判中思考"资本主义向何处去""无产阶级以什么样的方式实现自身解放"应运而生的，也只有在"回答新问题、形成新观点"中才能行久致远，增强对社会问题的普遍阐释力。在回答新问题的过程中超越传统的理论框架，是理论创新的一个重要标志。针对传统理论框架无法诠释的问题，引入新的视角、新的方法、新的理论，建构新的理论框架给予科学、彻底、有

---

① 肖庆华. 论文科研究生的理论意识 [J]. 学位与研究生教育，2015（4）：16.
② 侯树栋，辛国安. 马克思主义中国化的基本经验 [M]. 北京：人民出版社，2009：131.

说服力的论证、阐释和解答，形成新的思想观点和理论体系，正是马克思主义理论创新的归宿所在。在此需要说明的是，马克思主义理论创新是集"问题意识—理论意识—创新意识"于一体的整体统一动态过程，三大环节环环相扣，紧密连接，建构马克思主义理论创新的逻辑演进链条。

结　语

"三个为什么"——地域史视域下马克思主义大众化研究的生长点

2019 年 4 月 18 日，习近平总书记时值重庆考察期间提出了"三个为什么"的重大历史课题，就中国共产党为什么"能"、马克思主义为什么"行"、中国特色社会主义为什么"好"的重大问题，广泛开展宣教，加强舆论引领，进一步聚焦提升中国故事的阐释力和说服力，借此坚定广大干部群众对中国特色社会主义在道路、理论、制度、文化方面的自信，由此激发爱党、爱国以及爱社会主义的热情力量。因此，"三个为什么"的重大历史课题亟待讲清、讲明、讲透。①

在中国近代昂首阔步的历史征程中，"三个为什么"既是贯穿党的奋斗历程的一条金线，也是萦绕于"中国奇迹"故事背后的不竭追问。讲清、讲明、讲透"三个为什么"的历史课题，直接关乎中国国内话语权和国际话语权的双重提升。习近平总书记在多次重要场合下强调：要在讲好中国故事中提升话语权。向国外世界提升国家话语权，与向国内民众提升国内话语权，同样重要；而且在讲故事主体的多元化和全媒体融合发展的新形势之下，国内话语权的提升将大大助力于国际话语权的增强。影响话语权的影响力和有效性的因素有很多，其中之一是话语内容及其质量。"成功的话语需要以丰富的事实和实践为依托，空泛的概念和宣示不足以打动人，也难以提升话语权。"② 当前，无论是中央高层，还是民间人士，争夺话语权，打赢舆论战，已经成为广泛共识。但是，对于"三个为什么"的叙事却仍停留于抽象的理论层面，缺乏具体的事实说服力，缺乏基本的历史脉络和历史逻辑。

---

① 习近平在重庆考察并主持召开解决"两不愁三保障"突出问题座谈会时强调统一思想一鼓作气顽强作战越战越勇着力解决"两不愁三保障"突出问题 [N]. 人民日报，2019-04-18（1）.

② 傅莹. 在讲好中国故事中提升话语权 [N]. 人民日报，2020-04-02（9）.

中国共产党的领导核心地位不是自封的，而是在中国革命、建设、改革的长期征程中，在血与火的淬炼中锤炼出来的。近代中国，救国于危亡，解民于倒悬，挽狂澜于既倒，扶大厦于将倾，带领中国人民从沉沦的谷底奋起，使中国面貌发生深刻变革的，是共产党，而不是什么其他党派。中国共产党为什么能行？成功的奥秘在哪里？"一个政党，一个政权，其前途和命运最终取决于人心向背。"① 得民心，则得天下。正如习近平所言，我们有本事做好中国的事情，也要有信心讲好中国故事。② 那么，如何讲好中国故事？讲好中国故事的关键就在于讲清楚中国故事"最精彩的主题"③，即讲清楚中国共产党、马克思主义以及中国特色社会主义为什么"能""行""好"的问题。从地域史的鲜活微观故事，观照整体史的宏观叙事框架，从地域发现整体，成为地域史视域下马克思主义理论研究的一个新的生长点。

在马克思主义理论学科的研究中，基于地方党的史志档案资料的渐次挖掘，一部分被掩盖的地方历史图景和历史知识得以重新展现和成功建构，地方史研究的新突破也推动了国史党史研究的新进展。因而，地域史视域下的马克思主义理论研究成为一个非常重要的学术生长点。地域史视域下的马克思主义理论学科研究，相较于整体史视域下单向度的宏大历史叙事，是一种微观的实证性研究，侧重于历史细节的挖掘和考证，更能细致真实地反映历史的复杂性、多样性和丰富性，弥补了宏大历史叙事中对微观历史细部的遮蔽和遗忘。这一研究趋势不仅对于马克思主义理论学科拓展学术格局和更新学术气象产生了积极影响，而且从地域史的微观视角以更具说服力的言说形式，解密中国近代历史进程中"三个为什么"的历史性课题，提供了鲜活生动的历史佐证。

一、古与今：时间维度下"三个为什么"的一贯性

自中国共产党成立至今，已近百年。在这近百年的波澜壮阔的历史进程中，中国社会的面貌与时俱进，焕然一新。中国社会之所以发生沧海桑田之巨变，与中国共产党的诞生、马克思主义的传入以及中国特色道路的开辟脉脉相通，密不可分。正是由于中国共产党的"能"、马克思主义的"行"和中国特色社

---

① 李维. 习近平重要论述学习笔记 [M]. 北京：人民出版社，2014：22.
② 中共中央宣传部. 习近平新时代中国特色社会主义思想学习纲要 [M]. 北京：学习出版社，人民出版社，2019：154-155.
③ 中共中央宣传部. 习近平新时代中国特色社会主义思想学习纲要 [M]. 北京：学习出版社，人民出版社，2019：155.

会主义的"好"，中国奇迹才能屡屡诞生，中国优势才能频频彰显。

从时间维度来看，"三个为什么"的一贯性，有两层含义：一是中国共产党"能"、马克思主义"行"和中国特色社会主义"好"是近代中国百年巨变的内隐逻辑。百年之前，国家贫弱，任人欺凌，民不聊生，满目疮痍；百年之后，国家富强，民族复兴，人民幸福，繁荣兴旺。百年回眸，中国巨变是在中国共产党的领导下谱写的中华民族发展史上的壮丽篇章。在中国革命、建设、改革、复兴的各个历史阶段，马克思主义的理论引领、中国共产党的组织动员和中国特色社会主义的政治优势，无不闪耀着灿烂的光辉。在近代中国政治派别分化多元，主义话语五光十色的历史语境下，价值取向、主义筛选、政治选择、国家去向……无时无刻不在实实在在地拷问着历史和人民。大浪淘沙，洗尽铅华，浮华褪去，犹存经典。"中国共产党的历史就是一部以初心换得民心、靠民心赢得胜利的历史。"① 中国共产党凭着不忘初心，使命在肩，自我革命，永葆朝气，最终赢得了历史，赢得了人民。二是中国共产党"能"、马克思主义"行"和中国特色社会主义"好"也是百年中国不断宣示的政治宣言。中国的事情不仅要做出来，而且要讲出来、传播开来。中国共产党、马克思主义和中国特色社会主义"能""行""好"不仅是历史的真实写照和现实明证，更是中国共产党争夺独立的政党话语权并使之上升为国家话语权的政治宣示。正如毛泽东所言，主义就像一面旗帜，旗帜立起来了，人们才知所趋赴。中国共产党自成立起，从理论体系到组织建构，主动建立了一套独立的政党话语体系。这套话语体系承载着中国共产党独特的问题视角、理论体系和话语表达，历经孕育、建构与竞争、成熟，凝聚起了广泛的接受、理解与认同，"三个为什么"也在这套话语体系中得到不断的宣示。

以地域史视域下马克思主义大众化研究观照"三个为什么"的重大时代课题，再现历史选择的逻辑归因，不仅还原历史真相，而且汲取经验智慧，为时间维度下"三个为什么"提供前后相继的归因线索，展现一以贯之的发展逻辑。归根结底，"三个为什么"无论是作为百年中国巨变的内隐逻辑，还是作为百年中国不断宣示的政治宣言，都可以从地域史视域下的马克思主义大众化研究中搜寻历史佐证，印证历史逻辑。

---

① 宋进. "不忘初心、牢记使命"的认识逻辑［J］. 高校马克思主义理论研究，2017（4）：19.

二、内与外：空间维度下"三个为什么"的对比性

"世界视野，中国坐标"是中国共产党人一以贯之的思维范式。一方面，在国际视角下，从世界文明中汲取互鉴经验和多元智慧，解决中国时代问题，回应中国重大关切；另一方面，在中国视角下，从独立思考中摒弃制度弊病和探索弯路，建构中国特色体制，探寻中国发展道路。正是在这一过程中，中国不唯西方政治体制和发展道路马首是瞻，摸索出了一条既吸取世界文明经验，又规避西方制度弊端的中国特色社会主义道路。

从空间维度来看，"三个为什么"的对比性，也有两层含义：一是在国际与国内的对比中，论证、阐释中国共产党"能"、马克思主义"行"和中国特色社会主义"好"的时代课题。在国际视野下，以政党模式为核心的国家道路和发展成就的对比，是阐释"三个为什么"的核心焦点。新中国成立尤其是改革开放以来，中国破除了僵化模式与陈规体制的桎梏束缚，绕过了苏联解体和东欧剧变的暗礁险流，走出了一条不同于西方资本主义模式的现代化转型道路，创造了令世界惊叹的不朽奇迹。中国正以前所未有的铿锵步伐走进世界舞台的中央，中国共产党也以其掌舵中国巨轮的独特魅力引发世界密切关注。由此，"三个为什么"成为国际社会的重大课题，众多学者尝试对这一问题做出回答。其中，张维为从西方政党与中国共产党对比的视角指出二者的鲜明差异：一是与西方政党模式下的"部分利益党"不同，中国共产党是"整体利益党"，它所代表的是中国人民的整体利益；二是与西方政党模式下的"选举政治党"不同，中国共产党是一个"使命担当党"，它所担当的是国家富强、民族复兴和人民幸福；三是与西方政党模式下的"清谈俱乐部"不同，中国共产党是一个"领导核心党"，它所领导的是国家发展规划和大政方针。① 当然，不同的学者基于自身的学科知识对这一问题的认识不同，但不可否认，对这一问题的回应必将把"三个为什么"的研究和阐释推向深入。二是在国民党与共产党的对比中，论证、阐释中国共产党"能"、马克思主义"行"和中国特色社会主义"好"的重大课题。中国民主革命时期的两大政党——国民党和共产党，是在互相学习与不竭竞争、互相合作与彼此斗争的变奏曲中不断演变发展的，共产党实现了从边缘到中心的逆转，成为执掌全国政权的政党，而国民党则经历了从中心到边缘的演变，败落为偏居一隅的政党。究其原因，有理论信仰、民心向

---

① 张维为. 国际比较凸显中国共产党先进性 [N]. 光明日报，2019-08-12（16）.

背、用人策略、宣传动员等多面因素，不一而足，至今仍有相关研究对这一热
点问题不懈追索，寻根探源，而对地域史视域下马克思主义传播及大众化的相
关研究，尤其是民主革命时期全国各地域马克思主义传播史宏大历史图景的再
现与建构，将为回答这一问题续写历史脉络，建构生动图景，从而使对这一问
题的回答更加丰盈，更加鲜活，更有感染力、阐释力和说服力。

三、史与论：价值维度下"三个为什么"的阐释力

"三个为什么"作为一个重大的时代课题被提出，承载着特定的价值意义。
甚至从一定程度上说，这种价值意义是不可估量的。在新的时代条件下，回答
好、阐释好、宣教好"三个为什么"的时代课题，还原和建构近百年以来党带
领人民不懈奋斗的历史实践，阐释和解读党成立以来中国历史性巨变中所蕴藏
的内在逻辑，阐发和论证中国历史性成就背后的中国特色社会主义道路、理论、
制度、文化优势，为回顾初心再出发提供认知基础和精神动力。那么，如何回
答、阐释和宣教"三个为什么"的时代课题呢？从地域史视域下马克思主义大
众化的原初起点，回应并建构"三个为什么"的逻辑起点，将是一个新的研究
生长点。只有深入了解历史，站在历史与现实的结合点上，在史与论的结合中，
才能增强这一课题的阐释力。

所谓论，就是论点或观点；而史，则是史料、史实等。史与论的关系，学
界通常有两种：一是依托史料而得出观点，即为"论从史出"。"历史研究是一
切社会科学的基础。"① 习近平强调要有历史感，在新时代要更加重视和系统研
究中国历史，深刻把握三大规律，从中汲取历史智慧。马克思主义在中国传播
史的宏大场景是由马克思主义在各地域传播史的丰富图景共同绘就的，各地马
克思主义传播史既有整体传播史的共性，印证马克思主义传播史的整体历史逻
辑；又有地域传播史的个性，丰富马克思主义传播史的特色历史逻辑。地域史
视域下的马克思主义传播史研究，以微观的史实再现历史真相，以真实的史料
讲述传播故事，因而更具说服力和感染力。二是以观点统率材料，即"以论带
史"。"历史是流动的理论，理论是历史的结晶；历史为理论研究提供论据或支

---

① 习近平. 习近平致信祝贺中国社会科学院中国历史研究院成立强调：总结历史经验揭示
历史规律把握历史趋势，加快构建中国特色历史学学科体系学术体系话语体系 [N].
人民日报，2019-01-04（1）.

撑，理论为历史提供方法论或研究范式"①。历史逻辑的起点同样也是理论逻辑的起点，无论是整体视域下的马克思主义传播或大众化，还是地域史视域下的马克思主义传播或大众化，都有其内在的理论逻辑，而理论逻辑需要以理论论点为支撑。理论观点唯有具象化、生活化、故事化，才能增强自身的传播力、阐释力和信服力。"三个为什么"作为宏大壮阔的历史论断，也必须借助于这样的理论观点才能讲清、讲透、讲好。

尽管限于个人能力欠缺和写作时间紧张，本书基于如上研究初衷，聚焦传播视域下山东马克思主义大众化的理论研究，仍做出了一定探索。立足当下，观照现实，从地域史的视角出发，对马克思主义大众化理论研究做一总结和展望，以期对当下学界有所裨益。

---

① 郝立新. 在史与论的统一中拓展马克思主义研究的三个向度 [J]. 理论视野，2014（12）：9.

主要参考文献

一、著作类

[1] 艾思奇. 艾思奇全书（第八卷）[M]. 北京：人民出版社，2006.

[2] 安东尼奥·葛兰西. 葛兰西文选 [M]. 李鹏程，译. 北京：人民出版社，2008.

[3] 安作璋. 山东通史（近代卷·上册）[M]. 北京：人民出版社，2009.

[4] 安作璋. 山东通史·近代卷 [M]. 济南：山东人民出版社，1995.

[5] 本书编写组. 十七大报告学习辅导百问 [M]. 北京：学习出版社，2007.

[6] 蔡和森. 蔡和森文集：全2册（上）[M]. 北京：人民出版社，2013.

[7] 蔡和森. 蔡和森文集：全2册（下）[M]. 北京：人民出版社，2013.

[8] 常连霆主编，中共山东省委党史研究室，山东省中共党史学会编. 山东党史资料文库（第3卷）[M]. 济南：山东人民出版社，2015.

[9] 常连霆主编，中共山东省委党史研究室，山东省中共党史学会编. 山东党史资料文库（第2卷）[M]. 济南：山东人民出版社，2015.

[10] 常连霆主编，中共山东省委党史研究室，山东省中共党史学会编. 山东党史资料文库（第1卷）[M]. 济南：山东人民出版社，2015.

[11] 陈独秀. 陈独秀文集（第一卷）[M]. 北京：人民出版社，2013.

[12] 陈隽，佟立容. 陈干纪念文集 [M]. 香港：天马图书有限公司，2001.

[13] 陈然兴. 叙事与意识形态 [M]. 北京：人民出版社，2013.

[14] 陈万雄. 五四新文化的源流 [M]. 修订版. 北京：生活·读书·新知三联书店，2018.

[15] 陈锡喜. 马克思主义：意识形态与话语体系 [M]. 上海：华东师范大学出版社，2011.

［16］陈先初．晚近中国民主话语的多维建构和历史演进［M］．北京：中国社会科学出版社，2018.

［17］陈先达．陈先达文集（第2卷）：马克思和马克思主义［M］．北京：中国人民大学出版社，2015.

［18］陈先达．文化自信中的传统与当代［M］．北京：北京师范大学出版社，2017.

［19］陈寅恪．陈寅恪史学论文选集［M］．上海：上海古籍出版社，1992.

［20］丛小平．师范学校与中国的现代化：民族国家的形成与社会转型（1897—1937）［M］．北京：商务印书馆，2014.

［21］戴维·芬克尔斯坦，阿利斯泰尔·麦克利里．书史导论［M］．何朝晖，译．北京：商务印书馆，2012.

［22］邓小平文选（第三卷）［M］．北京：人民出版社，1993.

［23］丁惟汾．山东革命党史稿［M］．台北：山东革命党史编纂委员会，1971.

［24］杜赞奇．文化、权力与国家：1900—1942年的华北农村［M］．南京：江苏人民出版社，2010.

［25］房玄龄注，刘绩补注，刘晓艺校点．管子［M］．上海：上海古籍出版社，2015.

［26］费正清，刘广京编．剑桥中国晚清史：1800—1911年（下卷）［M］．北京：中国社会科学出版社，1985.

［27］费正清．美国与中国［M］．张理京，译．北京：世界知识出版社，2000.

［28］福柯．福柯说权力与话语［M］．陈怡含，编译．武汉：华中科技大学，2017.

［29］干春松．制度化儒家及其解体［M］．北京：中国人民大学出版社，2012.

［30］歌德．浮士德［M］．上海：上海译文出版社，2011.

［31］耿立．晚清民国那些人（二）［M］．北京：现代出版社，2015.

［32］古斯塔夫·勒庞．革命心理学［M］．佟德志，刘训练，译．广州：广州人民出版社，2012.

［33］顾红亮．儒家生活世界［M］．上海：上海人民出版社，2016.

［34］管仲著，覃丽艳译注．管子［M］．南昌：二十一世纪出版社集

团，2016.

[35] 郭绪印，陈兴唐. 爱国将军冯玉祥 [M]. 郑州：河南人民出版社，1987.

[36]《河北文史资料》编辑部. 河北文史资料（1991 年第 4 辑，总第 39 期）[M].《河北文史资料》编辑部，1991.

[37] 赫伯特·马尔库塞. 单向度的人：发达工业社会意识形态研究 [M]. 刘继，译. 上海：上海译文出版社，1989.

[38] 侯树栋，辛国安. 马克思主义中国化的基本经验 [M]. 北京：人民出版社，2009.

[39] 胡宁河. 组织传播学：结构与关系的象征性互动 [M]. 北京：北京大学出版社，2010.

[40] 胡适. 先秦名学史 [M]. 合肥：安徽教育出版社，1990.

[41] 胡汶本，田克深. 五四运动在山东资料选辑 [M]. 济南：山东人民出版社，1980.

[42] 胡正荣. 传播学总论 [M]. 北京：北京广播学院出版社，1997.

[43] 华鸿雁. 话语含义表达研究 [M]. 北京：社会科学文献出版社，2018.

[44] 华中工学院马克思列宁主义资料室编. 五四运动文辑 [M]. 武汉：湖北人民出版社，1957.

[45] 黄进华. 场域视野与马克思主义在东北的传播：1872—1948 [M]. 哈尔滨：黑龙江人民出版社，2017.

[46] 黄进华. 马克思主义在哈尔滨传播的历史经验和现实启示 [M]. 北京：中国社会科学出版社，2017.

[47] 黄进华. 马克思主义在中国东北的传播：1900—1931：基于历史学和传播学的视角 [M]. 北京：中国社会科学出版社，2012.

[48] 黄璇. 情感与现代政治：卢梭政治哲学研究 [M]. 北京：商务印书馆，2016.

[49] 黄尊严. 中日关系史专题要论 [M]. 天津：天津社会科学院出版社，1996.

[50] 季美林. 君子如玉 [M]. 北京：现代出版社，2016.

[51] 济南师范校史编写组. 济南师范校史（1902—1982）[M]. 济南：山东师范大学，1982.

［52］济南师范学校编．王尽美遗著与研究文集［M］．北京：中共党史出版社，2009.

［53］济南市政协文史资料委员会，济南市教育委员会．新中国成立前济南的学校［M］．济南：济南出版社，1991.

［54］济南市志编纂委员会编．济南市志资料（第7辑）［M］．内部资料，1987：100.

［55］济南一中校友总会编．济南一中百年华诞校友征文选编［M］．济南：济南一中校友总会，2003.

［56］姜迎春．中国百年话语变迁［M］．南京：江苏人民出版社，2015.

［57］瞿秋白选集［M］．北京：人民出版社，1985.

［58］凯瑟琳·米勒．组织传播［M］．袁军，等译．北京：华夏出版社，2000.

［59］孔丘．论语［M］．杨伯峻，杨逢彬，注译．长沙：岳麓书社，2000.

［60］兰久富．社会转型时期的价值观念［M］．北京：北京师范大学出版社，1999.

［61］李春会．传播视域下的马克思主义大众化［M］．北京：人民出版社，2013.

［62］李大钊文集（下）［M］．北京：人民出版社，1984.

［63］李大钊选集［M］．北京：人民出版社，1959.

［64］李军林．马克思主义在中国的早期传播及其话语体系的初步建构［M］．北京：学习出版社，2013.

［65］李里峰．革命政党与乡村社会：抗战时期中国共产党的组织形态研究［M］．南京：江苏人民出版社，2011.

［66］李立．乡村聚落：形态、类型与演变：以江南地位为例［M］．南京：东南大学出版社，2007.

［67］李维．习近平重要论述学习笔记［M］．北京：人民出版社，2014.

［68］李文．陕甘宁边区新闻事业［M］．北京：人民出版社，2017.

［69］李永昌．旅俄华工与十月革命［M］．石家庄：河北教育出版社，1988.

［70］理查德·B.谢尔．启蒙与出版：苏格兰作家和18世纪英国、爱尔兰、美国的出版商（下册）［M］．启蒙编译所，译．上海：复旦大学出版社，2012.

[71] 梁启超. 中国历史研究法 [M]. 北京：中华书局，2016.

[72] 梁庆婷. 新媒体语境下思想政治教育话语体系建构研究 [M]. 徐州：中国矿业大学出版社，2017.

[73] 列宁. 列宁全集（第二十二卷）[M]. 北京：人民出版社，2017.

[74] 列宁. 列宁全集（第二十五卷）[M]. 北京：人民出版社，2017.

[75] 列宁. 列宁全集（第六卷）[M]. 北京：人民出版社，2013.

[76] 列宁. 列宁全集（第七卷）[M]. 北京：人民出版社，2013.

[77] 列宁. 列宁全集（第三十七卷）[M]. 北京：人民出版社，2017.

[78] 列宁. 列宁全集（第十二卷）[M]. 北京：人民出版社，2017.

[79] 列宁. 列宁全集（第十卷）[M]. 北京：人民出版社，2017.

[80] 列宁. 列宁全集（第五十五卷）[M]. 北京：人民出版社，2017.

[81] 列宁斯大林论中国 [M]. 北京：人民出版社，1963.

[82] 林宝珠. 隐喻的意识形态力 [M]. 厦门：厦门大学出版社，2012.

[83] 刘丽琼. 接受理论视域中的马克思主义大众化研究 [M]. 北京：人民出版社，2016.

[84] 刘明逵，唐玉良. 中国近代工人阶级和工人运动（第3册）：五四运动前后的工人运动 [M]. 北京：中共中央党校出版社，2002.

[85] 刘少奇选集（上卷）[M]. 北京：人民出版社，1981.

[86] 刘伟. 普通人话语中的政治：转型中国的农民政治心理透视 [M]. 北京：北京大学出版社，2015.

[87] 刘裕. 传媒与道德：大众传媒对青少年道德影响研究 [M]. 北京：人民出版社，2014.

[88] 刘志刚. 中国文化对外话语体系与传播策略研究 [M]. 北京：中国社会科学出版社，2019.

[89] 刘仲宇. 儒释道与中国民俗 [M]. 修订版. 桂林：广西师范大学出版社，2016.

[90] 卢梭. 社会契约论：英汉对照 [M]. 克兰斯顿英译，高黎平汉译. 北京：中国对外翻译出版有限公司，2011.

[91] 鲁同群注评. 礼记 [M]. 南京：凤凰出版社，2011.

[92] 吕明臣. 话语意义的建构 [M]. 长春：东北师范大学出版社，2015.

[93] 罗峰. 嵌入、整合与政党权威的重塑：对中国执政党、国家和社会关系的考察 [M]. 上海：上海人民出版社，2009.

[94] 马德坤，张晓兰．民国山东四大教育家研究［M］．上海：复旦大学出版社，2011.

[95] 马庚存著，山东省政协文史资料委员会编．同盟会在山东［M］．济南：山东人民出版社，1991.

[96] 马婷．叙事与话语［M］．北京：中国社会科学出版社，2017.

[97] 毛泽东文集（第二卷）［M］．北京：人民出版社，1993.

[98] 毛泽东文集（第七卷）［M］．北京：人民出版社，1999.

[99] 毛泽东文集（第一卷）［M］．北京：人民出版社，1993.

[100] 毛泽东新闻工作文选［M］．北京：新华出版社，1983.

[101] 毛泽东选集（第二卷）［M］．北京：人民出版社，1991.

[102] 毛泽东选集（第三卷）［M］．北京：人民出版社，1991.

[103] 毛泽东选集（第一卷）［M］．北京：人民出版社，1991.

[104] 毛泽东著作专题摘录［M］．北京：人民出版社，1964.

[105] 苗兴伟．"中国梦"的话语建构与传播［M］．天津：南开大学出版社，2018.

[106] 欧阳军喜．五四新文化运动与儒学［M］．西安：陕西人民出版社，2000.

[107] 逄先知．毛泽东年谱（上卷）［M］．北京：中央文献出版社，2013.

[108] 彭继红．传播与选择：马克思主义中国化的历程（1899—1921 年）［M］．长沙：湖南师范大学出版社，2001.

[109] 彭健伯．创新哲学论［M］．北京：人民出版社，2006.

[110] 皮埃尔·布尔迪厄，华康德．反思社会学导引［M］．李猛，李康，译．北京：商务印书馆，2015.

[111] 皮埃尔·布尔迪厄．文化资本与社会炼金术：布尔迪厄访谈录［M］．包亚明，译．上海：上海人民出版社，1997.

[112] 秦位强．湘籍无产阶级革命家与马克思主义大众化［M］．北京：中央编译出版社，2015.

[113] 阮东彪．传播学视角：当代中国马克思主义大众化机制研究［M］．湘潭：湘潭大学出版社，2013.

[114] 萨拉·米尔斯．导读福柯［M］．潘伟伟，译．重庆：重庆大学出版社，2017.

[115] 山东风物志［M］．济南：山东美术出版社，1984.

［116］山东革命历史文件汇集（甲种本第二集：一九二六年一月——一九二八年二月）［M］. 中央档案馆，山东档案馆，1995.

［117］山东革命历史文件汇集（甲种本第六集：一九三一年三月——一九三二年年底）［M］. 中央档案馆，山东档案馆，1995.

［118］山东革命历史文件汇集（甲种本第七集：一九三三年——一九三六年）［M］. 中央档案馆，山东档案馆，1995.

［119］山东革命历史文件汇集（甲种本第三集：一九二八年三月——一九二八年年底）［M］. 中央档案馆，山东档案馆，1995.

［120］山东革命历史文件汇集（甲种本第四集：一九二九年一月——一九三〇年六月）［M］. 中央档案馆，山东档案馆，1995.

［121］山东革命历史文件汇集（甲种本第五集：一九三一年三月——一九三二年年底）［M］. 中央档案馆，山东档案馆，1995.

［122］山东革命历史文件汇集（甲种本第一集：一九二二年——一九二五年）［M］. 中央档案馆，山东档案馆，1994.

［123］山东革命历史文件汇集（乙种本：一九二四年——一九三三年）［M］. 中央档案馆，山东档案馆，1996.

［124］山东省档案馆，山东社会科学院历史研究所合编. 山东革命历史档案资料汇编（第一辑）［M］. 济南：山东人民出版社，1981.

［125］山东省地方史志编纂委员会编. 山东省志：地质矿产志［M］. 济南：山东人民出版社，1993.

［126］山东省地方史志编纂委员会编. 山东省志：工人团体志［M］. 济南：山东人民出版社，2003.

［127］山东省地方史志编纂委员会编. 山东省志：建置志［M］. 济南：山东人民出版社，2003.

［128］山东省地方史志编纂委员会编. 山东省志：侨务志［M］. 济南：山东人民出版社，1998.

［129］山东省地方史志编纂委员会编. 山东省志：自然地理志［M］. 济南：山东人民出版社，1996.

［130］山东省地方史志编纂委员会. 山东省志·出版志［M］. 济南：山东人民出版社，1993.

［131］山东省地方史志编纂委员会. 山东省志·大事记（上）［M］. 济南：山东人民出版社，2000.

［132］山东省地方史志编纂委员会．山东省志·农民团体志［M］．济南：山东人民出版社，1996．

［133］山东省政协文史资料委员会编．辛亥革命在山东［M］．济南：山东人民出版社，2011．

［134］山东省政协文史资料委员会．文史资料选辑（第12辑）［M］．济南：山东人民出版社，1981．

［135］石川祯浩．中国共产党成立史［M］．袁广泉，译．北京：中国社会科学出版社，2006．

［136］宋进．挈其瑰宝：抗战时期中共与三民主义研究［M］．桂林：广西师范大学出版社，1994．

［137］孙中山著，尚明轩主编．孙中山全集（第八卷）［M］．北京：人民出版社，2015．

［138］《谢觉哉传》编写组．谢觉哉传［M］．北京：人民出版社，1984：162．

［139］谭平山文集［M］．北京：人民出版社，1986．

［140］唐宝林，林茂生．陈独秀年谱［M］．上海：上海人民出版社，1988．

［141］唐小兵编．再解读：大众文艺与意识形态［M］．增订版．北京：北京大学出版社，2007．

［142］田子渝．马克思主义在中国初期传播史（1918—1922）［M］．北京：学习出版社，2012．

［143］汪敬虞．赫德与近代中西关系［M］．北京：人民出版社，1987．

［144］王符．潜夫论［M］．开封：河南大学出版社，2008．

［145］王刚．马克思主义中国化的起源语境研究：20世纪30年代之前马克思主义在中国的传播及中国化［M］．北京：人民出版社，2011．

［146］王尽美．王尽美文集［M］．北京：人民出版社，2011．

［147］王奇生．党员、党权与党争：1924年—1949年中国国民党的组织形态［M］．修订本．北京：华文出版社，2010．

［148］王瑞璞．研究刘少奇党建思想 加强新时期党的建设：中共中央党校、中共铁道部党校纪念刘少奇党建思想学术研讨会论文［M］．北京：中共中央党校出版社，1999．

［149］王文升．何思源和他的时代：纪念何思源先生诞辰110周年［M］．北京：中国文史出版社，2006．

[150] 王先明．近代绅士：一个封建阶层的历史命运［M］．天津：天津人民出版社，1997．

[151] 王雪竹．政治话语的影像呈现：中国共产党的电影宣传工作研究［M］．北京：中国社会科学出版社，2017．

[152] 韦政通．儒家与现代中国［M］．上海：上海人民出版社，1990．

[153] 吴海琳．组织变迁中的意识形态整合研究［M］．长春：吉林人民出版社，2011．

[154] 吴学琴．当代中国马克思主义意识形态话语体系研究［M］．南京：江苏人民出版社，2018．

[155] 习近平．高举中国特色社会主义伟大旗帜，为全面建设社会主义现代化国家而团结奋斗：在中国共产党第二十次全国代表大会上的报告［M］．北京：人民出版社，2022．

[156] 习近平．习近平谈治国理政（第二卷）［M］．北京：外文出版社，2017．

[157] 习近平．习近平谈治国理政（第一卷）［M］．北京：外文出版社，2018．

[158] 习近平．之江新语［M］．杭州：浙江人民出版社，2007．

[159] 肖前，李秀林，汪永祥．辩证唯物主义原理［M］．修订本．北京：人民出版社，1991．

[160] 辛桂香．当代中国社会主流意识形态建设与发展趋势研究［M］．北京：九州出版社，2018．

[161] 辛鸣．制度论：关于制度哲学的理论建构［M］．北京：人民出版社，2005．

[162] 新华月报编．永远的丰碑（七）［M］．北京：人民出版社，2005．

[163] 休谟．休谟说情感与认知［M］．冯小旦，编译．武汉：华中科技大学出版社，2018．

[164] 徐兴文，孟献忠．师范春秋［M］．济南：齐鲁书社，2002．

[165] 闫化川．马克思主义是怎样生根中国的：马克思主义在山东早期传播研究［M］．北京：方志出版社，2017．

[166] 阳信生．乡镇体制改革与现代乡村社会重建研究［M］．北京：光明日报出版社，2014．

[167] 杨冰郁．高原新声：陕甘宁边区红色话语传播范式研究［M］．北

京：人民出版社，2019.

[168] 杨魁，侯迎忠.中国话语体系与华文传播：第十届世界华文传媒与华夏文明国际学术研讨会论文集［M］.北京：中国社会科学出版社，2019.

[169] 杨敏.话语符号历史模态重构爱国语境［M］.北京：中国书籍出版社，2017.

[170] 叶惠珍.葛兰西文化领导权思想及其话语路径研究［M］.北京：社会科学文献出版社，2016.

[171] 沂水县党史征集办公室编辑.兄弟英烈：李清漪、李清潍资料选辑［M］.临沂：沂水县党史征集办公室，1989.

[172] 殷昭玖.电视剧认同机制研究：基于精神分析与意识形态主体理论的考量［M］.北京：中国广播影视出版社，2016.

[173] 余世诚，刘明义.中共山东地方组织创建史［M］.东营：石油大学出版社，1996.

[174] 余世诚，张升善.杨明斋［M］.北京：中共党史资料出版社，1988.

[175] 袁芳.思想政治教育话语创新论的马克思主义审视［M］.北京：中央编译出版社，2018.

[176] 约瑟夫·列文森.儒教中国及其现代命运［M］.郑大华，等译.桂林：广西师范大学出版社，2009.

[177] 张春常，李秋毅.济南师范学校百年史［M］.济南：齐鲁书社，2002.

[178] 张岱年.张岱年全集（第7卷）［M］.石家庄：河北人民出版社，1996.

[179] 张国钧.先义与后利：中国人的义利观［M］.昆明：云南人民出版社，1999.

[180] 张红云.沂蒙山区民众组织与革命动员问题研究［M］.济南：山东人民出版社，2014.

[181] 张宏卿.乡土社会与国家建构：以新中国成立初期原中央苏区的土改为中心的考察［M］.北京：中国社会科学出版社，2016.

[182] 张洪林.中国传统法律文化［M］.广州：华南理工大学出版社，2018.

[183] 张继著，沈云龙主编.近代中国史料丛编第三辑：张浦泉先生回忆录·日记［M］.台北：文海出版社，1982.

[184] 张凯军. 坚强的战斗堡垒：中共济南乡师支部 [M]. 济南：中共济南市委党史资料征集研究委员会，1989.

[185] 张品良. 传播学视域下的中央苏区马克思主义大众化 [M]. 北京：中共党史出版社，2016.

[186] 张奚若，丕强. 辛亥革命回忆录 [M]. 上海：生活书店，1947.

[187] 张意. 文化与符号权力：布尔迪厄的文化社会学导论 [M]. 北京：中国社会科学出版社，2005.

[188] 张志勇. 师范春秋（山东师范教育百年纪念丛书）[M]. 济南：齐鲁书社，2002.

[189] 章炳麟著，马勇编. 章太炎书信集 [M]. 石家庄：河北人民出版社，2003.

[190] 赵伟.《文艺月刊》（1930—1941）中的民族话语 [M]. 广州：花城出版社，2019.

[191] 中共莱阳市委党史资料征集研究委员会编. 莱阳乡师（内部发行）[M]. 烟台：山东省出版总社烟台分社，1999.

[192] 中共聊城地委党史资料征集研究委员会编. 聊城师范学校资料选编（内部资料）[M]. 中共聊城地委党史办公室，山东省聊城师范学校，1991.

[193] 中共山东党史资料征集研究委员会编. 山东党史资料（一九八三年，第二期，总第九期）[M]. 济南：中共山东党史资料征集研究委员会，1983.

[194] 中共山东省委党史研究室编. 山东党的革命历史文献选编（第二卷）[M]. 济南：山东人民出版社，2015.

[195] 中共山东省委党史研究室编. 山东党的革命历史文献选编（第一卷）[M]. 济南：山东人民出版社，2015.

[196] 中共山东省委党史研究室. 中共山东地方史（第一卷）[M]. 济南：山东人民出版社，1998.

[197] 中共山东省委党史资料征集研究委员会编. 山东党史资料（1982 年第 3 期，总第 5 期）[M]. 济南：中共山东省委党史资料征集研究委员会，1982.

[198] 中共山东省委组织部，中共山东省委党史资料征集研究委员会，山东省档案馆编. 中国共产党山东省组织史资料（1921—1987）[M]. 济南：山东人民出版社，1991.

[199] 中共中央党史和文献研究院编. 十九大以来重要文献选编（上）[M]. 北京：中央文献出版社，2019.

［200］中共中央党史研究室第一研究部编．中国共产党历史·第一卷：人物注释集［M］．北京：中共党史出版社，2004．

［201］中共中央党校党史教研室选编．中共党史参考资料（一）党的创立时期［M］．北京：人民出版社，1979．

［202］中共中央党校组织编写．以习近平同志为核心的党中央治国理政新理念新思想新战略［M］．北京：人民出版社，2017．

［203］中共中央马克思恩格斯列宁斯大林著作编译局．列宁选集（第二卷）［M］．北京：人民出版社，2012．

［204］中共中央马克思恩格斯列宁斯大林著作编译局．列宁选集（第三卷）［M］．北京：人民出版社，2012．

［205］中共中央马克思恩格斯列宁斯大林著作编译局．列宁选集（第一卷）［M］．北京：人民出版社，2012．

［206］中共中央马克思恩格斯列宁斯大林著作编译局．马克思恩格斯全集（第二十一卷）［M］．北京：人民出版社，2003．

［207］中共中央马克思恩格斯列宁斯大林著作编译局．马克思恩格斯全集（第四十七卷）［M］．北京：人民出版社，2004．

［208］中共中央马克思恩格斯列宁斯大林著作编译局．马克思恩格斯文集（第八卷）［M］．北京：人民出版社，2009．

［209］中共中央马克思恩格斯列宁斯大林著作编译局．马克思恩格斯文集（第二卷）［M］．北京：人民出版社，2009．

［210］中共中央马克思恩格斯列宁斯大林著作编译局．马克思恩格斯文集（第九卷）［M］．北京：人民出版社，2009．

［211］中共中央马克思恩格斯列宁斯大林著作编译局．马克思恩格斯文集（第三卷）［M］．北京：人民出版社，2009．

［212］中共中央马克思恩格斯列宁斯大林著作编译局．马克思恩格斯文集（第十卷）［M］．北京：人民出版社，2009．

［213］中共中央马克思恩格斯列宁斯大林著作编译局．马克思恩格斯文集（第四卷）［M］．北京：人民出版社，2009．

［214］中共中央马克思恩格斯列宁斯大林著作编译局．马克思恩格斯文集（第一卷）［M］．北京：人民出版社，2009．

［215］中共中央马克思恩格斯列宁斯大林著作编译局．马克思恩格斯选集（第三卷）［M］．北京：人民出版社，2012．

［216］中共中央马克思恩格斯列宁斯大林著作编译局．马克思恩格斯选集（第四卷）［M］．北京：人民出版社，2012.

［217］中共中央文献研究室，中央档案馆编．建党以来重要文献选编（1921—1949）（第八册）［M］．北京：中央文献出版社，2011.

［218］中共中央文献研究室，中央档案馆编．建党以来重要文献选编（1921—1949）（第二册）［M］．北京：中央文献出版社，2011.

［219］中共中央文献研究室，中央档案馆编．建党以来重要文献选编（1921—1949）（第六册）［M］．北京：中央文献出版社，2011.

［220］中共中央文献研究室，中央档案馆编．建党以来重要文献选编（1921—1949）（第七册）［M］．北京：中央文献出版社，2011.

［221］中共中央文献研究室，中央档案馆编．建党以来重要文献选编（1921—1949）（第三册）［M］．北京：中央文献出版社，2011.

［222］中共中央文献研究室，中央档案馆编．建党以来重要文献选编（1921—1949）（第十册）［M］．北京：中央文献出版社，2011.

［223］中共中央文献研究室，中央档案馆编．建党以来重要文献选编（1921—1949）（第十九册）［M］．北京：中央文献出版社，2011.

［224］中共中央文献研究室，中央档案馆编．建党以来重要文献选编（1921—1949）（第十五册）［M］．北京：中央文献出版社，2011.

［225］中共中央文献研究室，中央档案馆编．建党以来重要文献选编（1921—1949）（第四册）［M］．北京：中央文献出版社，2011.

［226］中共中央文献研究室，中央档案馆编．建党以来重要文献选编（1921—1949）（第一册）［M］．北京：中央文献出版社，2011.

［227］中共中央文献研究室．毛泽东在七大的报告和讲话集［M］．北京：中央文献出版社，1995.

［228］中共中央文献研究室．十八大以来重要文献选编（上）［M］．北京：中央文献出版社，2014.

［229］中共中央文献研究室．十八大以来重要文献选编（下）［M］．北京：中央文献出版社，2018.

［230］中共中央文献研究室．十八大以来重要文献选编（中）［M］．北京：中央文献出版社，2016.

［231］中共中央宣传部．习近平新时代中国特色社会主义思想学习纲要［M］．北京：学习出版社，人民出版社，2019.

［232］中共中央研究室编．中国共产党历史·第一卷：1921—1949［M］．北京：中共党史出版社，2011.

［233］中国第二历史档案馆．中华民国史档案资料汇编：第三辑［M］．南京：江苏古籍出版社，1991.

［234］中国共产党第十九次全国代表大会文件汇编［M］．北京：人民出版社，2017.

［235］中国李大钊研究会编注．李大钊全集：全5册（第一卷）［M］．北京：人民出版社，2013.

［236］中国社会科学院近代史研究所．五四运动回忆录［M］．北京：中国社会科学出版社，1979.

［237］中国社会科学院近代史研究所中华民国史研究室编．胡适来往书信选［M］．北京：社会科学文献出版社，2013.

［238］中国社会科学院现代史研究室，中国革命博物馆党史研究室选编．"一大"前后：中国共产党第一次全国代表大会资料选编［M］．北京：人民出版社，1980.

［239］中央档案馆．中共中央文件选集（第二册）［M］．北京：中共中央党校出版社，1983.

［240］中央档案馆．中共中央文件选集（第七册）［M］．北京：中共中央党校出版社，1983.

［241］中央档案馆．中共中央文件选集（第三册）［M］．北京：中共中央党校出版社，1983.

［242］中央档案馆．中共中央文件选集（第一册）［M］．北京：中共中央党校出版社，1982.

［243］中央电视台《探索·发现》栏目编．华工军团［M］．合肥：安徽教育出版社，2012.

［244］中央文献研究室第一编研部编．话说毛泽东［M］．北京：中央文献研究室，2000.

［245］中央文献研究室．毛泽东年谱（1893—1949）（上卷）［M］．北京：人民出版社，1993.

［246］周栋．中国特色社会主义话语体系初探［M］．北京：人民出版社，2019.

［247］周利生．吴廷康与中国大革命的关系研究［M］．北京：中国社会科

学出版社，2004.

[248] 周绍良. 全唐文新编（第3部 第3册）[M]. 长春：吉林文史出版社，2000.

二、期刊类

[1] 本刊同人.《山东劳动周刊》出版宣言 [J]. 山东劳动周刊，1922-07-09.

[2] 陈春声. 走向历史现场 [J]. 读书，2006（9）.

[3] 陈德祥. 话语理论视域下的当代中国马克思主义大众化研究 [J]. 教学与研究，2017（2）.

[4] 陈国申，张毅. 政治动员与社会关系：土地改革中阶级意识的塑造与阻滞：基于对山东古邵镇土改口述史的调查 [J]. 中国农村研究，2016（1）.

[5] 陈曙光. 中国话语的生成逻辑及演化趋势 [J]. 马克思主义研究，2016（10）.

[6] 陈新汉. 问题的哲学意蕴 [J]. 上海大学学报（社会科学版），2005（6）.

[7] 仇立平. 社会研究和问题意识 [J]. 江苏行政学院学报，2010（1）.

[8] 范晓. 语言、言语和话语 [J]. 汉语学习，1994（4）.

[9] 方世南，张兴亮."谁"的话语体系：马克思主义创始人大众化理路的辩证逻辑 [J]. 马克思主义研究，2011（4）.

[10] 冯宏良. 信仰、认同与话语权：马克思主义大众化研究的三个重要维度 [J]. 教学与研究，2014（6）.

[11] 葛静波."帝国主义"在清末中国：译介、认识与话语 [J]. 西南大学学报（社会科学版），2019（2）.

[12] 何洪. 五四时期《曙光》杂志研究 [J]. 中国国家博物馆馆刊，2012（9）.

[13] 何理. 从接受者角度看《大众哲学》与马克思主义大众化 [J]. 前沿，2011（11）.

[14] 胡宁河，胡昭阳. 组织传播的界定及其意义 [J]. 中国人民大学学报，2008（2）.

[15] 胡宁河，叶玉枝. 组织传播学的几种理论模式及其讨论 [J]. 中国人民大学学报，2004（6）.

[16] 蒋宏，徐剑. 非典事件传播场的结构分析 [J]. 上海交通大学学报（社会科学版），2004（3）.

[17] 李岗. 论传播场的基本特征 [J]. 西南交通大学学报（社会科学版），2004（2）.

[18] 李宏生. 孙中山与山东革命运动（1905—1919）[J]. 山东师大学报（社会科学版），1996（6）.

[19] 李民. 根植于中国大地的领袖群体：我党领袖群体的形成和发展的启迪 [J]. 科学社会主义，1992（2）.

[20] 李民. 论中国共产党成立初期的领袖群体 [J]. 中国井冈山干部学院学报，2011（1）.

[21] 李时岳. 二十世纪初年中国知识界的帝国主义观和民族主义观 [J]. 吉林大学社会科学学报，1962（2）.

[22] 李育民. "五四"与近代反帝理论的产生：从排外到反帝的历史转折 [J]. 人文杂志，2019（7）.

[23] 李肇年. 关于王尽美生平中的几个问题 [J]. 中共党史研究，1994（4）.

[24] 刘昶. 革命的普罗米修斯：民国时期的乡村教师 [J]. 中国乡村研究，2008.

[25] 刘建萍. 中国共产党早期反帝话语：特征、影响与启示 [J]. 理论学刊，2015（6）.

[26] 马思宇. 无形与有形：中共早期"党团"研究 [J]. 中共党史研究，2017（2）.

[27] 马思宇. 五卅运动前后中国共产党对反帝话语的宣传及其影响 [J]. 马克思主义理论学科研究（双月刊），2019（2）.

[28] 马晓琳，宋进.《共产党宣言》对《新民主主义论》的文本关照考析：基于生成逻辑的视角 [J]. 湖北社会科学，2018（3）.

[29] 苗体君，窦春芳. 关于济南共产主义小组创始人的新考证 [J]. 宝鸡文理学院学报（社会科学版），2007（2）.

[30] 裴宜理，李寇南，何翔译. 重访中国革命：以情感的模式 [J]. 中国学术，2001（4）.

[31] 彭升，蒋建国. 两个转变："加工"与"普及"：马克思主义大众化内涵新解 [J]. 求实，2017（2）.

［32］彭孝栋．场域视角下红色文化传播现状解析［J］．采写编，2016（3）．

［33］乔同舟．被政治化的情感：政治传播中的情感话语［J］．理论与现代化，2016（6）．

［34］秦位强．湘籍无产阶级革命家与中国早期马克思主义的传播［J］．求索，2015（10）．

［35］邱柏生，董雅华．论范畴在思想政治教育学中的作用［J］．教学与研究，2012（5）．

［36］施惠玲，杜欣．政治传播内容中政治信息与政治话语的区分及其意义［J］．南京社会科学，2016（3）．

［37］宋介．两周中之山东［J］．曙光，1921（6）．

［38］宋进．"不忘初心、牢记使命"的认识逻辑［J］．高校马克思主义理论研究，2017（4）．

［39］宋进．论中国共产党对马克思诞辰的纪念活动［J］．马克思主义理论学科研究（双月刊），2018（6）．

［40］王丹丹．马克思主义大众化面临的话语难题及消解［J］．当代世界与社会主义，2015（06）．

［41］王峰．改革开放以来国内对海外中共党史研究的再研究［J］．新视野，2015（4）．

［42］王继春．马克思主义在山东的传播［J］．山东师范大学学报（人文社会科学版），1983（2）．

［43］王尽美．矿业工会淄博部开发起会志盛［J］．山东劳动周刊，1922-07-09．

［44］王全．成年补习班和工学主义［J］．励新，1921-04-15．

［45］王相坤．中共创立时期共产党人的初心解读：王尽美篇［J］．党史文苑，2018（7）．

［46］王勇，陈德玺．如何正确地理解马克思主义：从《我的马克思主义观》一文说开［J］．唯实，2012（7）．

［47］王友明．论老解放区的参军动员：以山东解放区莒南县为个案的分析［J］．军事历史研究，2005（4）．

［48］吴洪斌，姜智彬．网络视频类节目的叙事话语分析：以《中国有嘻哈》为例［J］．新闻与写作，2017（12）．

［49］吴向伟. 李大钊与早期马克思主义思想运动［J］. 党政研究，2017（4）.

［50］习近平. 坚定文化自信，建设社会主义文化强国［J］. 实践（思想理论版），2019（7）.

［51］肖庆华. 论文科研究生的理论意识［J］. 学位与研究生教育，2015（4）.

［52］闫化川，李丹莹. 地方精英的断代谢幕与薪火相传：早期马克思主义在山东的区域性传播问题研究之四［J］. 上海党史与党建，2015（6）.

［53］闫化川，李丹莹. 地方精英的角色互动与信仰诉求：早期马克思主义在山东传播系列研究之二［J］. 上海党史与党建，2015（4）.

［54］闫化川，李丹莹. 地方精英的文化弄潮与政治博弈：早期马克思主义在山东传播系列研究之一［J］. 上海党史与党建，2015（3）.

［55］闫化川，李丹莹. 地方精英的组织关系与亲情纠结：早期马克思主义在山东的区域性传播问题研究之三［J］. 上海党史与党建，2015（5）.

［56］杨凤城. 关于党史研究的规范和话语、视野和方法问题［J］. 教学与研究，2001（5）.

［57］杨焕鹏. 革命动员视野下中共"四四"儿童节研究：以山东根据地为主的考察［J］. 党史研究与教学，2017（2）.

［58］杨焕鹏. 抗战时期中共领导的基层人民武装研究：以胶东抗日根据地为中心［J］. 中共党史研究，2015（6）.

［59］杨焕鹏. 形塑革命节日：胶东抗日根据地过"年"革命叙事［J］. 中国农史，2017（1）.

［60］杨鲜兰. 构建当代中国话语体系的难点和对策［J］. 马克思主义研究，2015（2）.

［61］易凤林. 中国共产党领导层的留学生群体研究（1921—1937）［J］. 江西教育学院学报（社会科学），2011（4）.

［62］億萬. 山东问题：一周中北京的公民大活动［J］. 每周评论，1919（21）.

［63］尤育号. 近代士绅研究的回顾与展望［J］. 史学理论研究，2011（4）.

［64］于晓风. "场域"视野下的革命文化：以沂蒙精神的跨场域传播为例［J］. 山东社会科学，2018（4）.

[65] 余世诚，刘明义. 关于山东地方建党的若干问题 [J]. 华东石油学院学报（社会科学版），1985（1）.

[66] 袁杰. 毛泽东的语言理论对构建马克思主义大众化话语体系的启示 [J]. 商丘师范学院学报，2013（5）.

[67] 张红云. "后方的后方"：淮海战役期间山东解放区的民站 [J]. 党史研究与教学，2018（1）.

[68] 张红云. "理性"的对抗与博弈：山东解放区支前民夫组织中的中共与农民 [J]. 党史研究与教学，2015（6）.

[69] 张红云. 沂蒙解放区的支前人力工作：基于乡村动员中矛盾冲突与利益调适的策略分析 [J]. 中共党史研究，2016（4）.

[70] 张静如，王峰. 中国共产党早期组织群体特征考察 [J]. 史学月刊，2011（7）.

[71] 张宽. 话语 [J]. 读书，1995（5）.

[72] 郑淑芬，韩伟. 中国共产党干部思想政治教育的话语传播（1927—1934）[J]. 甘肃社会科学，2015（6）.

[73] 周治华. 马克思主义大众化的话语问题 [J]. 吉首大学学报（社会科学版），2012（2）.

[74] 朱兆忠. 意识形态的传播和接受问题研究：兼论中国马克思主义的传播与接受 [J]. 上海行政学院学报，2007（4）.

三、论文类

[1] 卜叶蕾. 马克思主义大众化的思想政治工作路径研究 [D]. 北京：中共中央党校，2014.

[2] 曹晓辉. 中国共产党领袖评价研究：以毛泽东为例 [D]. 曲阜：曲阜师范大学，2018.

[3] 陈有勇. 马克思主义与中国传统文化相结合的路径研究 [D]. 北京：中共中央党校，2013.

[4] 郭德钦. 延安时期知识分子与马克思主义大众化研究 [D]. 西安：陕西师范大学，2012.

[5] 胡春阳. 传播的话语分析理论 [D]. 上海：复旦大学，2005.

[6] 胡银银. 改革开放以来我国意识形态话语权问题研究 [D]. 天津：南开大学，2014.

［7］金忠严．马克思主义与中国传统文化融合论［D］．北京：中共中央党校，2011.

［8］李洁．多元文化场域中思想政治教育话语发展研究［D］．南京：东南大学，2018.

［9］刘淑萍．山东青年知识分子与五四新文化运动［D］．济南：山东师范大学，2014.

［10］刘雪．沂蒙红色文艺作品推进马克思主义大众化研究［D］．曲阜：曲阜师范大学，2019.

［11］倪志勇．王尽美与马克思主义在山东的选择性传播研究［D］．南京：南京师范大学，2015.

［12］任娴颖．组织传播能力研究［D］．甘肃：兰州大学，2014.

［13］阮东彪．当代中国马克思主义大众化研究［D］．北京：中国人民大学，2009.

［14］石会辉．民国时期山东商业历史考察（1912—1937）：以青岛、济南、烟台等城市为例［D］．南昌：南昌大学，2008.

［15］王爱华．近代山东国外留学教育研究［D］．济南：山东大学，2007.

［16］王冠丞．中国共产党领袖权威研究［D］．北京：中共中央党校，2016.

［17］王国龙．解放战争时期中国共产党在山东解放区的民众动员研究［D］．济南：山东师范大学，2013.

［18］王华东．山东抗日根据地文化研究［D］．长春：吉林大学，2018.

［19］王晴．1919—1927 年马克思主义在山东的传播［D］．哈尔滨：哈尔滨工业大学，2016.

［20］王宜胜．中国共产党在山东抗日根据地的民众动员研究［D］．济南：山东师范大学，2014.

［21］王友明．莒南县土地改革研究（1941—1951）［D］．上海：复旦大学，2004.

［22］吴俊芳．西北藏区马克思主义大众化研究［D］．兰州：兰州理工大学，2019.

［23］武慧．山东抗日根据地冬学运动中的民众政治动员研究（1937—1945）［D］．上海：华东师范大学，2009.

［24］徐启民．清末留日学生与近代中国的政治变革［D］．曲阜：曲阜师范

大学，2004.

　　[25] 张楠．王尽美党建思想研究［D］．武汉：华中师范大学，2019.

　　[26] 张阳．山东解放区"冬学"运动研究［D］．济南：山东师范大学，2014.

　　[27] 张泽强．改革开放以来马克思主义中国化领袖主体研究［D］．长春：东北师范大学，2014.

　　[28] 赵越．山东根据地和解放区马克思主义大众化研究［D］．曲阜：曲阜师范大学，2011.

　　[29] 周栋．中国特色社会主义话语体系［D］．北京：中共中央党校，2018.

　　四、报纸类

　　[1] 陈昭．范明枢二三事［N］．延安·解放日报，1945-11-22（4）.

　　[2] 傅莹．在讲好中国故事中提升话语权［N］．人民日报，2020-04-02（9）.

　　[3] 何益忠．我党巡视制度的形成与发展［N］．北京日报，2015-06-15.

　　[4] 济南工界纪念劳动节［N］．民国日报，1923-05-05.

　　[5] 济南之马克思纪念会［N］．民国日报，1923-05-09.

　　[6] 鞠思敏：贫而不穷的"山东蔡元培"［N］．大众日报，2014-06-18（11）.

　　[7] 李新生，韩尚义．记冯玉祥在泰山读书［N］．人民日报，1982-10-05（5）.

　　[8] 吕梦荻．研究中"问题意识"的运用与反思［N］．中国社会科学报，2017-02-07（1）.

　　[9] 山东女权同盟会成立［N］．申报，1922-12-26.

　　[10] 汤公亮．孔子抱大同主义［N］．时报，1921-12-06（13）.

　　[11] 习近平．习近平致信祝贺中国社会科学院中国历史研究院成立强调：总结历史经验揭示历史规律把握历史趋势，加快构建中国特色历史学学科体系学术体系话语体系［N］．人民日报，2019-01-04（1）.

　　[12] 习近平在重庆考察并主持召开解决"两不愁三保障"突出问题座谈会时强调统一思想一鼓作气顽强作战越战越勇着力解决"两不愁三保障"突出问题［N］．人民日报，2019-04-18（1）.

五、外文文献

［1］BURKE K. A Grammar of Motive ［M］. Berkeley：University of California Press，1969.

［2］BOURDIEU P. Outline of A Theory of Practice ［M］. Cambrige：Cambrige University Press，1977.

［3］FAIRCLOUGH N. Critical Discourse Analysis：The Critical Study of Language ［M］. Singapore：Longman Singapore Publishers（Pte）Ltd，1995.

［4］HALL S. The West and the Rest：Discourse and Power ［M］// GUPTA T D，et al. eds. Race and Racialization：Essential Readings . Toronto：Canadian Scholars' Press，2007.

［5］HALL，S. Representation ：Cultural Representation and Signifying Practices ［M］. London，Thousand Oaks，New Delhi ：Sage Publications，1991.

［6］SCHWARTZ B I. Chinese Communism and the rise of Mao ［M］. Cambridge，Mass：Harvard University Press，1979.

后 记

    本书是在我的博士学位论文的基础上修改而成的。时光如白驹过隙，匆匆而逝。转眼间，历时四年的博士求学生涯即将宣告结束。本该欣喜雀跃，却感慨万千。虽有千言万语，然难以落笔。回望犹在眼前的入学时光，不知不觉之中，我已经历了一个凤凰涅槃，浴火重生的蜕变与升华。

    值此书完成之际，首先要衷心地感谢我的导师宋进教授！古语有言，一日为师，终身为父。初入师门，对于读博尚有几分懵懂和迷茫的我，在学术的大门外跌跌撞撞、深深浅浅地试错，是宋老师用客观警醒的事实、苦口婆心的话语为我明示前进的通途。对"读博是什么""拎得清"之后，又是宋老师用"问题意识—理论思维—认识框架—学科方向"的精妙理念，手把手地领着我迈进了学术殿堂的大门。在本书选题的迷惘困惑之际，还是宋老师给了我灵感和启发，为我"定向把舵"。在本书写作、修改过程中，宋老师更是在百忙之中牵挂和留意与之相关的学术成果，并在第一时间向我推荐、指导。没有恩师的提点和鞭策，就没有我的成长和历练；没有恩师的教诲和点化，就没有我的学术寸进与成绩。人虽毕业，师缘不尽！宋老师深厚渊博的学术知识、严谨审慎的治学态度、坦荡谦逊的大家风范、精益求精的工作作风，是我一生学习的楷模！

    衷心地感谢山东省图书馆、山东省档案馆、山东省党史陈列馆，感谢济南市、潍坊市、东营市、滨州市、淄博市、青岛市、临沂市、惠民县、广饶县等山东十七县市的党史研究办公室、地方史志办公室、图书馆、档案馆，以及济南乡师党史陈列室、广饶县《共产党宣言》纪念馆等的大力支持和倾力相助，为我查阅档案资料提供各种便利条件，在此表示深深的感谢！

    衷心地感谢华东师范大学，感谢马克思主义学院，感谢孙健、顾红亮、王建新、余玉花、曹景文、唐莲英、丁晓强、杜玉华、陈红娟、杨丽萍、崔海英、李明照、刘佳等各位领导老师的悉心关怀和热心指导，在我遇到学习和生活上的困难时，时常能够感受到你们的关心和帮助！衷心地感谢论文开题、预答辩以及正式答辩过程中，上海社科院的程伟礼研究员、方松华研究员，复旦大学的高晓林教授给予的宝贵建议！

衷心地感谢一起生活学习的同窗同学们，师兄师弟、师姐师妹们，我们来自五湖四海，为了共同的梦聚在一起，互相体谅，互相扶持，互相包容，互相分享，能与你们一起走过，是我今生莫大的荣幸，祝愿大家前程似锦！

衷心地感谢我的家人，你们一直以来的默默奉献和全力支持，是我不断前进的最大动力和最坚强的后盾。让我秉持这一爱的动力，继续不断前行，不断成长！

最后，感谢自己，四载光阴，凤凰涅槃，浴火重生，一路成长！

在这个感恩的季节里，有无数情愫涌上心头。感谢博士四年所有关心、帮助过我的人，向你们真诚地说一句：谢谢！纸短情长，恩情难忘。言辞有尽，敬谢无穷。我将在今后的学习、工作和生活中，不忘初心，砥砺前行。